O ALFAIATE DE ULM

Lucio Magri

O ALFAIATE DE ULM

uma possível história do
Partido Comunista Italiano

Tradução
Silvia De Bernardinis

Copyright desta edição © Boitempo Editorial, 2014
Copyright © Lucio Magri, 2009
Traduzido da edição italiana *Il sarto di Ulm* (Milão, Il Saggiatore, 2009)

Coordenação editorial Ivana Jinkings
Editora-adjunta Bibiana Leme
Assistência editorial Livia Campos e Thaisa Burani
Preparação Mariana Echalar
Revisão Denise Camargo
Capa Gilberto Maringoni

Quarta capa: foto de Lucio Magri por Carlo Leidi (Centro di Ricerca e Archiviazione della Fotografia); tradução do poema de Bertolt Brecht por Gilberto Maringoni, com revisão de Nélio Schneider

Diagramação Acqua Estúdio Gráfico
Fotografias Arquivo pessoal de Luciana Castellina
Produção Livia Campos

CIP-BRASIL. CATALOGAÇÃO-NA-FONTE
SINDICATO NACIONAL DOS EDITORES DE LIVROS, RJ

M178a

Magri, Lucio, 1932-2011
    O alfaiate de Ulm: uma possível história do Partido Comunista Italiano / Lucio Magri; [tradução Silvia de Bernardinis]. - 1. ed. - São Paulo : Boitempo, 2014.
    402 p.: il.; 23 cm.

Tradução de: Il sarto di Ulm
Apêndice
Inclui índice
ISBN 978-85-7559-356-1

1. Magri, Lucio, 1932-2011. 2. Partido Comunista Italiano 3. Comunistas - Itália - Biografia. 4. Comunismo - Itália. 5. Partidos comunistas. I. Bernardinis, Silvia de. II. Título

13-07379   CDD: 923.245
                                                                  CDU: 929:32(45)

26.11.13 29.11.13

É vedada a reprodução de qualquer
parte deste livro sem a expressa autorização da editora.

Este livro atende às normas do acordo ortográfico em vigor desde janeiro de 2009, com exceção dos textos dos anexos, cuja grafia original foi mantida.

1ª edição: janeiro de 2014; 1ª reimpressão: dezembro de 2014

Esta edição contou com o apoio do Conselho Latino-Americano de Ciências Sociais (Clacso)
Secretário executivo: Pablo Gentili

BOITEMPO EDITORIAL
Jinkings Editores Associados Ltda.
Rua Pereira Leite, 373
05442-000 São Paulo SP
Tel./fax: (11) 3875-7250 / 3872-6869
editor@boitempoeditorial.com.br
www.boitempoeditorial.com.br | www.boitempoeditorial.wordpress.com
www.facebook.com/boitempo | www.twitter.com/editoraboitempo
www.youtube.com/user/imprensaboitempo

A Mara

Da esquerda para a direita, Luigi Pintor, Rossana Rossanda e Lucio Magri.

Para onde devo ir agora, eu, um Trotta...?
Joseph Roth, *A Cripta dos Capuchinhos*

SUMÁRIO

Apresentação – *Marcos Del Roio* 13

Introdução 19

1. A herança 35
   O fardo do homem comunista 36
   O genoma de Gramsci 52

2. Um ato de fundação: a viragem de Salerno 59
   A libertação 59
   Os governos de unidade nacional (1944-1947) 65
   O partido novo 70

3. À beira da Terceira Guerra Mundial 75
   A Guerra Fria de longa duração 76
   A grande surpresa 79
   A nova Guerra Fria 80
   A invenção do Pacto Atlântico 85

4. Os comunistas e a nova Guerra Fria 91
   A réplica de Stalin 91
   O erro do Cominform 94
   Os anos duros 100

5. O choque do XX Congresso 111

O início da desestalinização 113

O XX Congresso e o Informe Secreto 116

Polônia ou Hungria 121

6. O PCI na desestalinização 127

Togliatti e o Informe Secreto 129

A segunda tempestade 134

O VIII Congresso 138

7. O caso italiano 143

O milagre econômico 145

O retorno da classe operária 154

8. O centro-esquerda 161

9. O PCI diante do neocapitalismo 171

Direita e esquerda... 171

As tendências do neocapitalismo 176

Modelo de desenvolvimento e reformas estruturais 178

10. O XI Congresso 183

A legitimidade do dissenso 183

URSS e China.. 189

11. O longo 1968 italiano 195

A centralidade operária..................................... 197

Estudantes e contiguidades................................ 202

O concílio ecumênico 213

12. O PCI diante de 1968 219

O prólogo 221

Praga está sozinha.. 225

O partido e os movimentos 228

Longo, Berlinguer 232

A expulsão do *Manifesto* 234

13. Rumo ao fim da partida...241

A crise econômica 242

Um casamento nunca consumado 249

Os primeiros passos de uma política 249

14. O compromisso histórico como estratégia 255

15. Do apogeu à derrota 263

O dilema de 1976 266

A grande coalizão e seu fracasso....................................271

Omissões, reticências, mentiras 273

16. O que se tramava na Itália 285

Milagre para baixo..285

17. O que se tramava no mundo 299

A última Guerra Fria 299

Crise no Leste 302

Kissinger, genial e perverso 304

Os novos ventos do Oeste 311

18. Os fatais anos 1980 315

O segundo Berlinguer 317

A recuperação do conflito de classe................................319

A questão moral 323

O racha 326

Um balanço provisório...330

19. Natta, o conciliador..337

20. Andropov, Gorbachev, Iéltsin 345

A Perestroika 347

O colapso..351

21. O fim do PCI 357

A operação Occhetto 358

A surpreendente unanimidade...360

Bolognina, o sim e o não 362

As três cisões 367

APÊNDICE: UMA NOVA IDENTIDADE COMUNISTA (1987) 371

Desenvolvimento e natureza 377

Abundância e pobreza, necessidades e consumos 381

A questão do trabalho 385

A impotência da soberania 392

A forma partido 402

ÍNDICE ONOMÁSTICO 411

APRESENTAÇÃO

O ALFAIATE de Ulm é um título curioso para um livro que trata da história do Partido Comunista Italiano (PCI), mas se fosse só isso... Na verdade, o livro trata da história do PCI sob a óptica declarada de Lucio Magri.

É evidente que toda obra de história é feita sob a óptica do autor, posto que é impossível aninhar-se à parte a subjetividade de quem escreve. Acontece que, aqui, o autor é ao mesmo tempo um ator importante nessa trajetória histórica e, assim, memória e história articulam-se no texto. Magri faz também o papel de consciência crítica do PCI, analisando os limites e os equívocos do partido, os momentos em que poderia ter feito mais, por assim dizer, mas não deixa de apontar a força do partido, sua capacidade de elaborar e de lutar sempre em favor da democracia e dos interesses das classes subalternas.

O autor fala também do enorme valor da Revolução Russa e de todas as revoluções nacionais anticoloniais que ocorreram durante boa parte da existência da URSS e do PCI. De fato, a relação entre ambos é dialética, como não poderia deixar de ser, mas é um ponto forte da contenda ideológica que envolveu o PCI na cena italiana.

Este é um livro militante, apaixonado, envolvido e envolvente, mas de novo não é só isso: o livro é angustiado e angustiante. Traduz uma derrota histórica de grandes proporções e aparece quase ao modo de um testamento político de um ator batido – como o foram, de resto, Rosa Luxemburgo e Antonio Gramsci, para não dizer que derrotada foi a maioria dos revolucionários comunistas. Esses mesmos autores antecipavam em sua vida e em sua reflexão teórica que a revolução proletária sofreria seguidas derrotas antes que pudesse vencer!

Na crise orgânica que afetou o PCI – pelo menos desde 1986 –, parecia que a maioria jogava a toalha, que a esperança pelo qual lutaram milhões de pessoas não passara de uma ilusão, que não era possível alçar voo na direção do socialismo. O impulso para o alto sempre alimentou a humanidade, de início em busca da posição ereta, das árvores altas, dos altos cumes, depois (e sempre) com a construção de edifícios altos e, por fim, com a pesquisa de meios para voar. O mito grego de Ícaro, que foge com seu pai, Dédalo, graças à ajuda de um par de asas construído por ele, é extraordinário e completo. O alçar-se aos céus e queimar-se, a queda inevitável, tudo sugere uma metáfora possível para a história do movimento comunista do século XX e, dentro dele, do PCI.

Lucio Magri, contudo, preferiu intitular seu livro com uma referência a uma história verídica, ocorrida nos albores da modernidade e lembrada por Pietro Ingrao em resposta a uma pergunta provocativa a ele dirigida durante os intermináveis debates que pavimentaram a estrada para a morte do PCI. Ingrao recordou-se, naquele momento, da história contada por Bertolt Brecht, que situa o acontecido na cidade de Ulm, na Alemanha de 1592, quando os estudos de Leonardo da Vinci já indicavam a possibilidade da construção de um aparelho mecânico que voasse e o desejo de alçar voo da nova época que se iniciava.

A história fala de um alfaiate que dizia saber como voar. O bispo da cidade solicita que ele faça uma demonstração, mas, quando salta da torre da Igreja, o alfaiate acaba se estatelando no chão. Para o bispo, sua morte era a prova cabal de que o homem jamais poderia voar. É evidente a analogia com o comunismo e a vontade humana de se emancipar da exploração e da alienação. O movimento comunista do século XX foi derrotado, sem dúvida. O império universal do capital se impôs sobre o planeta, mas seria essa a prova de que o comunismo está morto? Não haverá ainda homens que perscrutem o alto e o futuro em busca de voar, de se emancipar dos grilhões de uma ordem social horrenda?

A situação narrada e o pensamento de Magri enquanto escrevia seu livro assemelham-se talvez aos do alfaiate durante a queda: a derrota, o fracasso fatal daquele momento, não é a prova de que o comunismo é impossível, mas antes a certeza de que outros continuarão a lutar para que a demonstração da verdade siga na direção da liberdade e do voo sem fronteiras.

Passadas agora mais de duas décadas do momento em que o maior partido comunista da Europa ocidental declarou-se extinto ao chegar aos setenta anos de vida, segue aberta a questão da avaliação crítica dessa trajetória e dos motivos desse ato de imolação. Continua a ser um problema teórico, histórico e político a explicação de como isso foi possível, considerando-se que não era um acontecimento inexorável. Sem dúvida, temos apenas o fato de que a morte do PCI foi uma catástrofe para as classes subalternas italianas, que ficaram cada vez mais desamparadas diante do ataque frenético do capital em crise. Mas o grau de alienação coletiva – que só agora parece mais claro – alimentava a convicção de que o que se fazia ali era um novo começo, além de uma grande manobra que levaria afinal o organismo que se transmutava a assumir a direção política do Estado.

O fim do PCI foi um movimento transformista maciço, cujo andamento era visível nos desdobramentos do XVII Congresso (1986), que se concluiu com um forte sinal de estagnação teórica e estratégica e um deslocamento à direita em relação ao período do último Berlinguer. A partir dali, a chamada "busca do novo" foi sempre mais a busca de uma porta de saída do marxismo e da perspectiva do comunismo que resultasse na homologação da ordem. Houve muitos que resistiram, mas a debilidade era já coletiva.

Decerto a explicação para essa catastrófica autoilusão (considerando-se a hipótese mais generosa) que levou a uma debandada dos intelectuais de seu compromisso com os interesses históricos das classes subalternas só pode ser encontrada na história desse partido, na história da Itália, na história do movimento operário e comunista, na URSS. Aqui, nessa totalidade em processo, devem ser buscadas as contradições e as limitações dessa aventura maravilhosa que foi a história do comunismo italiano do século XX. Magri encara precisamente todas essas facetas em seu livro, sempre permeado de memória e documentação.

É indispensável constatar que o PCI contou com dirigentes que eram ao mesmo tempo teóricos e formuladores estratégicos, como Gramsci e Togliatti, além de ter conseguido um enraizamento de massa muito expressivo, do qual as altas cifras de militantes e eleitores são apenas um indicativo superficial.

Lucio Magri participou dessa aventura por dentro e por fora, e isso define a perspectiva expressa em seu livro. Nascido em Ferrara, em 1932, iniciou sua militância política e cultural na juventude católica de esquerda, que entendia estabelecer um diálogo profícuo com o comunismo. Em 1958, ingressou no PCI, que naquele momento, com um salto à frente, recompunha-se dos efeitos do XX Congresso do Partido Comunista da União Soviética (PCUS) (1956) e estabelecia a chamada via italiana para o socialismo. Dedicado aos estudos econômicos, Magri envolveu-se na polêmica sobre o "neocapitalismo", postando-se ao lado de Pietro Ingrao.

A morte de Palmiro Togliatti, em 1964, precipitou a partir do XI Congresso (1965) a divisão do PCI em duas grandes tendências. A de Pietro Ingrao, à esquerda, na qual se encontrava Lucio Magri, entendia privilegiar os pontos convergentes com o mundo católico, enquanto a área mais à direita, cujo grande expoente era Giorgio Amendola, visava a uma aproximação com o Partido Socialista Italiano (PSI), no limite mesmo da fusão.

Em 1969, a revista *Il Manifesto* assumiu posições políticas que colocavam o grupo que a sustentava em posição claramente dissonante à esquerda. A declarada simpatia pela Revolução Cultural na China e a dura crítica à URSS e à intervenção na Tchecoslováquia, sufocando sua "primavera", ultrapassou o limite da crítica exarada pelo PCI, que já havia se oposto à invasão das tropas do

Pacto de Varsóvia. A proposta de inserir na pauta congressual a atenuação do centralismo na organização partidária, o que poderia levar à formação de correntes internas, foi o motivo último que determinou a expulsão do grupo, que contava ainda com Rossana Rossanda, Luciana Castellina, Valentino Parlato e Luigi Pintor. Parece ser inegável que esses militantes foram os que captaram melhor o sinal vindo das fábricas, dos meios estudantis e da conjuntura mundial.

Afastando-se do grupo de *Il Manifesto*, transformado em semanário em 1971, Lucio Magri organiza em 1974 o Partido de Unidade Proletária pelo Comunismo (PdUP), uma das pequenas organizações de esquerda que fariam a crítica do PCI na fase do chamado eurocomunismo. Magri foi um duro crítico da política elaborada por Enrico Berlinguer durante os anos 1970. Aqui, faz uma análise detalhada da política dos comunistas nesses anos decisivos, observando acertos e muitos erros. De fato, é como se o PCI tivesse perdido uma partida de xadrez no complexo tabuleiro italiano, que, ademais, se inseria num cenário internacional também muito complexo, em que despontavam a crise capitalista e o fim das ditaduras militares em Portugal, na Espanha e na Grécia.

Magri chama a atenção para o ano de 1976 como o apogeu do PCI e da política empreendida por Berlinguer. As origens da derrota que se comprovaria em 1979 estavam presentes então. Vale a pena sublinharmos um elemento fundamental para o qual Magri dá pouca importância: a dificuldade teórica do PCI no confronto ideológico com intelectuais da área socialista, mas não só. De fato, na discussão sobre a existência ou não de uma teoria política marxista e o vínculo entre democracia e socialismo, questões em que estava implícita a avaliação da Revolução Russa e da trajetória da URSS, os comunistas foram acuados exatamente por não defender a ideia de que no pensamento de Marx e de Lenin está presente uma teoria negativa do Estado e da política, e também por não criticar mais profundamente o socialismo soviético. A declaração de Berlinguer sobre o valor universal da democracia, feita em Moscou, em 1977, não satisfez os críticos e acentuou o recuo ideológico.

Com o fracasso da estratégia do "compromisso histórico" entre as forças populares comunistas e católicas, o PCI orientou-se para a esquerda com a proposta de "alternativa democrática". Nessa nova fase, Magri pôde se aproximar novamente do PCI. Pouco antes de sua morte, em 1984, Enrico Berlinguer, principal dirigente dos comunistas por todo esse tempo, convida o PdUP a se juntar ao leito histórico do comunismo italiano, que começava já a se debilitar.

Os anos 1980 assistem ao grande arranque do globalismo neoliberal como meio encontrado pelo capital para enfrentar sua crise a expensas dos trabalhadores. Em paralelo, acontecia o esgotamento da experiência histórica do socialismo na Europa oriental e na URSS, assim como uma crise geral do movimento comunista. Como observa Magri, o esforço de Berlinguer para marchar à esquerda e à frente foi marcante, mas as circunstâncias históricas eram por demais desfavoráveis. O deslocamento político e cultural à direita do conjunto das forças partidárias italianas acentuou o isolamento do PCI, que já não contava com uma visão estratégica unívoca.

Com a reintegração no partido, Lucio Magri passou a ser um dos atores da crise orgânica do PCI. Combateu com coerência pela parte dos setores mais à esquerda, que se agrupavam em torno de Pietro Ingrao e Bruno Trentin, exatamente como no início dos anos 1960, e opunham-se à extinção do partido. O XVII Congresso (1986) ainda encontrou meios de preservar a unidade na direção, mas de um modo em que já se notavam a paralisia e a progressiva perda de seu caráter operário. O início do governo de Mikhail Gorbachev na URSS, com seus intentos reformadores, deu fôlego para que o PCI também se atirasse na busca de uma solução para o risco iminente de estagnação. Mas quando o fracasso da chamada perestroika era já evidente, e encontrava-se em andamento a desintegração dos regimes políticos da Europa oriental, o PCI iniciou o processo que levaria a sua extinção. Em três congressos sucessivos, chegou à conclusão de que deveria dar por acabada a experiência e a fase histórica que lhe dava razão de existir. A capitulação ideológica foi sem paralelo!

O XVIII Congresso, realizado em março de 1989, assistiu a uma forte crítica do passado, além de ter sido marcado por uma falta de clareza sobre o futuro do partido. Toda ligação histórica e teórica com a Revolução Russa e com o marxismo estava rompida. O partido se referia ao mundo do trabalho apenas de modo contingente, pois tinha agora a intenção de representar a "cidadania".

A queda do Muro de Berlim, em novembro, ofereceu a Achille Occhetto, substituto de Alessandro Natta como secretário do partido, a oportunidade de apontar decididamente para o fim do PCI. Elaborou então a proposta de fazer o PCI confluir para um novo partido reformista, que agregaria outras culturas políticas. O projeto estava fadado de antemão ao fracasso, por conta do alto grau de consenso alcançado pelo neoliberalismo. Isso fez com que a proposta da direção do PCI não tivesse interlocutores e, sem dúvida, serviu para acentuar as fraturas internas, cada vez menos veladas. Ainda que pouco clara, a proposta de Occhetto prevaleceu, porque as vertentes que resistiam ao fim do partido ou à mudança de nome não tinham nem projeto nem unidade.

Um congresso extraordinário foi convocado para decidir o que deveria ser feito. A proposta de Occhetto de abertura de uma fase constituinte de um novo partido de esquerda impôs-se, e a frente que resistia a isso dividiu-se. O XX Congresso, realizado em Rimini, deu por finalizada a trajetória comunista na Itália e fundou o Partito Democratico della Sinistra (PDS). Parte dos que resistiram ao fim do PCI fundou o Partito della Rifondazione Comunista (PRC).

Lucio Magri participou ativamente da batalha em defesa de um partido comunista renovado, mas a derrota era a conclusão mais provável, pois derrotados foram todos, considerando-se que a crise era orgânica. O partido se descolava de uma classe operária em rápida transformação, tinha dificuldade para se aproximar dos movimentos emergentes, não teve capacidade teórica para conduzir uma nova fundação do organismo partidário dentro da vertente cultural do marxismo revolucionário e vislumbrou no "transformismo" de massa a única saída para a crise. O PCI não se mostrou à altura da elaboração teórica de Gramsci, e o "partido novo" de Togliatti foi enfim derrotado na longa guerra defensiva que travou.

O último capítulo deste livro, que descreve a crise e a morte do PCI, foi escrito num momento crítico, quando Magri perdeu sua companheira, Mara. Ele prometeu-lhe que terminaria o livro. Apesar de profundamente deprimido, cumpriu a promessa. Depois, foi encontrar-se também com a morte, por decisão própria e consciente.

Marcos Del Roio

INTRODUÇÃO

DURANTE uma das lotadas assembleias em que se deveria decidir a mudança de nome do Partido Comunista Italiano (PCI), um camarada perguntou a Pietro Ingrao: "Depois de tudo que aconteceu e está acontecendo, você realmente acredita que a palavra *comunista* ainda possa definir um grande partido democrático e de massas como nós fomos e ainda somos, e que essa palavra ainda possa servir para o partido que queremos renovar e fortalecer, a fim de levá-lo ao governo do país?".

Ingrao – que já havia exposto amplamente as razões de sua divergência com Occhetto e proposto outro rumo –, em tom de brincadeira, mas ao mesmo tempo sério, respondeu com o famoso apólogo de Bertolt Brecht, *O alfaiate de Ulm*. O artesão, obcecado pela ideia de construir um aparelho que permitisse ao homem voar, um dia, convencido de ter alcançado seu objetivo, apresentou-se ao bispo e disse: "Aqui está: posso voar". O bispo conduziu-o até a janela do alto palácio e desafiou-o a demonstrar. O alfaiate lançou-se e, obviamente, espatifou-se nos ladrilhos. Todavia, comenta Brecht, alguns séculos depois os homens realmente conseguiram voar.

Eu, que estava presente, achei a resposta de Ingrao não só arguta, mas fundamentada. Quanto tempo, quantas lutas cruentas, quantos avanços e quantas derrotas foram necessários ao sistema capitalista – em uma Europa ocidental inicialmente mais atrasada e barbárica do que outras regiões do mundo – para finalmente encontrar uma eficiência econômica nunca alcançada antes, dotar-se de instituições políticas mais abertas, alcançar uma cultura mais racional? Quais contradições irredutíveis marcaram, durante séculos, o liberalismo, entre ideais afirmados solenemente (a natureza humana comum, a liberdade de pensamento e de expressão, a soberania outorgada ao povo) e práticas que os desmentiam em permanência (escravidão, dominação colonial, expulsão de camponeses das terras comunais, guerras de religião)? Contradições de fato, mas legitimadas no pensamento: a ideia de que somente poderiam e deveriam ter acesso à liberdade os que tivessem, por censo e cultura, e até por raça e cor, a capacidade de exercê-la com sabedoria; e a ideia correlata de que a propriedade de bens era um direito absoluto e intocável e excluía, portanto, o sufrágio universal. Contradições que não apenas atormentaram a primeira fase de um ciclo histórico, mas reproduziam-se em formas diferentes, em suas sucessivas evoluções, e reduziram-se gradativamente apenas pela intervenção de novos sujeitos sociais sacrificados e pelas forças que contestavam esse sistema e esse pensamento. Se a história real da modernidade capitalista não foi linear nem univocamente progressiva, mas, ao contrário, dramática e custosa, por que o processo de sua superação haveria de ser? Era exatamente isso que queria dizer o apólogo do alfaiate de Ulm.

Todavia, em tom de brincadeira e ao mesmo tempo sério, propus de imediato a Ingrao duas questões que esse apólogo, em vez de superar, trazia à tona. Temos certeza de que o alfaiate de Ulm, se tivesse sobrevivido, ainda que estropiado pela queda desastrosa, não teria subido rapidamente para tentar de novo a experiência? E seus amigos não teriam tentado detê-lo? Seja como for, que tipo de contribuição ele efetivamente deu à história da aeronáutica?

Essas questões, relacionadas com o comunismo, eram particularmente pertinentes e espinhosas. Em primeiro lugar porque o comunismo, em sua constituição teórica, não pretendia ser um ideal em que se inspirar, mas parte de um processo histórico já em curso, de um movimento real que muda o estado de coisas existente: portanto, comportava em cada momento uma verificação fatual, uma análise científica do presente, uma previsão realista do futuro para não correr o risco de se evaporar em um mito. Em segundo lugar porque entre as derrotas precedentes e os retrocessos das revoluções burguesas, na França e na Inglaterra, e o recente colapso do "socialismo real" há uma diferença profunda. E essa diferença não se mede pelo número de mortos ou pelo uso do despotismo, mas pelo resultado: as primeiras, onde quer que tenham acontecido, deixaram uma herança talvez muito mais modesta do que as esperanças iniciais, o que é imediatamente evidente de um modo ou de outro; quanto ao colapso, ao contrário, é difícil decifrar e medir seu legado e identificar seguidores dignos.

Vinte anos depois, essas questões não apenas não encontraram resposta como nem sequer foram seriamente discutidas. Ou melhor, encontraram-se respostas, mas de uma forma muito superficial, ditada pelas conveniências: abjuração ou remoção. Uma experiência histórica e um patrimônio teórico que marcaram um século foram confiados assim à "crítica roedora dos ratos" – para usar uma expressão de Marx* –, os quais, como se sabe, são vorazes e, em ambiente propício, multiplicam-se com rapidez.

A palavra "comunista" retorna ainda, é claro, de modo obsessivo e caricatural, na propaganda da direita mais tosca. Permanece nos símbolos eleitorais dos pequenos partidos europeus para conservar o consenso de uma minoria apegada a uma lembrança ou para indicar de maneira genérica uma aversão ao capitalismo. Em outras regiões do mundo, partidos comunistas continuam governando pequenos países – sobretudo para defender sua independência contra o imperialismo –, e um deles, enorme, serve para sustentar um extraordinário desenvolvimento econômico, mas que segue outro rumo. A Revolução de Outubro é geralmente considerada uma grande ilusão, útil em certo momento e aos olhos de poucos, mas globalmente infausta (identificada com o stalinismo e com uma versão grotesca desse fenômeno) e, de todo modo, condenada por seu êxito final. Recentemente, Marx reconquistou certo crédito como pensador, por suas previsões clarividentes sobre o capitalismo do futuro, mas completamente mutilado de sua ambição de lhe dar fim.

Pior ainda, a maldição da memória tende agora a ir além: espalha-se pela totalidade dos feitos do socialismo e, em suas ramificações, pelos componentes radicais das revoluções burguesas e pelas lutas de libertação dos povos coloniais (que, como sabemos, mesmo no país de Gandhi, nem sempre puderam ser pacíficas). Em suma, "o fantasma que rondava" parece enfim esconjurado: com honra por alguns, com ódio não esquecido por outros, com indiferença pela maioria, porque não tem mais nada a dizer.

A oração mais cáustica e, de certa forma, a mais respeitosa para essa esconjuração definitiva foi antecipada por um de seus maiores adversários, Augusto Del Noce, quando, em substância, afirmou anos atrás sobre os comunistas: perderam e venceram. Perderam desastrosamente em sua ambição prometeica de mudar o curso da história, de prometer liberdade e fraternidade aos homens, mesmo sem Deus e reconhecendo-se mortais. Mas ganharam como poderoso e necessário fator de aceleração da globalização da modernidade capitalista e de seus valores: o materialismo, o hedonismo, o individualismo, o relativismo ético. Um extraordinário fenômeno de heterogênese dos fins que ele – católico conservador e intransigente – pensava ter previsto, mas que lhe dava poucas razões de satisfação.

Mas quem acreditou na experiência comunista, quem de alguma maneira participou dessa experiência, e normalmente sem dar sinal de alarme, agora tem

---

* Karl Marx e Friedrich Engels, "Prefácio", em *Contribuição à crítica da economia política* (trad. Florestan Fernandes, 2. ed. São Paulo, Expressão Popular, 2008), em Ivana Jinkings e Emir Sader, *As armas da crítica* (São Paulo, Boitempo, 2012), p. 107. (N. E.)

o dever de dar conta disso, inclusive a si mesmo, de perguntar se essa esconjuração foi feita às pressas, se é necessário outro atestado de *rigor mortis*. Todos nós temos argumentações para evitar o incômodo. Por exemplo: fui comunista porque a prioridade era combater o fascismo, defender a democracia republicana, apoiar as sacrossantas reivindicações dos trabalhadores; ou, ainda, aderi ao comunismo quando os vínculos com a União Soviética ou a ortodoxia marxista já estavam em discussão, de modo que, hoje, posso acrescentar uma autocrítica circunscrita ao passado e uma grande abertura para o novo. Não basta? Para mim não basta, porque não dá conta de uma obra coletiva que, para o bem e para o mal, abrangeu muitas décadas e deve ser considerada e compreendida em seu conjunto. Sobretudo, isso não basta para oferecer uma lição útil para o presente e para o futuro.

Hoje, ouço muitos dizerem: foi tudo um engano, mas foram os melhores anos de nossa vida. Durante alguns anos, à primeira vista, essa mistura de autocrítica e nostalgia, dúvida e orgulho, sobretudo entre as pessoas mais simples, me pareceu justificada, ou melhor, era um recurso. Mas com o passar do tempo, em particular entre os intelectuais e os dirigentes, me parece agora um compromisso confortável consigo mesmo e com o mundo. E mais uma vez, e com mais força, volto a me perguntar: existem argumentos racionais e satisfatórios que podemos contrapor à abjuração e à remoção? Ou, ao menos, existem boas razões e condições favoráveis para reiniciarmos hoje, de forma crítica, uma discussão sobre o comunismo, em vez de arquivá-la?

Parece-me que sim.

Desde o fatídico 1989, muita água – turbulenta – rolou por debaixo da ponte. As novidades proclamadas e ratificadas por aquela ruptura histórica emergiram de forma mais clara e conclusiva, e outras surgiram instantâneas e inesperadas. Desse conjunto resultou um novo equilíbrio da ordem mundial, da sociedade e da consciência de quem vive nela.

O vencedor que permaneceu em campo não era apenas o capitalismo, mas um capitalismo cuja vitória permitia reafirmar, sem mais condicionamentos coercivos, seus valores e mecanismos fundamentais, e ao qual uma nova revolução tecnológica e um salto na globalização prometiam expansão econômica impetuosa e duradoura, estabilidade das relações internacionais sob a direção, aceita ou imposta, de uma única e avassaladora potência. É claro que se poderia ainda discutir e avaliar a contribuição que os conflitos e a competição entre os dois sistemas do século passado deram à democracia e ao progresso, ou o custo que tiveram para cada um e para todos. Também se poderiam discutir as correções necessárias à nova ordem a fim de que as piores consequências sociais fossem reduzidas, para garantir transparência e honestidade ao mercado restaurado, ou ainda mitigar o unilateralismo da potência dominante. Mas o sistema já estava configurado e não podia ser contestado; ao contrário, era necessário apoiá-lo para seu bom fim, em coerência com seus princípios. E se por acaso, em um dia remoto, ele também esgotasse sua tarefa e devesse então ser superado, isso não teria absolutamente nada em comum com o que as esquerdas fizeram ou pensaram. Essa era a realidade, e todo homem político de bom senso devia reconhecê-la, ou latir para a lua.

Em poucos anos, porém, o quadro mudou profundamente. Isto também é um fato dificilmente discutível. Ressurgiram, em diversos casos e sob novas roupagens, desigualdades de renda, de qualidade de vida e de poder entre as diversas regiões do mundo e dentro de cada uma delas. Mediu-se a incompatibilidade entre o novo funcionamento do sistema econômico e a permanência das grandes conquistas sociais alcançadas havia muito tempo: *welfare* universal, emprego pleno e estável, democracia participativa nas sociedades mais avançadas e, para os povos subdesenvolvidos e os países menores, direito à independência nacional e certa tutela das intervenções armadas. Novos (e urgentes) problemas surgiram por toda a parte: além da acelerada degradação do meio ambiente, a degradação moral, que, somada ao individualismo e ao consumismo, ao invés de preencher com novos valores e novas relações humanas o vazio criado pela crise irreversível e em si libertadora das instituições milenares, aprofundou-o e transformou-o na dicotomia entre a desregulamentação e o neoclericalismo. De forma igualmente evidente e nova, a crise do sistema político avança: impotente pela decadência dos Estados nacionais, substituído por instituições estranhas ao sufrágio popular, que, por sua vez, esgotou-se com a manipulação midiática do consenso e a transformação dos partidos em máquinas eleitorais, voltadas para a reprodução de uma classe. Também no plano produtivo, as taxas de desenvolvimento estão diminuindo por ora, e o equilíbrio parece instável, algo como pouco mais do que uma conjuntura: a dominação do capital financeiro gera como filha natural a renda e, como irmã, a procura desesperada pelo lucro imediato; com isso, tira do mercado o critério do que produzir e como verificar sua própria eficiência. Por fim, e como consequência de tudo isso, o declínio da hegemonia, a multiplicação dos conflitos, a crise da ordem mundial, que é natural enfrentar mediante o emprego da força, e até da guerra, que, ao invés de resolver, agrava todos os problemas.

Admitamos que o quadro desenhado nessas poucas linhas é excessivamente fosco e, sobretudo, unilateral, e que essas tendências preocupantes são apenas os primeiros passos. Admitamos também que outros elementos – por exemplo, os recursos criados pela inovação tecnológica ou ainda a surpreendente irrupção de novos e enormes países e seus êxitos atuais – compensam ou freiam essas tendências.

E admitamos, por fim, que a nova amplitude da base social, que se beneficiou de uma acumulação precedente disseminada (ou espera beneficiar-se de um bem--estar negado até agora), ainda garante o consenso, ou ao menos gera um temor de mudanças radicais, mas incertas. Muitas vezes os comunistas cometeram o erro de fazer análises catastróficas e pagaram por isso.

Mas isso não nega o fato de que houve uma mudança, maior e muito antes do que qualquer um temia ou esperava. Não apenas para as minorias obstinadas ou sofridas, como também para o senso comum de massa, para uma intelectualidade difusa e até para certos setores da classe dominante, o futuro do mundo e da civilização não parece prometer nada de tranquilizador. Não estamos no clima político do século XX, mas também não respiramos os ares da *belle époque* (que, como sabemos, não terminou nada bem).

Não é por acaso, portanto, que em poucos anos surgiram movimentos de luta e contestação social, surpreendentes por sua extensão, duração, pluralidade de sujeitos e novidade temática. Movimentos disseminados e intermitentes, sem um projeto unitário nem organização, e por isso movimentos mais sociais e culturais do que políticos? É evidente que sim, porque nascem de situações e subjetividades profundamente diferentes e recusam a organização, a ideologia e a política que conheceram e, sobretudo, como se apresentam hoje. E, no entanto, comunicam-se incessantemente entre si, reconhecem adversários comuns a que dão nome e sobrenome, cultivam ideais e experimentam práticas que se contrapõem radicalmente à ordem existente das coisas, aos valores, às instituições, aos poderes que o encarnam em cada terreno, ao modo de produzir, consumir e pensar a relação entre classes, gêneros, países e religiões. Em certos momentos – e sobre determinados temas, como a guerra "preventiva" ao Iraque –, conseguiram mobilizar grande parte da opinião pública. Nesse sentido são movimentos plenamente políticos e que têm peso.

Podemos ficar tranquilos, então? A "velha toupeira" – finalmente livre do peso das doutrinas e da disciplina que poderiam freá-la – começou a escavar novamente e, no longo prazo, levará a um "mundo novo"? Gostaria de acreditar nisso, mas duvido.

Também nesse caso os fatos falam por si só. De um lado, é necessário encarar sem tristeza, mas também sem fingimento, como evolui, por ora, a situação real. Não é lícito dizer que evolua pouco a pouco para melhor nem que a lição das coisas esteja produzindo um deslocamento geral das relações de força a favor da esquerda. Para apontar alguns exemplos concretos: o casamento de conveniência entre a economia asiática e a norte-americana possibilitou à primeira uma surpreendente decolagem e garantiu à segunda lucros imperiais, de forma a continuar consumindo além dos próprios meios. Ao mesmo tempo, contudo, contribuiu para a estagnação da Europa, levando-a a uma nova grande crise. A guerra, em vez de estabilizar o Oriente Médio, "incendiou a pradaria". A unidade europeia, ao invés de avançar como força autônoma, recuou, acentuando sua subordinação ao modelo econômico anglo-saxão – e a sua política internacional. Na América Latina, depois de muitos anos, forças populares e anti-imperialistas governam em diversos países; na Ásia Central, entretanto, assim como no Leste Europeu, a clientela dos Estados Unidos se multiplica. Zapatero ganhou na Espanha, mas na Itália, depois de uma breve e precária vitória de uma ampla coalizão de centro-esquerda, Berlusconi voltou em versão ainda pior. Na Alemanha, o partido da democracia cristã recuperou a direção do país; na França, toda a *gauche* está em estado de confusão; na Inglaterra, o New Labour resistiu muito tempo na linha de Tony Blair e, se perder, será em proveito dos conservadores. Os sindicatos, após alguns sinais de retomada, estão em quase toda a parte presos a uma defensiva permanente, e as condições reais dos trabalhadores são pressionadas por esse quadro político, chantageadas pela crise econômica e pelos déficits financeiros.

No conjunto, podemos presumir talvez um abandono da aparvalhada política ao estilo de Bush e uma volta à política mais prudente à moda de Clinton: pouco para dar uma virada adequada aos novos e urgentes problemas do mundo. Na economia, assim como na política, não há nenhum New Deal em curso; o reformismo é invocado por todos, em todas as suas versões, mas apresenta-se pálido e evasivo. Contudo, é essa versão que fica no comando, por escolha ou necessidade.

No que diz respeito às forças que se opõem e contestam o sistema, também nesse caso podemos e devemos fazer um balanço verdadeiro, por ora não muito reconfortante. Evidentemente, é importante que novos movimentos sociais continuem ocupando o cenário, estendam-se a novas regiões, em certos casos, ou contribuam para uma mudança política e, de certo modo, chamem a atenção para problemas decisivos e sempre negligenciados: água, clima, tutela da identidade cultural, liberdades civis para as minorias (como imigrantes ou homossexuais). Seria errado, portanto, falar apenas de refluxo ou crise. Mas também seria errado falar, como se fez em certo momento, de uma "segunda potência mundial" em ato ou em construção. Porque, nas grandes batalhas em que todos se engajaram – paz, desarmamento, fim da Organização Mundial do Comércio (OMC) ou do Fundo Monetário Internacional (FMI), a taxa Tobin, as energias alternativas e o trabalho precário –, os resultados até agora foram irrelevantes, esmorecendo a iniciativa. O pluralismo revelou-se, além de um recurso, um limite. A organização, por mais repensada que seja, não pode se limitar à internet ou à repetição dos fóruns. Verdades parciais irrenunciáveis, a rejeição à política, o poder de baixo e a revolução sem poder, em vez de etapas de um percurso, correm o risco de transformar-se em uma subcultura cristalizada, em uma retórica repetitiva que impede uma reflexão sobre si mesma e sobre qualquer definição de prioridades. Por fim e sobretudo, evidentemente não por culpa deles, juntou-se aos novos movimentos outro tipo de oposição radical à modernidade capitalista: a oposição animada pelo fundamentalismo religioso ou étnico, que encontra no terrorismo sua forma extrema, mas envolve e influencia massas imponentes.

Se, entre as forças de oposição, quisermos concentrar o olhar nas forças políticas organizadas da extrema esquerda, que resistiram ao colapso de 1989, engajaram-se em tentativas de renovação e aproximaram-se dos novos movimentos e das lutas sindicais, o balanço será ainda mais modesto. Após anos de trabalho em uma sociedade em ebulição, essas forças permanecem marginais, divididas entre si e em seu próprio interior. Representam entre 3% e 10% do eleitorado e têm, portanto, de constranger-se ao dilema de escolher entre um radicalismo minoritário e acordos eleitorais dos quais suportam um fardo pesado.

Em suma, se quisermos ser sinceros, podemos dizer, parafraseando alguns clássicos do marxismo, que estamos mais uma vez diante de uma fase em que "o velho mundo pode produzir a barbárie, mas não há um mundo novo para substituí-lo". Não é difícil entender a razão desse impasse, mas é muito difícil removê-la. Neoliberalismo e unilateralismo, contra os quais se luta justamente nessa fase, são a expressão e uma das variantes de algo mais profundo e permanente, que se introduziu no sistema e radicalizou sua vocação original. Domínio da economia sobre qualquer outra dimensão da vida individual e coletiva; domínio do mercado globalizado na economia e, no mercado, domínio das grandes concentrações financeiras sobre a produção; na produção, domínio dos serviços sobre a indústria e dos bens imateriais para consumo induzido sobre as necessidades reais; declínio da política, na forma de organização de Estados nacionais, ameaçada pela compatibilidade que a atravessa e, ao mesmo tempo, esvaziada pela fragmentação e pela manipulação da vontade popular, que deveria orientá-la e sustentá-la; e, por último, unificação do mundo, mas sob o signo de uma hierarquia rigorosa, em cujo vértice encontra-se ainda uma potência avassaladora. Um sistema aparentemente descentralizado, portanto, mas no qual, em última análise, as escolhas mais importantes concentram-se nas mãos dos poucos que detêm monopólios decisivos, em ordem crescente: o tecnológico, o das comunicações, o financeiro e o militar.

Sustentando tudo isso, como sempre e mais do que nunca, a propriedade na forma de capital, em busca incessante e irrenunciável de seu próprio incremento, um processo que conquistou plena autonomia em relação ao território em que se coloca e a cada finalidade que o vincule; que, por meio da indústria cultural, pode plasmar necessidades, consciências, estilos de vida; que pode selecionar as classes política e intelectual; que pode condicionar a política externa, as despesas militares e as linhas de pesquisa; que pode, enfim, remodelar as relações de trabalho, escolhendo onde e como recrutá-lo e a forma mais adequada de minar seu poder contratual.

Em comparação com as fases precedentes, a novidade mais relevante está no fato de que, mesmo nos momentos e pelos aspectos em que entra em crise ou marca um fracasso, o sistema reproduz suas próprias bases de força e interdependência e consegue desestruturar ou chantagear seus próprios antagonistas. Convoca e ao mesmo tempo enterra o próprio coveiro. Para contrastar e superar tal sistema, é cada vez mais necessário definir um sistema igualmente coerente, assim como a força de impô-lo, a capacidade de gerenciá-lo e um bloco social capaz de apoiá-lo, além de etapas e alianças adequadas a essa ambição.

Assim como podemos e devemos nos livrar do mito da precipitação catastrófica e da conquista do poder de Estado por parte de uma minoria jacobina que se aproveita da situação, não podemos confiar em uma sucessão de revoltas dispersas ou pequenas reformas que se recompõem espontaneamente em uma grande transformação. Eis aqui por que as próprias coisas me parecem impor à esquerda, que hoje navega em uma grande confusão, uma reflexão sobre a "questão comunista". Não emprego essas palavras à toa. Digo reflexão – e não recuperação ou restauro – para realçar o fato de que uma fase histórica terminou, e a fase nova impõe uma inovação radical tanto dessa quanto de qualquer outra tradição teórica ou prática (suas origens, seus desenvolvimentos, seus êxitos). Digo comunista porque me refiro não só (ou não tanto) a textos interpretados de variadas maneiras, nos quais redescobrimos verdades ofuscadas mas permanentes, nem a intenções nobres que degeneraram. Refiro-me, especificamente e em conjunto, a uma experiência histórica que colocou de forma explícita a questão de uma revolução anticapitalista, dirigida pela classe operária organizada em um partido, que durante décadas reuniu em torno dessa obra milhões e milhões de homens, combateu e venceu uma guerra mundial, governou grandes Estados, plasmando sociedades e influenciando indiretamente os acontecimentos do mundo e, ao fim, e não por acaso, degenerou e foi duramente derrotada. Para o bem ou para o mal, ela marcou quase um século inteiro.

Fazer um balanço do comunismo do século XX, sejam quais forem as convicções de que partimos ou as conclusões a que chegamos, mas animados pela verdade, sem falsificação dos fatos, sem justificativas e sem abstração do contexto. Separar o joio do trigo, a contribuição dada a decisivos e permanentes avanços históricos a custos tremendos, as verdades teóricas intuídas pela iluminação do pensamento. Distinguir as diversas fases de uma evolução e procurar em cada uma não apenas os erros cometidos e os sucessivos elementos degenerativos, mas também suas causas subjetivas e objetivas e as ocasiões que se ofereceram realmente para seguir caminhos diferentes e alcançar o objetivo perseguido. Em suma, reconstruir o fio de uma obra titânica e de um declínio dramático, sem exibir uma neutralidade impossível e sem desculpas, mas procurando aproximar--se da verdade.

Para enfrentar esses assuntos, temos todos, hoje, o extraordinário privilégio de conhecer a conclusão dos fatos e o estímulo que nasce da consciência de estar atravessando de novo uma crise de civilização. Usar o presente para compreender melhor o passado, e entender bem o passado para orientar-se no presente e no futuro.

Se evitarmos esse tipo de reflexão, se considerarmos o século XX um amontoado de cinzas, se subestimarmos as grandes revoluções, as duras lutas de classes, os enormes conflitos culturais que o atravessaram, o socialismo e o comunismo que o animaram, ou se reduzirmos tudo a um confronto entre "totalitarismos" e "democracia" (sem distinguir as diversas origens e finalidades dos totalitarismos e prescindindo da política concreta da democracia), acredito que não apenas estaríamos deturpando a história como também faltariam à política paixões e argumentos para enfrentar tanto os dramáticos e antigos problemas – que novamente se apresentam – quanto os novos que emergem e exigem mudanças profundas e um discurso racional.

Porque o "breve século" foi uma época grande e complexa, atormentada por trágicas contradições que se remetem umas às outras e exigem, portanto, uma visão geral do contexto. Porque ele está ainda tão próximo na memória coletiva que dificulta a necessária distância crítica. Porque vai contra a corrente do senso comum que prevalece hoje e não só dá como encerrado esse capítulo da história, mas nega mais em geral o fato de que a história possa ser decifrável globalmente e no longo prazo, rejeitando assim a utilidade de lhe opor o presente e preparar categorias interpretativas adequadas. E, por fim, porque para contrastar esse senso comum, mais do que em outros momentos, seria necessário romper a continuidade, deixar surgir já a partir da leitura crítica do passado os primeiros esboços de uma análise apropriada do presente e um projeto de ação futura (essa foi a força do marxismo, inclusive nos aspectos que logo se mostraram caducos).

Ora, sei muito bem que não tenho o tempo de vida necessário, tampouco as competências e os recursos da inteligência para prestar uma contribuição importante a uma obra de tamanho porte. No entanto, sinto a responsabilidade não apenas individual, mas de toda uma geração, de contribuir com o pouco de que disponho. O primeiro passo, para mim, deve ser o trabalho de reconstrução e investigação de alguns nós cruciais na história do comunismo italiano.

Minha escolha não tem motivação autobiográfica nem é provincialmente restritiva. Ao contrário, precisamente nessa escolha, circunscrita a um objeto concreto, está implícita uma hipótese de trabalho que vai contra a corrente, compele e, no fim, quiçá, permite uma conclusão geral. Eu explico. Hoje, há duas leituras predominantes sobre o comunismo italiano, opostas entre si e cada qual com finalidades múltiplas, movidas por vertentes distintas. A primeira leitura afirma, de modo mais ou menos tosco, que o PCI sempre foi, pelo menos desde o fim da Segunda Guerra, um partido essencialmente social-democrata, mesmo sem querer e, talvez até, mesmo sem saber. A história do PCI foi uma longa marcha de autorreconhecimento, extremamente lenta, mas constante; esse atraso lhe custou uma longa exclusão do governo, mas essa identidade substancial lhe garantiu força e sobrevivência, apesar da crise. A segunda leitura afirma que, apesar da Resistência, da Constituição republicana, do papel que teve na extensão da democracia, das demonstrações de autonomia e hostilidade a qualquer hipótese insurrecional, o PCI era, em última instância, um braço da política soviética e levava no coração a perspectiva desse modelo; foi somente nos últimos anos de sua existência que ele se rendeu e mudou de identidade. Essas duas leituras não apenas são contrariadas por muitos fatos, como anulam o que de mais original e interessante houve nesses acontecimentos.

Quero mostrar, ao contrário, que o PCI foi, de modo intermitente e sem levá-la plenamente a cabo, a tentativa mais séria, em certa fase histórica, de abrir caminho para uma "terceira via", ou seja, de conjugar reformas parciais, de buscar amplas alianças sociais e políticas, de empregar com firmeza a democracia parlamentar, com duras lutas sociais, com uma crítica explícita e compartilhada da sociedade capitalista, de construir um partido fortemente coeso, militante, rico de quadros ideologicamente formados, e ao mesmo tempo um partido de massas, capaz de reafirmar sua filiação a um campo revolucionário mundial, pagando o preço, mas também conquistando uma autonomia relativa. Não se tratava de simples duplicidade: a ideia estratégica unificadora era que a consolidação e a evolução do "socialismo real" não constituíam um modelo que um dia poderia ser aplicado ao Ocidente, mas sim a bagagem necessária para realizar, respeitando as liberdades, outro tipo de socialismo. Essa tentativa explica o crescimento da força do PCI na Itália – que continuou mesmo depois da modernização capitalista – e de sua influência internacional, inclusive após os primeiros e visíveis sinais de crise do "socialismo real". Mas, ao mesmo tempo, o declínio que se seguiu e sua dissolução final em uma força mais próxima da liberal-democracia do que da social-democracia exigem que se explique como e quando essa tentativa fracassou. Ou melhor, permitem identificar as razões objetivas e subjetivas da parábola e perguntar se, como e quando houve soluções melhores para corrigi-la.

Se isso for verdade, e se conseguirmos demonstrá-lo concretamente, então a história do comunismo italiano pode não ser apenas a história de um partido, mas seria capaz de nos dizer também algo importante, seja da história da Itália republicana, seja do movimento comunista em geral; ela permitiria ainda avaliar melhor esses aspectos e compreender a fundo os limites que não foram superados. (Talvez a história especialíssima do comunismo chinês, hoje tão admirado por seu sucesso econômico, mas com um passado absolutamente inexplicado e um futuro indecifrável, tenha o mesmo interesse em um contexto completamente diferente e para quem possua a capacidade de realizá-la.)

A segunda razão pela qual concentro minha atenção no comunismo italiano tem menor importância, embora não seja irrelevante. Sobre a história dos comunistas, inclusive a dos comunistas italianos, muitos historiadores trabalharam com grande seriedade e riqueza de informações no que diz respeito ao período entre a Revolução Russa e o segundo pós-guerra, e de modo mais fragmentário e cheio de lacunas e preconceitos em relação ao período subsequente. Em ambos os casos, todavia, carece-se de um balanço geral e de uma avaliação equilibrada. Surpreendem não tanto as controvérsias, mais do que justificadas, mas a bifurcação que se criou entre a investigação acurada dos documentos disponíveis e a produção panfletária facciosa. Obviamente, isso não nos espanta, porque no trabalho dos historiadores, tanto no que concerne ao passado quanto no que concerne ao período mais recente, pesou primeiro o clima de duro confronto político e depois o improviso e o inesperado colapso: tanto um quanto o outro sugeriam, para alguns, o uso da sobriedade do especialista e, para outros, as confortáveis simplificações. Mas, acima de tudo, um obstáculo opõe-se à pesquisa e à reflexão, até para o historiador mais escrupuloso e agudo: a limitação e a difícil interpretação das fontes.

De fato, os partidos comunistas, por ideologia, forma de organização e condições em que operavam, eram pouco transparentes. O debate sobre temas fundamentais concentrava-se em sedes muito restritas e com frequência informais, cujos membros eram obrigados à discrição e, mesmo entre eles, expressavam-se por termos cautelosos, compatíveis com a preocupação com a unidade. As decisões políticas levavam seriamente em conta as orientações dos militantes e os estímulos que provinham de um debate vivo e participativo, mas no fim eram aceitas e defendidas por todos, ainda que com nuances diversas. A seleção dos grupos dirigentes respeitava as capacidades realmente demonstradas, mas efetuava-se por meio da cooptação pelo alto, em que pesava também a fidelidade. Em certos países – e em certos momentos – a comunicação externa ou com a própria base não hesitava em censurar os fatos nem em fornecer explicações muito sumárias da política adotada, porque prevalecia o objetivo de consolidar a mobilização e o consenso, ainda que em detrimento da verdade. Mas, nos casos e contextos, como na Itália, a partir da década de 1960, em que aumentou a tolerância ao dissenso – por exemplo, nos comitês centrais –, este se exprimia por uma linguagem prudente e em parte cifrada. O trabalho de arquivamento, em todos seus níveis, era muito cuidadoso, mas era também muito sóbrio – e em diversas ocasiões, voluntariamente ou por dever de ofício, autocensurado.

Nos próprios momentos de "viragem", o princípio que sempre vigorou foi o da "renovação na continuidade". Quem era afastado ou se afastava do partido – e o partido era, por escolha própria e por imposição do adversário, uma comunidade de vida – sofria um duro isolamento humano, que durante muito tempo alimentava um sectarismo recíproco. Portanto, para reconstruir a história real, sem ambiguidades e sem censuras, não é suficiente uma leitura séria dos periódicos e dos documentos da época, das entrevistas póstumas, tampouco o acesso aos arquivos finalmente abertos. É necessária também a mediação da memória de quem participou como protagonista, ou como observador diretamente informado, e que pode dizer alguma coisa a mais sobre o que os documentos ocultam ou interpretar, além do que está escrito, seu significado e sua importância. Pensemos, para dar um exemplo extremo, quanta luz poderiam ter trazido à história dos últimos quinze anos da União Soviética um balanço detalhado dos fatos e das discussões e uma avaliação ponderada, por parte de Gorbachev, quando já existiam todas as condições para fazê-lo.

Sabemos, porém, quanta insídia comporta a memória individual, porque declina com a idade ou porque, por ter compartilhado responsabilidades relevantes ou sofrido injustiças, pode se tornar seletiva ou tendenciosa. Em vez de falar da história que nossa vida nos permite conhecer para se aproximar da verdade, é fácil reler essa história com as lentes de nossa própria experiência. Não há nada de errado nisso. Ao contrário, quando feito e declarado honestamente, esse uso da memória pode ser de grande auxílio. Proust, Tolstói, Mann ou Roth contribuíram para a compreensão de sua época de modo mais agudo do que os historiadores coetâneos.

Falei, porém, em "mediação da memória" em sentido diferente. Por escolha e por necessidade. Não julgo muito interessante minha vivência e, se o fosse, não teria a capacidade de contá-la. Além disso, meu peso na política foi limitado, restrito a momentos raros e circunstanciados, exercendo-se mais por ideias – demasiado precipitadas em geral, mas recorrentes – do que por ações que tivessem bom êxito. Portanto, sinto a necessidade e a utilidade de uma memória disciplinada, com verificação documentada dos fatos, com o confronto de memórias diversas, o mais objetivo possível, como se tratasse da vida de outro, para que possamos nos aproximar de uma interpretação plausível daquilo que de fato aconteceu ou daquilo que poderia ter acontecido. A autobiografia somente intervirá se for estritamente necessária.

Desse ponto de vista, acredito ter uma condição vantajosa. Tornei-me comunista, por razões de idade, uma década depois do fim do fascismo e da resistência, mais exatamente após o XX Congresso do Partido Comunista da União Soviética (PCUS) e dos acontecimentos na Hungria, e após ter lido, além de Marx, Lenin e Gramsci, Trotski e o marxismo ocidental heterodoxo. Não posso dizer, portanto, que aderi ao comunismo para combater melhor o fascismo ou que não sabia do stalinismo e dos "expurgos". Entrei para o partido porque acreditava, assim como continuei a acreditar, em um projeto de mudança radical da sociedade do qual era preciso suportar os custos. Portanto, devo explicar antes de tudo a mim se eu tinha razão em fazê-lo. Militei no partido, nunca em posições de poder, mas em relação direta com o grupo dirigente, durante quinze anos de debate vivo e experiências importantes, do qual participei em posição de minoria, mas com certa influência e plena consciência do que acontecia. Anos decisivos sobre os quais ainda se sabe muito pouco, ou muito foi omitido e posso acrescentar alguma coisa.

Fui expulso do partido em 1970, com outros camaradas, por termos fundado uma revista, *Il Manifesto*, considerada inadmissível, porque punha em discussão o centralismo democrático, exigia explicitamente uma crítica mais definida do modelo e da política soviética e pedia um repensamento da estratégia do partido, aceitando sugestões de novos movimentos operários e estudantis. Ninguém pode me acusar de ter me calado nem de ter cultivado velhas ortodoxias. No entanto, sou obrigado, por minha vez, a perguntar por que, por quais erros e limites, tantas boas razões e análises, com frequência proféticas, permaneceram isoladas e faltaram ao objetivo.

Voltei ao PCI, com inúmeros camaradas, no começo da década de 1980, consciente dos limites de um extremismo sobre o qual nos iludimos, mas não voltei como arrependido, porque a virada do último período de Berlinguer parecia recompor muitos dos contrastes que nos haviam dividido. Estando dessa vez na direção do partido, tive conhecimento direto do processo que em um primeiro momento limitou e depois esvaziou essa virada, mostrando também seu atraso e seus limites. É um período sobre o qual ainda hoje existem grandes reticências, e a autocrítica desmedida não encontra oposição. Participei, dessa vez na primeira fila, da batalha contra a decisão de dissolver o PCI, não porque fosse demasiado inovadora, mas porque inovava na maneira e na direção errada, isto é, liquidava sem discernimento uma identidade rica, abria o caminho não só para uma social-democracia, também em crise, como para uma força liberal-democrata moderada, mandava de volta para casa um exército que ainda não havia se desbaratado e preenchia com uma pretensa "novidade" o vazio da elaboração. Depois de tudo que se seguiu, encontro-me entre os poucos que acreditam que essa operação carecia completamente de fundamento, mas isso só me obriga ainda mais a perguntar por que prevaleceu.

Participei enfim, com alguma hesitação, da construção da Refundação Comunista, porque temia que faltassem ideias, vontade e força para levar o nome a sério, ou seja, temia uma deriva maximalista e, em seguida, uma acomodação no politicismo. Afastei-me, porque continuo acreditando naquele projeto, mas não reconheço nessa organização, nem na diáspora da esquerda radical, determinação e capacidade suficientes para levá-lo adiante. Dessa história mais recente e tumultuada, quase ninguém sabe ou conhece muito, portanto o único fato de falar honestamente sobre ela pode resultar útil.

Sou, assim, um arquivo vivo, guardado no sótão.

Para uma pessoa agora idosa, isolar-se não é digno, mas, para um comunista, é o pecado mais grave do qual deve prestar conta. O "último dos moicanos" pode ser um mito; o comunista sozinho, e zangado, corre o risco de se tornar ridículo, se não se afastar.

Mas se o pecado (perdoem-me a irônica concessão à moda e à conveniência que hoje leva muitos a procurar Deus) abre o caminho para o Senhor, o próprio isolamento poderia permitir um distanciamento proveitoso. Não posso afirmar que "eu não estava", "eu não sabia"; ao contrário, eu falei quando era incômodo falar, portanto tenho a liberdade de defender o que não se deve renegar e perguntar o que se podia fazer ou ainda se pode fazer para além do *bric-à-brac* da política cotidiana.

Não é correto dizer que a história passada dos comunistas, e de todos, já estava predeterminada, assim como não é verdade dizer que o futuro está nas mãos dos jovens que virão. A "velha toupeira" escavou e continua escavando, mas, como é cega, não sabe de onde vem e para onde vai, ou se anda em círculo. Quem não quer ou não pode confiar na providência deve fazer o que pode para entender e assim ajudar.

Valentino Parlato e Lucio Magri.

1. A HERANÇA

ESTE livro não quer e não pode ser uma história acabada e específica do PCI, ainda que constitua seu campo de investigação privilegiado. Ele é muito menos que isso, mas também algo mais.

É muito menos porque se concentra em um período preciso – da viragem de Salerno* aos anos 1990 –, no qual a particular identidade cultural e política do PCI definiu-se melhor, quando o partido, por sua força e capacidade, exerceu importância relevante na Itália e no mundo. É mais porque escolhe e isola alguns momentos decisivos desse período para integrar uma informação gravemente carente com a ajuda da memória pessoal ou, de todo modo, diretamente registrada. Ou para corrigir interpretações e avaliações, inserindo-as o mais possível no contexto histórico geral e usando a retrospectiva – e a reflexão estimulada por ela – para trazer algum elemento não arbitrário à chamada "história contrafactual" e dar alguma sugestão sobre o presente e o futuro.

No entanto, gostaria de fazer algumas considerações tanto sobre os acontecimentos gerais e concretos que levaram ao nascimento do PCI, constituíram

---

* Com "viragem de Salerno" (*svolta di Salerno*), entende-se a decisão de Togliatti, em 1944, de aceitar a proposta de um governo de unidade nacional, composto tanto pelas forças antifascistas, sob a direção de Badoglio, quanto pela monarquia. Essa decisão foi contestada pelo grupo dirigente comunista e por outros partidos que compunham a frente antifascista, pois consideravam que a presença dos monarquistas era uma capitulação. Togliatti aceitou adiar para depois do fim da guerra, e por meio de um referendo, a questão institucional e conseguiu impor três condições: instituição de um governo de unidade nacional, com expressão de todos os partidos da frente antifascista em paridade de condições; convocação de uma Assembleia Constituinte eleita por sufrágio universal; e um programa de governo, estabelecido pelos partidos de massa, para responder às emergências econômicas provocadas pela guerra. (N. T.)

seus recursos e opuseram seus limites quanto sobre o patrimônio cultural que se oferecia a sua tentativa de inovação. Organizei essas considerações preliminares em dois grupos claramente distintos, cada um com um título intencionalmente provocador: "O fardo do homem comunista", que não oferece descobertas originais, apenas recupera fatos históricos conhecidos, recentemente omitidos ou adulterados pela memória coletiva e pela própria cultura oficial; e "O genoma de Gramsci", isto é, a extraordinária e subterrânea mina de ideias que Gramsci ofereceu ao PCI, explorada de maneira fecunda mas parcial e segundo conveniências.

O fardo do homem comunista

1. No último quartel do século XIX, e até as vésperas da Primeira Guerra Mundial, surgiu na Europa, mas não só, um novo sujeito social, político e cultural bem definido. Ele carregava nos ombros uma longa e tumultuada gestação: momentos admiráveis de insurgência revolucionária (1848, a Comuna) que terminaram em derrotas dolorosas e árduos conflitos ideológicos, nunca completamente superados (anarquistas, neojacobinos, socialistas utópicos etc.), além de experiências práticas diversas (sindicais, cooperativistas, comunitárias), tudo isso inserido e moldado em contextos nacionais muito diferentes entre si. Ao fim, porém, surgiu um protagonista indiscutivelmente hegemônico, o socialismo de orientação marxista, organizado em partido e vinculado a sindicatos, cooperativas, jornais, revistas de abrangência nacional e com explícitas e trabalhosas ligações internacionais: a Segunda Internacional. Não há dúvidas quanto a sua legítima paternidade. A Segunda Internacional nasceu de um encontro historicamente determinado. De um lado, uma nova classe, bem definida na relação entre capital e trabalho assalariado e cujo desenvolvimento econômico rapidamente produzia e excluía. Essa classe, naquele exato momento, concentrava-se na grande indústria, era capaz de reivindicações e lutas coletivas e, ao mesmo tempo (tendo por trás dela a Revolução Francesa), não era mais uma plebe indistinta e resignada, pois possuía uma confusa consciência de seus direitos sociais e políticos. De outro lado, um pensamento forte, o marxismo, que por sua vez tinha raízes na herança a um só tempo reconhecida e criticada da cultura moderna, oferecia a esse novo sujeito social não apenas um apoio genérico, mas robustas ferramentas intelectuais para compreender as razões estruturais de seus sofrimentos, para decifrar e inserir-se em uma interpretação geral da história, para dar fundamento e tornar plausível um projeto de transformação geral do sistema, e chamava-o assim a prover-se de uma organização política e assumir o papel de futura classe dirigente. Tal encontro foi repleto de obstáculos e controvérsias, mesmo depois dos princípios organizativos e mesmo entre os que se

declaravam sinceramente marxistas. Controvérsias teóricas (desde o "marxismo de cátedra", influenciado pelo mecanicismo positivista ou pela ética kantiana, até o economicismo trade-unionista) e controvérsias políticas (sobre o sufrágio universal, a importância do Parlamento, o colonialismo, a questão operária). Não é necessário nos prolongar, pois existe uma vasta literatura sobre isso, mas sobretudo porque as controvérsias não impediram que esse sujeito definisse, mesmo à custa de mediações e ambiguidades, uma identidade cultural e uma direção política unitária.

Mas parece-me útil relembrar – porque obscurecido pelas sucessivas e cada vez mais ásperas divisões e quase esquecido hoje – o êxito que essa tentativa alcançou no período de sua decolagem, ou seja, sua extraordinária ascensão, em todas as vertentes, no decorrer de pouco mais de vinte anos e os resultados obtidos, muitos dos quais permanentes. Conquistas políticas: ampliação substancial, em muitos países importantes, do acesso ao voto, da liberdade de expressão, de imprensa e de organização, ainda que à custa de cruentas repressões, prisões e exílios. Conquistas sociais: redução do horário de trabalho, direito a "coalizões de trabalhadores", ou seja, à contratação coletiva, os primeiros passos para a assistência médica e previdenciária e da tutela das mulheres e das crianças, educação básica obrigatória. Crescimento organizativo (quase um milhão de filiados na Alemanha) e eleitoral (por volta de 1910, a social-democracia obteve na Alemanha, mas não só ali, mais de 35% de votos, tornando-se o primeiro partido no Parlamento). Por fim, sucesso cultural: o marxismo chegou às universidades (depois de ter permeado as fábricas, as prisões e até a Sibéria), formando grupos dirigentes de grande valor e obrigando os intelectuais que se opunham a ele a contestá-lo com seriedade. E também certa insurgência revolucionária contra os Estados autoritários, derrotada mas não inútil, como na Rússia em 1905, ou vitoriosa, como no México. Uma ascensão tão rápida e surpreendente tinha uma unidade de fundo que, para além das dissensões do passado ou daquelas em gestação sobre algum ponto, era suficiente para definir uma identidade e mobilizar grandes esperanças em grandes massas. Não havia socialista, por mais reformista e gradualista que fosse, que não acreditasse na necessidade e na possibilidade de uma superação do sistema capitalista como objetivo final de seu engajamento. Não havia socialista, por mais revolucionário e impaciente que fosse, que negasse a importância das batalhas parciais como instrumento para, em caso de vitória, melhorar as condições de vida dos trabalhadores – ou ao menos, em caso de derrota, se bem disputadas, para adquirir um grau mais elevado de consenso e mobilização para a própria causa. Finalmente, não havia socialista que negasse a necessidade de uma organização política permanente e estruturada, com uma conotação de classe precisa, e como sede para formar uma consciência de classe. Nesse contexto, portanto, as palavras socialista e comunista não se apresentavam como divergentes, ou mesmo inconciliáveis; apenas designavam a diferença e a complementaridade entre uma fase de transição, mais ou menos longa, e o destino a que essa transição deveria levar.

Basta a simples reconstrução da memória dessa fase fundadora para dizer algo importante sobre as muitas tolices que atormentam a discussão nos dias atuais, sobretudo no que diz respeito à contribuição fundamental do movimento operário marxista para o nascimento da democracia moderna, em suas feições essenciais e distintivas – soberania popular, nexo entre liberdade política e condições materiais que a tornem exercível –, e à importância do nexo entre organização, pensamento estruturado, participação de massa para transformar uma plebe ou uma multidão de indivíduos em protagonista coletivo da história real, mas igualmente, por fim, sobre o absurdo que é preencher hoje o vazio de análises e teorias com ideias já desgastadas e derrotadas há um século, como o anarquismo, ou usar palavras antigas, como social-democracia, para indicar ideias e escolhas completamente diferentes daquelas para as quais nasceram.

2. Em poucos anos, porém, esse movimento que parecia destinado a tornar-se uma "potência" despencou em uma crise vertical, despedaçando-se em mil fragmentos. Por quê? Porque se chocou com um acontecimento tão tremendo quanto difícil de ler e governar: a Primeira Guerra Mundial.

Parece estranho, mas é revelador o fato de que, ainda hoje, o aceso debate sobre o século XX, e em particular sobre seus aspectos mais trágicos, tenha transcurado ou marginalizado esse momento histórico fundamental e "constituinte" de todo o século. Na verdade, a incapacidade de elaborar uma explicação convincente para essa guerra, suas causas, seu alcance e suas consequências não é surpreendente em si. A geração que vivenciou e participou dela com convicção pôde avaliar concretamente a tragédia: milhões e milhões de mortos e inválidos, economias arruinadas, Estados e impérios liquidados, em particular nos países derrotados, mas por toda a Europa, atingiram a sociedade inteira, envolvendo quase todas as camadas sociais, demolindo certezas e culturas que pareciam consolidadas. A surpresa foi grande para todos, porque as razões e a responsabilidade para tal desastre pareciam inexplicáveis na época: não havia crise econômica ou social que obrigasse um conflito militar daquela dimensão e daquele custo; a partilha colonial do mundo estava quase concluída por meio de mediações aceitas; a competição entre as potências pela hegemonia, ainda que evidente, ocorria no campo financeiro e tecnológico. As classes dominantes, embora engajadas havia algum tempo no rearmamento com fins demonstrativos, não previam nem desejavam uma guerra mundial; as alianças entre elas pareciam casuais e contraditórias e, até o último momento, elas relutaram em dar o passo decisivo. Mas, depois, a centelha de Sarajevo e uma conjunção, quase casual, de provocações levianas precipitaram uma guerra mundial, transformada em "guerra total" pelos novos armamentos e com características nunca vistas antes. E grandes massas participaram dela, com plena convicção de "defender sua pátria e sua civilização", suportando o papel de "carne de canhão". Essa consciência dupla e contraditória ("a guerra como acidente", ou "a guerra de defesa contra o agressor") marcou por muito tempo a memória coletiva, para a qual a grande intelectualidade também contribuiu. Mais tarde interveio, com postura crítica, mas limitada, a teoria – Croce é um exemplo disso – do parêntese da "irracionalidade". Por fim, prevaleceu a leitura da Primeira Guerra Mundial como uma luta entre as "democracias" ocidentais (que nesse momento representavam também as maiores potências coloniais) e os impérios autocráticos (pena que o kaiser e o czar tenham combatido em campos diferentes e os estadunidenses só tenham interferido na última hora). É esta a leitura hoje adotada: a Primeira Guerra Mundial como antecipação de um confronto que se propôs novamente na Segunda Guerra Mundial e na Guerra Fria (não por acaso, um presidente da República italiana, uma pessoa corajosa, chamou recentemente de "quarta guerra de independência" aquele primeiro conflito mundial, que um papa havia definido justamente como "inútil carnificina"). Seria interessante aprofundar esse discurso, dedicando-o aos que eximem o capitalismo e o liberalismo da responsabilidade de representar a face obscura do século XX, e mesmo dos laços que o unem à atual teoria da guerra preventiva. Mas isso nos levaria longe daquilo que nos interessa: as consequências da Primeira Guerra Mundial para o movimento operário marxista, para suas divisões e metamorfoses, para o nascimento do comunismo. Honestamente, não podemos dizer que o movimento operário tenha sido pego de surpresa. Ao contrário, já na passagem do século desenvolveu-se uma discussão que não só dava cada vez mais destaque ao tema da guerra, como ia diretamente ao cerne do problema, investigava as causas e relacionava-as com uma leitura geral da fase histórica, com uma seriedade de análise e com um empenho teórico cujo nível nos dá saudade.

Quem repete ritualmente que o marxismo sempre esteve preso a um esquema e, por natureza, foi incapaz de colher as contínuas transformações do sistema que combatia pode encontrar aqui um dos possíveis desmentidos: refiro-me ao grande debate sobre o imperialismo, em que o problema da guerra era parte e conclusão das diversas análises sobre a grande transformação do capitalismo nas últimas décadas. Essa transformação já obrigava a reconsiderar muitas das previsões contidas no *Manifesto Comunista** de Marx e as estratégias ligadas a ele, investia e relacionava fenômenos diversos e contraditórios. Somente para citar os mais importantes: o salto tecnológico, representado na época pela introdução sistemática das novas ciências na produção (química, eletricidade, sistemas de

---

*   São Paulo, Boitempo, 1998. (N. E.)

comunicação a distância, mecanização agrícola); a nova composição social, determinada pela concentração do trabalho operário em grandes instalações industriais e pela diferenciação de suas capacidades profissionais, à qual se seguiu o declínio da classe dos artesãos e dos comerciantes, mas também o crescimento de uma nova e não menos numerosa camada média, ligada às funções administrativas e principalmente às funções públicas; a abertura de um espaço maior para as concessões salariais, oferecidas em parte pela renda decorrente de uma exploração colonial menos primitiva; a financeirização da economia por meio de sociedades acionárias e grandes trustes sustentados pelos bancos. E, ainda, a educação geral, que reduziu o analfabetismo dominante e criou barreiras de classe menos rígidas; a rápida aceleração das trocas comerciais mundiais e a exportação de capitais para além das fronteiras dos impérios, que relançaram a competição pela hegemonia, impulsionaram o rearmamento e aumentaram o peso político das castas militares para sustentá-la; e, por último, a ampliação do sufrágio, que impunha e permitia a busca e com frequência a obtenção de consenso por meio de novos instrumentos ideológicos, como o nacionalismo e o racismo.

Boa parte dessas mudanças foi percebida pelos grupos dirigentes do movimento operário com uma seriedade e um compromisso científico invejáveis, mas levou-os a interpretações diferentes e a conclusões não cristalizadas de início, mas cada vez mais divergentes (Lenin, Rosa Luxemburgo, Hilferding, Kautsky, Bernstein e, com eles, intelectuais e operários, partidos e facções, sindicatos). De um lado, o novo capitalismo foi visto como uma confirmação da possibilidade de uma via gradual – no geral indolor – para o socialismo, quase como um êxito natural do desenvolvimento, do qual se deduzia a prioridade do parlamentarismo e do trade-unionismo; autoritarismo e guerra poderiam intervir no percurso, mas era possível evitá-los e, de qualquer maneira, não poderiam interrompê-lo. De outro lado, o imperialismo era visto como fase suprema e putrescente do capitalismo, o início de uma degeneração: a concentração do poder efetivo por trás da máscara de um parlamentarismo desacreditado e corrupto, desenvolvimento cada vez mais desigual do mundo e antagonismo entre as grandes potências, impelidas a procurar fora delas respostas para as crises recorrentes de subconsumo, a unir ao seu redor, pelo furor patriótico, as vacilantes camadas médias e a isolar a classe operária e os camponeses. A guerra, nesse caso, entrava no cômputo, denunciando o caráter imperialista e oferecendo uma ocasião revolucionária ou, ao contrário, arrastando para uma inútil carnificina. Nenhuma das partes, porém, acreditava na iminência da guerra e, por motivos opostos, não pensava que esta mudaria profundamente o curso das coisas. Por isso, foi possível a todo o movimento socialista assumir um solene compromisso contra a guerra, mas não foi possível realizar uma campanha de mobilização das massas que talvez, dada a incerteza dos governos, pudesse ao menos adiá-la ou permitisse não envolver-se.

Mas quando a guerra, aquele tipo de guerra, estourou, arrastou consigo o mundo e derrubou a Segunda Internacional. A maioria dos mais importantes partidos que a compunham (com a tímida exceção do Partido italiano) traiu o compromisso que havia assumido de opor-se a ela e denunciá-la. Lenin ficou isolado. Não gosto da palavra "traição", e sua obsessiva repetição revelou-se mais tarde uma grande barreira para qualquer tentativa de diálogo ou convergência, possível e necessária; naquele momento, porém, ela tinha fundamento. Não me refiro apenas ao voto dos parlamentares social-democratas sobre o crédito de guerra e o apoio aos governos beligerantes nem à passividade ou, antes, ao estímulo que os grupos dirigentes deram ao furor patriótico de seus militantes e eleitores, ao equívoco da defesa da pátria, que se tornou então desejo de vitória. Refiro-me ao fato de que, mesmo quando os povos começaram a abrir os olhos diante dos mortos, da fome e do uso cínico da "carne de canhão" por parte da casta militar – e não só nos países derrotados –, o que gerou desilusão, raiva, deserção e greves mesmo depois do fim da guerra, os grupos dirigentes mantiveram o acordo com os aparelhos burocráticos e com a casta militar para garantir sua continuidade e chamá-los para "garantir a ordem". Rechaçaram tanto uma improvável revolução quanto uma tentativa séria de democratização política e reformas sociais, ou seja, romperam com as próprias raízes. E pagaram um preço por isso: como força política e pensamento, aquela que ainda se chamava social--democracia permaneceu décadas marginalizada, dividida, impotente, e somente depois da Segunda Guerra Mundial recuperou um papel importante, mudando substancialmente sua identidade socialista para liberal-democrata, ala esquerda, para o bem e para o mal, no campo ocidental.

Por outro lado, quem estava certo sobre a guerra, quem esperava ver nas insurgências populares o êxito de uma revolução socialista, teve de constatar a própria minoria, procurar atalhos e sofrer derrotas e repressões no Ocidente europeu, reagrupar-se em torno do pensamento leninista (apelo convincente e, ao mesmo tempo, revisão profunda do marxismo original) e da única herança efetiva que a guerra havia deixado: a revolução, em um grande país atrasado e destinado a um longo isolamento, a Rússia. Aqui, portanto, nasceram a força e a atração, assim como as dificuldades e os limites, de um novo sujeito político que decidiu chamar-se de *comunista* e ambicionou um papel mundial, que de fato exerceu durante muitas décadas.

Chegamos assim ao tema mais controvertido, mas inelutável, de uma nova reflexão sobre a questão comunista. O tema que marca o limite extremo entre revisão, crítica e abjuração e, paradoxalmente, permaneceu marginalizado e implícito no debate historiográfico e político dos últimos anos: a leitura e a avaliação da revolução bolchevique e sua consolidação em um grande Estado e em uma organização internacional.

Foi uma escolha infeliz que desde sua origem carregava em si os cromossomos das piores degenerações e, no fim, depois de ter causado graves prejuízos, dissolveu-se? Se assim for, não é necessário fazer uma análise minuciosa ou reconstruir o processo histórico em seu contexto: basta identificar esses cromossomos, passar a palavra ao fato da derrota final, entregá-lo ao trabalho acadêmico e politicamente arquivá-lo. O "impulso" da Revolução de Outubro nunca se esgotou, simplesmente porque nunca existiu. Ou a Revolução Russa foi um grande evento propulsor para a democracia e para a civilização, mas foi traída sucessivamente pelo poder pessoal e pela burocratização, sem relação com o contexto histórico que a originou e em que se colocava? Nesse caso, bastam uma vigorosa denúncia do stalinismo, uma franca crítica de quem não o condenou na época e a bravura do antifascismo para sentir-se livre para começar do princípio, em "um mundo novo".

Minha investigação sobre o comunismo italiano na segunda parte do século pretende contribuir com uma análise mais séria e circunstanciada daquilo que a Revolução Russa pôs em movimento. Mas eu não poderia nem sequer começá-la – pois resultaria adulterada – sem um breve esboço dos acontecimentos dessa fase: os anos entre as duas guerras. Porque, precisamente sobre esses anos, acumularam-se censuras e equívocos na memória que devemos eliminar. E porque, nesse acontecimento, o comunismo italiano encontrou tanto os recursos quanto os limites para a construção de um grande partido de massas e para a busca de uma peculiar "via para o socialismo".

3. A Revolução Russa não teria acontecido, nem teria resistido, sem Lenin, tampouco sem o partido bolchevique, sem ter se assentado na classe operária (minoritária, porém concentrada) ou sem o nível e a solidez de seu grupo dirigente, não dividido, mas antes ampliado pela confluência do grupo trotskista e pela volta de tantos exilados formados em vários cantos da Europa. Mas a revolução também não teria acontecido sem a guerra mundial. A desagregação do Estado autocrático, a fome nas cidades, os milhões de camponeses arrancados de suas aldeias para combater, a insurgência dentro de um exército derrotado e a deslegitimação do comando é que a tornaram possível. Os sovietes não foram invenção de um partido, mas principalmente um impulso organizativo, induzido pela necessidade e pela raiva; carregavam nos ombros a experiência de 1905 e assistiram internamente a uma luta efetiva pela hegemonia, na qual se afirmou uma autoridade reconhecida e tomou forma um programa. Lenin, mesmo já tendo elaborado a teoria do desenvolvimento desigual e, portanto, da ruptura a partir dos elos mais fracos da cadeia, resistiu longamente à ideia de que essa ruptura pudesse assumir um caráter socialista, e muito menos consolidar-se, em

um país econômica e culturalmente atrasado (por isso refutou a ideia trotskista de revolução permanente). Ainda nas fases iniciais da guerra, estava convencido de que a Rússia deveria e poderia ser o ponto de implantação de um jogo cujo resultado seria definido no Ocidente, onde o socialismo podia contar com bases "mais sólidas". Foi dele a decisão de conquistar imediata e diretamente o poder de Estado, e contra muitas hesitações de seus companheiros, quando não só o poder existente atravessava uma crise insolúvel. A maioria do povo queria firmemente a República, a terra, a paz imediata que os partidos liberal-democratas não queriam nem podiam conceder. O poder dos sovietes e a conquista do Palácio de Inverno aconteceram sobre esse "programa mínimo", ao qual se somou a nacionalização dos bancos, local e instrumento do capital estrangeiro. Não havia alternativa à revolução, a não ser a restauração do poder autocrático ou a queda na anarquia e na dissolução da unidade em um Estado multinacional. E, de fato, tudo aconteceu de forma relativamente incruenta (os feridos foram menos numerosos na tomada do palácio do que na reconstrução sucessiva do evento para um filme). E a revolução gozava de amplo consenso na população, tanto quanto podia ser em um país imenso, disperso, analfabeto e unido apenas pelo mito de um czar e por uma religião supersticiosa. Nada a ver com um ato jacobino, por parte de uma minoria que, aproveitando a ocasião, conquistava o poder. A revolução se ateve ao programa, inclusive contrastando forças mais radicais, como no caso da paz de Brest-Litovsk.

O que plasmou, então, o novo poder (deterioração dos sovietes, sistema monopartidário, limitação das liberdades, execução da família real, polícia secreta)? Tratou-se da vocação autoritária do leninismo, como se diz hoje, ou a coerente e extrema aplicação de certos conceitos formulados abertamente por Marx ("violência como parteira da história", "ditadura do proletariado")? Isso não me parece verdadeiro, tampouco me parece uma parte secundária da verdade. Basta reler e comparar dois breves ensaios de Lenin, escritos com pouco tempo de diferença um do outro, para se dar conta disso: *O Estado e a revolução**, em cujo centro reside a ideia de uma democracia (que, de todo modo, continua sendo uma ditadura, como qualquer Estado), mas assume um caráter mais avançado, porque é fundada em instituições participativas diretas, representa a maioria do povo e garante o conteúdo de classe do novo Estado; e *A revolução proletária e o renegado Kautsky***, em que a ditadura proletária aparece, ao contrário, "sem limites" e a instância democrática é absorvida pelo partido que a representa e organiza.

---

* São Paulo, Hucitec, 1983. (N. E.)
** São Paulo, Ciências Humanas, 1979. (N. E.)

Dois eventos fundamentais tiveram um papel decisivo. Em primeiro lugar, a longa e terrível guerra civil, que contou com uma extraordinária participação de massa, confirmou a legitimidade da revolução, mas devastou completamente o país, tanto ou talvez mais do que a guerra mundial. Essa guerra civil não foi provocada nem combatida pelas forças liberais ou burguesas, mas, da maneira mais cruenta, pelos exércitos czaristas em nome da restauração, predominantemente com o recrutamento das populações que sempre conduziram as repressões imperiais e com o apoio dos governos inglês e francês. A guerra civil foi vencida pelos bolcheviques, à custa de uma dura militarização, e deixou para trás o caos em todos os setores da produção: o campo foi obrigado a produzir para se sustentar, as cidades sofreram com a fome, o proletariado industrial foi dizimado e dispersado, as camadas tecnicamente mais qualificadas emigraram (com exceção de uma parte que foi atraída para a causa revolucionária, e que o Exército Vermelho cooptou sem demora). Mesmo a simples organização da sobrevivência levou a um exercício duro e centralizado do poder.

Segunda novidade: o esgotamento do movimento de massas, que no Ocidente, em particular na Alemanha, pareceu brevemente anunciar uma possível revolução, mas logo se mostrou minoritário no conjunto da sociedade. Não tinha nem objetivos claros, nem direção política firme, nem quadros; manifestou-se em diversas ocasiões, mas em revoltas dispersas e ocasionais, facilmente reprimidas pelos aparelhos militares ainda vigentes e pelos corpos de voluntários nacionalistas. Execuções sumárias e assassinatos seletivos (desde Rosa Luxemburgo até Rathenau) foram empregados para barrar o caminho não só de uma revolução que não existia, mas também da democratização política e das limitadas reformas sociais. Já nesse momento pesou a insensata imposição do tratado de Versalhes e a arrogância dos vencedores em administrá-lo.

Assim, todo o quadro mudou: além da urgência da reconstrução, a Revolução Russa tinha de enfrentar os problemas da acumulação primitiva, da organização de um Estado que quase não existia e agora estava destruído, da alfabetização de 80% da população, em total e ameaçador isolamento. Lenin compreendeu, ao menos em parte, a realidade. Liquidou secamente os entusiasmos e os furores do comunismo de guerra, impôs a nova política econômica (NEP), que teve sucesso imediato, e iniciou uma política externa prudente, que depois levou ao Tratado de Rapallo. Chegou a propor uma colaboração econômica para garantir a propriedade dos investimentos das empresas capitalistas estrangeiras na Rússia (imediatamente recusada). Por fim, já quase no leito de morte, manifestou a própria hostilidade contra a concentração do poder nas mãos de um líder.

Mas a gravidade do problema persistia: a consolidação de um Estado e de uma sociedade socialista, contando unicamente com as próprias forças, por um período provavelmente longo, em um país atrasado. Estaria eu tentando justificar cada aspecto da Revolução Russa como consequência necessária de fatores objetivos e avassaladores, negar análises e teorias falhas, erros políticos macroscópicos e evitáveis, que a marcaram desde a sua origem e de modo permanente? Muito pelo contrário. Tento explicar, ou talvez apenas explicar a mim mesmo, por meio dos fatos, a dinâmica do processo, colocá-la em contexto e medir, junto com as dificuldades, os sucessos que desde o início, e durante um longo período, esse azarado processo obteve (assim como se fez, e como eu mesmo fiz, pela reconstrução da decolagem da modernidade burguesa, suas conquistas e seus erros). No caso presente: um desenvolvimento econômico rápido, ininterrupto durante décadas (inclusive no período da grande crise mundial dos anos 1930), uma primeira aculturação de massas interminável, a mobilidade de baixo para cima, a redistribuição da renda, mesmo em uma situação de dura pobreza, a garantia de assistência social elementar para todos, uma política externa prudente e não agressiva, em suma, tudo que, nesses longos anos, serviu para a construção de um amplo consenso e a mobilização interna e, apesar de tudo, simpatia e prestígio externo. Não quero omitir certos erros que poderiam ter sido evitados desde o início e pesaram por muito tempo, que não foram corrigidos quando era mais fácil e que hoje é útil reconhecer, além de necessário. O primeiro erro, para o qual o próprio Lenin abriu caminho, foi a obsessão pela "linha justa", pela centralização das decisões no vértice da Terceira Internacional, até nos detalhes da tática, aplicada a situações muito diferentes. Isso induziu desde o início a Internacional Comunista a decisões que, além de gravemente erradas, eram oscilantes, como, por exemplo, a gestão extremista da política na Alemanha (da qual foram diretamente responsáveis Zinoviev e Radek), ou a gestão chinesa, iniciada em entendimento com o Kuomintang, até o momento em que este começou a exterminar comunistas. Com o tempo, consolidou-se o hábito, aceito pelos vários partidos nacionais, de aplicar ao pé da letra e sem mediações as diretivas do partido principal, como aconteceu no caso do pacto Molotov-Ribbentrop. Comprometia-se assim um dos melhores ensinamentos estratégicos da Revolução Russa, ou seja, a capacidade de uma análise determinada de uma realidade determinada.

O segundo erro fundamental diz respeito à decisão – tomada no fim da NEP e com o objetivo de sustentar uma rápida porém necessária industrialização – de coletivizar o campo à força. Ao invés de levar a um crescimento da produção agrícola, que poderia gerar recursos para a industrialização por meios aceitáveis e reciprocamente convenientes, essa escolha, além dos trágicos custos humanos, transformou para sempre a agricultura em um estorvo para a economia soviética. O planejamento centralizado e a contenção dos *kulaks* podiam até ser necessários; coisa muito diferente eram o planejamento e a coletivização precipitados, inclusive da pequena propriedade, ou as deportações em massa.

Um terceiro erro corrigido com atraso fatal, mas para o qual o próprio Lenin havia aberto o caminho, foi apontar como principal inimigo, dentro do movimento operário, o chamado "centrismo" (Kautsky e Bernstein em ruptura com a direita, o socialismo austríaco, o maximalismo socialista na Itália). Com certeza, a social-democracia contribuiu para esse erro: compromissos traídos, concessões renegadas, alianças sem princípios; mas não admitir intervir na vasta área de forças ainda incertas, por vezes disponíveis como interlocutoras, impor a essas forças um precipitado "ou aqui ou lá", propor exclusivamente uma frente única de baixo que as excluía, levou a um sectarismo e a uma autossuficiência que nem mesmo o surgimento do fascismo conseguiu superar, antes que fosse tarde demais. E Stalin não foi mais responsável por todos esses erros do que seus opositores.

Se não considerarmos ambas as faces da Revolução Russa, e da primeira década de sua consolidação, é impossível decifrar a fase ainda mais contraditória da década seguinte, o momento da prova mais dura, a tarefa mais relevante: a resistência ao fascismo e a Segunda Guerra Mundial. A tese central do atual revisionismo histórico, que penetrou na memória difusa e alterou-a profundamente, considera o fascismo uma resposta insana e delirante à ameaça iminente do bolchevismo. Uma tese sem fundamento. O fascismo na Itália nasceu do tema da vitória traída e iniciou sua campanha de violência "contra os vermelhos" quando a ocupação das fábricas já estava concluída – e, aliás, nem remotamente se orientava para uma "revolução" –, as revoltas camponesas já não ocorriam, ou eram apenas episódios isolados, o Partido Socialista Italiano (PSI) estava confuso e encaminhava-se para várias cisões e o sindicato era liderado pela ala mais moderada. O fascismo encontrou patrocínio no patronato e cumplicidade da guarda real, enquanto a Igreja concluía um pacto com os liberais e olhava com suspeita para o novo partido de Sturzo*. Mussolini apresentava-se, portanto, como a garantia definitiva da ordem. Por fim, chegou ao governo sem nenhuma situação de emergência, por investidura do rei e contando com o apoio direto, no Parlamento, das forças conservadoras tradicionais (e, em certo momento, até mesmo de Giolitti e Croce), que pensavam usá-lo e domá-lo para restaurar a antiga ordem oligárquica do poder.

Na Alemanha, o nazismo – marginal e derrotado durante todo o período em que a turbulência da esquerda foi reprimida pelos governos social-democratas, por um exército reconstruído e politicamente ativo e por uma maioria parla-

---

* Dom Luigi Sturzo fundou o primeiro partido católico de massas da Itália, o Partido Popular Italiano. (N. T.)

mentar decididamente conservadora – cresceu subitamente com a onda do nacionalismo ressuscitado e da crise econômica agravada pelas duradouras sanções de guerra. A violência seletiva das Sturmabteilungen (SA) e o antissemitismo recebiam apoio explícito dos de cima. Em 1932, obteve o ápice dos votos, mas encontrava-se de novo em queda quando Hitler foi nomeado chanceler de Hindenburg, com a cumplicidade de Von Papen e de Brüning e com o firme apoio do estado-maior prussiano. Na Hungria, Horty chegou ao poder quando a "república dos sovietes" de Béla Kun já havia sido reprimida. Mais tarde, na Espanha, Franco desencadeou uma guerra civil contra um governo democrático moderado, legitimado pelo voto, e entre as massas, mais do que os "bolcheviques", pesavam os anarquistas.

Não resta dúvida de que, em todos esses casos, os comunistas tinham alguma responsabilidade por não ter visto a gravidade e a natureza do perigo e por não ter construído – ou melhor, por ter impedido, com a teoria do social-fascismo – a unidade das forças que deveriam e poderiam detê-lo. Mas a responsabilidade das classes dirigentes no nascimento do fascismo foi bem maior: por ter disseminado culturas, exacerbado feridas que constituíam suas próprias premissas, por ter favorecido e legitimado o movimento não com o intuito de enfrentar uma ameaça maior, mas para desenraizar qualquer possível contestação da ordem social e imperial existente. De todo modo, em meados dos anos 1930, quando a tudo isso se somou a crise econômica, o fascismo já prevalecia em grande parte da Europa e manifestava claramente não apenas a própria essência autoritária, como a própria vocação agressiva. Esse foi o momento mais trágico da história do século XX e, nesse contexto, tiveram origem tanto a extraordinária e positiva ascensão da União Soviética quanto os germes de seu possível declínio.

Os partidos comunistas enfrentavam sérias dificuldades por toda a parte, mas sobretudo no Ocidente: enfraquecidos eleitoral e organizativamente, ilegais, banidos, presos ou exterminados. A União Soviética, apesar do sucesso dos primeiros planos quinquenais, sentia-se exposta a uma agressão militar que não poderia enfrentar sozinha. Em menos de dois anos, realizou uma mudança política e ideológica radical, que mais tarde foi bem sintetizada pelo *slogan*: "Reerguer da lama a bandeira das liberdades burguesas". Stalin não apenas aceitou como promoveu essa viragem; o VII Congresso da Internacional a sancionou; Togliatti, Dimitrov e Thorez a traduziram na experiência das frentes populares. Sobre a história dos governos de Frente Popular, bastante breves e mal planejados no plano estratégico, há muita coisa a aprofundar. Aponto aqui apenas alguns pontos essenciais.

a) Em seus objetivos imediatos (impedir uma nova guerra mundial, iniciar uma política de reformas), esses governos foram derrotados. Representaram, todavia, o primeiro sinal concreto de uma grande mobilização democrática do povo e dos intelectuais contra o fascismo e em apoio às novas políticas econômicas. Em conexão, não plenamente consciente, com o New Deal norte-americano, puseram as primeiras pedras de um edifício que foi construído durante a guerra e conduziu à vitória – algo mais que uma aliança militar.

b) Foram derrotados e entraram em crise, mas isso não pode ser imputado ao extremismo dos partidos comunistas. Embora estes tenham colocado em primeiro lugar a defesa da União Soviética – ou melhor, exatamente por isso –, os comunistas participaram das frentes com plena convicção (e com heroísmo na Espanha), mas também com uma prudência excessiva. Na França, conquistas sociais importantes e permanentes foram resultado de um grande movimento reivindicativo de baixo, no qual o Partido Comunista Francês (PCF) interveio "para que não houvesse exageros". O governo Blum, que os comunistas apoiavam de fora, mas com lealdade, caiu em pouco tempo por causa das próprias incertezas nas políticas econômica e financeira, da fuga de capitais, da greve dos investimentos. A vitória de Franco na Espanha foi favorecida pela intervenção explícita e direta do fascismo italiano e alemão e pela neutralidade benevolente dos ingleses, imposta a Blum e depois imitada por Daladier. Os comunistas procuraram bloquear duramente o impulso anarquista à radicalização, e a União Soviética foi a única a dar apoio à legítima República, tanto quanto lhe foi possível. A crítica que se pode fazer aos comunistas é que essa política foi para eles uma escolha ditada sobretudo por uma emergência, e não incidiu profundamente em sua estratégia de longo prazo.

c) O partido italiano, ainda que reduzido pela ação repressiva, era maioria nas brigadas internacionais na Espanha (ao lado do pequeno Partido de Ação), ali foi dizimado, mas formou uma nova geração de quadros que foi essencial para a resistência na Itália, e ali começou a amadurecer, sobretudo com Togliatti, um primeiro esboço estratégico da ideia de "democracia progressiva" que reatava com a tênue linha interrompida no Congresso de Lyon (sob a direção de Gramsci) e era coerente com suas originais *Lições sobre o fascismo**, dos anos 1930. Além das frentes populares, e mais ainda depois de seu fracasso, o verdadeiro elemento dirimente da década foi a questão da guerra: como evitá-la, como combatê-la. E é sobre essa questão que hoje se colocaram tantas reticências, tantas alterações dos fatos e de suas concatenações. A loucura agressiva de Hitler poderia ter sido detida a tempo. Uma ampla documentação histórica comprova que, apesar do poder absoluto conquistado, a perspectiva da guerra em tempos breves e abertamente exibida encontrava resistência na Alemanha, inclusive em meios influentes, que poderiam tê-la detido ou rechaçado. Em primeiro lugar, o comando das Forças Armadas estava convencido de que a guerra, pelo menos

---

*   São Paulo, Ciências Humanas, 1978. (N. E.)

naquele momento, seria perdida, e declarava isso com todas as letras. Militarização da Renânia, anexação da Áustria, invasão dos Sudetos e ocupação, de fato, da Tchecoslováquia: em todas essas etapas, uma coalizão semelhante à que venceu a guerra, mesmo limitando-se a demonstrar determinação, teria interrompido o sonho hitleriano de domínio mundial. Uma coalizão defensiva foi proposta repetidas vezes pela União Soviética e repetidas vezes foi ignorada ou recusada pelos governos ocidentais. Até a Polônia, a vítima do momento, recusou um pacto de defesa comum com o governo de Moscou. Essas sucessivas concessões alimentaram o projeto nazista, e Munique é exemplo disso (não por acaso Mussolini foi considerado um mediador fidedigno, apesar de não neutro). A opinião pública estava aliviada, porque não queria se arriscar em uma guerra. Mas, poucas semanas depois, Hitler desrespeitou, indene, o compromisso que havia acabado de assinar. Covardia, inconsciência de quem devia detê-lo? Não acredito, e poucos continuaram acreditando depois. Chamberlain, com o apoio de Daladier (Roosevelt mantinha-se a distância, condicionado pela opinião pública isolacionista e por Wall Street, que se opunha cada vez mais a ele), tinha um projeto inconfessável, mas não desprovido de lógica: usar e enfraquecer a Alemanha, desviando para o Leste seus impulsos imperiais – ou seja, pretendia matar dois coelhos com uma única cajadada. A essa altura, a União Soviética assinou o pacto de não agressão com Ribentropp para não se tornar uma vítima isolada, ganhar tempo e virar o jogo. E os fatos demonstraram que os soviéticos tinham razão: a Rússia foi invadida logo depois, mas então já fazia parte de uma grande aliança, militarmente adequada. O erro foi, talvez, ter arrastado durante um ano os partidos comunistas a uma teorização da guerra interimperialista – absurda naquele momento – que ofuscou o engajamento antifascista e comprometeu em parte o respeito conquistado em campo. O PCI pôde escapar com mais facilidade desse erro. Essa reconstrução é confirmada pelo fato de que, mesmo depois da declaração de guerra e da invasão da Polônia, ingleses e franceses não se moveram até que uma *blitz* alemã derrubou a frente ocidental pela Bélgica, a França desabou e o Parlamento francês (inclusive seus oitenta deputados socialistas) deu voto de confiança ao governo fantoche de Pétain. Holanda, Dinamarca e Noruega foram invadidas; a Suécia permaneceu neutra, mas nem por isso se proibiu negócios proveitosos com a Alemanha; Romênia e Hungria já estavam do lado da Alemanha; a Itália, ingênua e ardilosa como sempre, entrou em guerra apenas para participar da vitória. A Europa estava nas mãos dos fascistas, e somente os ingleses continuavam combatentes intransigentes, protegidos pelo mar e amparados pela ajuda dos norte-americanos, mas com perspectivas incertas, e também por mérito de um conservador inteligente e de caráter, Churchill. O destino do conflito mudou no momento em que Hitler resolveu invadir a União Soviética. Retrospectivamente, é fácil dizer que, entre tantas loucuras, essa foi a maior. Mas há sempre uma lógica na loucura. É evidente que Hitler estava convencido de que a União Soviética, na primeira batalha perdida, cairia rapidamente, colapsada mais pela fronte interna do que por fraqueza militar, assim como caíram a França e, trinta anos antes, a Rússia dos czares. Como uma raça inferior, mal armada, dominada por um autocrata asiático, poderia resistir? A queda da União Soviética garantiria à Alemanha o controle de um imenso país, um reservatório inesgotável de força de trabalho e matéria--prima. A essa altura, a Inglaterra não poderia resistir, e os Estados Unidos teriam novas razões para se manter a distância. E, de fato, muitos de seus adversários temiam que as coisas terminassem como Hitler estava seguro de que terminariam. A primeira batalha foi um sucesso, talvez porque Stalin não esperava que acontecesse em tão pouco tempo; os alemães chegaram então à periferia de Moscou e às fronteiras das regiões petrolíferas. Mas a essa altura, até pela genial intuição da "guerra patriótica", a União Soviética mostrou-se capaz de uma milagrosa mobilização popular e de uma capacidade industrial surpreendente. Os aliados compreenderam sua importância vital e enviaram armas e recursos: Leningrado aguentou o cerco e a fome, com meio milhão de mortos, e os alemães foram detidos a caminho de Volokolamsk, sendo por fim cercados e aniquilados em Stalingrado. Assim começou a longa marcha rumo a Berlim. Entretanto, Roosevelt encorajou e usou o ataque dos japoneses em Pearl Harbor para justificar a entrada dos Estados Unidos na guerra, enquanto na Grécia e na Iugoslávia iniciava-se uma eficaz luta *partigiana*. Depois de Stalingrado, a guerra estava perdida para Hitler. E a União Soviética teve um papel decisivo na vitória final, pagando com 21 milhões de mortos. O comunismo foi um mito? Admitimos que tenha sido em parte, mas a essa altura o mito tinha boas razões para crescer. Registrar a Segunda Guerra Mundial como um confronto entre "dois totalitarismos" é pura tolice: os comunistas não produziram o derramamento de sangue, eles o verteram.

d) Mas, para os comunistas, os anos 1930 tiveram outro lado, que não pôde ser silenciado e, com o tempo, mostrou-se determinante. Refiro-me, é evidente, ao exercício do terror interno, à repressão maciça e cruel dos opositores, potenciais ou supostos. Isso não apenas desnudou uma prática autoritária de um poder sem limites, então institucionalizado, como também representou um verdadeiro salto qualitativo no conteúdo, mais do que no método – e Stalin teve responsabilidade pessoal nisso –, e desencadeou mecanismos dificilmente reversíveis. Esse salto qualitativo não se mede apenas pelo número de mortos e deportados, pelo arbítrio outorgado aos executores, que em muitos casos tornaram-se rapidamente as vítimas. Mede-se, ao contrário, por dois novos aspectos que estabelecem uma diferença profunda em relação ao leninismo (mesmo quando levado ao extremo), às lutas brutais contra a oposição nos anos 1920 e até à liquidação dos *kulaks*, forma extrema de uma luta de classes. Primeiro aspecto: a repressão, sobretudo entre 1936 e 1938, não se concentrou apenas no que havia sobrado de uma elite bolchevique – que já não tinha mais influência sobre a sociedade e o aparelho e estava sinceramente disposta à disciplina –, mas no próprio partido e, em conjunto, contra quem havia respeitado e aplicado as decisões de Stalin e permanecido fiel a ele. Dado irrefutável: quatro quintos dos delegados que participaram do XVII Congresso do partido bolchevique – o "congresso dos vencedores" de 1934 – foram mortos ou deportados poucos anos depois, assim como aconteceu com 120 dos 139 membros do novo Comitê Central. O terror alcançou o ápice quando as decisões econômicas e políticas já haviam sido aplicadas com sucesso e o perigo, ainda que iminente, era externo. Um terror, portanto, sem base racional e sem justificativas plausíveis, que não fortalecia, mas enfraquecia o sistema em todos seus níveis (exemplo extremo disso é a liquidação, justamente às vésperas de uma guerra, do grupo dirigente do Exército Vermelho, fiel e competente: três dos cinco generais; 130 dos 168 generais de divisão e assim por diante, em efeito cascata). O próprio Stalin foi agente e vítima dessa insensatez: em suas memórias, a filha de Stalin lembra que, a cada onda de expurgos, ele mesmo era impelido por um julgamento crítico da qualidade de seus quadros e por uma suspeita neurótica sobre sua fidelidade, pelo temor de uma consolidação de uma casta burocrática que se autorreproduzia e de aparelhos repressivos que agiam cada vez mais por conta própria. No fim, constatava que os expurgos haviam promovido quadros potencialmente mais perigosos, dos quais ele precisava se livrar o quanto antes. O segundo aspecto da novidade que definia o stalinismo em sentido próprio está vinculado ao primeiro, embora não seja suficiente para explicá-lo: as justificativas adotadas como prova para os veredictos mais cruéis, nos processos mais importantes, e as confissões extorquidas. Agentes provocadores, complôs terroristas, espiões a serviço dos fascistas ou até dos japoneses. Parece absurdo e quase inútil perguntar às gerações seguintes, como se fez várias vezes e ainda se faz: o que vocês sabiam, quanto sabiam? Com efeito, naquela época e depois, como alguém podia acreditar que o grupo quase inteiro de homens que havia comandado a Revolução de Outubro trabalhava para sua derrota, ou que a maioria dos quadros sobre os quais Stalin se apoiava e que o havia seguido preparava-se para traí-lo? Criava-se assim não apenas uma ruptura entre fins e meios, mas uma deformação cultural profunda e duradoura, a redução da razão entre os limites mais ou menos restritos impostos por uma fé. O voluntarismo e o subjetivismo na consciência não só da cúpula como também na das massas espalhavam as sementes que, num futuro remoto, produziriam seu contrário: a apatia das massas e o cinismo da burocracia. E, no entanto, a força do ideal, os sacrifícios que se fizeram em seu nome, os sucessos alcançados para um e para todos, e outros que se delineavam, levavam também os conscientes não só a justificar os meios, mas a considerá-los transitórios. Uma catástrofe havia sido evitada, e abria-se então um espaço para conquistas democráticas e sociais e para a libertação de novos povos oprimidos. O mundo havia mudado de fato e, progredindo, sanaria as contradições. Essa era a herança global que o comunismo italiano recebia. Os recursos que a história lhe oferecia e os limites a ser superados para fundar um partido de massas e tentar definir uma estratégia própria: não um modelo a ser reproduzido, mas uma bagagem necessária para "ir além". Não por acaso, para esboçar essa herança, reformulei a expressão, voluntariamente ambígua, que Kipling tornou famosa: "O fardo do homem comunista".

O genoma de Gramsci

No momento em que decolou de fato, o PCI herdou uma voz em grande parte ainda desconhecida e ocultada pelo adversário fascista, um recurso autônomo, os *Cadernos do cárcere**, de Antonio Gramsci, um cérebro que continuou a pensar, uma mina de ideias.

Voltarei diversas vezes ao pensamento de Gramsci para realçar os elementos que permaneceram à sombra na elaboração e na política do PCI, mas que, sobretudo hoje, ainda oferecem noções preciosas para uma discussão sobre o presente, uma leitura original da história italiana, tanto em sua particularidade quanto em seu valor geral. Urge considerar aqui a "fortuna" de Gramsci, isto é, como, quando e em que medida ele interveio e pesou sobre a definição gradual de uma identidade específica e de uma estratégia do comunismo italiano, primeiro subterraneamente, depois à plena luz e, por fim, declinando, até ser reduzido a guru do antifascismo, exemplo de moralidade, intelectual multifacetado. Devo falar, mais do que de Gramsci, do gramscismo como genoma operante em uma grande força coletiva e na cultura de um país.

Seus *Cadernos* exigiam uma mediação que os tornasse compreensíveis e deixasse uma marca além das limitadas fronteiras do círculo intelectual. As condições constritivas do cárcere e a censura a evitar, as frequentes doenças e a parcialidade das informações e dos textos a que Gramsci tinha acesso obrigavam-no a empregar uma linguagem alusiva, a escrever na forma de apontamentos, a iniciar reflexões suspensas e retomadas mais tarde; tais condições não permitiriam a esses escritos alcançar o objetivo a que ele mesmo se propunha e que sustentava o esforço heroico de um cérebro que continuava a pensar na solidão. Não bas-

---

* 5. ed., Rio de Janeiro, Civilização Brasileira, 2010, 5 v. (N. E.)

tava um trabalho filológico escrupuloso que reproduzisse fielmente e interpretasse cada fragmento. Desde o início, foi necessária uma ousada e progressiva tentativa de elucidar os elementos essenciais e reconstruir um fio condutor capaz de penetrar em vastas massas e obrigar os adversários a levá-lo em conta. Para devolver a Gramsci o papel que teve, como líder e animador de uma grande obra política, e a suas pesquisas teóricas o caráter de uma filosofia da práxis, evidenciado por ele mesmo.

Essa mediação não só ocorreu como teve resultados poderosos: Gramsci tornou-se, e assim permaneceu, uma referência para a pesquisa político-cultural, na Itália e no mundo, e não somente entre os comunistas. Essa mediação foi realizada não por um grande intelectual ou por uma escola, mas por uma operação intencional e planejada, promovida por Palmiro Togliatti e com a participação de um grande partido. Conservação perigosa dos *Cadernos*, publicação gradual, com agrupamento provisório dos apontamentos em grandes temas, estudo coletivo fortemente solicitado. Os recentes boatos de que Togliatti teria entregado os *Cadernos* aos cuidados dos arquivos soviéticos para impedir sua circulação são uma ridícula inversão da verdade, assim como é artificialmente exagerada a tese de que a primeira edição tenha sido censurada e manipulada – portanto, infiel ao original. Não há dúvida de que o objetivo de Togliatti não era apenas prestar uma homenagem a um grande amigo ou oferecer uma contribuição à cultura italiana. Havia um objetivo político, em sentido forte: usar um grande pensamento e uma autoridade indiscutível para dar uma nova identidade ao comunismo italiano. Algo similar já havia acontecido no processo de formação da social-democracia alemã e da Segunda Internacional: Marx lido e difundido por Kautsky e em parte com o aval do velho Engels. Mas isso comportava o risco de uma leitura redutora. O próprio Togliatti, pouco antes de sua morte, reconheceu-o quando, em uma resenha a que não se atribuiu grande valor, substancialmente disse que nós, comunistas italianos, temos uma dívida com Antonio Gramsci: nós construímos largamente sobre ele nossa identidade e nossa estratégia, mas, para isso, o reduzimos a nossa medida, à necessidade de nossa política, sacrificando o que ele pensava, que estava "muito além".

Quando falo de leitura redutora não me refiro a manipulações ou censuras do texto, que muitos tentaram fazer com obstinação mais tarde e que o exemplar trabalho posterior de Valentino Gerratana mostrou não ter tido grande peso. Refiro-me antes a uma sábia direção – necessária à primeira publicação – no agrupamento dos apontamentos, na longa cadência de publicação e nos comentários que os acompanhavam e estimulavam. Não é difícil perceber nisso o limite imposto e aceito pelo contexto da época. Em primeiro lugar, o esforço, durante muito tempo, para não tornar demasiado explícitas as inovações e modificações de Gramsci em relação ao leninismo, ou em conflito com sua versão stalinista. Em segundo lugar, o esforço para evidenciar quanto em Gramsci servia para valorizar a continuidade linear entre a "revolução antifascista" e a "democracia progressiva". Por último, a procrastinação, mais ou menos consciente, de certos temas pioneiros para tempos mais maduros.

Assim, a atenção acabou concentrada em dois grandes temas. O primeiro é o Risorgimento italiano como "revolução inacabada", por causa da supressão da questão agrária, e "revolução passiva", pela escassa participação das massas e pela marginalização das correntes políticas e culturais mais avançadas democraticamente, cuja saída era o compromisso entre renda parasitária e burguesia. O segundo é a relativa autonomia e o valor da "superestrutura", em oposição ao mecanicismo vulgar que havia penetrado na Terceira Internacional por meio de Bukharin, e, portanto, a necessidade de dedicar atenção especial ao papel da intelectualidade, dos partidos políticos e dos aparelhos de Estado.

Esses temas foram lidos, não por acaso, com um corte interpretativo particular, inconscientemente seletivo. De um lado, dando ênfase justamente àquilo que ligava Gramsci a Salvemini, Dorso e Gobetti (o fatal atraso do capitalismo maltrapilho e da cultura nacional carola), mas relegando a segundo plano a crítica do compromisso cavouriano, da rápida corrupção do parlamentarismo em transformismo, das ambiguidades do giolittismo, da polêmica com o crocianismo, da peçonha insurgente do nacionalismo, da "questão romana" como obstáculo ainda não superado na Igreja, em suma, dos processos parciais e distorcidos de modernização que levariam à crise do Estado liberal e ao nascimento do fascismo. De outro lado, a justa reafirmação da autonomia da "superestrutura" tendia a separar a dinâmica político-institucional de sua base de classe, transformando o historicismo marxista em historicismo *tout court*.

Outros temas de Gramsci permaneceram muito tempo marginalizados na reflexão teórica – e ignorados na reflexão política. Refiro-me ao artigo "Americanismo e fordismo", que antecipava o que pouco tempo depois chegaria também à Itália e já era visível, como veleidade, na política fascista. Ou à paixão juvenil de Gramsci pela experiência dos conselhos, completamente diferente da russa, que ele mesmo havia deixado de lado ao descobrir seus limites, mas que, revisitada, teria ajudado a interpretar a fase iminente da Resistência e, muitos anos depois, a insurgência de 1968. As consequências dessa descoberta redutora do pensamento de Gramsci, tanto no curto quanto no longo prazo, não foram apenas de caráter cultural. Duas em particular: a obstinação em não reconhecer tampouco analisar o alcance e a rapidez do processo de modernização da economia na Itália e na Europa; e a concepção do partido novo (partido de massas, certamente, capaz de "fazer política" e não apenas propaganda, educador de um povo, mas ainda distante do intelectual coletivo, interlocutor de movimentos e instituições de baixo, promotor de uma reforma cultural e moral que Gramsci julgava importante para um país que passou incólume pela reforma religiosa).

Em suma, pelo menos a princípio, a herança gramsciana oferecia-se e era aceita como fundamento de uma via intermediária entre a ortodoxia leninista e a social-democracia clássica, mais do que síntese superante de seus limites comuns: o economicismo e o estadismo. Um "genoma" justamente, que poderia desenvolver-se ou simplesmente seguir sobrevivendo, impor-se ou definhar. Nós o veremos em ação. Todavia, a interpretação que Togliatti fez de Gramsci, desde o início, não me pareceu abusiva ou imotivada. Não foi abusiva porque o motor que move e caracteriza os *Cadernos* é de fato a reflexão crítica e autocrítica sobre o fracasso da revolução nos países ocidentais (na qual tanto ele quanto Lenin haviam acreditado), sobre suas causas e suas consequências. Ele foi o único marxista da época que não se limitou a explicar o fracasso pela traição dos sociais-democratas ou pela debilidade e pelos erros dos comunistas; e, ao mesmo tempo, não tirou daí a conclusão de que a Revolução Russa era imatura e sua consolidação em Estado tinha sido um erro. Ao contrário, procurou as causas mais profundas porque o modelo da Revolução Russa não poderia ser repetido nas sociedades avançadas, mas era a bagagem necessária (e o leninismo era uma preciosa contribuição teórica) para uma revolução no Ocidente de percurso diverso e resultado mais rico. Todo o seu esforço de pensamento se apoiava em dois fundamentos, que podem ser resumidos em poucas frases. Em primeiro lugar, uma análise:

> No Oriente, o Estado era tudo, a sociedade civil era primitiva e gelatinosa; no Ocidente, havia entre o Estado e a sociedade civil uma justa relação e, se o Estado oscilava, distinguia-se de imediato uma robusta estrutura da sociedade civil. O Estado era apenas uma trincheira avançada, por trás da qual se situava uma robusta cadeia de fortalezas e casamatas.

Em segundo lugar, um princípio teórico continuamente relembrado com uma citação de Marx tirada do prefácio de *Contribuição à crítica da economia política**:

> Uma sociedade jamais desaparece antes que estejam desenvolvidas todas as forças produtivas que possa conter, e as relações de produção novas e superiores não tomam jamais seu lugar antes que as condições materiais de existência dessas relações tenham sido incubadas no próprio seio da velha sociedade.

---

* Karl Marx e Friedrich Engels, Prefácio, em *Contribuição à crítica da economia política*, em Ivana Jinkings e Emir Sader, *As armas da crítica*, cit., p. 106. (N. E.)

Para Gramsci, portanto, a revolução representa um longo processo mundial, por etapas, no qual a conquista do poder estatal, ainda que necessária, intervém em certo momento, de acordo com as condições históricas, e no Ocidente pressupõe um longo trabalho de conquista de casamatas, a construção de um bloco histórico entre classes diferentes, cada qual portadora não apenas de interesses diversos, mas de raízes culturais e políticas próprias. Ao mesmo tempo, esse processo social não constitui o resultado gradual e unívoco de uma tendência já inscrita no desenvolvimento capitalista e na democracia, mas, ao contrário, é o produto de uma vontade organizada e consciente que intervém no processo de uma nova hegemonia política e cultural, de um novo tipo de ser humano em formação progressiva.

Não era abusiva, portanto, a tentativa de Togliatti de usar Gramsci como precursor e fundamento teórico do "partido novo" e da "via italiana para o socialismo", em continuidade com o leninismo e com a social-democracia das origens, mas diferente de ambos. Parte de um processo histórico mundial iniciado e amparado pela Revolução de Outubro, mas não uma imitação tardia de seu modelo. A tentativa de Togliatti não era abusiva, tampouco imotivada, porque nascia de grandes novidades que intervieram depois da redação dos *Cadernos*. A vitória sobre o fascismo fora alcançada, o papel decisivo da União Soviética era reconhecido, e dele haviam participado movimentos de resistência armada em muitos países da Europa oriental, ocidental e meridional, e poderosos movimentos de libertação anticolonial e uma revolução na China já estavam em marcha. Tudo isso obrigava o capitalismo a um compromisso, e, também no Ocidente, surgiam espaços e conquistas sociais e políticas de relevo. Todavia, a vitória foi resultado de uma aliança com Estados e forças heterogêneas na Europa, com governos e lideranças claramente conservadoras; a resistência armada, ao contrário do primeiro pós-guerra, não indicava que se prolongaria em uma insurgência popular e radical; sobretudo, emergia no mundo, mais nos fatos do que nas orientações, a supremacia econômica e militar de uma nova potência que a guerra, ao invés de desgastar, havia deixado intacta, e com essa potência havia sido fechado, em Yalta, um pacto para o pós-guerra que era ao mesmo tempo um vínculo e uma garantia.

Mesmo aqueles que, como Gramsci, mais avançaram em busca de um novo caminho não podiam prever nenhuma destas novidades: nem o impetuoso avanço do comunismo no mundo nem a consolidação do capitalismo no Ocidente. Até Trotski, em sua notória lucidez, pouco antes de ser assassinado, prevendo a iminência da guerra e mesmo tendo dito que a União Soviética precisava de ajuda para resistir, declarou: "Se de uma nova guerra mundial não se afirmar uma revolução na Europa e uma subversão do poder burocrático na URSS, teremos de repensar tudo". E é precisamente isto que teria feito – não sei dizer como – o próprio Gramsci se tivesse sobrevivido: reconhecer o novo quadro surgido historicamente, reconhecer os limites impostos pelas relações de força no mundo e na Itália, mobilizar todos os novos recursos para conservar e fortalecer, em uma nova "guerra de posição", a própria identidade autônoma e comunista, para transformar uma possível "revolução passiva" em uma nova hegemonia, aquilo que – dizia – os mazzinianos não conseguiram fazer, ou melhor, nem sequer tentaram fazer no Risorgimento.

Essa reconstrução dos "antecedentes", dos quais não participei e os quais não presenciei, mas que apenas eu tentei fazer, com os livros nas mãos e em retrospectiva, não apresenta nada de novo ou pouco conhecido, mas é necessária para restaurar a verdade e contrastar censuras e juízos hoje comuns como *idola fori*. A partir daqui, pode e deve começar a reflexão sobre a história do comunismo italiano.

Rossana Rossanda e Lucio Magri com a feminista italiana Lidia Menapace.

2. UM ATO DE FUNDAÇÃO: A VIRAGEM DE SALERNO

A libertação

QUAL data é mais oportuna para indicar o nascimento de um novo partido comunista, enfim grande, com uma identidade peculiar e, por isso, capaz de influir de maneira relevante no nascimento de um novo Estado democrático, este também com características peculiares? Escolhi uma data e um acontecimento precisos: a volta de Togliatti à Itália e a decisão imediatamente proposta por ele – ou talvez possamos dizer imposta – ao partido e a todas as forças antifascistas. Não somente pelas consequências decisivas que ela produziu de imediato, mas pela importância que teve no longo prazo. Permitiu à Resistência armada tornar-se insurreição popular e traçou seus limites, vinculou grandes massas ao comunismo e esboçou uma estratégia para o futuro. Tornou-se por isso um elemento ativo e suscitou, durante décadas e nas sucessivas fases históricas, aprofundamentos, diversas interpretações e duras controvérsias; foi convocado tanto para sustentar fecundas novidades quanto para avalizar compromissos destinados à derrota. Enfim, cristalizou-se em uma pintura a óleo que poderia ser pendurada nas paredes de um museu da unidade nacional onde poderíamos incluir novos acessos ou do qual poderíamos excluir elementos constrangedores, de modo que novas classes dirigentes pudessem olhá-lo com respeito, mas sem esboçar emoções ou pensamentos. Algo parecido aconteceu com o grande ícone do Risorgimento: o encontro em Teano entre Vítor Emanuel II e Garibaldi, que descobri ainda menino na capa do meu livro de história da escola.

Mas agora que os acontecimentos da Primeira República, seus valores, seus conflitos e sua decadência estão concluídos, e o PCI não existe mais, deveríamos tirar o quadro da parede, observá-lo mais de perto, restaurar o original e contextualizá-lo. Dispomos de um grande recurso para fazer isso. Sobre esse período – a Resistência, o pós-guerra e a viragem de Salerno –, muitos historiadores conduziram há tempos uma pesquisa séria, com documentos abundantes (Spriano, Agosti, Bocca, Pavone, Battaglia e muitos outros, até em termos de história local). A produção memorialística dos protagonistas também foi ampla e sincera (Longo, Secchia, Amendola, Nenni e Parri, para citarmos apenas os mais importantes). Os arquivos revelaram-se menos avaros e reticentes e mais verificáveis quando entrecruzados. Mas a contingência política conduz hoje em direções completamente diferentes: a Primeira República é lembrada, acima de tudo, como espaço de suborno e partidocracia, que excluía os cidadãos, e o PCI como a quinta-coluna da União Soviética. Quem se opõe a essa visão grosseira é obrigado, por sua vez, a fornecer uma versão edificante da Resistência, como uma epopeia popular espontânea, sem matizes, ou de um PCI que desde os tempos de Togliatti pouco tinha a ver com a União Soviética. Portanto, o rico material historiográfico sobre esse evento de fundação deve ser reproposto, reordenado, e seu significado e seus êxitos devem ser mais bem reavaliados.

Quando Togliatti chegou à Itália, em março de 1944, após um longo exílio, a guerra ainda não havia terminado, mas já se deslumbrava a vitória. O futuro da Itália, ao contrário, ainda estava completamente incerto. O caminho rumo à conquista da liberdade e da salvaguarda da unidade e da efetiva independência nacional era não apenas longo e doloroso, mas era impedido por um muro contra o qual as forças antifascistas se chocavam e em parte dividiam-se. Um muro não só formado pelos escombros materiais e morais de uma guerra perdida em repetidas e humilhantes derrotas, mas reforçado por velhas fortalezas e defendido por franco-atiradores decididos a mantê-lo de pé.

A Itália não era a Iugoslávia, onde uma longa luta armada conseguiu deter a *blitz* alemã na Rússia e depois iniciar e ganhar, com suas próprias forças, uma guerra nacional e civil. Também não era a França, abalada por uma derrota militar e governada por um governo parafascista, imposto pelos invasores, mas que carregava nos ombros uma longa e ainda recente tradição democrática, já havia oposto uma luta armada desde 1941, era reconhecida como parte da aliança internacional vencedora e possuía em Londres um governo próprio no exílio, liderado por um homem fidedigno, De Gaulle. Ao contrário, a Itália foi, não por acaso, o primeiro país onde o fascismo se impôs com força, governou por vinte anos, remodelou o Estado e a burocracia que o administrava, constrangeu a oposição ao cárcere e ao exílio, fincou raízes na cultura de massa. Por fim, entrou em guerra ao lado dos alemães e estava para ser mais do que "libertada, ocupada pelos vencedores". Em 25 de julho de 1943, o regime caiu não por uma revolta do país, mas por uma crise interna no grupo dirigente, da qual o rei se aproveitou, ainda que com prudência e de má vontade. Imediatamente, o povo desceu às ruas para comemorar a liberdade reconquistada e, sobretudo, a guerra que terminava. Entretanto, o poder foi assumido por uma oligarquia que tencionava conceder pouca liberdade, soltava os prisioneiros políticos a conta--gotas e, em nome da emergência de uma "guerra que continua", censurava a imprensa, proibia manifestações e ameaçava prender ou atirar em quem as organizasse. O objetivo era claro: negociar com os aliados uma paz à parte, capaz de garantir a continuidade de um Estado semiautoritário, a fim de manter a imobilidade das massas e tutelar a ordem social. A tratativa secreta durou semanas – enquanto os alemães continuavam livres para ocupar grande parte do país – e concluiu-se com o armistício de Cassibile, cujas cláusulas foram mantidas em segredo não só porque se tratava de uma rendição incondicional, mas porque reconhecia ao vencedor plenos poderes sobre os atos políticos nas zonas pouco a pouco ocupadas, ao menos até o fim da guerra, e concedia legitimidade formal ao governo de Badoglio para a gestão da administração ordinária. Não previa um acordo militar para acelerar a expulsão dos alemães, já que naquele momento os aliados acreditavam que o caminho estava livre e que não precisavam da ajuda dos italianos – uma ajuda que depois teria de ser ressarcida.

A conclusão foi desastrosa, além de qualquer previsão. Em 8 de setembro, o rei e Badoglio fugiram sem deixar nenhuma ordem para deter os alemães; o Exército se desmantelou, apesar de alguns heroicos e isolados episódios de resistência heroicos; soldados em debandada se apressavam em voltar para casa; um povo confuso que não sabia mais se odiava o fascismo por ter escolhido a guerra ou a monarquia por ter desertado, por não ter feito nenhuma tentativa para manter Mussolini preso e impedir que ele reorganizasse suas forças no Norte. Devemos considerar tudo isso mero produto da deslealdade e da incompetência alheia? Não é o que me parece. Era também o desenrolar de um projeto preconcebido e, se os aliados tivessem ocupado logo a Itália, e com o apoio de um papa cuja principal e manifesta preocupação era o perigo comunista, esse projeto teria tido alguma chance de sucesso (como aconteceu no Japão).

Mas as coisas não ocorreram dessa maneira, porque a frente de combate estacou ao longo da linha de Cassino, o desembarque de Anzio fracassou, os anglo--americanos tinham de deslocar as forças para o desembarque na Normandia. Um fato trágico, mas que deu tempo e motivo para o início político e militar da luta de libertação nacional. Assim, a Resistência deu seus primeiros passos. Nas primeiras semanas, com enorme dificuldade, empenhada em juntar as armas abandonadas ou arrancadas dos adversários e recrutar militares dispersos ou bandos de jovens entusiastas nas montanhas, ainda não coordenados. Contudo, desde os primeiros meses de 1944, o movimento de resistência conseguiu unir os partidos antifascistas em comitês de libertação como órgãos de direção reconhecida. E, sobretudo, promoveu, mediante reivindicações econômicas elementares nos grandes centros do Norte, greves de operários que mesmo não tendo vínculos com a ação partidária (mas cada vez mais politizados) apoiavam a Resistência italiana, também como resposta à indiscriminada repressão fascista e ao alistamento compulsório, e conseguiu influenciar amplos setores da opinião pública. Na primavera, a Resistência já havia decolado e, nesse processo, a rede de quadros comunistas formados nos cárceres ou na guerra civil espanhola teve um papel decisivo. Os próprios aliados tiveram de reconhecer e levar em conta sua utilidade.

Esta era a situação na chegada de Togliatti: da base com a qual se podia contar, surgiam dois nós políticos que precisavam ser rapidamente desatados: o caráter e os objetivos que se deveriam dar à guerra de libertação e as alianças que se deveriam fazer para lhe dar o maior impulso possível. Como vencer a passividade e envolver na luta a maioria do povo em seu próprio resgate? Que saída prever e construir para o pós-guerra? Nessas duas questões, as forças antifascistas, consideradas em seu conjunto no Norte e no Sul, estavam asperamente divididas naquele momento e expunham-se à paralisia ou à ruptura. Devemos considerar distintamente essas duas questões, já que tinham pesos diferentes no Sul e no Norte, mas é preciso reconhecer que havia um nexo entre elas. A primeira divergência concentrava-se na relação que se deveria estabelecer com a monarquia e com Badoglio, que os aliados haviam legitimado e com os quais colaboravam nas áreas ocupadas. Todos os partidos antifascistas, tanto no Sul quanto no Norte, rejeitavam com mais ou menos determinação essa atribuição de legitimidade e negavam-se a combater sob aquela bandeira. Mas enquanto os partidos de esquerda (*azionisti**, socialistas e comunistas) exigiam que se cumprisse, para desfazer qualquer equívoco e conquistar o consenso do povo traído, a escolha republicana e a formação de um governo alternativo, fundado sobre o Comitê de Libertação Nacional (CLN)*, as forças liberais e moderadas queriam obrigar ou convencer o rei Vítor Emanuel a abdicar para formar um novo governo com um novo premiê, menos comprometido com o velho regime, mas em continuidade com o Estado preexistente. O Partido Democrata-Cristão (recém-reconstruído em torno dos velhos líderes do Partido Popular) mantinha-se no limbo, à espera (embora alguns jovens formados na Ação Católica já participassem ativamente da Resistência). O próprio PCI travava um vivo debate interno: todos excluíam um acordo com o governo de Badoglio, mas o grupo dirigente estabelecido em Roma e dirigido por Scoccimarro considerava esse acordo prioritário, e o grupo de Milão, dirigido por Longo, sugeria não perder mais tempo com

---

* Membros e militantes do Partido de Ação. O PdA foi fundado por iniciativa do movimento antifascista Giustizia e Libertà, iniciado pelos irmãos Rosselli. De inspiração laica, socialista e liberal, visava agregar todas as forças antifascistas que não se reconheciam no movimento comunista e católico. Depois dos militantes do PCI, os do PdA foram os mais ativos durante a Resistência. (N. T.)

diatribes e resolvê-las na prática, concentrando-se no desenvolvimento da resistência armada. Os aliados também estavam divididos: por pressão da opinião pública, Roosevelt era contrário ao rei e ao seu governo; Churchill, ao contrário, continuava firmemente a apoiá-los, olhando com desconfiança e até com desprezo para as forças antifascistas (e os ingleses representavam a principal força militar no cenário italiano).

Togliatti desfez em poucos dias esse emaranhado com um corte seco. Fez uma proposta: a questão da República podia esperar até que um referendo a resolvesse depois da guerra; Badoglio podia manter seu posto, mas com um governo do qual participassem todas as forças antifascistas e desde que a guerra contra os fascistas e os alemães fosse travada a sério, sem mais delongas. E suficientemente a sério para libertar uma parte do país ao menos um pouco antes da chegada das tropas aliadas. A proposta foi logo aceita por todos – alguns com mais, outros com menos convicção – por sua força intrínseca: era um compromisso realista, ditado pelas relações de força internas e externas, mas ao mesmo tempo uma retomada da iniciativa de luta armada e, em vista de uma insurreição popular, exigia de todos o máximo esforço e dava a todos a garantia de um espaço de competição no futuro. Contudo, nada disso teria sido suficiente sem a autoridade e a determinação daqueles de quem partia a proposta. A autoridade de Palmiro Togliatti, líder incontestável de uma força cujo prestígio fora conquistado no campo e que teve coragem suficiente para avançar uma proposta estrita, sem alternativas; e a autoridade de Joseph Stalin, que depois da batalha de Stalingrado, e com o avanço de suas tropas armadas, gozava naquele momento de enorme popularidade não apenas entre os comunistas e já havia consumado o fato ao reconhecer o governo de Badoglio.

A partir daí, iniciou-se uma discussão sobre qual deles inspirou e qual executou a proposta. Discussão artificiosa, pois ao menos daquela vez houve uma convergência convicta, embora ditada por intenções distintas. Stalin queria potencializar a Resistência nos países europeus ainda sob ocupação alemã para acelerar o fim de uma guerra que continuava a custar muitos mortos, mas não queria comprometer o acordo de Yalta nem cair em uma sucessão de guerras civis de resultado duvidoso na Europa ocidental. Já Togliatti estava convencido de que somente uma luta armada unitária e uma verdadeira insurreição popular permitiriam ao PCI tornar-se uma força grande e reconhecida e à Itália consolidar sua independência e cortar ao menos algumas das raízes que permaneciam do fascismo. De imediato, a proposta teve resultados importantes: um reconhecimento mais explícito por parte dos aliados do papel da Itália como país cobeligerante e do direito dos italianos de escolher democraticamente uma nova ordem institucional; a difusão mais rápida dos CLN; a participação na luta *partigiana* de novas regiões, novas camadas sociais (em particular os camponeses) e novas correntes (em particular os católicos). Nos meses seguintes, todas essas condições se revelaram vitais para superar a desorientação causada pelo nefasto "proclama Alexander"* e a diminuição de aprovisionamentos militares que ameaçava comportar, assim como para enfrentar o terrível inverno e preparar a epopeia de 25 de abril.

Havia outro problema, porém, que Togliatti teve de enfrentar ao retornar à Itália, um problema menos imediato e mais complexo: definir, para o pós--guerra, uma perspectiva não apenas tática, mas estratégica. Isso interessava tanto às organizações quanto às consciências individuais mais engajadas na Resistência. Aqueles que combatiam nas montanhas, arriscando a própria vida, aqueles que organizavam greves, correndo o risco de serem deportados, certamente combatiam para expulsar os alemães e liquidar seus sicários, pela liberdade e pelo resgate nacional, mas também eram movidos por objetivos mais radicais e aspirações mais ambiciosas: queriam que a cúpula política, econômica e militar que havia apoiado o fascismo, e até se aproveitado do regime, pagasse um preço justo; e não queriam apenas a restauração das instituições pré-fascistas, mas uma democracia aberta, submetida a um controle popular, a participação na gestão das empresas e, em muitos casos, o imediato início de uma transformação da sociedade em sentido socialista. Mas como, quando e dentro de quais limites essas aspirações poderiam ser satisfeitas, levando em conta a posição internacional que a Itália ocuparia no pós-guerra e as relações de força na sociedade nacional?

Stalin não opunha vetos prejudiciais nesse terreno, porque naquele momento ainda acreditava na possibilidade de um desenvolvimento das relações internacionais, sobre as quais havia encontrado um interlocutor em Roosevelt; pelo contrário, temia que prevalecesse uma nova tendência da Guerra Fria que poderia torná-la quente. Mas também não agia por impulso, porque a vitória militar e o papel político mundial que havia conquistado contribuíam para fortalecer o erro original de sua concepção, ou seja, a ideia de autossuficiência da União Soviética, como líder político e modelo. Portanto, sugeria aos partidos comunistas do Ocidente prudência tática dentro de uma estratégia e de uma ideologia inalteradas. Togliatti, usando o espaço que se lhe oferecia e a força conquistada, mesmo reconhecendo limites e contradições, interveio com coragem para dar à viragem de Salerno o valor de um ponto de partida para uma refundação do comunismo italiano, o esboço de uma nova estratégia. Nos discursos de Nápoles, Roma e Florença, e nos que vieram depois de 25 de abril, expôs ideias que ele próprio havia concebido. Segundo ele, não se podia e não se devia mais

---

* Em 13 de novembro de 1944, o comandante supremo das Tropas Aliadas, Harold Alexander, lançou um proclama para que fossem suspensos os enfrentamentos contra os nazifascistas.

proceder com perspectivas ambíguas, empregar indistintamente as expressões "democracia socialista", "democracia popular" e "democracia progressiva". A perspectiva que se devia assumir era a de uma República democrática multipartidária, com plena garantia de expressão, imprensa e religião, mas já orientada, em sua carta constitucional, para um programa de reformas sociais profundas, marcada por uma constante participação dos trabalhadores e de suas organizações, garantindo independência nacional, repúdio à guerra e à formação de blocos entre potências. Não havia contradição entre democracia e socialismo, ou mesmo uma muralha da China a ser derrubada em breve por uma nova insurreição armada. Para percorrer esse caminho, era necessário um partido novo, um partido de massas, grande não apenas em tamanho, mas por basear-se na adesão a um programa e não a uma ideologia, por ser capaz de fazer política e não apenas propaganda, por apoiar-se na classe operária e buscar alianças com diversos grupos sociais e com outras forças políticas que os representassem. Um partido coeso e disciplinado na ação, mas que deixasse espaço para a discussão, solidamente ancorado em um movimento comunista mundial, mas sem tomá-lo como um modelo que deveria ser imitado.

Muitas coisas tinham de ser definidas e muitas ainda deveriam ser esclarecidas, mas esse movimento era o primeiro sinal de uma nova identidade, e era necessário, de imediato, construí-la, assimilá-la. Já nos primeiros e decisivos anos do pós-guerra, essa escolha oportuna de perspectiva e posicionamento teve dois grandes e duradouros resultados: a elaboração de uma das mais avançadas constituições da Europa, pelo que garante e pelos valores que a inspiram, aprovada em 1948 pela maioria, apesar da dura divisão política, e que resiste até hoje, ainda que um pouco desfigurada pelos muitos ataques que sofreu; e o nascimento de um grande partido comunista, o maior no Ocidente, cuja simples presença já estimulava o surgimento de outros partidos populares (e isso garantiu à política italiana uma participação de massas ativa e permanente durante décadas).

Considerada no contexto em que interveio, não podemos negar que a viragem de Salerno alcançou os objetivos prioritários que se havia proposto e lançou as premissas para diversos e potenciais desenvolvimentos futuros. Se a considerarmos em mais longo prazo e com relação às expectativas que suscitou, as análises e os juízos devem ser mais articulados.

Os governos de unidade nacional (1944-1947)

Os anos que vão de 1945 a 1948 não foram apenas os anos da libertação, da República e da nova Constituição. Foram também o período de transição que deveria redefinir concretamente a ordem da sociedade e do Estado, as relações entre as classes e suas respectivas condições de vida, e programar a reconstrução econômica e a posição internacional do país. Os governos de unidade nacional estavam destinados a essa tarefa (com um espaço de intervenção cada vez maior, à medida que o controle dos aliados se tornava menos direto) e, a partir de 1946, foram coadjuvados por uma Assembleia eleita pelo povo que também desempenhava funções legislativas. Em ambos os casos, a esquerda e, principalmente, os comunistas tiveram um papel relevante (ainda mais relevante pelas mobilizações de massa e pelo clima de entusiasmo generalizado que se criou com a insurreição nacional, o vento do Norte*).

No terreno de ação de governo e das primeiras decisões legislativas, o balanço foi bem mais magro no que diz respeito tanto aos objetivos propostos quanto aos alcançados. A "democracia progressiva" ficou no papel, a distância dos olhos, dos interesses e das expectativas dos homens e das classes que haviam se exposto à morte ou à deportação, assim como das intenções daqueles que a fixavam na Constituição. O poder não passava nem em parte pelas mãos do CLN, e isso já era previsto. Os *partigiani*, mesmo resmungando, haviam entregado as armas, e isso também estava estipulado. A desordem e os episódios isolados de violência foram ativamente combatidos, sobretudo pelos comunistas (Longo em primeiro lugar). Isso, no fim de uma guerra que foi também uma guerra civil, era justo. Mas não estava previsto nem era justo que na realidade cotidiana não se vissem sinais concretos de erradicação do fascismo, continuamente prometida e reclamada, mas postergada para tempos mais favoráveis. Não há dúvida de que essa moderação foi produto de graves fatores objetivos. Em primeiro lugar, de uma situação de emergência absoluta, seja do aparelho produtivo, devastado em cada setor e serviço necessário para a retomada, seja do aparelho de Estado em suas funções mais elementares de administração. Em segundo lugar, do resultado das diversas disputas eleitorais em que, pela primeira vez depois de anos, todo o povo (inclusive as mulheres) foi chamado a se pronunciar: a esquerda aparentava ser uma minoria forte, mas ainda uma minoria, e o país estava dividido em dois (Norte e Sul). No referendo institucional, a monarquia perdeu por poucos votos. Por fim, a situação internacional dava os primeiros sinais de crise da aliança antifascista entre as grandes potências.

Nada disso, porém, configurava um empecilho absoluto. A situação arruinada da economia e do Estado causava dificuldades, mas também produzia ocasiões de reforma e, de qualquer maneira, deslegitimava as classes que haviam contribuído para gerá-la e, em muitos casos, haviam se aproveitado dela. Contudo, o resultado das eleições deu à esquerda mais de 40% dos votos, tornando muito difícil a

---

* A expressão, que designa as instâncias de mudança radical produzidas pela participação ativa da população do Norte na luta armada contra o nazifascismo, era usada em oposição ao alheamento e ao clima conservador que caracterizavam a população do Sul. (N. T.)

formação de um bloco conservador e ainda mais difícil que prevalecesse, já que naquele momento, no senso comum, o antifascismo era muito mais forte do que o anticomunismo.

A situação internacional estava ainda em *interregnum* e, não por acaso, exatamente entre 1945 e 1949, a Revolução Chinesa encontrou espaço para impor-se sem provocar um conflito generalizado.

Por que então no breve período de transição entre a Resistência e a Guerra Fria não se conseguiu levar a cabo uma operação reformadora, ainda que parcial e precária, análoga à que se realizou no texto da Constituição (em risco e largamente descumprida durante quinze anos ao menos, mas ainda assim capaz de deixar um marco, uma fronteira da qual recomeçar)? Podemos dizer que os comunistas e Togliatti fizeram, nesse caso e nesse campo, o melhor que poderiam fazer, assim como na luta de libertação e na viragem de Salerno? Com toda a boa vontade, parece-me honesto dizer que não. Não quero em absoluto reacender polêmicas que soavam antiquadas já na época, e ainda mais hoje, sem fundamento e daninhas. Por exemplo, o desarmamento dos *partigiani*, a transferência não realizada do governo para o CLN, a lei de anistia, a votação do Artigo 7, as nacionalizações fracassadas e todo o arsenal da discussão sobre a "revolução freada".

Quero apenas dizer algumas palavras sobre o que os comunistas que estavam no governo poderiam recusar ou tentar impor, com bom senso, mas também correndo o risco de provocar uma crise governamental. Dou alguns exemplos concretos.

a) *Política econômica.* Depois do breve e bastante ineficaz parêntese do governo Parri, a presidência do conselho passou para De Gasperi e a direção efetiva da política econômica foi entregue a ministros e governadores competentes, apesar de fiéis à escola liberal, já um tanto ultrapassada: Corbino e Einaudi. Essa política se concentrava no retorno à normalidade: arrocho dos salários dos operários, da renda dos camponeses e das aposentadorias, e dessa vez também arrocho dos salários dos funcionários públicos; restauração da autoridade e da ordem na vida das empresas; estabilidade financeira para permitir o funcionamento da economia. Mas também trazia consigo uma perspectiva mais ambiciosa para o futuro: ainda arrocho salarial, reestruturações e demissões, mas também estímulos aos investimentos e à renovação tecnológica, destinando grande parte da ajuda norte-americana para as grandes empresas privadas e reduzindo gradativamente as barreiras alfandegárias. Contra essa linha, a esquerda opunha uma palavra de ordem diferente: aumento do consumo e do emprego – um aceno a Keynes (nunca lido ou ponderado), privado de determinações precisas. Essa linha teve sucessos, mas também fracassos. Na crise de 1930, quando teve de enfrentar uma crise de subconsumo em um contexto de capacidade produtiva superabundante, jogando onde foi possível com o déficit, essa linha funcionou. Mas a crise italiana era completamente diferente, caracterizada por debilidade estrutural, atraso tecnológico e inflação galopante. Uma retomada produtiva corajosa teria de se apoiar, desde o início, em elementos de planejamento que orientassem os investimentos e em uma redistribuição de renda capaz de equilibrar o sacrifício da reconstrução, inevitável para controlar a inflação. Sem essas medidas, ela seria impraticável e não encontraria consenso. E, de fato, a retomada nunca passou de uma palavra de ordem genérica, útil apenas em lutas reivindicativas que tiveram resultados escassos e perderam força com as demissões e o desemprego. Havia alternativas? Por exemplo, era impossível organizar imediatamente lutas e mobilizações a favor de uma reforma fiscal, dotar os trabalhadores de um estatuto de direitos que regulasse a liberdade de demissão e contratação coletiva e garantisse um mínimo de poder sobre os próprios planos de reestruturação e os novos investimentos, em vez de devolvê-lo intacto aos velhos proprietários? Era impossível propor, ou talvez impor, um primeiro mas importante esboço de reforma agrária – não digo "a terra para quem trabalha nela", mas ao menos a abolição do arcaico *mezzadria** e a expropriação do grande latifúndio absenteísta, maior estabilidade nos contratos agrários? Não se podia empregar resolutamente, como alavanca para um programa e não como apoio exclusivo aos monopólios privados, o grande patrimônio público industrial e bancário que o fascismo foi obrigado a criar sob a pressão da crise de 1930? Não se podia, com a troca de moeda e a expropriação dos lucros da guerra, sanear as finanças públicas e assegurar as despesas necessárias para a primeira reconstrução, como se fez em outros países europeus?

Todas essas batalhas foram adiadas, mal definidas e, de todo modo, quase nunca conduzidas com rigor. Somente às vésperas da ruptura da unidade nacional, o PCI acenou com uma campanha a favor de um "novo rumo" na política econômica, mas sem o empenho que depois demonstrou ter no Plano de Trabalho de Di Vittorio, quando já era tarde demais.

b) *Reconstrução do Estado e de seus aparelhos.* A burocracia italiana sob o fascismo, além de hipertrofiada, foi selecionada por ele, seus poderes foram redesenhados e a legislação que a regulava foi reescrita. O problema não podia ser resolvido de maneira draconiana, não se podia prender boa parte dos burocratas fascistas ou mandá-los de volta para casa. Mas nos níveis superiores, nos postos de comando, eles poderiam ser expurgados e substituídos por um pessoal intelectualizado, talvez apolítico, porém democrático. As normas repressivas do código

---

* Relação de produção originária do sistema feudal. Trata-se de um contrato agrário (abolido na Itália em 1974) que concedia a lavoura de uma parcela da terra a um colono (*mezzadro*), que tinha a obrigação de dividir os produtos da lavoura com o proprietário do latifúndio. (N. T.)

Rocco e todo o direito penal podiam ser desmantelados de imediato, a autonomia da magistratura podia ser garantida em seu conjunto, assim como a independência de todos os juízes chamados a se pronunciar nos processos. Mesmo sem reformar o sistema de ensino elaborado por Gentile, podia-se ao menos acabar com as barreiras classistas que o impregnavam, corrigir os pontos que contrastavam mais claramente com a nova República e limitar o poder das baronias acadêmicas. Podiam-se estender a autonomia e as competências das entidades locais e reduzir o poder dos *prefetti**. Em suma, podia-se começar a pôr em prática o que estava sendo escrito na nova Constituição. Podia-se fazer, mas não se fez nem se discutiu nada disso, nem no Parlamento nem no país.

c) *Política externa.* É correto afirmar que, até a conclusão do tratado de paz, o peso da Itália na política internacional era muito limitado, e é correto dizer também que a Guerra Fria já despontava no horizonte. Mas isso não impediu os comunistas, quando ainda estavam no governo na Itália e na França, de organizar uma iniciativa não apenas propagandista para reduzir seu impacto. Desde o início, Togliatti insistiu no tema da independência nacional e na rejeição de novos blocos entre as potências. Contudo, talvez se pudesse ir além – inclusive no interesse da União Soviética, como ele mesmo pensava. Ou seja, fazer avançar a ideia de uma Europa (que havia sido foco de duas guerras mundiais e agora estava desarmada, sem pretensões imperiais) capaz de promover o diálogo entre as grandes potências e a construção de instituições mundiais garantidoras da paz e da legalidade, para as quais poderia contribuir livrando-se da pesada responsabilidade – historicamente sua – do colonialismo. Havia, de fato, uma minoritária mas consistente coalizão de forças por construir em torno dessa ideia: Estados resolutamente comprometidos com a neutralidade (como Suécia, Finlândia e Áustria); grandes partidos social-democratas (o partido alemão de Schumacher ou o mais prudente Labour Party inglês); correntes culturais e políticas ou líderes autorizados (como na França, a terceira força radical-democrata, setores católicos, Mendès-France ou, de certo modo, o próprio De Gaulle) que, por escolha moral e ideal, e em parte por orgulho nacional, hesitavam em partilhar o mundo em dois. Um diálogo entre todas essas forças não era fácil, mas podia lançar raízes: apenas uma década depois, pôde encontrar o neutralismo da Conferência de Bandung, mas isso não aconteceu no momento mais favorável, ou seja, quando a recente tragédia da guerra advertia os povos, e o resultado vitorioso da recente unidade antifascista entre diferentes sistemas sociais sugeria que ela fosse mantida.

---

* O *prefetto* é um funcionário do Ministério do Interior, responsável provincial pela segurança pública. Sob o fascismo, o *prefetto* era a principal autoridade local. (N. T.)

O partido novo

Fiz certa crítica à gestão do governo nos primeiros anos do pós-guerra, mas outras poderiam ser feitas para evidenciar de imediato um problema que emergiria continuamente, em formas e medidas diversas, na prolongada tentativa de se criar uma "nova via para o socialismo".

No centro da nova estratégia esboçada por Togliatti estava o nexo entre revolução e reformas, autonomia e unidade, conflito social e política institucional, como um longo processo, um avanço por etapas, ligadas cada qual a uma fase historicamente determinada de uma história nacional específica mas explicitamente animada por uma finalidade precisa e de longo prazo. Não se tratava de um conceito completamente novo, estava presente já no pensamento de Marx, no da Segunda Internacional em sua melhor fase e, mais ainda, estava presente em Gramsci. E Togliatti não hesitava em reconhecê-lo. A novidade estava no fato de reinseri-lo na bagagem do comunismo e integrá-lo na experiência da Revolução de Outubro, de sua consolidação e de seus futuros desenvolvimentos.

Mas, para pôr em prática essa estratégia – e de forma rigorosa, como até então ninguém havia conseguido, ou seja, para evitar que esse nexo se reduzisse a um reformismo minimalista, cada vez mais subordinado à compatibilidade do sistema, ou, ao contrário, que ele fosse interpretado apenas como tática para acumular forças à espera de um momento favorável para o autêntico salto revolucionário –, eram necessárias algumas premissas complexas. Em primeiro lugar, era necessário elaborar uma visão um pouco mais exata do tipo de sociedade que se desejava construir no longo prazo. Também era necessário ser capaz de elaborar uma análise da etapa determinada em que se estava, e o que esta poderia oferecer para avançar e impedir retrocessos com relação ao objetivo final. Era necessário ainda conquistar um amplo e duradouro consenso no interior da sociedade – e sobretudo da classe trabalhadora – em torno de um programa coerente e construir um "bloco histórico" que se comprometesse com sua construção e o reconhecesse como perspectiva. Por fim, era necessário transformar massas subordinadas em classe dirigente alternativa, capaz de organizar a luta social e administrar os parciais espaços de poder conquistados. Se, como dizia Mao, uma "revolução" não é um "jantar de gala", um reformismo forte não é um pragmatismo inteligente.

Depois da guerra, tanto no PCI quanto na Itália, todas essas coisas não apenas estavam ausentes como não se tinha consciência delas. Consideremos antes de tudo e principalmente o estado efetivo do "novo partido", que deveria ser o instrumento essencial para superar as dificuldades. A palavra de ordem do partido de massas havia se tornado realidade com uma rapidez surpreendente, e seu resultado estava muito acima do esperado. Em 1945, o PCI era um partido que contava com 1,1 milhão de filiados, e a grande maioria era militante; em 1946, chegou aos 2 milhões. Era o maior partido em todo o Ocidente (incluída a França) e entre os primeiros do mundo. Não era uma força efêmera, vinculada apenas à emoção da libertação e ao mito da União Soviética; ao contrário, conservou a mesma força organizativa durante muitos anos ainda, apesar da desilusão das derrotas sofridas e das condições impostas pela Guerra Fria. Mas quem ele recrutava e que fisionomia tinha?

Sua composição social mostrava ser ao mesmo tempo um grande recurso e uma grande dificuldade. Tratava-se de um partido de classe como talvez nunca tenha existido. Mas como era essa classe? Após ter rodado o país, Longo disse, em seu estilo rude: "Partido ainda não, mas massa". Posso acrescentar, pelas estatísticas e por lembranças vivas e diretas: uma massa de trabalhadores da indústria e do campo que muitas vezes não possuíam o ensino básico completo, tinham grande dificuldade para ler ou entender a língua oficial, não tinham experiência sindical, permaneciam à margem da informação e da luta política, mesmo antes do fascismo e até em relação ao *non expedit* vaticano*, e viviam sob a influência da retórica fascista. Essa massa dava seus primeiros passos no aprendizado: nas seções do partido, os militantes aprendiam a escrever, liam seus primeiros livros ou jornais, recebiam rudimentos da história nacional e, levados por essa nova paixão, lotavam as praças todas as noites para debater, montando espontaneamente pequenos grupos de discussão para formar alguma ideia sobre as coisas. Os quadros que deviam organizar e formar esse povo eram uns poucos milhares – em certas regiões, eram pouquíssimos – e, por isso, eram importados de outras regiões. Eles próprios eram, em sua maioria, operários, formados na luta clandestina, na luta *partigiana*, na guerra da Espanha ou na (extraordinária) escola do cárcere e do exílio, em que se aprendia o eixo do marxismo-leninismo na forma canônica, plasmada nos anos 1930 pelo Comintern e na qual penetrava com dificuldade e por carisma o complexo raciocínio de Togliatti. Havia também certo número de jovens intelectuais e estudantes recrutados nos anos imediatamente precedentes à guerra e movidos pela negação do fascismo, ou outros que provinham diretamente das fileiras *partigiane*; na maioria dos casos, possuíam uma boa bagagem de leituras, embora tivessem uma formação voltada sobretudo para o campo artístico, literário ou cinematográfico (que o regime tolerava), mais do que para o campo da teoria econômica ou histórico-política.

O verdadeiro grupo dirigente, aquele que discutia e decidia, era muito restrito, de qualidade e convicção comprovadas. Apenas Togliatti (e Terracini, que permaneceu à margem) viveu como protagonista a experiência fundadora do *Ordine Nuovo* em Turim. O grupo dirigente provinha de vivências heterogêneas,

---

* A bula papal *non expedit* (não convém) foi publicada pelo Vaticano logo depois da unificação da Itália e orientava os católicos a não participar das eleições. (N. T.)

tornou-se comunista no período oscilante da direção de Bordiga, foi depois amputado pela dissidência de Tasca e de outros, pelo cárcere, e afinal se consolidou, sem repressões, mas com sofrimento, nos anos da plena ortodoxia stalinista. Aceitou de início por disciplina, em seguida por convicção, embora não com plena consciência, as decisões de Togliatti. Para Secchia permanecia a dúvida – e, anos mais tarde, ele deixou isso claro – de que talvez se pudesse obter mais da luta *partigiana* e, portanto, era necessário se preparar para agir contra um refluxo reacionário. Longo não hesitava em dizer que "o socialismo se constrói quando se tem o poder nas mãos, coisa que ainda não temos".

O partido de massas, por razões materiais e culturais, ainda estava longe de ser o "partido novo" que Togliatti propunha, e mais distante ainda do "intelectual coletivo" concebido por Gramsci: um partido capaz de hegemonia, promotor de uma reforma cultural e moral que a Itália nunca teve, isto é, a classe operária em via de se tornar classe dirigente. Ele não possuía a mesma riqueza de experiências ou a capacidade de discussão que a social-democracia alemã havia alcançado no fim do século XIX, ou mesmo um grupo dirigente semelhante ao bolchevique antes da revolução, concentração de cérebros única na Europa e rara na história política de sempre.

Para não dar, a propósito dessa fase, um peso excessivo ou mesmo injusto à falta de preparo dos comunistas, devo acrescentar que o conjunto das forças políticas e sociais carecia igualmente, ou talvez até mais, de preparo para cumprir as tarefas de governo. O PSI estava dividido e oscilava entre posições contraditórias: arroubos extremistas de Basso (e às vezes também de Morandi), a *politique d'abord* de Nenni, a ameaça de ruptura de Saragat. A Democracia Cristã se mostrou de imediato uma grande angariadora de votos, mas De Gasperi a dirigia com dificuldade e contava com um apoio precário do Vaticano. O poder real de orientação das massas católicas, em parte operárias e camponesas, estava solidamente nas mãos do papa, que sempre esteve muito mais preocupado com o comunismo do que com o fascismo e tinha a seu dispor uma formidável rede de quadros acostumados a obedecer – os párocos de todos os povoados, as universidades e as associações religiosas eram todos orientados por um assistente eclesiástico. A burguesia produtiva industrial e agrária, deslegitimada politicamente por sua conivência com o fascismo, mas ainda forte por seu poder econômico, continuava em grande parte, como bem observaram Gramsci, Gobetti e Dorso, conservadora, antiliberal e, em boa medida, trapaceira e parasitária (bem distante da mistura de reação e dinamismo modernizador que havia surgido muitas décadas antes na Alemanha e no Japão). Os aparelhos de Estado, desde antes do fascismo, eram tão obedientes quanto ineficientes. A própria intelectualidade, mesmo a que não era fascista, permaneceu ou decidiu permanecer provinciana, à margem das grandes discussões e das grandes controvérsias iconoclastas, mas inovadoras, que para o bem ou para o mal animaram a primeira metade do século XX na Europa e nos Estados Unidos. Gramsci ainda era desconhecido, mas Pareto, Michels, Sraffa ou Fermi também trabalhavam em outros lugares (e Maquiavel tinha morrido havia alguns anos).

Em suma, os partidos de massa estavam à frente da sociedade que representavam. Podiam conseguir um acordo avançado quando se tratava de definir os princípios e a ordem institucional: nesse caso, comunistas e socialistas contavam com uma elite intelectual, laica ou católica, fortemente vinculada à Resistência (como Dossetti e Calamandrei). Mas quando se tratava de mudar efetivamente a ordem social, de se confrontar duramente com o senso comum e os poderes concretos da sociedade, o caminho a percorrer ainda era longo. Ideias, forças e competências ainda eram inadequadas.

O fato de educar e organizar grandes massas subordinadas há séculos, de lhes permitir erguer a cabeça e usá-la, já representava em si uma grande e duradoura conquista. Para o PCI e para a Itália. Entretanto, isso não era suficiente para superar com facilidade, ou mesmo contornar, o novo empecilho que poderia bloquear o percurso: a Guerra Fria e o consequente embate político frontal entre os fundadores da Primeira República.

3. À BEIRA DA TERCEIRA GUERRA MUNDIAL

NESTE ponto do trabalho, encontrei uma dificuldade inesperada e diferente de todas as outras. Devo me ocupar agora de um período de quinze anos dominados por um risco extremo (a terceira guerra mundial), que acabou se resolvendo com uma competição relativamente pacífica entre dois sistemas antagônicos. Parecia que tudo havia voltado a ser como antes. Contudo, surgiu uma nova ordem mundial, destinada a durar trinta anos, na qual tudo parecia paralisado e pela qual se estabeleceram as premissas das grandes transformações que iniciaram a nova partida histórica. Nesse caso, tanto a memória individual e coletiva quanto o julgamento *a posteriori*, ao invés de auxiliar a reflexão crítica, podem facilmente dificultá-la.

A memória, mais do que extraviada, permanece fragmentada e enrijecida. Na verdade, naqueles anos a política assumiu o papel principal, como nunca ocorrera antes e como nunca mais voltou a acontecer. Tornou-se uma paixão coletiva, animada pela convicção de que devíamos defender a civilização em que vivíamos ou, ao contrário, cortá-la pela raiz: milhões de pessoas, de todas as classes e credos, participavam dela, assumindo uma identidade consciente, escolhendo um pertencimento que consideravam permanente e que, de fato, durou além do que se poderia pensar. Contudo, e também exatamente por esse motivo, foram anos de confrontos duríssimos, que por isso mesmo tendiam a reduzir a política à ideologia, a selecionar ou deformar os fatos para encontrar uma confirmação, fazendo com que a propaganda prevalecesse sobre as argumentações, ou a fidelidade sobre o espírito crítico. Gerações inteiras guardam, por experiência própria ou transmissão oral, lembranças indeléveis que dúvidas ou escolhas posteriores levaram mais facilmente a arquivar com orgulho do que a submeter a uma análise crítica. Ainda hoje, na Itália, quando se discutem os anos 1950, a direita emprega linguagem e esquemas típicos de 1948, e quem os recusa prefere minimizar o embate, considera-o um parêntese fatalmente imposto de fora, que a sabedoria convergente e silenciada de De Gasperi e Togliatti governou e encerrou o mais rápido possível. O mesmo acontece com o julgamento *a posteriori*. Como a Terceira Guerra Mundial não aconteceu, a competição entre os dois sistemas encerrou-se de maneira incruenta, e aquele duro período converteu-se em águas passadas, sem consequências irreversíveis, que não tem nada mais a dizer, além da evidência de seu resultado. Os grandes acontecimentos da segunda metade do século – sobre os quais, ao contrário, debates e análises foram várias vezes propostos – acabaram assim separados daquilo que imediatamente os precedeu e marcou, para o bem e para o mal.

Eu mesmo, que me aproximei do comunismo nesse período, fui cúmplice de tal menosprezo, firme em minhas convicções na época, e vi com irritação as autocríticas feitas com atraso e de improviso, que mereciam uma réplica mais documentada e refletida. Agora que sou obrigado a fazer o balanço – e devo e posso recorrer à memorialística hoje disponível, ainda que pouco conhecida, às atualizações historiográficas, às publicações dos arquivos secretos (a confirmar, mas que contêm revelações importantes) – é que me dei conta de quanta importância teve esse período, se considerado em seu conjunto, quantos juízos errados ou graves preconceitos devem ser reavaliados e, sobretudo, quantos questionamentos foram surpreendentemente evitados e exigem uma resposta mais convincente.

Em primeiro lugar, é necessário pôr fim a um equívoco paradoxal. É evidente para todos – e todos reconhecem – que o elemento preponderante e persuasivo nesses quinze anos, também na política interna de cada país, foi a política internacional: a Guerra Fria. No entanto, justamente sobre a Guerra Fria, as omissões foram e são particularmente graves e copiosas, as interpretações são as mais divergentes e a evolução das coisas é raramente levada em consideração. O próprio significado que se atribui a essa expressão é tão genérico que qualquer discussão parece confusa, e duvidoso aquilo a que concretamente se refere.

A Guerra Fria de longa duração

Para falar com seriedade da Guerra Fria, devemos distinguir dois elementos diferentes: de um lado, o fenômeno histórico de longa duração; de outro, um período mais breve, que já se apresentava como prólogo de uma provável (se não certa) Terceira Guerra Mundial, para a qual era necessário preparar-se e pela qual se deviam medir todas as coisas.

No primeiro nível, a Guerra Fria teve datas precisas, que marcam seu início e seu fim, e protagonistas constantes, mas apresentou também caráter intermitente, formas mutáveis e graus diversos de intensidade. Começou no momento em que classes e povos, subalternos e submissos por um longo período, elaboraram uma ideologia, construíram uma organização e encontraram condições favoráveis, por meio de uma revolução, para se tornar um Estado. Um Estado que, em perspectiva, por território, recursos e energias, poderia se tornar uma grande potência, sobre a qual outros Estados poderiam se apoiar. Iniciava-se assim, ou podia iniciar-se no mundo, uma competição social, econômica e ideológica, mas também geopolítica, entre dois sistemas. Alianças, compromissos, mas acima de tudo força armada e capacidade econômica para sustentá-la, tornaram-se um fator da competição, seja para agredir ou ameaçar, seja para resistir. Essa guerra começou, já em 1918, com a intervenção – não formalizada, mas cruenta – das grandes potências ocidentais na guerra civil russa. Já mencionei esse fato, mas é importante insistir, porque aconteceu antes que a revolução tomasse uma forma estável, quando somente a mais feroz reação czarista poderia matá-lo ainda no ovo.

Pouco antes da rendição, os alemães impuseram, em Brest-Litovsk, uma mutilação considerável do antigo Império russo, depois ratificada em Versalhes, ainda que desigualmente dividida (e voltou a ser objeto de litígio depois do fim da Segunda Guerra Mundial). Logo depois, as potências vencedoras promoveram e apoiaram uma série de ataques em grande estilo para derrubar a República soviética, de todos os lados: a armada de Kornilov pelo Báltico, a de Kolchak pela Sibéria, a de Denikin pela Crimeia, pela Geórgia e pelo Turquestão, a de Pilsudski pela Polônia. O que não se sabe, ou foi esquecido, é que esse apoio internacional não se limitou à solidariedade política, aos financiamentos, ao fornecimento de armas ou conselheiros, à ajuda logística (Churchill, então ministro da Guerra, tornou público um inventário pormenorizado), mas incluiu também o emprego direto de combatentes em campo. O ministro do Exterior francês, Stéphen Pichon, avaliou as tropas estrangeiras, regulares ou mercenárias, que combateram ao lado dos "brancos" em 1919: 140 mil franceses, 190 mil romenos, 140 mil ingleses e 140 mil sérvios. Norte-americanos e japoneses evitaram um envolvimento direto, mas asseguraram crédito e ocuparam juntos Vladivostok e outros portos do Extremo Oriente para garantir vias de comunicação mais tranquilas. O despotismo dos comandantes impediu a coordenação dos ataques, e a corrupção dos oficiais, a feroz roubalheira e a repressão por parte das tropas, em vez de ampliar, alienaram o consenso das populações indecisas e transformaram os sucessos iniciais em desastrosas debandadas diante de um adversário militarmente mal equipado, que se organizava à medida que avançava, mas sabia por que combatia e possuía uma sólida direção. Por fim, a intervenção internacional esbarrou na hostilidade da própria opinião pública, já cansada de guerras: os custos eram exorbitantes, o êxito era improvável.

O início da Guerra Fria não foi declarado, mas não foi nada frio: milhões de mortos, em combate, de fome ou por epidemias. Os bolcheviques conseguiram uma vitória inesperada em um conflito que foi ao mesmo tempo civil e internacional. Essa foi uma das causas não secundárias do debate que os dividiu nos anos 1920, o debate mais difícil e transparente de sua história. Empregar a força para auxiliar o impulso revolucionário em países que pareciam estar por um fio e romperiam o isolamento de um país cada vez mais devastado? Ou usá-la para consolidar o Estado soviético e tentar a "impossível façanha" do socialismo em um único país? Como se viu depois, a tese de Stalin – que prevaleceu e nunca foi revogada – não comportava necessariamente aberturas na gestão do poder, desaceleração no planejamento econômico, mas pressupunha prudência e uma avaliação realista das relações mundiais de força que, com raras exceções, tornaram-se um traço permanente da política externa soviética.

Depois de um período de normalização das relações internacionais (Tratado de Rapallo), a tendência à Guerra Fria voltou à tona nos anos 1930, apesar da ameaçadora presença de um terceiro e incômodo elemento, o nazismo, que embaralhou as cartas. Mas permanecia oculta, escondida nas chancelarias. Hoje, um grande número de fatos, documentos, memórias e correspondências privadas estão a nossa disposição para entendermos como a longa tolerância que permitiu a Hitler chegar à guerra, e em um primeiro momento valer-se dela, estava ligada à esperança e ao objetivo de dirigir seus ataques contra a União Soviética. Um plano insensato que, caso tivesse sucesso, tornaria quase impossível que as democracias ocidentais derrotassem o nazismo no campo, imporia compromissos insustentáveis e abriria o caminho para uma violência disseminada e sem limites.

A grande aliança antifascista – imposta em parte por necessidade, mas transformada depois em esperança convicta para o futuro – podia e devia livrar o campo dessa hipoteca recorrente. Foi o que aconteceu, mas por pouco tempo e não de todo. Já em plena Segunda Guerra Mundial, o bacilo deu alguns sinais, sobretudo após a batalha de Stalingrado e o avanço do Exército Vermelho, quando a vitória já despontava no horizonte e o olhar de alguns se deslocava para o tema dos futuros equilíbrios. Refiro-me ao acordo desejado por Churchill e aceito por Stalin sobre as zonas de influência na Europa oriental, ou mesmo às divergências sobre a própria estratégia militar (o contínuo e custoso adiamento da "segunda frente" e a decisão de onde iniciá-la, se pelo caminho mais curto e eficaz, na Normandia, como felizmente aconteceu, ou se por uma via mais longa e difícil, o Mediterrâneo e os Bálcãs, para manter a União Soviética a distância, mas provocando uma infinidade de conflitos).

Dé resto, a Guerra Fria, como fenômeno de longa duração, permaneceu em campo durante décadas, mesmo quando o perigo de uma terceira guerra mundial diminuiu; a competição foi transferida para um terreno não diretamente militar, mas acabou sendo constantemente interrompida por crises regionais pouco controláveis e acompanhada da desventurada corrida pelo rearmamento. Em suma, a Guerra Fria atravessou todo o "breve século" e só terminou quando um dos competidores se dissolveu, em 1989.

Não quero, com esse retorno intermitente, explicar as degenerações que afinal levaram a União Soviética ao colapso e que tinham outras grandes causas. Também não quero absolver o atraso e as hesitações que o PCI teve ao se distanciar resolutamente, quando foi necessário e possível fazê-lo. Mas me parece desonesto ignorar como e o quanto essa ameaça influiu ou repartiu salomonicamente as responsabilidades.

A grande surpresa

Existe, porém, outro significado que se pode atribuir à expressão "Guerra Fria": aquele que a repentina e surpreendente mudança da situação internacional indica, isto é, o surgimento do perigo efetivo de uma Terceira Guerra Mundial já em 1946, perigo este que se agravou rapidamente e pouco a pouco foi superado.

Como se explica o fato de que, poucos meses depois do fim de uma guerra que custou milhões de mortes e grandes destruições, vencida por uma coalizão em que todos foram necessários, depois dos acordos assinados e dos solenes compromissos de cooperação para manter uma paz duradoura, enquanto surgiam novas instituições para garantir a solução pacífica de eventuais conflitos, as alianças tenham mudado de improviso e os governos e os povos tenham voltado a falar e a se preparar para uma guerra que seria ainda pior do que a anterior? A que e a quem, e em que medida, pode-se atribuir a responsabilidade por uma reviravolta tão desconcertante? Por quais atos concretos, em que sequência temporal e com quais argumentos essa perspectiva se enraizou e quão perto chegou de uma saída catastrófica? Que preço imediato, mas duradouro, foi pago para encaminhá-la como uma guerra de sobrevivência entre civilizações inconciliáveis, em que mais cedo ou mais tarde a força teria a última palavra?

Trabalhando durante muito tempo, e quase *ex novo* sobre essas questões, como só hoje é possível, formei uma opinião um pouco diferente e um pouco mais clara daquela que eu tinha a princípio e quero expô-la com clareza. A "nova Guerra Fria" foi, sobretudo em sua origem, uma decisão livre, consciente e unilateral, para a qual convergiram, ainda que por razões diferentes, todas as grandes e muitas das pequenas potências do capitalismo ocidental e que atraiu aos poucos os países contra os quais estas haviam lutado. Essa decisão logo obteve o consenso ativo de muitas forças políticas de esquerda e penetrou na maioria da opinião pública por meio de uma campanha de propaganda imponente e, em vários sentidos, manipulada. A culpa dos comunistas, e de seus poucos aliados socialistas, não foi de tê-la provocado ou alimentado, mas de não tê-la percebido, ou de não ter tido vontade de enxergá-la a tempo, e depois de ter respondido, favorecendo-a, ao invés de impedi-la, e, finalmente, ter cometido muitos erros que aguçaram o risco e aumentaram o preço que eles mesmos pagariam.

A nova Guerra Fria

Se eu tivesse de estabelecer uma data precisa para o início da "nova Guerra Fria", indicaria o dia da morte de Franklin Delano Roosevelt, porque considerá-lo, como se faz em geral, o homem do New Deal e o promotor da aliança antifascista é demasiado – e demasiado pouco.

Demasiado porque, dez anos antes, quando se tornou presidente, ele via com muita clareza a necessidade de reagir com uma mudança de rumo à grande crise econômica dos Estados Unidos, que já se estendia ao mundo inteiro. Mas não via com tanta clareza assim e nem podia propor um novo rumo reformador ou uma teoria que lhe proporcionasse bases sólidas. A nova política econômica tomou forma pouco a pouco (Keynes lhe deu uma versão consciente depois de 1935). De início, conquistou rápidos sucessos, mas esbarrou em grandes obstáculos e, em 1938, quase se esgotou. Quanto à guerra antifascista, a opinião pública norte-americana era tão hostil a ela que durante anos a invasão japonesa na Ásia pôde continuar sem impedimentos e, no conflito contra Hitler na Europa, Roosevelt teve de se limitar a oferecer armas e empréstimos, até que o ataque de Pearl Harbor lhe permitiu intervir, em 1942.

Demasiado pouco porque Roosevelt foi o promotor desse processo, mobilizou o mundo intelectual, a nova organização sindical, o impulso democrático radical que fez surgir uma "América possível" e a conduziu em quatro campanhas presidenciais vitoriosas. E, principalmente, porque ambas as experiências – crise e reformas econômicas, coalizão internacional antifascista – forjaram nele um pensamento e um desejo de longo prazo, uma perspectiva.

A dura e vulgar polêmica que, logo depois de sua morte, acusou-o de ter dividido o mundo, concedendo grande parte dele à ameaçadora União Soviética, não tem nenhum fundamento. Roosevelt não era nem conciliador nem sonhador. Era um burguês, como foram Keynes e, de certo modo, o último Schumpeter, e estava convencido de que o capitalismo podia e devia sobreviver e estender-se em uma competição pacífica e construtiva, desde que um poder político democrático conseguisse regular e orientar o apetite espontâneo dos mercados e o sistema colonial fosse gradativamente abolido. Também estava convencido de que os Estados Unidos tinham a força e as ideias para fazer isso. Em Yalta, não houve uma partilha do mundo: além das negociações específicas, em geral inconclusas, o que dominou foi uma discussão sobre perspectivas e métodos, ou seja, o solene compromisso recíproco de evitar nas décadas seguintes a repetição de uma guerra mundial. Não por acaso, teve grande peso o tema de uma futura organização internacional, garantida pelas grandes potências, que não caísse na ridícula impotência da Sociedade das Nações. A esse respeito, o diálogo direto – como mostram as memórias dos participantes norte-americanos (Hopkins, Cordell Hull e, indiretamente, Sherwood Anderson) – aconteceu em particular entre Roosevelt e Stalin. O próprio Stalin, na declaração final que todos aceitaram, esclareceu:

> Enquanto nós três vivermos, nenhum de nós quererá arrastar o próprio país em atos de agressão; porém, em dez anos, pode acontecer de nenhum de nós estar presente; virá então uma nova geração que não conheceu os horrores da guerra, portanto temos o dever de construir uma ordem capaz de garantir a paz ao menos para os próximos cinquenta anos; devemos nos esforçar para criar uma atmosfera que favoreça a unidade, para manter uma frente unida nessa perspectiva.

O próprio "processo Roosevelt", que ocorreu logo em seguida, teve de demonstrar que a dele era apenas uma das "Américas possíveis". E, de fato, Harry Truman, o sucessor que ele mesmo escolheu, era a expressão de uma nação bem diferente: estreou declarando que nunca tinha lido as cartas de Teerã ou Yalta, mudou rapidamente o *staff* da política externa, deu uma posição de destaque a um senador republicano e conservador (Vandenberg) e, em Potsdam, deixou escapar a frase: "Chega de ficar paparicando esses russos".

O que piorou a situação, para além das palavras, foi um fato gravíssimo: as bombas atômicas lançadas em Hiroshima e, em seguida, em Nagasaki. Mais ou menos intencional, essa decisão não serviu tanto para liquidar um Japão já abalado, mas para mostrar ao mundo, e em particular à União Soviética, uma nova relação de força. No *establishment* norte-americano, a questão foi rapidamente explicitada: a União Soviética seria capaz de se munir da nova arma? Em quanto tempo? O que poderia ser feito para impedi-la e antecipá-la? Sobre como manter a energia atômica sob controle internacional, iniciou-se por iniciativa dos cientistas que a haviam descoberto um vivo debate, no qual também intervieram os países ocidentais, mas que não levou a nada. Todavia, o momento para elaborar uma teoria sobre a guerra preventiva não estava ainda politicamente maduro. A ameaça do uso da bomba ficou em suspenso, até que, alguns anos depois, MacArthur propôs-se a levá-la adiante. A corrida à nova Guerra Fria não desacelerou. Foi Winston Churchill o primeiro a lhe dar uma forma acabada, já em março de 1946. Não havia quem não tivesse ouvido falar de seu famoso discurso em Fulton, mas quase ninguém sabia onde ficava Fulton, nem por que o discurso teve tanta repercussão. Churchill não era mais chefe do governo inglês, já que os trabalhistas haviam vencido clamorosamente as eleições; era um homem influente, mas parecia expressar apenas uma opinião pessoal. Fulton era uma cidadezinha do Missouri, onde Truman foi eleito, e Churchill, antes de se pronunciar, encontrou-se com ele em Washington. O presidente atravessou os Estados Unidos para ouvi-lo falar do palco da assembleia. Valia a pena. A análise de Churchill era nova, e sua proposta, límpida. Textualmente:

> Travamos uma luta contra a guerra e contra a tirania, e ganhamos a guerra; se quisermos evitar outra ou evitar perdê-la, devemos remover mais uma tirania, que sobrevive e se expande no mundo. A ameaça vem do comunismo, como Estado e como movimento; para derrotá-lo, não precisamos de acordos débeis, compromissos, mas criar uma nova aliança, em primeiro lugar entre os países anglo-saxões, confirmar e fortalecer nossa supremacia, construir uma cadeia política e militar que restrinja a cortina de ferro, fazer pressão de fora para que os povos submissos da Europa oriental se libertem. Não devemos conceder à URSS a debilidade que concedemos à Alemanha, provocando ao fim um desastre.

Esse discurso teve grande repercussão (salvo, suponho, nos inúmeros países que havia séculos eram "submissos" e que ele não mencionava). Foi imediatamente repetido em todos os cantos da Europa pelo próprio Churchill, que em maio de 1947 acrescentou: "Nosso objetivo é realizar a união das nações da Europa, e o objetivo da Europa unida e democrática é representar em breve uma garantia contra a agressão que a ameaça". O discurso de Fulton suscitou objeções realistas e eficazes no interior da classe dirigente norte-americana e europeia (e também entre os partidos social-democratas do Leste, já classificados como "submissos"). Eis a objeção formulada pelo mais influente comentarista político norte-americano, o conservador Walter Lippmann: "Hoje, Estados Unidos e União Soviética não podem ganhar plenamente uma guerra combatendo entre si, apenas aventurar-se em um conflito que avançaria eternamente em um terrível emaranhado de guerras civis, carestias, aniquilamento e extermínio". Mas faltaram, entre as vozes discordantes, as dos diversos partidos socialistas europeus, que também estavam no governo.

Em 1947, primeiro em um discurso e em seguida em um documento redigido com Acheson, o novo secretário de Estado, Truman oficializou a análise e a proposta antecipada por Churchill, acrescentando sua contribuição: "O modelo e os valores norte-americanos devem ser estendidos ao mundo; para definir esse modelo é necessário acrescentar ao fundamento das tradicionais liberdades a plena liberdade de empresa; portanto, o confronto não deve ser apenas contra o comunismo, mas também contra a social-democracia". O texto foi apresentado como "doutrina Truman" e chamado de estratégia de *containment*. A palavra não exprimia plenamente a ideia, porque, mais do que contenção, tratava-se de assédio (e Kennan, que a havia criado, corrigiu-se rapidamente). Todavia, não se tratava apenas de palavras, ainda que determinadas palavras, sustentadas pelo poder, pesem. Pouco a pouco, os fatos sucediam-se, numerosos e inconfundíveis, mas em geral ignorados e esquecidos: uma cadeia de bases norte-americanas, bombardeiros atômicos permanentemente em voo, a caçada contemporânea dos comunistas de todos os governos dos quais ainda participavam. Mas também fatos ligados à gestão específica de territórios importantes e particulares. Faço uma lista sumária, embora alguns desses fatos mereçam um conjunto adicional de informações e reservem, exatamente em seus detalhes, muitas surpresas.

A ocupação norte-americana do Japão, gerenciada sem nenhuma consulta, com direito permanente de presença militar direta que dura até hoje, a redação quase sob ditado da nova Constituição, a confirmação no poder do imperador Hirohito e dos grandes potentados econômicos que apoiaram a guerra japonesa em toda a Ásia.

A tentativa igualmente solitária dos franceses de restaurar a colônia da Indochina, recrutando soldados japoneses dispersos e, diante da dificuldade, tirando o Vietnã do Camboja e do Laos e reduzindo as amplas zonas liberadas pelos nacionalistas de Ho Chi Minh a um pequeno território na fronteira com a China, o que desencadeou uma guerra de mais de vinte anos.

A ocupação armada dos ingleses e dos holandeses na Indonésia para restaurar a antiga colônia, derrubando o novo governo independente de Sukarno e, não conseguindo, subtraindo-lhe provisoriamente as ilhas maiores e mais ricas.

A imposição ao governo iraniano para que este expulsasse os soviéticos e até rompesse os mais simples acordos comerciais por meio dos quais a União Soviética comprava petróleo iraniano por um preço mais alto do que o cobrado pelas sociedades ocidentais.

A recusa de garantir a todos a livre passagem pelo canal de Dardanelos, premissa para o futuro papel da Turquia.

O acerto das fronteiras ou a criação de novos Estados-satélite no Oriente Médio, decididos autonomamente pelos franceses e pelos ingleses, a fim de garantir os recursos petrolíferos.

A resistência tenaz ao ingresso na ONU de novos países emergentes para manter a maioria na Assembleia, garantida pelo bloco de países sul-americanos que orbitavam os Estados Unidos e, ao contrário, a permissão especial concedida à Argentina de Perón; mais tarde, a confirmação, quase por direito de herança, de um assento no conselho de segurança para Chiang Kai-shek, então confinado na protegida ilha de Formosa.

O imobilismo garantido pela repressão violenta na África, desde Madagascar até o Quênia, desde o Congo até a Argélia, desde Moçambique até Angola.

Eu poderia continuar, mas interrompo a lista aqui porque já dei a volta ao mundo (com a exceção, é claro, da Europa oriental, que, como veremos, foi considerada por décadas o único exemplo reconhecido de "povos oprimidos").

Devo acrescentar, porém, um comentário sobre duas situações de grande importância para nós. Em primeiro lugar, os acontecimentos na Grécia. A situação grega interveio no debate político italiano – e com razão – para mostrar como exemplo negativo a impossibilidade e as infaustas consequências de uma tentativa insurrecional destinada ao fracasso, uma tentativa que os comunistas italianos conseguiram evitar. A argumentação convencia, e os fatos que se seguiram a confirmaram. Contudo, isso contribuiu para obscurecer muitas verdades e deformar as análises. O caso grego não nasceu de uma insurreição armada de uma minoria, e os comunistas não tiveram originalmente um papel preeminente. Na realidade, durante anos houve na Grécia uma resistência de povo e do Exército cada vez mais ampla e heterogênea contra a agressão fascista e a ocupação alemã, até a libertação do país antes da chegada dos aliados. Essa luta teve como resultado uma forte organização, a EAM (Frente Nacional de Libertação Grega), que tinha o consenso da maioria dos gregos e pretendia formar um governo livremente eleito e unitário, porém sem a volta da monarquia, que havia entregue o poder para um regime parafascista (Metaxas), e, sobretudo, sem os que haviam colaborado com os alemães. Os ingleses queriam quase o oposto e impuseram-no, bombardeando Atenas, atirando contra manifestações pacíficas, contando com o respaldo de Papandreu, que se curvou, e depois rejeitando um compromisso com os liberais e os moderados. Nasceu daí a guerrilha, que a União Soviética se empenhou em não apoiar e que apenas iugoslavos e búlgaros ajudaram fora da fronteira. Foi o primeiro e mais cruento exemplo de "zona de influência" sancionada com força externa. A guerrilha foi uma resposta perdedora à imposição armada de outro país.

Ainda mais esquecido, porém muito mais importante, foi o que aconteceu no imediato pós-guerra na China. A Manchúria – centro industrial do país – foi ocupada durante anos pelos japoneses, que tomaram aos poucos o controle das grandes cidades (Pequim, Nanquim, Xangai) e deixaram um rastro de terríveis carnificinas. Duas distintas forças de resistência armada opuseram-se a essa ocupação: no Sul do país, o governo oficial, que havia muito tempo era legitimado apenas por um exército organizado, dirigido pelo Kuomintang e reconhecido internacionalmente por falta de coisa melhor; e a armada camponesa de Mao, que havia reconquistado amplos territórios, sobretudo agrícolas, e havia introduzido reformas sociais e novas instituições. Essas duas forças não somente agiam de forma independente como levavam às costas, desde 1926, repetidos confrontos, com os quais o exército de Chiang tentava (e às vezes parecia conseguir) aniquilar os comunistas e, com eles, a incipiente rebelião camponesa. Os confrontos se repetiram ainda no decorrer da Segunda Guerra Mundial, porque Chiang queria encontrar um *modus vivendi* com os japoneses e assim ter as mãos livres para enfrentar um adversário não menos perigoso. As grandes potências pouco podiam e pouco sabiam sobre a China. Depois de Pearl Harbor, procuraram ajudar a Resistência, sobretudo fornecendo ajudas conspícuas ao governo oficial e um chefe de Estado-maior para o Exército, o general Joseph Stilwell, que tentou coordenar as diversas forças, mas encontrou tamanha hostilidade em Chiang que foi obrigado a deixar o posto.

Quando o Japão chegou à beira do abismo, surgiu um enorme e intricado problema político: como e quem poderia governar o país mais populoso do mundo? A hipótese inicial, obviamente, era um governo de coalizão, e vieram de Washington, que representava toda a coalizão e possuía meios de fazê-lo, dois enviados (Hurley e, depois dele, Marshall) para verificar a possibilidade. Hurley quis antes encontrar-se com Mao, que para ele era o osso mais duro de roer, e reportou de imediato ter encontrado nele uma animadora disponibilidade – desde que houvesse um compromisso real, que respeitasse as forças em campo. Mas Chiang opôs à tratativa três condições: que os comunistas se retirassem dos territórios que eles mesmos haviam libertado, abolissem as reformas já iniciadas e dissolvessem as próprias forças armadas. O acordo fracassou antes de começar e, pouco depois, Chiang lançou uma ofensiva contra o Norte para resolver o problema pela força. Marshall não podia impedi-lo: o novo governo norte-americano não podia nem queria romper a aliança com que havia se comprometido, portanto apoiou-o com dinheiro, aviões e pilotos, mesmo sabendo que o Kuomintang estava tão dividido, corrompido e privado de uma base popular que não poderia ganhar. O primeiro e certamente o mais importante embate da nova Guerra Fria foi perdido pouco a pouco por seus promotores, ainda que, exatamente por esse motivo, tenha tornado crônica a recusa em reconhecer a nova China, fato que se refletiu em uma crise na ONU e no Conselho de Segurança.

Diante desse conjunto incontestável de fatos, de sua sequência, das palavras explícitas que o acompanharam – independentemente do julgamento que cada um é livre para fazer da ordem social e da ideologia dos dois adversários em campo –, como é possível negar que a nova Guerra Fria originou-se quase por inteiro por iniciativa das grandes potências ocidentais e que o comunismo foi o novo inimigo apontado? "Como movimento e como Estado", para retomarmos as palavras de Churchill.

A invenção do Pacto Atlântico

O motor que alimentou essa viragem repentina e radical, e mais tarde orientou seu desdobramento, não foi apenas geopolítico e militar. Houve intervenção de outros fatores e outros instrumentos, mais diretamente ligados às questões internas de cada país, à restauração e à redefinição da ordem social de cada um deles e à hierarquia entre eles.

Em primeiro lugar, o fator econômico, simbolizado e iniciado pelo Plano Marshall. Sobre esse ponto, a análise deve ser mais complexa, e a avaliação, menos drástica. A oferta de ajuda econômica dos norte-americanos aos países que saíram da guerra com um aparelho produtivo arrasado, sem recursos financeiros necessários para reconstruí-lo, era em si uma ideia inteligente. Podia coligar-se a políticas muito diferentes entre si: podia ser usada para subtrair os países da Europa oriental da influência soviética, isolando sua economia no momento mais difícil para eles, ou mesmo para abrir gradualmente as trocas comerciais e culturais entre diversos sistemas econômicos; como contrapartida a outros países capitalistas, em troca de um rápido e pleno alinhamento à política norte-americana, ou para ajudá-los a aceitar o fim de suas últimas colônias, mudar sua política econômica e mediar os conflitos entre eles (o que significava, portanto, extinguir as causas que haviam levado ao fascismo e às duas guerras mundiais).

No cenário da nova Guerra Fria, a primeira opção estava destinada a prevalecer sobre a segunda e orientar as decisões. Nesse sentido, o Plano Marshall funcionou como um acelerador da virada. Desde o início, a oferta de ajuda era seletiva e claramente subordinada a duras condições. Já antes do Plano Marshall, a União Soviética, ou seja, o país que suportou os custos mais graves da guerra, não chegou a pedir propriamente uma ajuda, mas um empréstimo aos Estados Unidos e uma indenização dos países que a atacaram. O crédito não lhe foi concedido; ao contrário, o Senado norte-americano, já antes do fim da guerra, suspendeu a lei de "aluguéis e empréstimos" que a amparava até então. Quando o Plano Marshall se definiu, a União Soviética foi imediatamente excluída da lista dos possíveis beneficiários. Contudo, vários países da Europa oriental, ainda pluripartidários, mostraram clara disponibilidade e a eles, e apenas a eles, impuseram-se pesadas condições: desmantelar as reformas econômicas, ainda muito prudentes, e aceitar do credor o destino e o modo como a ajuda seria aplicada, de maneira que não houve nenhum acordo. Sobre a Europa ocidental, a contrapartida política estava implícita e foi aceita com prazer: exclusão dos comunistas de qualquer governo e aplicação da ajuda prioritariamente na grande indústria privada. De resto, o Pacto Atlântico já estava em via de se tornar uma aliança militar permanente, sob a direção dos Estados Unidos. Ajuda econômica e segurança, em troca de soberania limitada: o nexo era explícito.

Mas seria faccioso e enganoso calar o fato de que havia no Plano Marshall algo a mais e diverso, para o bem e para o mal, com que apenas no futuro os comunistas teriam de acertar as contas. Além de sua agressiva rudeza, a virada dada por Truman à política norte-americana não impunha uma volta ao liberalismo obtuso de Hoover ou à política de isolamento de Taft. A dura – e nunca esquecida – lição da grande crise econômica e o papel dos Estados Unidos na Segunda Guerra Mundial impunham e permitiam uma pretensão maior. O conflito com a União Soviética era o objetivo primário, mas era também o instrumento de um propósito mais amplo para estabelecer uma nova ordem mundial, sob a hegemonia norte-americana. Por isso, nos países de economia já parcialmente avançada, o Plano Marshall não se destinava a restaurar uma velha política econômica, impedir a exportação de tecnologias avançadas ou mesmo restabelecer o velho protecionismo; ao contrário, pretendia estimular a modernização e a integração dentro dos limites de um papel subalterno (Alemanha, Japão e Itália, de modo mais claro do que os outros). No mundo subdesenvolvido, a política norte-americana certamente contribuía para contrastar os movimentos de libertação, mas não para impedir o processo de descolonização, e preparava novas formas de dependência. Por toda a parte, no estilo de vida, na cultura de massa, no tipo de consumo, procurava estender o *American way of life*, purificado do progressismo do New Deal. E tudo, é claro, dentro dos limites marcados por um anticomunismo intransigente e sem adulteração: além desses limites, havia repressão, conluio com regimes reacionários e ameaça militar, daí o rearmamento e a eventualidade de uma guerra.

Na composição do quadro da nova Guerra Fria estava presente outro elemento, o mais surpreendente e revelador. Como e por que, sobretudo na Europa, essa virada radical e perigosa conseguiu encontrar amplo consenso na opinião pública, que originalmente alimentava outros sentimentos e outros temores? E também em forças políticas que haviam participado de maneira ativa da guerra antifascista e compartilhado a esperança de paz e de diálogo, aparentemente inseparável daquela? O que surpreende não é o persistir de um anticomunismo que possuía raízes profundas e justificativas respeitáveis e, uma vez afastado o perigo, podia reavivar-se em torno do tema da democracia. Surpreende o fato de que essa competição social, política e cultural aceitasse a relegitimação do rearmamento e da guerra contra um novo inimigo. Sem dúvida, isso pode se explicar, e explicou-se, pelo temor crescente – e histérico – de um iminente ataque soviético. Era um temor totalmente desprovido de fundamento, contrariado pela situação e até pelo que muitos promotores da Guerra Fria diziam, na América.

Por mais que se possam atribuir a Stalin as intenções mais enganadoras e as ambições mais descomedidas, a União Soviética, em particular nos primeiros anos, não tinha condições de agredir ninguém além dos territórios conquistados, e mesmo esses periclitavam. Ela saiu da guerra estremecida. Sofreu 20 milhões de mortes (para termos uma ideia, os ingleses sofreram 350 mil, os norte-americanos, 450 mil, e os alemães, 7 milhões): gerações inteiras de jovens soviéticos foram dizimadas ou ficaram inválidas (somente dez anos depois a população voltou aos níveis anteriores à guerra, apesar do aumento populacional devido à reintegração dos territórios ocupados). "O soldado de mãos calejadas que não monta em cavalo" tinha mais o que fazer do que uma guerra para sobreviver e reconstruir. A indústria havia sido descentralizada e precisava ser reorganizada. A agricultura, nas áreas férteis, havia sido desertificada por retiradas e reconquistas, 70 mil vilarejos haviam sido queimados e cidades inteiras desmoronaram. A população passava fome e, entre 1946 e 1947, houve uma carestia generalizada. A renda *per capita* estava muito abaixo dos níveis de 1938, 25 milhões de pessoas não tinham abrigo e, pela primeira vez, a força de trabalho escasseava. Por esse motivo, o Exército foi reduzido de 12 milhões para 2 milhões de homens, e a maioria voltou para casa a pé ou a cavalo, porque as ferrovias tinham sido arruinadas e os meios de transporte eram insuficientes. A capacidade produtiva diminuiu em 1945 e mais ainda em 1946 e 1947. A Europa, ao contrário, tinha poucas armas, mas possuía uma indústria ainda eficiente para produzi-las, mesmo na Alemanha. E, sobretudo, por trás da Europa estavam os Estados Unidos, com uma produção efetiva que aumentou 40% durante a guerra, com um potencial produtivo mais que duplicado, tecnologias posteriormente renovadas, bases militares e tropas em todo o mundo, localizadas em geral nos arredores das fronteiras do adversário. E com a bomba atômica. Por isso, alguns parlamentares e generais norte-americanos falavam de guerra preventiva, antes que essa avassaladora superioridade se reduzisse.

Assim, quem seria louco em Moscou de mandar ocupar a praça da Concórdia ou a basílica de São Pedro? Todavia, tanto analfabetos e carolas quanto a opinião pública culta, em países bem informados, convenceram-se de que a agressão vinda do Leste era iminente. Por quê? Com certeza, uma grande manipulação contribuiu para tanto, construída cinicamente sobre antigos fanatismos – derrotados, mas não superados – e sobre a conveniência, oportunidade muito concreta, de ter acesso à ajuda econômica norte-americana. Talvez se tratasse também de um investimento ideológico. Acredito, contudo, que algo mais concreto e menos inconfessável contribuiu para o sucesso dessa mobilização. De um lado, havia, em muitos e fundamentais países europeus, o temor de ver desabar, como já vinha acontecendo, aquele sistema colonial que durante séculos havia sido um elemento de fundação da identidade nacional, garantindo recursos e mercados, matérias-primas a preços irrisórios e trabalho quase sem remuneração, benefícios compartilhados em parte com as classes subalternas.

Darei apenas um exemplo, extremo e bem documentado: a Inglaterra. Dirigida por um governo conservador, nos anos 1930 ela estava tão preocupada com as mudanças que poderiam ocorrer no mundo que arrastou todos para uma prolongada tolerância ao nazismo. Nesse momento, os trabalhistas opuseram-se e, durante a guerra, cultivaram simpatia e tolerância com a União Soviética;

quando chegaram ao governo, realizaram, muito mais do que outros socialistas europeus, uma profunda reforma do sistema econômico-social sob o comando de Beveridge e Bevan, inspirados por Keynes. Contudo, na política externa aconteceu o contrário: eles aceitaram e praticaram a linha que Churchill sugeriu em Fulton e o ministro do Exterior, Bevin, tornou-se um de seus executores mais zelosos. A explicação, simples e clara, encontra-se em uma observação reservada, enviada pelo próprio Keynes ao governo, que diz textualmente: "É estupidez imaginar que a Inglaterra possa suportar o custo da construção do Estado social e, ao mesmo tempo, tudo que é necessário hoje para preservar e recuperar seu império colonial, que por muito tempo custará mais do que pode render: ou uma coisa, ou outra". De fato, para adiar essa escolha havia (e provavelmente não bastava) o "especial apoio" econômico, político e militar dos norte-americanos. O sonho de salvar o império valia "uma missa", até para os socialistas, e levou muitos eleitores a aceitá-la.

Outro caso limite merece ser mencionado: o italiano. A Itália não possuía colônias rentáveis para recuperar nem tinha como resgatar o pouco que havia perdido, mas, desde o início, aqui também estava em jogo um fator internacional particular. Não me refiro tanto ou apenas à questão de Trieste, que teve grande repercussão, mas acabou emendada pelo tratado de paz; refiro-me, sobretudo, à controvérsia a respeito da Europa oriental. Não me atrevo a considerar esse fator um elemento proeminente, mas estou convencido de que teve um peso tão relevante quanto silenciado na evolução do maior partido italiano e na orientação da opinião das massas: o papel da Igreja em si e a orientação de sua cúpula. Naquele momento, havia um papa que não só sempre considerou e ainda considerava os comunistas o adversário principal e permanente, os "sem deus", como enunciou isso na bula de excomunhão dirigida a eles e a todos que mostrassem simpatia e disposição em ajudá-los (o primeiro contato direto que Roosevelt teve com o papa aconteceu em Roma, dias depois do episódio das Fossas Ardeatinas* e da deportação dos judeus: o enviado de Roosevelt relatou espantado que, naquele momento, o papa estava mais preocupado com a presença de grupos *partigiani* comunistas nas cercanias). Esse mesmo papa, dois anos depois, deparou-se com um problema bem mais dramático e espinhoso. Na Europa oriental, em particular na Hungria, na Eslováquia e na Croácia, a hierarquia católica havia não apenas apoiado como também dirigido, em primeira pessoa, governos fascistas, aceitado a deportação dos judeus e conservado imensos feudos eclesiásticos. Na Polônia, a situação era menos grave, já que

---

* Trata-se de um massacre perpetrado em Roma, em 24 de março de 1944, pelo exército alemão contra a população (335 civis foram fuzilados), após um ataque contra soldados nazistas que ocupavam a capital. (N. T.)

parte dos católicos havia apoiado a resistência contra os alemães, odiava na mesma medida os russos e apoiava uma nova tentativa de guerrilha contra o governo de unidade nacional. O confronto existia na realidade dos fatos, portanto, e os argumentos eram tão frágeis que foi preciso mascará-los com um espírito de cruzada. Um trecho de um discurso oficial do padre Lombardi, citado nas memórias de Paolo Spriano e proferido durante uma manifestação de 500 mil jovens católicos na praça de São Pedro, em referência à Resistência, dá uma ideia muito clara daquilo que entendo por espírito de cruzada:

> Ao mesmo tempo, aventureiros vieram de distantes e pérfidos países, com listas de pessoas que deveriam ser assassinadas brutalmente. Milhares de italianos foram mortos e seus cadáveres foram profanados. Esse espetáculo terrível se repetiu em todas as cidades da Itália. Os assassinos que agora são homenageados serão punidos um dia pela Justiça.

E, de fato, com relação ao Vaticano, a posição de De Gasperi, moderado e antifascista, foi muito tempo tão precária quanto a de Togliatti com relação a Moscou. Já na eleição de 1947, uma dissidência consistente da direita parafascista tornava-se autônoma, e o apoio da Igreja à Democracia Cristã ainda não estava garantido, nem na cúpula nem na base – incluídos os párocos, não menos importantes que os bispos na orientação de sua gente. A legitimação norte-americana e a aceitação de um bloco mundial que detivesse os "vermelhos" eram quase premissa natural para unir as massas católicas, uma burguesia de longa data ligada ao fascismo e um aparelho estatal não deslegitimado de fato.

Uma vez que o mundo enveredou, como livre decisão e inescapável responsabilidade, para o caminho da nova Guerra Fria, era difícil deter o processo e, por mais insensata e perigosa que fosse, eram muito claros os mecanismos que a alimentavam. Para acompanhar a evolução, avaliar os resultados e ver mais de perto como o PCI de Togliatti se moveu nessa guerra, devemos analisar a política com que a União Soviética e o movimento comunista mundial reagiram. E é exatamente aqui que se torna mais fácil, e mais importante, perceber uma diferença entre duas fases diferentes em um período de quinze anos: 1946-1952 e 1952-1960.

4. OS COMUNISTAS
E A NOVA GUERRA FRIA

A réplica de Stalin

TODA guerra se faz a dois. Independentemente de quem a começa e alimenta, há sempre alguém que acaba fazendo frente: o comportamento de um influi sobre o do outro, transformando-o; o conflito, depois de passar por várias fases, conclui-se com uma vitória ou um compromisso. Para tratar dos quinze anos da nova Guerra Fria, não posso deixar de reconstruir e avaliar o modo como o movimento e os Estados comunistas atuaram e a enfrentaram. Isso me permite distinguir de imediato duas fases: a que vai de 1945 a 1952, e foi acima de tudo uma corrida que levou à beira de uma terceira guerra mundial, e a que vai de 1952 até o começo dos anos 1960, em que o perigo gradativamente diminuiu e iniciou-se um novo jogo.

Sobre a primeira fase: assim como estou firmemente convencido de que a iniciativa de agressão partiu sobretudo das grandes potências ocidentais, também estou convencido de que a réplica dos comunistas foi pouco inteligente e pouco eficaz. Erros em todos os campos – de previsão, análise, estratégia, tática – que com frequência, em vez de conter e contrastar, ofereceram argumentos e ocasiões ao adversário e causaram prejuízo em seu seio. A responsabilidade dos erros deve ser atribuída a Joseph Stalin, porque naquele momento decisões de alcance mundial competiam a ele e por ele foram tomadas. Mesmo sempre tendo recusado a demonizar sua obra, devo admitir que os últimos cinco anos da vida de Stalin foram também os piores.

Nos primeiros dois anos depois da guerra, ele subestimou ou pareceu subestimar o alcance e a dureza da mudança de rumo impostos pela política norte--americana, teve ou ainda quis mostrar confiança em que a grande coalizão antifascista, mesmo entre contrastes insurgentes, poderia durar ou ser reconstruída e adequou seus atos políticos a essa convicção. De fato, deu pouca importância à novidade da bomba atômica, assim como não deu crédito ao debate que os mesmos cientistas que a construíram promoveram, a fim de submetê-la a um controle internacional. Polemizou com o discurso de Fulton, mas sem conseguir vê-lo como o anúncio de uma grande mudança geral e permanente da política norte-americana. Criticou com sobriedade o comportamento dos ingleses na Grécia. Convidou os comunistas chineses a serem prudentes, chegando a distribuir com equidade, entre Mao e Chiang, as armas confiscadas dos japoneses derrotados. Não esboçou nenhuma crítica à maneira como o PCI e o PCF haviam encerrado a luta *partigiana* e sua participação nos governos de unidade nacional. Moveu-se com moderação na própria Europa oriental ocupada pelo Exército Vermelho. Retirou suas poucas tropas do Irã e não se imiscuiu nos dramáticos acontecimentos do Sudeste Asiático. Repropôs a unificação da Alemanha como Estado neutro e desarmado. Desaconselhou Tito a teimar na questão de Trieste e reconheceu o direito à formação de um Estado israelense (sem se esquecer do mesmo direito para os palestinos). Apoiou a necessidade de acelerar a construção da ONU e lhe dar poder de decisão. Em suma, no conjunto, procurou se ater à letra e ao espírito das conferências de Teerã e Yalta.

Em 1947, porém, essa confiança não se sustentava mais, a nova Guerra Fria havia se tornado evidente, e a União Soviética e o movimento comunista tinham de escolher uma linha geral para enfrentá-la, ao menos no médio prazo. Não existia uma linha obrigatória. Mesmo sem pôr nada em discussão, sem abrir mão do papel já conquistado de potência mundial nem do modelo social já construído, era possível enveredar por dois caminhos. O primeiro partia da recusa do terreno de confronto proposto pelo adversário, de bloco contra bloco, e da prioridade do binômio ideologia-força armada, e levava à competição pacífica e ao binômio política-lutas sociais. Os comunistas tinham em sua bagagem histórica uma estratégia desse tipo, reiterada por Stalin no VII Congresso da Internacional. Essa estratégia tinha sido proposta tarde demais, com forças ainda insuficientes e programas ainda aproximativos, não tinha sido capaz de evitar a guerra, mas havia posto algumas condições para ganhá-la e fazer crescer em grandes massas, na resistência ao fascismo, um desejo de transformação da sociedade. A mim parece que existiam condições, ao menos logo depois da guerra, para confirmar sua implantação e desenvolver sua força persuasiva.

A sugestão de Togliatti, inadequada se confinada a uma pequena nação derrotada, teria tido possibilidades muito diferentes diante da insensata hipótese de uma nova guerra, e se tivesse se tornado estratégia internacional, articulada em diversas versões, em relação com diversos contextos históricos e culturais. A sociedade soviética, ainda que estremecida, manifestava nesses primeiros anos uma extraordinária mobilização para a reconstrução. Na Europa ocidental, os partidos comunistas lançavam novas raízes não apenas pelo que haviam feito, mas também porque o fardo da reconstrução pesava dramaticamente, sobretudo sobre as condições de vida dos pobres. Alguns partidos social-democratas, assim como anticomunistas, avançavam experiências reformadoras orientadas para o socialismo (Inglaterra, Escandinávia e Áustria). Na Itália, os socialistas estavam do lado dos comunistas e da União Soviética. O pensamento econômico havia se transformado com o choque da grande crise de 1929: os sindicatos reconstruíam-se mais fortes; a parte mais respeitável da intelectualidade (a Escola de Frankfurt, Einstein, Picasso, Sartre, Curie, Russell etc.) era crítica em relação a um simples retorno ao passado. Até nos Estados Unidos, o New Deal de Roosevelt, mesmo eliminado nos mais altos níveis políticos, mantinha um amplo rastro na cultura e em uma das duas grandes organizações sindicais do país. A própria elite conservadora, como o já citado Lippmann e até alguns dos grandes expoentes militares (Eisenhower, Bradley), aconselhava prudência. Na produção cultural mais popular, nos filmes que eu via quando era jovem, ao menos até os anos 1950, ou seja, até o macarthismo, o inimigo vestia uniforme alemão e japonês, e não russo, e o modelo de homem norte-americano era ainda, prevalentemente, o homem modesto de Frank Capra. Finalmente, e sobretudo, o movimento de libertação no Terceiro Mundo estava em marcha: por contra própria, os chineses estavam construindo, por meio da revolução camponesa, um novo grande Estado, sem nenhuma intervenção soviética; em 1947, a Índia conquistava sua independência, assumindo uma posição de neutralidade; na Indonésia e no Vietnã, o colonialismo já estava em dificuldade; no mundo árabe, emergiam forças independentistas (civis no Magrebe e militares no Egito). É claro que, para aproveitar a ocasião, para que essas forças coexistissem e convergissem, ou seja, para fazer emergir as contradições internas da lógica da nova Guerra Fria, era necessário reconhecer suas diversidades, retomar as bandeiras das liberdades burguesas das quais o próprio Stalin havia falado e dar testemunho delas.

O que impedia um país que tinha tido a força de tentar a "revolução em um só país" de experimentar, depois de ter se tornado uma potência mundial, uma reforma ainda que modesta de si mesmo? Alguns anos depois, quando houve uma mudança nessa direção, a "Guerra Fria", não por acaso, ficou sem argumentos, e o rumo das coisas começou a mudar lentamente. Não vale a objeção de que, no início, esse caminho estava impedido pela superioridade militar norte-americana, baseada na posse da bomba atômica, porque, ao contrário, a iniciativa política e social teria impedido com mais facilidade que o adversário iniciasse uma guerra atômica preventiva e teria dado o tempo necessário para que o equilíbrio fosse recuperado também nesse campo, como de fato aconteceu. Havia cérebros para isso.

Mas Stalin escolheu um caminho completamente diferente. Para compreender as bases e a lógica talvez seja útil recorrer a um paradoxo. Em seus últimos anos de vida, Stalin foi a principal vítima do "culto da personalidade" pelo qual era tão ávido. O enorme prestígio, os elogios rituais, mas também convictos, e as obediências consabidas paralisavam não só o pensamento crítico, o debate e a pesquisa – tão necessários em um movimento mundial que havia se tornado grande e diversificado – como também o cérebro do líder, a inteligência e a intuição política das quais já havia dado inúmeras provas. Isso o impedia de ver os novos recursos que ele mesmo havia criado, avaliar a situação real e prever sua dinâmica. Em vez de estimulá-lo a procurar novas respostas para uma nova situação, o culto da personalidade o levava a propor ideias cristalizadas e decisões do passado, em particular a ideia de que o "socialismo em um só país" podia oferecer um modelo universalmente válido, a ser seguido ao pé da letra, e de que isso legitimava, por um longo período, o papel de guia da União Soviética, como partido e como Estado (e, depois da "guerra patriótica", também como nação). A ideia de que cada avanço do socialismo correspondia a uma luta de classes mais dura e polarizada. A ideia de que o capitalismo já vivia uma crise irreversível e podia reproduzir uma guerra interimperialista. Sobre essa base, a resposta à nova Guerra Fria já estava determinada. A consolidação da unidade de suas forças, campo contra campo, no plano ideológico e político, tornava-se prioridade. Sem aventureirismos, mas também sem rachas, na expectativa de que o crescimento indefectível da economia soviética e a recuperação do equilíbrio militar conduzissem os comunistas a uma hegemonia mundial. A busca de alianças e a autonomia dos partidos comunistas não podiam nem deviam superar essa prioridade. Essa estratégia comportava um grande risco: mesmo sem que nenhum dos dois decidisse conscientemente, o "bloco contra bloco" podia transformar a guerra "fria" em "quente". De todo modo, tornava a imagem dos comunistas muito mais parecida com aquela que os adversários tentavam lhe imputar.

O erro do Cominform

O prólogo trágico e pesado – porque se arrastou por anos – é quase impossível de explicar racionalmente, a não ser como reflexo condicionado de aparelhos sem rumo. No momento de uma grande vitória, do mais disseminado consenso, em um contexto internacional ainda não completamente dilacerado, em uma sociedade empenhada com espontânea vitalidade em sua própria reconstrução, eclodiu um recrudescimento da repressão (que teve menos repercussão do que no passado, mas foi mais aleatória na escolha de suas vítimas). O "caso Leningrado", isto é, a eliminação sumária do grupo dirigente da maior e mais heroica resistência de toda a guerra, envolveu o maior cérebro da economia soviética e o mais fiel colaborador de Stalin nesse campo, Nicolai Voznesenski. Não foram poucos os sobreviventes dos campos de concentração alemães, ou voluntários na Espanha que depois se uniram à resistência de outros países, que acabaram na Sibéria por suspeita de ter desertado ou se rendido ao inimigo, enquanto arriscavam a vida para combatê-lo. Depois, aos poucos, os médicos acusados de conspirar para matar os dirigentes políticos de que tratavam, até a perseguição contra a antiga associação hebraica, o Bund, que havia apoiado a revolução bolchevique e agora, ao mesmo tempo que a União Soviética reconhecia o Estado de Israel, era acusada de sionismo. Essa repressão cruel e inútil criou o clima que marcou e favoreceu a mudança política de setembro de 1947.

E, de fato, a mudança tornou-se explícita no Encontro de Szklarska Poręba, cidade próxima de Breslávia, onde nasceu o Cominform. Este não era uma réplica do Comintern, em primeiro lugar, porque somente alguns partidos comunistas foram chamados para formá-lo (aqueles que eram considerados mais fiéis ou destinados a se tornar réus, como os italianos e os franceses) e, em segundo, porque se reunia raramente, teve vida breve, emitia ordens ou julgamentos, mas as decisões eram tomadas em outro lugar. Seu protagonista absoluto era Jdanov, na época considerado por Stalin seu porta-voz, apesar de sair com frequência do tom — tanto que apresentou em seu *Relatório*, da maneira mais grosseira, uma nova análise da situação e uma nova linha. É simples resumi-la. A divisão do mundo em dois campos, até então apresentada como um objetivo dos adversários, e contrastável, era considerada agora um fato, ao qual era necessário adequar-se e, sobretudo, usá-lo: de um lado ou de outro, não podiam existir forças oscilantes, e a busca de alianças era secundária e resvaladiça. A União Soviética representava não somente o guia político natural, mas o modelo consumado a ser imitado e proposto a todos o mais rapidamente possível. O campo capitalista estava entrando em uma nova crise econômica, a Guerra Fria evoluía para uma guerra interimperialista e seus grupos dirigentes se orientavam para um novo tipo de autoritarismo reacionário. Não havia mais sentido em prender-se ao conceito de "democracia progressiva", que fatalmente degenerava e declinava em parlamentarismo e obscurecia a luta de classes. A unidade política tinha de fundar-se em uma ideologia orgânica e codificada, o marxismo-leninismo-stalinismo, e a "história oficial do PCUS" era sua síntese acabada. Também a cultura, em todos os seus setores (inclusive a ciência, a literatura e a música), deveria assumir um ponto de vista político explícito e expressar-se de maneira simples, próxima da cultura popular, evitando qualquer tipo de confronto com as culturas ocidentais, inclusive com o marxismo não ortodoxo e as artes de vanguarda "degeneradas". Essa plataforma, exposta em tons extremos, que o próprio Stalin evitou assumir e, em determinado momento, teve de corrigir um pouco, não encontrou resistências ou objeções relevantes em Szklarska Poręba, apenas algumas preocupações por parte de Gomulka, Tito e Dimitrov, que mais tarde se tornaram seus alvos. Os chineses não estavam presentes e, de qualquer maneira, estavam acostumados a não interferir. Críticas e acusações, necessárias para estabelecer um limite à ortodoxia, viraram-se contra os franceses e os italianos, como veremos.

No plano da política externa e das relações com o Ocidente no nível do Estado, as palavras do recém-nascido Cominform foram predominantemente propagandísticas, contraproducentes. Nos fatos, sobretudo nos primeiros anos, não houve nenhum aceno de intenções expansionistas. (O próprio bloqueio de Berlim, que gerou um momento de tensão em 1948, foi apresentado como simples ato de protesto contra a decisão arbitrária e unilateral de unificar a Alemanha Ocidental em um Estado permanente. E, de fato, o bloqueio foi logo extinto, e com prejuízo: ao invés de retomar uma proposta séria de Alemanha unida e neutra, contribuiu para criar um nacionalismo alemão-ocidental e evidenciar a impotência soviética.)

Dois acontecimentos são eloquentes nesse sentido. O primeiro, mais importante do que qualquer outro no terreno geopolítico, diz respeito à questão chinesa, que, em 1947, encontrava-se em uma fase crucial, com os norte-americanos diretamente em campo e seu Senado pedindo um comprometimento ainda maior. O Cominform não se ocupou particularmente dessa questão e a União Soviética manteve a prudência habitual. O segundo refere-se à situação italiana, protagonista em Szklarska Poręba, mas como ré. A esse respeito, temos um depoimento interessante e até engraçado. Naquelas semanas, Pietro Secchia foi enviado a Moscou, como chefe de uma delegação, para investigar, em essência, o que eles pensavam que deveríamos fazer diferente. Secchia teve um encontro pessoal e reservado com as máximas autoridades soviéticas, conforme relatou vinte anos depois. Com franqueza e sem delongas, ele adiantou sua opinião, criticando o excessivo parlamentarismo e moderantismo de Togliatti e acrescentando que, na Itália, era possível fazer crescer bem mais a luta de massas e, em caso de iniciativas de repressão por parte do adversário, existiam forças para opor-se vitoriosamente, sem extravasar em uma insurreição. Nesse momento, Stalin, que estava presente e permanecia em silêncio, interrompeu-o com umas poucas mas eloquentes palavras: "Vocês chegarão a esse ponto, mas este não é o momento". Capítulo encerrado: nada de aventuras.

Peso completamente diferente tiveram as palavras do Cominform em seu próprio campo para normalizar e orientar suas forças, às quais se dirigiam sobretudo os Estados e os partidos com cuja obediência Jdanov contava. E, de fato, tiveram eco em fatos clamorosos, se bem que nem sempre no sentido desejado. O primeiro, em ordem cronológica, foi o ataque em 1948 contra Tito, até então o mais sólido e forte parceiro da União Soviética, conduzido com uma dureza cuja clara intenção era derrubá-lo.

Não obstante a leitura de diversos documentos reservados, que ambas as partes logo publicaram, não se percebe uma política discriminatória que justifique essa ruptura. O novo modelo de sociedade socialista, a autogestão, a polêmica contra os blocos e a ideia de não alinhamento não existiam na cabeça de Tito ou de Kardelj. Por isso, os motivos da contenda pareciam obstinadamente fúteis: a arrogância dos conselheiros técnicos ou o tipo de ajuda econômica que a União Soviética enviava à Iugoslávia, os contatos secretos com alguns de seus dirigentes militares etc. O núcleo efetivo do conflito era outro e de grande importância. A Iugoslávia foi o único país do Leste capaz de se libertar, com uma guerra terrível contra inimigos tanto externos (os fascistas italiano e alemães) quanto internos (os *chetniks*, os nacionalistas monárquicos e os *ustashe* croatas). Causa e consequência dessa epopeia foi o nascimento de uma nova nação, que unia povos, religiões e etnias diferentes em guerra havia séculos, e a formação de um grupo dirigente interétnico, e muito orgulhoso disso. "Amo a União Soviética", escreveu Tito a Stalin, "assim como amo minha pátria". Reconheço (implicitamente) a primeira como guia, mas reivindico a independência da segunda. Aqui residia a heresia, aqui estava a força que lhe permitia arrastar o povo e sustentá-la. Mas também um princípio que podia contagiar outros países. A aposta se elevava demais, colocando em jogo a configuração das democracias populares. Aqui se manifestou o aspecto mais débil, e o preço mais alto (pago naquele ano e nunca mais recuperado), da estratégia de Stalin.

A questão da Europa oriental era vital e ao mesmo tempo muito complicada. Esse foi o setor através do qual, por duas vezes, primeiro a Rússia e depois a União Soviética, foram invadidas. Stalin, depois de libertar esses países, queria ao menos "governos amigos", mas eles eram muito diferentes entre si. Alguns, como a Iugoslávia, a Tchecoslováquia e em parte a Bulgária, regeneraram-se com a resistência antifascista; outros, como a Polônia, combateram os alemães, mas, sendo católicos e nacionalistas, odiavam os russos e durante meses mostraram isso em pequenos episódios de luta armada; outros ainda eram de origem fascista ou parafascista e participaram diretamente da guerra, até o último dia, ao lado dos invasores nazistas, como a Hungria de Horthy, a Romênia monarco-reacionária e a Eslováquia do monsenhor Tiso. O acordo secreto entre Stalin e Churchill, com suas ridículas porcentagens de influência país por país, não oferecia muitas garantias e o próprio Churchill deu cabo dele na Grécia.

O único fator comum nessa área era que o Exército Vermelho havia passado por toda a parte até chegar a Berlim. A princípio, Stalin usou essa força moral e material com sabedoria, levando em conta todas as diversidades. Não podia nem queria transigir com o princípio dos "países amigos", mas aceitou a ideia de uma nova experiência chamada "democracia popular", tolamente considerada no Ocidente um estratagema verbal para mascarar simples regimes de ocupação. Mas não era isso. Os partidos comunistas nacionais procuraram embasá-la, em termos de conteúdo, e Dimitrov tentou lhe dar uma definição teórica, afirmando que não se tratava de uma versão da ditadura do proletariado, mas um novo caminho para o socialismo. Eles podiam contar com dois elementos de força, muito além do evidente papel de garantia oferecido pela presença soviética. De um lado, a vitalidade social e a influência ideológica produzidas pelo vento antifascista, que haviam fortalecido os comunistas e revitalizado outras forças organizadas mais ou menos de esquerda, assim como democráticas (partidos social-democratas, partidos de pequenos camponeses); portanto, o princípio do pluripartidarismo e da representação eleita não podia ser brutalmente eliminado. De outro lado, quase em toda a parte, as grandes propriedades fundiárias, industriais e financeiras ficaram muito tempo, e em grande parte, nas mãos de alemães (que agora eram fugitivos) ou de agentes e cúmplices. Isso tornava possível uma redistribuição das terras entre muitos dos pequenos camponeses, assim como a nacionalização de grandes complexos industriais e bancos, em doses consistentes e sem grandes conflitos. Os numerosos fascistas e colaboracionistas fugidos, ou a expurgar, liberavam muitas posições em aparelhos burocráticos que nunca haviam visto nem sombra de democracia. O próprio Fejtő, sem dúvida anticomunista, mas também estudioso sério, admitiu que essa tentativa foi conduzida gradativamente e com convicção na maioria dos casos e obteve consenso e resultados (salvo a vigilante atenção soviética sobre os aparelhos militares e policiais, dos quais desconfiava).

Alguma dificuldade sobreveio com a proposta do Plano Marshall, sobretudo por causa das condições que impunha, mas as coisas mudaram por completo, explicitamente e sem mediações, com a mudança do Cominform: as democracias populares deviam transformar-se plenamente em sociedades socialistas, o pluripartidarismo deveria tornar-se aparente, por bem ou por mal, e a economia deveria estatizar-se, com certo cuidado em relação à coletivização da terra. Sem falar da política externa: só havia uma, e era sabido a quem cabia decidi-la. As relações comerciais e culturais com o Ocidente deveriam ser reduzidas e vigiadas. Mais do que cortina de ferro, cinto de castidade.

Mas Jdanov não bastava, mesmo que não tivesse falecido prematuramente: para completar o quadro, Beria interveio. A fim de vencer qualquer objeção, precaver-se no futuro e dar credibilidade à excomunhão de Tito, que continuava no poder, sucedeu-se o terrível episódio dos processos inventados e das condenações, às vezes à morte, dos titoístas no comando dos vários partidos comunistas: Rajk, Kostov, Gomulka, Kádár, Clementis (e, pouco tempo depois, Slánsky). Acredito que este – a "normalização" brutal da Europa oriental – tenha sido o preço mais alto pago pela mudança do Cominform, o maior favor prestado aos promotores da Guerra Fria, aquele que reproduziu por mais tempo a espiral repressão-rebelião e também aquele que teve maior influência negativa sobre a opinião pública ocidental, impediu o desenvolvimento e produziu um retrocesso nas ideias e nas formas organizativas dos partidos comunistas.

Mais difícil é avaliar o último capítulo do comando stalinista, a guerra da Coreia. Há tempos ela é catalogada como exemplo da tendência da União Soviética de exportar o comunismo com invasões armadas – como se tivesse força para isso – e é uma das lendas urbanas em que os defensores da nova Guerra Fria foram mais fecundos. O caso é longo e complicado, mas por constituir o momento mais agudo do perigo de guerra mundial é necessário reconstituí-lo com base em fatos documentados, e não em propaganda contrária. Por muitos anos, a Coreia foi ocupada e escravizada pelos japoneses e, durante a guerra, ainda que com dificuldade, focos de resistência muito heterogêneos constituíram-se, esparçados por todo o país, sobretudo no norte, em razão da proximidade com a China e a Manchúria. Por volta do fim da guerra, os russos foram os primeiros a chegar e, a pedido dos norte-americanos, pararam no paralelo 38. Os norte-americanos chegaram em agosto e ocuparam o Sul, mas, como não encontraram forças locais em que se apoiar, trataram com o ex-governador japonês e empossaram Syngman Rhee, amigo dos fascistas japoneses e ligado aos grandes proprietários. No Norte, ao contrário, os comitês de libertação iniciaram uma reforma agrária e chamaram para dirigi-la Kim Il-Sung, que havia participado da resistência na Manchúria. O acordo assinado entre os aliados (unificação do país após dois anos da paz e eleições livres) tornou-se difícil, em particular porque Rhee decidiu montar um governo a seu serviço, com eleições manipuladas e muitos mortos, mas rapidamente reconhecido pela ONU e por Truman. Unificação e eleições controladas foram postergadas *sine die* e excluídas por Rhee, e iniciaram-se assim os atritos ou pequenas violações de fronteira de ambos os lados. Após um ataque do Sul, o Norte, mais bem organizado, resolveu cortar o nó e chegou quase até Seul. Stalin podia impedi-lo, mas subestimou o risco e deixou a coisa andar; nesse ponto, um exército expedicionário norte-americano interveio diretamente, legitimado pelo Conselho de Segurança, do qual a União Soviética estava ausente havia tempos como forma de protesto contra o não reconhecimento da nova China. Os norte-americanos, porém, não se contentaram em restaurar a velha fronteira e a atravessaram. Chegaram então, pelo Norte, tropas de apoio de "voluntários chineses" que romperam o *front* até Seul. Os norte-americanos dobraram o esforço e avançaram por sua vez, deixando muitos mortos em ambos os lados. Um compromisso razoável era possível e foi de fato realizado. Mas o comandante MacArthur estava convencido da necessidade de superar o impasse pela força, expulsar os comunistas de toda a Coreia e da China limítrofe. Para tanto, seria necessário o uso da bomba atômica, e ele pediu abertamente para usá-la. Se as coisas não tivessem parado, seria o início de uma guerra generalizada. Truman, já no fim de seu mandato e aconselhado por aliados e por seu próprio estado-maior, negou a permissão para o uso da bomba atômica. Seguiu-se um armistício que não se rompeu mais. Que julgue o leitor essa sequência de fatos, a leviandade de uns e a agressividade de outros. Contudo, uma coisa é evidente: quando o ar está saturado de gás, uma explosão pode acontecer mesmo sem uma decisão consciente, por autocombustão e concatenações casuais: basta uma faísca. Assim, por mais de dois meses, o mundo esteve à beira do precipício, e podemos dizer *a posteriori* que o período mais agudo da nova Guerra Fria afortunadamente se encerrou porque, por uma dessas inesperadas piruetas da história, naquele exato momento houve duas novidades decisivas no comando das duas grandes potências: a morte de Stalin e a eleição de Eisenhower. De ambas, sobretudo da primeira, não se poderiam imaginar as consequências.

Os anos duros

A evolução da situação internacional nessa fase da nova Guerra Fria, a mais dura, teve uma incidência exorbitante sobre a política italiana. Mas como a um grande partido sempre resta certo espaço de pensamento e comportamentos autônomos, também nesse momento, em um país que havia reconquistado sua independência e liberdade, é oportuno reconstituir o modo como o PCI de Togliatti se moveu, que resultados obteve e que preço pagou. A linha, a capacidade de resistência e os recursos de que se dispõe para o futuro também se avaliam pelas dificuldades.

Não há dúvida de que a mudança na política norte-americana, a ameaça de guerra contra a União Soviética, a plataforma com que o Cominform queria responder e, de quebra, a mudança radical da Democracia Cristã na Itália, a incipiente cisão do PSI e, logo em seguida, do sindicato afetavam diretamente a linha iniciada em Salerno por Togliatti.

O espaço de movimentação era realmente muito estreito. Togliatti não só não queria como não podia acenar com uma deserção de seu campo, pois Stalin não teria tolerado. Seria repudiado tanto pela base do partido quanto pelo grupo dirigente. Não era aconselhado nem mesmo por Nenni, que lembra em seus diários um encontro com Gomulka em que criticou reservadamente Togliatti "por sua política branda demais". Muitos intelectuais que se tornaram leões depois de 1956 pediam isso, mas no dia da morte de Stalin manifestaram sinceramente seu luto, reconhecendo "ter aprendido tudo" com ele. A decisão de Togliatti foi, portanto, a de "reduzir o dano". Aceitar críticas, prometer revisões, mas também tentar salvar o essencial da linha política que havia seguido até então: a "via democrática", dentro dos limites marcados pela Constituição. Uma decisão substancialmente correta, acredito, o que não quer dizer que tenha sido aplicada da melhor maneira, com coragem à altura e desviando-se de erros evitáveis.

Devemos considerar, em primeiro lugar, a política interna daqueles anos, que começou com uma grave e não inculpável derrota em 1948 e terminou com um importante sucesso em 1953. Togliatti, como e mais do que Stalin, não viu nem levou em consideração o alcance da "nova Guerra Fria", ou não quis reconhecê-lo abertamente. Em janeiro de 1947, quando a Democracia Cristã já manifestava a intenção de não incluir os comunistas no governo e, depois, quando de fato os expulsou, Togliatti mostrou-se convicto de que essa ruptura tinha conserto. Não podia se tratar de uma astúcia propagandística para se eximir da responsabilidade, porque De Gasperi exibia essa ruptura como mérito diante dos eleitores que queria conquistar. Mais razoável é ver nessa paciência um objetivo importante: ganhar o breve tempo necessário, antes do confronto previsível, para que a Constituição, já definida, fosse finalmente aprovada no Parlamento por uma ampla maioria. O jogo valia a pena. O texto constitucional, em seus princípios e ordenamentos, era um dos mais avançados da Europa, constituía uma barreira permanente contra tentações reacionárias, e o voto formalizava um "arco constitucional" que legitimava todas as forças da Resistência. Esses dois resultados foram postos muitas vezes em discussão, ou contrariados pelos fatos, mas conseguiram resistir por décadas.

Mas, quando lemos os discursos da época, entendemos que, por trás dessa confiança e dessa protelação, havia também a convicção errada de que, na Itália, a esquerda era social e eleitoralmente forte, unida e destinada a crescer, e a Democracia Cristã não conseguiria governar por muito tempo sem seu apoio. Essa convicção levou a um erro político tosco, ainda antes da mudança do Cominform, a saber, a decisão sugerida por Nenni e aceita pelo PCI de participar das eleições com uma única lista e com uma campanha eleitoral em que se exibia a certeza da vitória. Isso oferecia à Democracia Cristã a possibilidade de apresentar-se como um baluarte, o único partido capaz de fazer convergir católicos e liberais, patrões, pequena burguesia, pequenos camponeses, em nome do Ocidente e da liberdade. E, de fato, as eleições assumiram feições de plebiscito: de um lado, os "vermelhos", comandados pelos comunistas e subordinados a Moscou; de outro, os democratas. E quem dirigiu a campanha, mais ainda do que a Democracia Cristã como partido, foram Gedda, o padre Lombardi, a Ação Católica e os párocos em seus púlpitos, além de toda a imprensa "independente", que na época era patronal. A derrota era previsível, mas foi vivida como uma amarga surpresa. O que não se podia prever eram as dimensões: a esquerda reduzida a 31%, ao passo que a Democracia Cristã saltava para 48,5%, e com maioria absoluta nas duas câmaras do Parlamento. Nem um erro tático nem a ilusão do pouco dinheiro do Plano Marshall eram suficientes para explicar a derrota; estava-se diante de um dado que dizia respeito ao longo prazo, a via democrática não parecia muito mais fácil do que a insurrecional. Eram necessárias, ao menos no plano da análise, mais explicações para poder definir a perspectiva. Essa reflexão não ocorreu e, durante muito tempo, fez falta, inclusive quando o espaço se tornou menos estreito. Contudo, por mérito de Togliatti, não faltaram decisões políticas concretas e eficazes, precisamente depois de 1948.

A primeira foi tomada em um momento trágico, quando um atentado quase matou Togliatti. Houve um motim popular como nunca se viu antes (e como nunca mais se viu), uma demonstração de que a força e o enraizamento social do PCI continuavam intactos, mesmo depois da derrota eleitoral. Tanto é que suas palavras no leito do hospital, "Mantenham a calma", a que todo o grupo dirigente soube obedecer, enquanto o governo revelava uma face desproporcionalmente repressora, deram ao PCI uma relegitimação democrática.

A segunda decisão foi a campanha pela paz e, em particular, sua segunda tentativa, que, graças justamente à nova e original elaboração feita por Togliatti (um abaixo-assinado contra o uso da bomba atômica, isto é, contra o suicídio da humanidade), recolheu 16 milhões de assinaturas (o dobro dos votos conquistados pela Frente Popular). Participaram personalidades distantes dos comunistas, como La Pira, Gronchi e até Valletta.

A terceira decisão foi a batalha, até o fim, contra a "lei trapaça" de 1952-1953*. É estranho que a lembrança desse evento tenha se perdido, apesar de sua importância decisiva. Não há dúvida de que, aparentemente, essa lei era menos majoritária do que as que estamos acostumados a usar hoje: o prêmio da maioria era atribuído apenas se uma das coligações obtivesse mais de 50% dos votos reais. À primeira vista, a intenção de De Gasperi ao concebê-la não era evitar alianças com a extrema direita, mas, ao contrário, não ser obrigado pelo Vaticano, segundo a proposta de Sturzo, a usá-la para governar sempre que necessário. O veneno estava no fato de que o prêmio permitiria à coalizão de centro – então segura de ter, ainda que exiguamente, mais de 50% – conseguir uma maioria de mais de 65% no Parlamento, ou seja, uma maioria suficiente para mudar a Constituição. O que se discutia no Conselho dos Ministros, ou sob a pressão da embaixada norte-americana, era como tornar o PCI ilegal, ou como limitar o direito de greve ou a liberdade de realizar manifestações de massas. Sublinho esse elemento porque quem não a vivenciou diretamente não sabe o quanto a prática capilar de repressão já estava implantada na Itália naquela época. Poucos

---

* *Legge truffa*, no original. Por essa lei, o partido ou a coalização que obtivesse mais de 50% dos votos nas eleições ficava com 65% das cadeiras da Câmara dos Deputados. (N. T.)

anos depois, greves e manifestações populares pacíficas terminavam muitas vezes em violentas surras da polícia; em várias ocasiões (em Melissa, Torre Maggiore, Fucino, Módena e tantos outros lugares), a polícia espancou, atirou e matou os camponeses que ocuparam terras não exploradas e os operários que bloquearam a entrada das fábricas. Nas fábricas, os operários eram demitidos ou isolados em departamentos de confinamento pelo simples fato de serem filiados à Fiom*. Intelectuais de prestígio como Guido Aristarco e Renzo Renzi foram presos no cárcere militar e condenados a dois anos de prisão por ter escrito uma peça sobre a invasão da Grécia que ofendia a honra do Exército; outros tiveram o passaporte retido. Contratações quase sempre exigiam a anuência do pároco ou da polícia, e não somente o reles fato de carregar o jornal *L'Unità* no bolso, mas até a compra de livros editados pela Einaudi eram motivo suficiente para ser fichado pelo patrão.

Quem pensa que exagero ou generalizo aspectos cotidianos e moleculares da repressão pode ler os relatórios da polícia da época, preocupantes e grotescos, hoje disponíveis para consulta no Arquivo do Estado. Cito apenas dois exemplos. Entre os grotescos, um relatório dos *carabinieri* das regiões de *mezzadria*:

> Deseja-se que se discipline, em primeiro lugar, o direito de greve. As vivas agitações camponesas tiveram como pretexto, de um lado, as bem conhecidas reivindicações econômicas, mas, de outro, as transgressões das portarias do Ministério do Interior que proíbem a exposição de bandeiras em granjas por ocasião da debulha. É necessário reprimir esse arbítrio inadmissível, que obriga os proprietários a sofrer em sua própria casa a violência comunista, sob a ameaça de não poder realizar a colheita. [1950]

Entre os exemplos preocupantes, um relatório anual do comando da polícia:

> A insuficiência das leis atuais nunca poderá ser compensada pela ação das forças do Estado, porque esta constitui uma barreira intransponível. Portanto, seria urgente proceder à promulgação de leis para disciplinar o direito de greve, alcançar os organizadores da revolta, limitar a liberdade de imprensa, disciplinar juridicamente os sindicatos e dar maior liberdade de ação aos órgãos de polícia. [1952]

Isso gerava, na vida concreta do país – e disso também tenho memória direta –, o vento da nova Guerra Fria, enquanto o perigo dos "comunistas no poder"

---

* Federazione Impiegati Operai Metallurgici (Federação dos Empregados Operários Metalúrgicos). (N. T.)

já havia sido arquivado pelas eleições de 1948. E mostra como e com que intensidade já se agia além dos limites da Constituição e, portanto, em que direção teria ocorrido uma revisão.

Para evidenciar esse fato, Togliatti apresentou a solicitação razoável de diminuir o prêmio da maioria abaixo do teto que permitisse mudança na Constituição. De Gasperi rejeitou secamente a proposta. Nesse momento, começou uma mobilização de emergência do partido de massa, formaram-se listas menores de apoio, lideradas por personalidades simbólicas do antifascismo (Parri e Calamandrei do lado dos democratas e Corbino do lado dos liberais). O resultado foi extraordinário: votaram 93,8% dos eleitores, e a "lei trapaça" não passou por 50 mil votos de diferença, a Democracia Cristã perdeu quase 10% de seus votos, o partido de Saragat caiu à metade, os republicanos e os liberais quase foram eliminados do governo. Desde então, o "duplo Estado" desabou com o complô (ainda que os abusos policiais tenham sobrevivido de fato, ao menos até o governo de Tambroni e a chacina de Reggio Emilia). A Constituição estava enraizada na consciência do povo.

A "redução do dano", por esse aspecto, isto é, a política interna, funcionou. Com alguma omissão. Ainda hoje, por exemplo, não consigo entender a indiferença, quase desconfiança, que Togliatti e o PCI manifestaram naqueles anos com relação ao processo doloroso que abalou o mundo católico, tanto o político quanto o eclesial, muito antes do papado de Roncalli: a retirada de Dossetti, que havia conquistado uma maioria relativa dentro da Democracia Cristã, votado contra o Pacto Atlântico e rejeitado a política econômica de Einaudi-Pella; a luta contra Gedda na liderança da Juventude Católica (Carretto e Mario Rossi) e a luta entre os jovens do partido que conduziu a mim e a Chiarante ao PCI, e levou outros a tentar formar uma nova corrente de esquerda na Democracia Cristã. Do mesmo modo, nunca consegui entender o ódio persistente de Togliatti contra os reformistas de esquerda, como Lombardi ou Foa, ou contra os liberais progressistas, como Ernesto Rossi.

A "redução de dano" foi muito mais difícil de praticar e teve resultados mais modestos em outros campos: as relações internacionais, a construção e a gestão do partido, a formação ideológica e cultural de seus quadros e militantes. Um trinômio de questões naquele momento tão importante quanto indissolúvel. A mudança proposta e imposta pelo Cominform a respeito era exigente, e o espaço de autonomia oferecido aos vários partidos era ainda mais restrito. Contudo, é justificado perguntar se tudo foi explorado da melhor maneira – e o preço que se pagou por isso.

Na reunião de Szklarska Poręba, da qual participou na qualidade de "réu", Longo respondeu às duras críticas com a prudência apropriada. Admitiu que o PCI havia cometido graves erros, sem especificá-los. Declarou-se disposto a fazer corFeções não substanciais, dar mais destaque aos avanços da União Soviética na edificação do socialismo, dedicar mais empenho à luta de classes com relação aos parlamentares e vigiar mais os grupos dirigentes. Ao retornar à Itália, durante uma reunião da direção, relatou em tom ainda menos dramático o que havia acontecido; Togliatti fez o mesmo, acrescentando que, de todo modo, os fundamentos da linha do PCI tinham de ser salvaguardados; os outros dirigentes, com exceção de Terracini, que demonstrou certa preocupação, aceitaram essa orientação, colocando apenas uma ou outra autocrítica a mais. Como a moção conclusiva aprovada em Szklarska Poręba, único texto público, não fazia acusações ao PCI, o impacto no partido foi bastante atenuado – e ainda mais depois do atentado a Togliatti, em julho de 1948, quando Stalin enviou um telegrama de crítica ao partido por não ter protegido seu líder, reafirmando assim sua confiança.

A primeira tempestade aconteceu em 1949, com a condenação de Tito, que todos foram instados a assinar. O grupo dirigente do PCI não hesitou em escolher de que lado ficaria, e repito que não poderia agir de outro modo, ainda que existissem modos e modos de fazê-lo. Nesse caso, o PCI escolheu o pior de todos. Os italianos em particular podiam criticar duramente Tito com argumentos fortes: os problemas que seu nacionalismo havia provocado nos acontecimentos de Trieste, a recusa radical e precipitada do próprio conceito de democracia popular e de um mínimo de pluralismo, a proposta arrogante de uma federação balcânica que, na prática, consistia em uma anexação da Bulgária pela Iugoslávia, o incitamento e o apoio à aventura da insurreição grega, as críticas explícitas e repetidas ao oportunismo de Togliatti e, se quisermos exagerar, até a recusa em procurar um confronto e um compromisso para salvar a unidade. Tudo isso era motivo suficiente, em um clima de Guerra Fria, para apoiar uma condenação e compartilhá-la. De resto, o partido estava mais surpreso do que em desacordo, alguns pediram explicações, mas somente o secretário de Reggio Emilia, Magnani, manifestando seu desagrado, demitiu-se por dissenso do cargo (assim como Cucchi), mas sem se rebelar contra a disciplina de partido.

Era realmente necessário ao PCI dizer que Tito era um espião, vendido aos norte-americanos, e que a Iugoslávia havia passado para o outro lado, coisa que seria imediatamente desmentida pelos fatos? Era realmente necessário transformar uma demissão em expulsão desonrosa de "dois piolhos"? Em um momento em que o objetivo era fortalecer a unidade entre partidos e países comunistas para se opor à Guerra Fria, era realmente útil exacerbar a "traição" de um dos mais fortes? Era de se esperar que um argumento mais sóbrio e verdadeiro da condenação de Tito provocasse uma nova condenação e uma nova excomunhão do Cominform, dessa vez contra o PCI ou no PCI? Não acredito. Talvez se pudesse esperar um debate, um momento de tensão e, reconhecemos, até uma substituição de

Togliatti como secretário, no caso de uma deserção do grupo dirigente: nessa eventualidade extrema e improvável, ele teria voltado à liderança no momento da viagem de Kruschev a Belgrado, ou depois do XX Congresso, com credibilidade redobrada, como aconteceu com Gomulka. Ao contrário, administrado desse modo tosco, o acontecimento obscureceu a ideia de "partido novo".

Mas a coisa parou ali. Não menos grave foi não ter manifestado ao menos certa dúvida ou preocupação com a eliminação de muitos dos dirigentes dos países do Leste e as insensatas acusações que lhes foram feitas. Que milagre é esse socialismo que consegue sucessos extraordinários sendo liderado por espiões e traidores? Nesse ponto, ultrapassavam-se as fronteiras da necessidade, intervinham erros inúteis e reveladores.

Pensando retrospectivamente nessa fase de 1948 a 1950, compreendi que não se tratava de simples episódios, mas dos primeiros sinais de um perigo generalizado: a prematura anulação da identidade original do PCI, um perigo que Togliatti conseguiu evitar com grande habilidade, tenacidade e coragem, mas também com muita sorte, mostrando certa incerteza de fundo e pagando caro por isso no futuro. Refiro-me ao influxo efetivo que a mudança jdanoviana exerceu nas formas organizativas, o regimento interno, a ideologia, a formação dos quadros, em suma, no mito da União Soviética e na idolatria de Stalin, que por alguns anos não só persistiram como chegaram ao ápice.

Paolo Spriano, em sua última e, por certos aspectos, mais aguda obra, dedica um capítulo inteiro a esse tema, partindo da extraordinária e indiscutível comoção diante da morte de Stalin e tentando lhe dar uma explicação. Não se tratou de um mito, afirma Spriano, mas de um amor cego, absoluto, desejoso de uma confirmação por parte do objeto amado. Para explicá-lo, apoia-se, de um lado, em uma citação de Gramsci: "Nas massas, assim como elas são, a filosofia só pode ser vivida como fé"; de outro, no contexto histórico, na lembrança indelével da vitória sobre o fascismo, algo para se guardar, sobretudo em um momento de graves derrotas. Essa explicação, porém, não só não me parece convincente, como se transforma facilmente em justificativa ou suspensão indiferenciada de um processo múltiplo e contraditório.

No plano teórico, essa citação de Gramsci é abusiva. Lida da forma correta, ou seja, no quadro do pensamento de Gramsci, é evidente que não indica de modo algum uma necessidade, e menos ainda uma alavanca; ao contrário, indica um limite ao qual as massas estão presas por ignorância secular, um limite do qual as massas devem ser libertadas. O partido como intelectual coletivo, promotor de uma revolução cultural e moral que transforme o proletariado em classe dirigente, tem para Gramsci a tarefa prioritária de libertar o proletariado das crenças religiosas e envolvê-lo no mundo da racionalidade, como já é historicamente possível fazer; por isso, funda-se no materialismo histórico, no "socialismo científico". Com vários graus de simplificação, é claro, e mudando em função da situação e da análise dos fatos, mas sempre respeitando a realidade e mantendo uma relação honesta com a verdade. O partido pode até arriscar previsões ainda incertas que animem a esperança e nas quais a confiança se apoie nos momentos difíceis, mas não pode impor crenças que a realidade contradiz ou esconde; porque, repetidas muitas vezes e por muito tempo, acabam fritando a inteligência e tornando cínicos quem as oferecem. Este foi um fator realmente importante na involução das sociedades socialistas, a diferença entre leninismo e stalinismo.

No plano histórico também é inexato dizer que o mito da União Soviética se baseava na memória ainda recente da vitória na guerra, espontânea e irresistível. Evidentemente, vários elementos objetivos contribuíram para isso, como o confronto entre os blocos, a virulência da ideologia oposta e as perseguições que a acompanharam no cotidiano, mas não há dúvida de que também foi resultado de uma grande operação organizativa e cultural, que foi imposta pela mudança do Cominform e o PCI soube conduzir com inteligência para minimizar suas consequências, mas muitas vezes também por convicção e de forma equivocada.

Senão por que o PCI pagou menos, em termos de filiados e votos, do que outros partidos ocidentais e produziu anticorpos para o futuro? E por que, por outro lado, nos anos seguintes, gastou tempo e esforços para se livrar dos estereótipos ideológicos e formas organizativas que adquiriu exatamente nesses anos? Essa operação merece uma análise mais atenta, para o bem ou para o mal. Nesse período, a organização tomou uma forma mais estável e formou quadros que deveriam norteá-la durante décadas. Para me limitar ao essencial, e esquematizando, também por memória direta me parece possível distinguir duas linhas de desenvolvimento. A primeira, positivamente original, nasceu da decisão de Togliatti – mas que Secchia, então principal gestor do partido, compartilhou e promoveu – de construir um "partido do povo", portanto o contrário da seleção de uma vanguarda, restrita sobretudo à classe operária. Falo do máximo esforço para recrutar e ativar, com invenção dos mais variados instrumentos, novos sujeitos, estratos sociais, experiências de vida, que foram sempre deixados à margem da política. Falo acima de tudo das mulheres como protagonistas, como militantes, mas também em contextos e com problemas específicos, das quais a UDI* era o grande promotor, ainda que não o único. Falo também do proselitismo nas famílias, entre as gerações, os amigos, os vizinhos, que, além de ampliar

---

* Unione Donne Italiane (União das Mulheres Italianas). A associação formou-se em setembro de 1944 e participou ativamente da Resistência. Constituiu-se formalmente como associação nacional em outubro de 1945. (N. T.)

a área de influência, criava um pertencimento, um compromisso recíproco entre pessoas. Falo da extensão das funções da organização para campos diferentes da política em sentido estrito, mas contaminados por ela: o tempo livre, a cultura popular, o lazer, o esporte e, portanto, as casas do povo, as associações recreativas e culturais, as bibliotecas de bairro. O crescimento e a diferenciação, em graus diversos, dos órgãos de imprensa não foram menos importantes. Acima de tudo, os diários, distribuídos por voluntários em festas populares e que às vezes alcançavam tiragens de mais de um milhão de cópias; mas também os periódicos, mensais e semanais, eruditos ou populares, desde *Vie Nuove* até *Noi Donne*, passando por *Calendario Del Popolo*, *Rinascita* e *Società*. Não se tratava de um exército, mas de uma verdadeira comunidade, ligada por ideias, afetos e experiências comuns. Aqui também os relatórios da polícia são reveladores. Encontrei recentemente alguns que suspeitavam de atividade clandestina por causa do horário tardio em que as reuniões eram realizadas, e outros sinalizavam o perigo de que as casas do povo "atraíssem mais do que as paróquias, porque permitem dançar". Esse modelo, o partido do povo, contrastava com a ideia de seita, de ódio do vizinho, de desconfiança contra o "não crente" e permitia muitas vezes viver feliz com uns poucos trocados no bolso, de se sentir protegido pela solidariedade e ser útil, mesmo com capacidades pessoais limitadas. Sem isso, seria impossível manter unidos 2,5 milhões de filiados, dos quais 500 mil jovens, com o clima que existia em volta, inclusive nas zonas "brancas". As pessoas saíam à noite de bicicleta ou de lambreta para se reunir, comentar o jornal, filiar--se, e voltavam tarde, para comer ou jogar uma partida de bilhar no café da Câmara do Trabalho. O sindicato fazia parte dessa contrassociedade. Quem compara o antigo PCI militarizado e sombrio aos "novos movimentos de hoje", ou não sabe de nada ou é um idiota: se fosse possível comparar, a semelhança seria um exagero. Esse tipo de "partido do povo" permitia manter vínculos com a sociedade, entendê-la e refleti-la, embora tivesse limites importantes, devemos reconhecer, porque reduzia, por necessidade e por escolha, o tamanho e a importância da organização política no local de trabalho, que era delegada ao sindicato e limitada a suas funções mais imediatas.

Mas havia outra realidade a caminho, que, apesar das diferenças, não se chocava, mas comunicava-se com a primeira (refiro-me aos anos duros, até 1954 e além). Consistia no empenho igualmente gigantesco para selecionar dirigentes, em todos os níveis, e funcionários que ganhavam menos do que um operário de nível médio, não possuíam garantias sociais, submetiam-se a uma rígida disciplina, eram avaliados pelas sucessivas escolas do partido, julgados por sua vida privada, promovidos apenas por cooptação pelo alto e formados não tanto pelos "clássicos do marxismo" ou outros (como aconteceu na "escola do cárcere"), mas sobretudo e em primeiro lugar pelo "breve curso de história do PCUS", do qual ninguém se esquivava. A construção desse, por assim dizer, segundo partido foi entregue com amplas liberdades a Secchia, vice-secretário eleito em consulta direta e responsável pela organização com uma multiplicidade de funções. Que fique claro: Secchia não tinha uma personalidade brusca e autoritária, rodeava-se também de jovens inteligentes (Bufalini, Di Giulio, Pirani), tinha uma relação contínua e compreensiva, apoiava o núcleo da política de Togliatti, mas não com poucas ressalvas a sua gestão. Era um quadro formado pela Terceira Internacional no início dos anos 1930, antes de sua degeneração burocrático-repressora: entendia o verdadeiro partido como uma vanguarda disciplinada, composta em primeiro lugar por quadros de origem operária e indissoluvelmente ligada às decisões e ao destino da União Soviética e de seu líder, portanto pronta a enfrentar qualquer tipo de tempestade. Não era um soldado, tampouco um aspirante a deputado ou presidente da Câmara, mas um revolucionário de profissão, inteligente e criativo dentro de limites estabelecidos e aceitos. Dava prioridade à construção desse tipo humano e, naquele momento, o modelo funcionava.

O mito da União Soviética, o culto a Stalin, a rigidez ideológica nascia reciprocamente moderada e reciprocamente alimentada pelo binômio fé ingênua e Companhia de Jesus. Os intelectuais eram menos ingênuos, mas em geral eram mais intransigentes e, mesmo quando se destacavam nos estudos históricos, para fugir de conflitos, tendiam a se dedicar a pesquisas especializadas, a evitar confrontos com o moderno pensamento mundial, com frequência marxista e não ortodoxo, e a se manter dentro dos limites da história e da cultura democrática italiana. Eventos como a luta contra o titoísmo ou o fim das democracias populares entrecruzavam-se como causa e efeito nessa grande e dúplice operação e marcavam-na.

Ainda nesse processo poliédrico, rico e contraditório, assim como na história internacional mais geral, deu-se exatamente nesse momento um passo que poderia ser irreversível. No outono de 1950, Longo, Secchia e D'Onofrio comunicaram a um Togliatti convalescente a proposta explícita de Stalin de transferi-lo da Itália para dirigir e "relançar" o Cominform. Nem a origem, nem o caráter unívoco e imperativo, nem a intenção da proposta são inteiramente claros. A origem, porque o próprio Togliatti confessou anos depois a Barca sua suspeita de que a sugestão tivesse partido de alguém da Itália. O caráter imperativo, porque, sendo Stalin quem era, é duvidoso que ao fim deixasse a decisão cair no esquecimento. A intenção, porque podia ser motivada pela vontade de mudar um pouco a orientação e o funcionamento do Cominform, como havia acontecido no Comintern, e não apenas de tirar Togliatti da direção do PCI. De fato, esta era a consequência mais segura da proposta, e foi assim que Togliatti a interpretou. Ele comunicou imediatamente sua firme recusa a Longo, Secchia e D'Onofrio antes de partir para Moscou. Chegando lá, pediu que, antes de decidir, a proposta fosse discutida, em sua ausência, pela direção do PCI, certo de que encontraria apoio para sua relutância. Entretanto, antes do encontro final, enviou um memorial a Stalin. O memorial dizia claramente que a proposta não o convencia – falava na terceira pessoa para tornar a recusa mais branda – e apresentava argumentos objetivos e não rígidos: havia retornado à Itália poucos anos antes, havia iniciado a construção de um grande partido, tinha um papel público reconhecido e seu trabalho precisava prosseguir para não comprometer tudo; acrescentava ainda a dificuldade pessoal em tomar novamente o caminho do exílio que havia vivido durante muitos anos e o desejo de construir uma família. Nesse ínterim, porém, soube de uma notícia que o deixou "estupefato": a direção italiana havia decidido acatar a proposta de Stalin, com voto quase unânime (um único voto contrário de Terracini e a abstenção de Longo). Pego entre dois fogos cruzados, parecia impossível escapar. Mas Togliatti resistiu com habilidade. Antes de tudo, conseguiu convencer a direção do PCI, inclusive Secchia, a mudar um pouco a decisão, pedindo o adiamento de sua partida para depois das eleições. Na conversa final, Stalin, mesmo dizendo que esse adiamento significava uma recusa da proposta e o fim da deliberação e manifestando desagrado, aceitou-o. O episódio encerrou-se da melhor maneira, e ninguém soube de mais nada. Contudo, em seu desenrolar, Togliatti mostrou sua inteligência e sua tenacidade, e mais uma vez sua coragem, mas também pôde avaliar seu isolamento, o perigo de ser minoria mesmo na cúpula do partido. Em suma, o episódio mostrou que a disciplina em relação à União Soviética já expressava algo mais do que um simples amor no coração das massas e envolvia muito mais os antigos quadros "dos tempos da clandestinidade". A "redução do dano" permitiu a sobrevivência da identidade do PCI, mas os anos duros da "nova Guerra Fria" travaram o desenvolvimento, e o caminho futuro era ainda encosta acima.

5. O CHOQUE
DO XX CONGRESSO

EM 1952, a "nova Guerra Fria" entrou em uma segunda fase, mudou rumo e características e concluiu-se com um compromisso parcial. A mudança, mesmo partindo de Moscou, não teve aquele caráter repentino e perturbador das origens. Iniciou-se aos poucos, desenvolveu-se de modo intermitente e passou por demoras, talvez não fosse plenamente consciente para aqueles que contribuíram para ela, não se estendeu de maneira uniforme pelas várias regiões do mundo e somente em determinado ponto acelerou e passou a ser notada pela opinião pública em geral. Mas seu alcance se torna evidente tão logo se pode considerar em conjunto a década inteira.

O perigo iminente de uma terceira guerra mundial, que às vezes ressurgia, havia sido esconjurado. Restaram apenas dois blocos em campo, mais articulados internamente, que reabriam certos canais de comunicação e contratação entre eles; entraram em campo novos Estados, que rejeitavam a disciplina dos blocos. Não menos importante era o fato de que nada disso era apenas fruto de um ajuste na política internacional das grandes potências, e de seus grupos dirigentes, mas produto e ao mesmo tempo estímulo para profundas transformações da economia, da cultura, das relações sociais, que somente mais tarde se manifestaram plenamente, mas agiam desde já.

Em síntese, uma passagem gradual para um equilíbrio bipolar, para uma competição pacífica entre dois sistemas, em que o conflito armado se tornava circunscrito em âmbitos regionais, governados pelas duas grandes potências, e em que outros fatores assumiam o papel principal (hegemonia ideológica e cultural, desenvolvimento econômico e conflito social, qualidade de vida e eficiência das instituições). Antes de reconstruir esse processo, é necessário reconhecer um fato que constitui uma premissa necessária e ao mesmo tempo uma hipoteca nunca mais resgatada: "o equilíbrio do terror". Mais uma das grandes omissões e irresolutas hipocrisias ainda hoje presentes no debate político e cultural.

Não foi por acaso que escolhi 1952 como divisor de águas, já que foi "o ano da Bomba". Com maiúscula, para sublinhar a novidade que representava, em dois sentidos. A bomba atômica lançada sobre Hiroshima estava nas mãos dos norte--americanos e demonstrava uma superioridade militar relevante que poderia ser usada para ameaçar ou vencer uma eventual guerra contra a União Soviética. No entanto, não possuía, nem mesmo em sua versão atualizada com plutônio, uma capacidade devastadora tal que impedisse uma guerra prolongada e extremamente onerosa para quem a iniciasse. Por outro lado, as informações científicas necessárias para produzi-la eram muito difusas, a inteligência soviética era capaz de conseguir mais com espionagem e tinha cientistas e técnicos para construí-la, era apenas uma questão de tempo, e o tempo era breve. De fato, em 1949, a União Soviética explodiu uma bomba experimental, faltava apenas preparar o arsenal e construir os meios para transportá-la, e o tempo era ainda mais breve. Essa foi uma das razões da excitação com que a Guerra Fria começou, da proposta precipitada de MacArthur de usar bombas atômicas e da resistência dos governos europeus em aceitá-las.

Havia anos os norte-americanos tinham, ou acreditavam ter, uma resposta bem mais eficaz para recuperar e tornar mais duradoura sua supremacia. A solução viria da bomba termonuclear a hidrogênio, que podia ter um efeito destrutivo mais de mil vezes superior ao da bomba de Hiroshima, trazia problemas teóricos ainda não resolvidos e recursos tecnológicos bem mais avançados. Havia muito tempo, portanto, estava em ação um novo grupo de pesquisa, dirigido não mais por Oppenheimer ou Fermi, que não queriam se envolver e dos quais se desconfiava, mas por Teller, entusiasta do projeto e confiável. Contudo, sucedeu o imprevisível, como apenas recentemente contou Žores Medvedev (físico, irmão do historiador Roj Medvedev e, como ele, dissidente, perseguido e, portanto, mais digno de fé), e é de extremo interesse. Teller perseguiu o objetivo, confiando mais na supremacia tecnológica do que na física teórica. Stalin, ao contrário, por argúcia ou acaso, reuniu e isolou todos os grandes físicos teóricos e matemáticos puros. E enquanto os norte-americanos perdiam tempo construindo aparelhos pesados, que exigiam matérias-primas raras e caras, os soviéticos, coordenados por Sakharov, Tamm e Landau, encontraram respostas avançadíssimas que permitiam contornar as dificuldades tecnológicas. Conseguiram construir uma bomba termonuclear em agosto de 1952, alguns meses antes dos norte--americanos. Ao mesmo tempo, avançavam rapidamente na pesquisa de mísseis e, de fato, poucos anos depois, lançaram o primeiro satélite, contornando, portanto, a dificuldade dos grandes bombardeiros e a falta de bases avançadas. Aqui reside o duplo salto de qualidade: ambas as potências já possuíam bombas terríveis, e capacidade para usá-las, tão terríveis que usá-las não significava mais vencer, mas destruir o mundo inteiro. Tratava-se de um verdadeiro "equilíbrio do terror", que impedia uma guerra total a qualquer pessoa sensata. Agradassem ou não, os efeitos da novidade não podiam deixar de ser enormes e duradouros. Com esse resguardo e essa hipoteca, minha geração viveu décadas inteiras. Mas, balizando o percurso, as sucessivas fases e, por fim, o resultado, havia a política em todas as suas formas e com todos os seus sujeitos. E, de fato, o cenário começou a se redefinir.

O início da desestalinização

Para começar, gostaria de me concentrar no que aconteceu entre 1952 e os primeiros anos da década de 1960 na política e na sociedade soviética e, de certo modo, pode ser chamado de desestalinização. Em primeiro lugar, porque teve influência direta e muito importante nos desenvolvimentos do PCI e de toda a esquerda italiana. Em segundo lugar, e sobretudo, porque naqueles anos a União Soviética assumiu realmente o papel de superpotência e, pela segunda e última vez, manifestou o "impulso propulsor" da Revolução Russa na história mundial.

Os primeiros sinais de mudança manifestaram-se antes e de modo mais episódico que o clamoroso rompimento de 1956, mas são importantes para compreendê-lo e avaliá-lo. Paradoxalmente, já havia sinais antes da morte de Stalin e, ambiguamente, ele mesmo contribuiu para isso. Foi ele que convocou, depois de mais de dez anos, um congresso do partido. Foi ele que impôs, durante o congresso, uma convulsão na estrutura e na composição do grupo dirigente que, de um lado, fortalecia seu poder absoluto, tornando o Politburo pletórico e as reuniões irregulares, mas, de outro, desqualificava e até criticava abertamente colaboradores mais antigos e confiáveis, como Beria e Molotov, e atribuía posições proeminentes a personagens mais novos e menos comprometidos, como Kruschev. Em seu último escrito, *Problemas econômicos do socialismo*, a contradição aparece por inteiro: de um lado, ausência de qualquer sinal de restauração da legalidade e de qualquer proposta concreta de reforma econômica, enquanto as insanas perseguições continuavam nos fatos; de outro, afirmações que derrubavam a linha do Cominform, como a evitabilidade da guerra, a possibilidade de diversos caminhos para o socialismo, inclusive pacíficos, e a utilidade da existência na União Soviética de um setor controlado pelo mercado para a exata determinação dos preços. Algumas dessas afirmações foram retomadas e oficializadas por Malenkov no informe introdutório do XIX Congresso.

Com a morte de Stalin, e sem um herdeiro designado, o poder passou para as mãos de uma direção colegiada que não podia ser mais heterogênea: Beria, Molotov, Kaganovitch, Vorochilov – os mais respeitáveis, mas com mais chumbo nas asas –, Malenkov, Kruschev, Bulganin, Mikoyan – os mais jovens e, naquele momento, inclassificáveis. Todavia, e justamente isso é significativo, todo o grupo, por convicção ou por necessidade, escolheu o caminho da renovação: afirmou publicamente o princípio da direção colegiada, a necessidade de reformas econômicas a favor da agricultura e do consumo popular e, sobretudo, iniciou com ações e não apenas com palavras a libertação dos presos políticos e a anulação dos processos ainda em curso contra "os médicos e a aliança hebraica".

Levaram a isso tanto a situação econômica, que depois de uma forte retomada encontrava-se novamente em dificuldade, quanto o temor de todos de ser vítima de uma nova luta pelo poder. Beria estava de acordo, mas como tinha grande influência sobre os aparelhos de repressão, que ainda não haviam sido desmantelados, era uma ameaça e foi a última vítima de seus próprios métodos. Seguiram-se o desmantelamento e o expurgo da onipotente polícia secreta e a atribuição de um papel de garantia ao Exército, cujo comando voltou para as mãos de Jukov. Um segundo sinal de renovação veio da política agrária. Kruschev, que era competente nesse setor, destampou bruscamente a panela de uma crise nunca superada no plano produtivo e cujo preço era pago pelos camponeses. A culpa não podia mais ser atribuída apenas à guerra, era necessário fazer alguma coisa, e rápido. Houve reformas não coordenadas por um plano, mas imediatamente incisivas: os camponeses podiam produzir e vender o que quisessem na pequena área privada a que tinham direito; os preços que o Estado pagava aos *kolkozy* e aos *sovkhozy* pelo que produziam aumentaram, e os preços que estes pagavam por produtos industriais (bens de consumo, equipamentos) diminuíram. Por fim, terras incultas começaram a ser cultivadas por jovens voluntários: no primeiro ano, dadas a pouca experiência, as poucas máquinas e o escasso fertilizante, o resultado foi insatisfatório, mas no ano seguinte foi animador. Com isso, Kruschev ganhou um prestígio e uma popularidade que ainda não tinha e tornou-se o número um na secretaria do partido. Paralelamente, depois de um ano apenas, Malenkov foi considerado inconcludente como chefe de governo e, na investigação póstuma sobre o "caso Leningrado", surgiu como responsável direto. Por isso, mesmo permanecendo no Politburo, teve de deixar o cargo máximo. No interior da direção colegiada já se esboçava uma hierarquia.

Na política externa soviética, na qual obviamente se concentrava a atenção do mundo depois da morte de Stalin, os sinais de novidade foram bastante modestos a princípio, talvez porque Molotov tinha particular competência nesse campo. A proposta de reunificação da Alemanha como país neutro, embora não fosse nova, tinha um objetivo tão ambicioso que não podia ser confirmado enquanto a situação internacional não mudasse. O encontro dos ministros do Exterior das potências vencedoras, realizado pela primeira vez depois de anos, foi apenas um gesto de boa vontade, sem conteúdo e sem resultados. O tratado de paz com a Áustria, que se comprometia a manter a neutralidade, e a retirada das tropas de ocupação estavam previstos havia tempos. Contudo, esses pequenos gestos foram contrariados por decisões que revelavam uma continuidade das mais perigosas. E, mais do que tudo, pela hostilidade manifestada pela União Soviética contra o governo de Mossadegh, que nacionalizou o petróleo iraniano, foi derrubado por um golpe de Estado organizado pela CIA e, mais tarde, enforcado. O Partido Comunista Iraniano compartilhou dessa hostilidade, com base no princípio do Cominform de que tudo que se movia sem ou contra a opinião dos comunistas era suspeito. Se enfatizo isso é porque, a partir desse acontecimento posteriormente esquecido, começou, contra o xá reconduzido ao poder pelo Ocidente, a aproximação entre as massas iranianas e o clero fundamentalista que hoje é o fenômeno geral que tão bem conhecemos.

Da própria política externa, porém, veio pouco tempo depois o primeiro rompimento estrondoso e, de quebra, o primeiro racha na cúpula soviética. Em 26 de maio de 1955, Kruschev desembarcou em Belgrado para reatar a relação de amizade e reconhecer o caráter socialista da sociedade iugoslava. De volta a Moscou, declarou que a excomunhão de Tito havia sido um grave erro. Tratava-se de um ato simbólico cheio de significado, porque reconhecia implicitamente que o Estado-guia também podia errar e, mais ainda, admitia a possibilidade não só de diversos caminhos na direção do socialismo, mas também de formas diversas de organização da sociedade (no caso da Iugoslávia, a autogestão das empresas, embora dirigida pelo partido comunista e de acordo com um planejamento). A novidade dessa reconciliação foi importante também no plano da política internacional, porque Tito estava voltando de uma grande conferência em Bandung, com a presença de mais de vinte e cinco Estados e partidos, promovida por ele, Zhou Enlai, Sukarno, Nehru e Nasser, e pela qual tomava forma o "campo dos países não alinhados".

A reconstrução sumária, mas rigorosa, dos primeiros anos da "desestalinização" mostra porque o XX Congresso não foi apenas uma ideia genial de Kruschev, um episódio da luta pelo poder, um meteoro que apareceu com o Informe Secreto e desapareceu com a invasão da Hungria, mas o evento mais clamoroso em um processo longo, agitado, entrelaçado com as transformações da sociedade e obstado por poderes e sentimentos arraigados. Um processo que deve ser considerado e julgado em seu conjunto e situado em um determinado contexto histórico. Somente assim podemos entender seus valores e limites, seus sucessos permanentes e nós não resolvidos, e somente assim podemos analisar com correção os fatos isolados que compõem o quadro.

O XX Congresso e o Informe Secreto

O XX Congresso do PCUS realizou-se em fevereiro de 1956, durante dez dias, mas em duas fases completamente diferentes, tanto por tema quanto por modalidade. A primeira fase estendeu-se por quase todos os dez dias e começou com um informe de Kruschev que tentava fazer uma análise da situação internacional e da sociedade soviética, avançava uma linha de conduta para uma e outra e citava o recém-falecido Stalin apenas duas vezes e às pressas. Essa linha era proposta em nome de todo o grupo dirigente e foi confirmada durante o debate, embora com nuances diferentes. Foi aprovada por voto unânime e imediatamente publicada. A segunda fase, ao contrário, demorou poucas horas: limitou-se a um discurso de Kruschev, ao qual não se seguiu nem debate nem votação. O discurso foi difundido aos poucos, em versões e canais diversos, por isso é conhecido até hoje como Informe Secreto. Dedicava-se inteiramente à denúncia implacável das culpas de Stalin e do culto à personalidade que ele havia cultivado e dos quais havia desfrutado.

Era necessária uma divisão tão clara entre duas fases tão distintas, por conteúdo e modalidade, uma denúncia tão grosseira e personalizada do stalinismo? Esse discurso sobre o passado, com o necessário rigor autocrítico, não podia ser incluído em uma reflexão mais articulada e séria a respeito da história da União Soviética, para dar uma base mais sólida à valorização do que se queria conservar e mais clara ao que se devia e podia renovar? Essas perguntas foram feitas desde o início por comunistas, por simpatizantes e por aqueles que estavam convencidos de que o XX Congresso devia ser considerado, em seu conjunto, um histórico passo adiante. A meu ver, essas perguntas nunca foram aprofundadas e até hoje não tiveram resposta adequada. A resposta para a primeira pergunta foi encontrada no fato de que, enquanto o grupo dirigente concordava com a plataforma geral discutida no congresso, o Informe Secreto foi uma iniciativa tomada de surpresa no decorrer do congresso e por conta e risco pessoal de Kruschev.

Sem dúvida, essa resposta continha uma parte de verdade – tanto que, um ano depois, o grupo rachou definitivamente –, mas não era suficiente. Todas as pesquisas e memórias sucessivas concordam que, ainda que às vésperas do congresso, o Informe Secreto havia sido comunicado a todos os membros do Politburo, salvo exceções, e aceito com mais ou menos convicção. Ainda menos sustentável é a tese de que o informe foi *secreto* para limitar os destinatários e reduzir o impacto sobre grandes massas dentro e fora do país. O informe foi imediatamente lido e divulgado em assembleias para todos os filiados – abertas também para qualquer cidadão –, enviado a outros partidos comunistas – que podiam usá-lo como bem entendessem – e, finalmente, publicado nos jornais norte-americanos, no *Le Monde* e no *L'Unità*. Nunca na história da União Soviética um documento foi lido e discutido por tanta gente no mundo. Ele era tudo, menos secreto.

Isso nos diz coisas muito interessantes. Em primeiro lugar, o racha era inevitável, ninguém podia opor-se frontalmente, pelo simples fato de que, uma vez aberto o dique da excarceração e da reabilitação, milhares e depois centenas de milhares de sobreviventes dos campos, e famílias que haviam sofrido perdas irreparáveis, representariam, sem ressarcimento político e sem reinserção no trabalho, uma força desagregadora da sociedade. Em segundo lugar, qualquer reforma, qualquer nova mobilização, permaneceria bloqueada e inerte sem um choque traumático, capaz de mudar o modo de pensar cotidiano das pessoas e permitir a substituição dos quadros e dos procedimentos cristalizados havia décadas. É claro que havia muitos trabalhadores e militantes que não desejavam renunciar ao retrato de Stalin na parede, ou no coração; havia muitos intelectuais que gostariam que a autocrítica se estendesse a outros partidos e a outros líderes comprometidos com Stalin; havia uma ou outra grande figura, como Mao, Thorez e Togliatti, que cada uma a sua maneira desconfiava da brutalidade do discurso de Kruschev. Todos, porém, concordavam ao menos em um elemento: não se podia liquidar Stalin em tudo que tinha feito e dito, tampouco imputar todas as degenerações ao culto da personalidade. Tudo era muito justo, mas, para mim, que também devo fazer uma pequena autocrítica, havia nesses ataques a liquidação de um fato. Entre as diversas coisas ditas no Informe Secreto que eu conhecia e tinha digerido havia muito tempo, por exemplo, as que diziam respeito à liquidação de Trotski e Bukharin, havia um elemento novo que, acredito, Togliatti nunca soube ou nunca quis saber: a dimensão de massa do exercício do terror, a ausência de critérios ao exercê-lo, a predominância de comunistas, sobretudo de comunistas de comprovada lealdade, entre as vítimas. Era esse elemento que exigia a denúncia drástica e resistia à explicação racional (com que necessidade, por que motivo, com que fim?).

Depois de muitos anos, quando reli esse texto, percebi um aspecto que, como na *Carta roubada*, de Poe, era tão evidente que passava despercebido. A crítica do stalinismo, embora detalhada e drástica, fazia a si mesma uma censura clara, porque parava na fronteira inviolável dos anos 1920, não dizia sobre a mudança fundamental na construção do socialismo em um único país, que não era valorizada como autossuficiência, e não mencionava a transformação do regime interno do partido, a violência do processo de coletivização da terra ou o erro cometido com a teoria do social-fascismo, depois corrigido pelo VII Congresso da Internacional. Em suma, omitia tudo que estava na raiz do stalinismo, mas, ao mesmo tempo, podia pôr em evidência as condições objetivas que contribuíram para sua formação, conquistas e metas que, de todo modo, ele havia alcançado. Justamente esse aspecto oferecia a chave de leitura do valor e do limite do XX Congresso, e quando tive em mãos a plataforma original e as decisões concretas com as quais foi posta em prática deparei com diversas surpresas.

A mais simples e imediata é o tom de confiante otimismo que caracteriza o informe introdutório, redigido pelo próprio Kruschev. Era um otimismo propagandista e amaneirado, que visava diminuir o impacto da denúncia que estava prestes a ser feita e que certamente feriria a alma dos comunistas e ofereceria argumentos aos adversários? Essa hipótese é desmentida pelos fatos, já que, mesmo entre tantos sofrimentos, o XX Congresso em seu conjunto conseguiu o consenso dos comunistas, inspirou uma nova confiança, fortaleceu a aliança entre os partidos ao menos durante anos e, paradoxalmente, foi considerado pelo adversário o início não de um colapso, mas de uma nova fase de expansão que obrigava também a eles a procurar o diálogo e a se preparar para um novo desafio. Cito, entre outras, a reflexão de um historiador da União Soviética, conhecido pela seriedade e pela argúcia, autor de uma biografia de Stalin e outra de Trotski, e de orientação trotskista; refiro-me a Isaac Deutscher, que, mudando muitos juízos, viu no XX Congresso um sinal de que a União Soviética, depois de pagar um preço terrível, podia se renovar. Na realidade, nesse otimismo, certamente exagerado e ilusório, havia uma base real. De fato, no momento em que, em parte por causa do equilíbrio do terror e em parte por causa da nova política soviética, a armadura da "nova Guerra Fria" ruía pouco a pouco, surgia eloquente um novo mundo escondido por ela. Depois de anos de *containment* e *rollback*, os comunistas governavam ou estavam perto de governar um terço do mundo, os impérios coloniais haviam sido derrubados e as potências ocidentais ainda estavam atoladas em dificuldades crescentes, tentando defender o que restava deles, havia surgido um amplo grupo de novos Estados pobres e frágeis, mas "não alinhados", que olhavam com mais simpatia para o socialismo do que para aqueles de quem haviam se libertado. Nascia uma nova cultura, não marxista ortodoxa, que trazia para o primeiro plano o tema do Terceiro Mundo (a teoria da dependência) e dos direitos sociais como base necessária da democracia (o keynesianismo triunfante). Quanto à economia, a situação dos países do Leste não era aquela exibida pela autopropaganda, mas o ritmo de desenvolvimento, com altos e baixos, era ainda considerável em conjunto; a pesquisa científica havia mostrado pontos de excelência, se bem que custasse se traduzir em um progresso tecnológico disseminado. No plano da democracia política, ainda não se via um grande progresso, mas a restauração da legalidade e uma maior tolerância na censura eram consideradas com razão um passo significativo. Nada disso era apenas promessa: em parte, já havia se concretizado com a contribuição da "desestalinização". Assim, uma fé se perdia, mas uma esperança podia substituí-la. Lembro que na época não havia camarada que, mesmo magoado pelo passado ou, como eu, com dúvidas sobre o futuro, não pensasse e não dissesse: "Em todo caso, estamos seguindo em frente". Ao menos no curto e médio prazo, a "nova Guerra Fria" havia sido perdida por aqueles que a haviam promovido.

Mas ainda relendo o XX Congresso, a perspectiva que se propunha e as decisões concretas que Kruschev cumpriu, depois de se livrar de seus opositores, já então se podia entrever, e hoje está absolutamente claro, que faltava a ideia de uma reforma global da sociedade e do Estado, porque não se tocava na questão da democracia política nem da estatização total e centralizada da economia. Isso não significa que faltasse vontade de inovar em Kruschev, ou que ele não tenha introduzido, com mais ou menos sucesso, reformas parciais, mas corajosas, ou que agisse de improviso, sem rumo, como seus opositores o censuravam, e menos ainda que fosse um burocrata que falava de comunismo sem acreditar no que dizia. Kruschev era um camponês enérgico, impetuoso, de cultura limitada, que combateu como soldado raso na guerra civil e se formou no governo de uma região agrícola, era curioso do mundo exterior e tinha um desejo real de mudar o que não funcionava. Ainda que a sua maneira, acreditava na coexistência pacífica e procurou, por exemplo, uma distensão com a potência rival, que não era mais vista como o império do mal: tentou estabelecer ao menos um contato para evitar uma guerra atômica "por engano", mas também reagiu a atos de arrogância (como no episódio do avião espião U2). Fez propostas de desarmamento recíproco e controlado, apoiou os movimentos de libertação nacional (palestino, argelino e cubano), aceitando a independência a ponto de tolerar a absorção e até a dissolução dos partidos comunistas locais (como no Egito). Em particular, conseguiu construir um acordo substancioso com a China, que até então permanecia "distante" – e voltou a se distanciar mais tarde por sua culpa. Também manifestou certo interesse em dialogar com a social-democracia europeia e não teve resposta. A política externa não era linear e não tinha correspondência com as mudanças na política econômica interna, que podiam complementá-la, mas contribuiu para o abrandamento da Guerra Fria e para a construção de alianças importantes (por exemplo, com a Índia de Nehru, no Oriente Médio, e com a Revolução Cubana, ainda indefinida).

Também no plano das políticas econômica e social iniciou uma série de reformas. A reforma da indústria: agrupando-a não mais por setores governados pelo centro, mas por regiões relativamente autônomas. Tratava-se de uma escolha a favor da descentralização, que, embora encontrasse resistências ferozes no aparelho do Gosplan, teve o efeito imediato de estimular a atividade e reduzir desperdícios; poucos anos depois, porém, produziu um corporativismo local que levou na prática à restauração dos velhos ministérios. Como afirmou o diretor de um grande complexo (Uralmas), "as inovações organizativas ajudam pouco se a ciência não fornecer instrumentos mais precisos de cálculo da produtividade e se as empresas não tiverem a possibilidade de colocá-los em prática". Assim, dessa reforma restaram somente indícios em um debate entre escolas de pensamento econômico, tão importante quanto o dos anos 1920, mas, ao contrário daquele, não teve nenhuma influência na direção política e na opinião pública.

A nova reforma da agricultura teve um peso mais efetivo. Confirmou e estendeu a possibilidade dos *kolkhozy*, e não mais apenas do camponês isolado, de decidir o que produzir e como vender, quando superava o mínimo obrigatório destinado às centrais de abastecimento. Também desmantelou as SMT (isto é, os órgãos estatais que detinham a propriedade dos meios mecânicos, encarregavam-se da manutenção e definiam seu emprego), transferindo a propriedade para as cooperativas. Foi uma reforma apreciada e radical, que poderia abrir um novo caminho para a questão da produtividade e da distribuição de renda, mas descuidou do que deveria ser seu pressuposto, ou seja, a competência empreendedorista dos de baixo, a capacidade de recuperar meios avariados ou adquirir novos, dispor de fertilizantes suficientes e apropriados, redes ampliadas de transporte de longa distância e conservação dos produtos, mercados e preços para vendê-los. Desse modo, às grandes expectativas não corresponderam resultados brilhantes e duradouros.

A reforma do ensino foi mais inovadora nas intenções e mais generosa em êxito. Ela financiou e organizou um formidável crescimento do acesso ao ensino, uma segunda campanha de alfabetização em níveis superiores (em poucos anos, o número dos alunos que completaram o ensino obrigatório triplicou e o número de estudantes universitários cresceu ao ritmo de mais de 2 milhões ao ano). Mas sobretudo, pela primeira vez no mundo, o novo sistema de ensino experimentava a ideia de contemporaneidade entre escola e trabalho, que tinha não só de estender o ensino prolongado às camadas sociais mais humildes, como também estabelecer no processo de formação igualdade de oportunidades e ascensão social sem distinção de origem. Precisamente esse aspecto mais avançado da reforma concretizou-se apenas em parte.

Antes e mais incisivamente do que todas essas reformas, o que gerou consenso e estimulou a participação, sobretudo do povo, foram algumas escolhas que hoje definiríamos como "Estado social": aumento moderado, mas constante do salário real, congelado havia muito tempo; redução da diferença entre a renda dos operários e a dos técnicos; melhora disseminada da assistência médica; aumento da aposentadoria e do número dos que tinham direito a ela. Essa foi a mais bela flor do sistema durante décadas.

Em dois pontos já indicados, o impulso inovador diminuiu aos poucos, ou até se tornou enganoso. Em primeiro lugar, a persistência da sufocante relação entre Estado e partido, seu poder direto e absoluto sobre a economia e a sociedade e o caráter piramidal de sua estrutura. O passo adiante dado no XX Congresso com a restauração da legalidade nunca foi inteiramente anulado, apesar de certa arbitrariedade de fato, mesmo que circunscrita. Contudo, a fronteira que a lei definia entre legalidade e ilegalidade não mudou muito, o espaço para a liberdade de imprensa e expressão e a possibilidade real de influir nas decisões eram limitados, ou concedidos caprichosamente de tempos em tempos pelo alto (como revelam, com características opostas, a publicação do livro de Soljenitsyn e a proibição do romance de Pasternak, ou a supressão do *Novi Mir*). Em segundo lugar, a crise da ideologia em forma de dissociação. De um lado, a ideologia oficial, o marxismo-leninismo, que não por acaso foi concedido a Suslov, tornava-se aos poucos um simples catecismo, baliza contra qualquer heresia, incapaz de suscitar paixão no povo e entrave ainda maior à pesquisa dos intelectuais, uma casca vazia. De outro, esse vazio era preenchido por uma ideia geral que inspirava Kruschev e se tornou cada vez mais explícita. Ou seja, a ideia de que a competição entre socialismo e capitalismo se resolveria e se reduziria a uma competição entre resultados econômicos: o socialismo se consumaria finalmente e as portas se abririam para o comunismo, quando a União Soviética tivesse alcançado e superado os níveis de produção dos Estados Unidos. Uma meta improvável, embora muitos no Ocidente a levassem a sério, e, em particular, tolhia o marxismo de sua força motora, ou seja, a confiança em uma sociedade qualitativamente diferente. Ela perpetuava o pior erro de Stalin, ou seja, a ideia de autossuficiência da Revolução Russa, e oferecia uma justificativa nova e mais pobre para o papel de guia do Estado soviético. Além disso, a definição do Estado monopartidário como Estado "de todo o povo" – que aparentemente ambicionava atenuar a aspereza do termo "ditadura do proletariado", refutava a teoria staliniana de acirramento da luta de classes e justificava qualquer tipo de arbitrariedades – recusava-se, na realidade, a reconhecer as "contradições no interior do povo" e, portanto, qualquer conflito social ou cultural. Na versão kruscheviana, propositalmente grosseira, esse era "o socialismo do *gulag*". Aqui nasciam as premissas da futura glaciação brejneviana, ou seja, a substituição, entre as massas, do hipersubjetivismo stalinista pela apatia política e ideológica e, entre os quadros, do temor dos expurgos pelo cinismo burocrático.

A parábola de Kruschev, dos sucessos iniciais à defenestração quase silenciosa de 1964, estava inscrita em suas premissas.

Polônia ou Hungria

Não se pode concluir uma história ou uma análise da "desestalinização" sem dedicar um apêndice ao que aconteceu na Europa oriental logo após o XX Congresso. Uso o termo "Europa oriental" porque os dois eventos mais dramáticos – a crise polonesa e a húngara – foram os aspectos mais evidentes de um problema muito mais amplo e que poderiam envolver rapidamente uma área bem mais extensa do mundo, que havia assumido um papel simbólico durante toda a Guerra Fria. Em 1948, a espada do Cominform liquidou de um só golpe a tentativa de se construir gradualmente uma sociedade socialista na forma original de "democracia popular", que incluía o pluripartidarismo e a economia de dois setores, de modo que as diferenças, em vez de reduzidas, eram bruscamente suprimidas. Todos haviam sido integrados ao sistema soviético, tanto na política externa como na estrutura econômica.

É evidente o impacto que o XX Congresso deveria produzir. A esperança de reformas profundas e de troca dos grupos dirigentes era mais que legítima e irrefreável; satisfazê-la, restaurando de uma só vez a situação precedente, não só era difícil, como provavelmente teria levado na prática à restauração de regimes anteriores à guerra e a sua integração no bloco econômico e militar atlântico. A cúpula soviética não sabia e talvez não quisesse procurar e administrar uma solução intermediária; os governos locais, além de se sentir alvo obrigado de qualquer renovação, estavam atordoados com o XX Congresso. Uma mudança de rumo só podia partir de uma contestação de baixo, espontânea, sem líderes e programas definidos.

Começou na Polônia e continuou na Hungria, mas assimilar uma à outra seria abusivo. Não só a conclusão foi diferente como também as premissas, a dinâmica, os protagonistas e, ainda, a situação internacional. Quando a guerra terminou, a Polônia tornou-se o país onde mais difícil era garantir um governo. Opôs a Hitler uma resistência heroica e tragicamente reprimida, mas dividida. Era movida por um antigo e frustrado orgulho nacional, porque passou séculos dividida entre dois grandes impérios. Detestava mais os russos do que os comunistas, porque, antes de libertá-la, aceitaram sua divisão e, acima de tudo, odiava os alemães, que a invadiram e massacraram. A identidade católica, pressionada entre protestantismo e Igreja Ortodoxa, compunha o espírito nacional. O Partido Comunista era minoritário, portanto, mas incorporou a altivez nacional e fincou-se entre os operários e os camponeses pobres, aos quais concedeu as terras abandonadas pelos alemães, e tinha um líder reconhecido e forte, que na época do Cominform, não por acaso, acabou preso.

A revolta polonesa começou em 28 de junho de 1956, em um centro menor, na forma de uma greve operária por aumento salarial; quando se tornou uma manifestação política, foi reprimida pela polícia, deixando 28 mortos. Poucas semanas depois, no processo contra seus promotores, o governo manifestou a intenção de não recorrer mais ao uso da força, os juízes reconheceram como legítimas as razões da greve e as condenações foram bastante brandas. Mas isso não foi suficiente. De fato, o protesto recomeçou logo depois, dessa vez em

Varsóvia, e tornou-se claramente político. Para iniciar o diálogo, o poder libertou e reincorporou Gomulka no Comitê Central, mas o movimento continuou o protesto. Quase todo o Politburo de Moscou viajou para Varsóvia, com a intenção de prometer, ou impor, uma intervenção do Exército Vermelho. Ao chegar, soube que Gomulka havia sido unanimemente eleito secretário do partido pelo Comitê Central. Iniciou-se então uma dura negociação, que durou uma noite inteira: Gomulka resistiu, os soviéticos convenceram-se e chegou-se a um compromisso. Kruschev reconheceu a plena independência nacional da Polônia, a autonomia do partido para definir um caminho próprio para o socialismo e a destituição de Rokossovski (de nacionalidade polonesa, mas general russo) do comando do Exército. De sua parte, Gomulka confirmou o compromisso de manter na Polônia o caráter de sociedade socialista e a lealdade ao Pacto de Varsóvia. Contribuíram para o reestabelecimento da ordem medidas econômicas imediatas a favor dos salários e a revisão do plano de investimentos para favorecer um aumento do consumo. A contribuição definitiva chegou pelo "convite à calma" do cardeal Wyszynski, que por protesto havia se retirado para um mosteiro havia muito tempo e voltou ao cargo para discutir, com o Vaticano, uma miniconcordata que reconhecia a liberdade religiosa e a escola pública laica, mas também a possibilidade de ensino religioso para quem desejasse. Tudo se concluiu com eleições monopartidárias, mas com uma pluralidade de candidatos que, sem coação, como todos reconheceram, levou 98% da população às urnas. Um resultado positivo e surpreendente, ainda que dentro dos limites de um compromisso.

Os acontecimentos na Polônia repercutiram diretamente na Hungria. Mas, nesse caso, as premissas eram diferentes. A Hungria foi governada vinte anos por um almirante fascista, depois de uma revolução improvisada que naufragou no sangue. Até o último momento, ficou do lado dos nazistas. O forte nacionalismo húngaro foi historicamente liderado pela aristocracia e usado para garantir a parceria com o império austro-húngaro, a intelectualidade era brilhante, cosmopolita e de orientação liberal, a propriedade da terra era predominantemente parasitária e parte dos camponeses estavam vinculados a uma Igreja particularmente reacionária e dona de grandes feudos então expropriados, as industriais ficaram um longo período nas mãos dos alemães, antes de fugirem ou serem expulsos. O Exército Vermelho não chegou como um exército libertador, mas como um exército vitorioso e assim se comportou. O Partido Comunista era fraco (14% dos votos nas primeiras eleições livres), e seu grupo dirigente estava já cronicamente dividido. Depois que Rajk foi eliminado, Rákosi, homem ligado a Beria e chefe de fato da polícia secreta (AVO), usada com mão de ferro por ele, tomou o poder. Por isso, Malenkov substituiu-o por Nagy, homem mais aberto, mas sem grande energia e perspicácia. Em 1955, enquanto se preparava para o XX Congresso, Kruschev cometeu um erro incompreensível e permitiu a volta de Rákosi ao comando.

Esses acontecimentos acenderam os ânimos, mas não ofereceram uma orientação ou alguém que os administrasse. O primeiro sinal de contestação surgiu nas universidades, sobretudo de professores e intelectuais mais ou menos alinhados a Gomulka. Mas, já nos dias seguintes, o movimento era encabeçado pelos estudantes, que elevaram os objetivos (Nagy no poder, desmonte da polícia política, ampla liberdade de expressão) e convocaram para 23 de outubro uma manifestação de massa, da qual pediam, em pequenas assembleias de rua e em panfletos, que os operários participassem. Iniciava-se assim uma rápida revolta de massa, mas em etapas distintas, nada fáceis de reconstituir objetivamente. De fato, os relatos são bastante ricos, numerosos e, com frequência, contraditórios. Talvez a informação mais completa e fidedigna se encontre na imprensa norte-americana – que obviamente esteve presente desde o início, com um grande número de enviados especiais – e na obra de historiadores que a avaliaram e reconstruíram. Uso principalmente esse material, mas sem negligenciar os relatos de jornalistas italianos apaixonados e corajosos que, aos poucos, "correram para a frente de batalha".

Em 23 de outubro, a passeata convocada pelos estudantes, inicialmente proibida e depois "vigiada", assumiu logo um caráter de massa, composta sobretudo de jovens e cadetes, mas ainda sem a participação dos operários. Partiu do monumento a Josef Bem e dirigiu-se ao Parlamento e à rádio, que se recusou a transmitir as reivindicações avançadas. Enquanto isso, o novo secretário do partido, Gerő – que havia substituído Rákosi às pressas, mas era seu dublê – fez um discurso arrogante e intimidador que acirrou os ânimos. Mais de 200 mil pessoas ocuparam as ruas. Houve confrontos isolados, a estátua de Stalin foi derrubada, lançaram-se bombas, espalhou-se o boato de que alguém havia morrido, tentou-se a ocupação da rádio. Polícia e Exército receberam a ordem, não se sabe de quem nem como, de usar as armas. A polícia política usou-as e fez vítimas, mas grande parte do Exército se recusou a usá-las e alguns setores até entregaram as armas aos jovens. Iniciou-se um verdadeiro conflito e, das fábricas, sobretudo da mais importante, a Cespal, vieram caminhões de operários. Era uma verdadeira revolta e, internamente, inseria-se aos poucos o "antigo bojo reacionário" da capital. Naquela noite, Gerő cometeu dois graves erros: pediu ajuda ao comandante das tropas soviéticas presentes na Hungria e nomeou Nagy primeiro-ministro, sem comunicar ao país e impedindo-o de dizer que a iniciativa de chamar as tropas soviéticas não havia sido dele. Os tanques soviéticos chegaram a Budapeste. Ao mesmo tempo, chegaram Suslov e Mikoyan, que, não entendendo o sentido de uma intervenção que, em vez de resolver, agravava a situação, destituíram Gerő e enviaram-no a Moscou. De fato, os tanques de guerra, por ordem de não se sabe quem ou simplesmente porque assim queriam, permaneceram inativos, ou melhor, os soldados conversavam da torre com os revoltosos. O salto de qualidade na violência e na confusão aconteceu na manhã de 25 de outubro, quando destacamentos pesados da polícia política atiraram de cima do telhado dos edifícios da praça do Parlamento, lotada de manifestantes misturados aos tanques soviéticos, sobre os quais haviam sido estendidas bandeiras húngaras, e provocaram centenas de mortes. Os tanques soviéticos, convencidos de que estavam sendo atacados pelos contrarrevolucionários, apontaram para os edifícios e abriram fogo até calar os policiais. Enquanto a revolta rompia os diques, muitos tanques soviéticos eram incendiados; os soldados não sabiam o que fazer, iniciava-se a caça ao comunista, as sedes do partido eram atacadas. Ao invés de se definir, a busca de um acordo dissipava-se, assim como a possibilidade de impô-lo. Em uma derradeira e tardia tentativa, os soviéticos emitiram um comunicado de Moscou, em 30 de outubro, no qual se mostravam bem mais concessivos na questão da independência do que no texto firmado com Gomulka e, para lhe dar sustentação e solenidade, conseguiram a assinatura dos chineses. O documento estabelecia a retirada definitiva de todas as tropas estrangeiras da Hungria e de qualquer outro país que assim quisesse. Soube-se mais tarde que o comunicado foi aprovado por uma estreita maioria no Politburo de Moscou, graças aos votos adicionais de Jukov e Konev, respectivamente ministro da Defesa e comandante-chefe do Pacto de Varsóvia. Contudo, já não havia mais interlocutor capaz de deter a espontaneidade da revolta, que aos poucos mudava de líderes e objetivos: a maioria pedia agora a saída do Pacto de Varsóvia, eleições imediatas e nova constituição; o cardeal Mindszenty convidava à derrubada do comunismo por toda a parte e decidiu fundar um partido católico; o comandante da "guarda nacional" e conselheiro militar de Nagy foi nomeado general do estado-maior de Horthy; os Estados Unidos faziam apelos insistentes à insurreição em todos os países do Leste, prometendo um apoio que nunca chegou. Nagy hesitou longamente, depois aceitou grande parte das reivindicações, inclusive o retorno a um sistema pluripartidário e a liberdade de escolha nas alianças internacionais. Criou-se assim um dilema dramático, que ia muito além do ponto de partida. Entregar a Hungria a seu próprio destino, um destino já voltado para o Ocidente e com grande probabilidade de que fosse imitado por outros Estados semelhantes, como a Eslováquia e a Romênia, ou invadi-la e pagar um preço ainda mais caro? A segunda opção ganhava força, mas até as 14h30 do dia 30 de outubro ainda não estava decidida. Às 16 horas chegou a notícia da ocupação anglo-franco-israelense do canal de Suez.

Nesse momento, as regras e as apostas do jogo mudaram. Não era mais a Hungria que estava em jogo, mas o equilíbrio mundial, o vencedor e o vencido da "nova Guerra Fria" e a queda de Kruschev. E, de fato, consultados ou por iniciativa própria, todos os países comunistas, inclusive a China e a Iugoslávia, pediam uma solução radical. E assim foi: contra uma resistência desesperada que os norte-americanos, depois de convocar, evitaram apoiar e terminou com mil mortes, e não só de húngaros. Ingleses, franceses e israelenses convenceram-se imediatamente a deixar Suez.

Esse desfecho era inevitável? Pelo contrário, foi a conclusão obrigatória de uma série de erros colossais dos comunistas, tanto em Budapeste como em Moscou, e de hipocrisias contrapostas. Minha tese (como ações posteriores confirmaram) é que a experiência húngara de 1956 assinala um trágico e custoso impasse, mas não o fim de uma tendência à distensão, que perduraria. A Polônia define melhor seu valor e limite, já que Kádár, que assumiu em Budapeste a pesada herança, agiu em substância como Gomulka.

Lembro-me de um encontro direto e reservado que tive com ele, ao acompanhar Emanuele Macaluso. Lembro-me, em primeiro lugar, de seu rosto fascinante, sério e trágico, espelho de uma vida que o havia levado à prisão por obra de seus companheiros e agora o obrigava a reparar os prejuízos de um drama que não havia causado. Estávamos ali porque, em 1963, queríamos evitar uma assembleia mundial dos partidos comunistas que teria de expulsar a China (novo trauma) – e sabíamos que Kádár também não desejava isso. Disse que considerava a conferência inoportuna, porém não podia rejeitá-la abertamente. Quando perguntamos por que, seu braço direito, o diretor do jornal do partido, respondeu: "Costumamos dizer que, se erramos o botão ao abotoar o colete, a maneira mais simples e rápida de consertar o erro é começar de novo, mas nós não temos condições de fazer isso".

6. O PCI NA DESESTALINIZAÇÃO

OS PRIMEIROS sinais de mudança na política soviética, e de uma menor aspereza na Guerra Fria, a partir de 1952 e, em particular, após a morte de Stalin, abriram um espaço muito maior ao PCI. A luta vitoriosa contra a "lei trapaça" deveria tê-lo encorajado a ocupá-lo imediatamente. O caminho tomado com a viragem de Salerno podia ser não só confirmado mais às claras, como desenvolvido e definido. Não se pode negar que o PCI e o próprio Togliatti, mesmo percebendo a importância do processo que havia sido iniciado, em vez de intervir ativamente e na vanguarda, acompanhavam-no com certa passividade e, às vezes, com certa insegurança. Ao menos até o racha de 1956.

Quando digo insegurança, refiro-me principalmente à política interna, ou seja, à maneira de intervir em uma crise – confusa, mas real – que havia se iniciado nas forças do governo: meses perdidos dando destaque ao "caso Montesi"*, concessões ao péssimo governo Pella (logo retiradas), a atitude vacilante com relação ao preâmbulo da "abertura da esquerda", a superestimação da eleição de Gronchi e, ao contrário, a indiferença pela nova esquerda democrata-cristã, a princípio distinta do fanfanismo**, pelas primeiras iniciativas de Mattei, Saraceno e da Svimez e por algumas minorias católicas, que, fora do partido e da hierarquia, antecipavam a inspiração do papado de João XXIII.

---

* Wilma Montesi, jovem de origem humilde, foi encontrada morta em uma praia perto de Roma em circunstâncias até hoje não esclarecidas. A polícia pretendia declarar suicídio, mas o caso teve grande impacto midiático e, pouco antes das eleições de 1953, a imprensa apontou como responsável pela morte da jovem o filho de Attilio Piccioni, membro da Democracia Cristã e então ministro do Exterior no governo Scelba. (N. T.)

** O democrata-cristão Amintore Fanfani foi cinco vezes primeiro-ministro da Itália. (N. E.)

Quando digo passividade refiro-me a três fatos tangíveis, que ofereciam uma boa ocasião para o debate e a renovação, mas com os quais se lidou com grande prudência. A iniciativa de Kruschev (a autocrítica em relação à condenação de Tito) permitia que o PCI fizesse não só uma autocrítica dessa excomunhão, totalmente compartilhada, mas também uma crítica geral da reunião de Szlarska Poręba, em que o próprio PCI esteve no banco dos réus. Tudo isso foi evitado. Além disso, a derrota na Fiat, em 1954, podia encorajar uma investigação e uma iniciativa nova sobre os processos em andamento na tecnologia e na organização do trabalho, mas foi interpretada, ao menos no início, como simples consequência da repressão de Valletta*. E, por último, a remoção de Secchia da comissão de organização, que derivou de um dissenso real e, como tal, tinha de ser explicado de algum modo, restringiu-se ao triste episódio de Seniga**, que também foi mantido em segredo. Assim, até o VIII Congresso, uma reorganização dos grupos dirigentes permaneceu substancialmente impedida e os métodos de gestão do partido tornaram-se apenas um pouco mais elásticos e tolerantes.

Seria mesquinho não ver que esse embaraço tinha também razões objetivas: na Itália, a nova Guerra Fria arrastou-se por um período mais extenso e, entre 1954 e 1955, agudizou-se. O governo Scelba-Saragat tornou a propor práticas de repressão policial (no mesmo dia da posse, houve quatro mortes em uma manifestação em Mussomeli) e acrescentou por lei a exclusão de comunistas de todos os cargos relevantes da administração pública. As demissões e as punições por motivos políticos tornaram-se ainda mais sistemáticas nas fábricas; a censura direta ou velada contra as atividades culturais tornou-se mais rigorosa; uma primeira e ainda limitada onda de admissões na indústria foi politicamente discriminatória; as duras divisões entre confederações e a influência da Coldiretti e da Federconsorzi*** acentuaram as dificuldades da luta social. Por último, a intervenção direta da embaixada norte-americana aumentou, ao invés de diminuir: a possibilidade de uma eventual ampliação da aliança de governo com

---

* Vittorio Valletta foi nomeado presidente da Fiat em 1962. Acusado de colaboracionismo, era conhecido por organizar e financiar grupos anticomunistas e por reprimir operários de esquerda em suas fábricas. (N. T.)

** Após ter desempenhado um papel fundamental na organização da Resistência, Giulio Seniga tornou-se estreito colaborador do então vice-secretário do partido, Pietro Secchia. Seniga nunca abandonou a perspectiva da luta armada, pondo-se assim em divergência com a linha política de Togliatti. Ele tentou provocar uma cisão, certo de poder contar com Secchia, mas este não o apoiou. Isolado, Seniga saiu do partido levando consigo documentos privados e fundos partidários. Esse episódio recaiu diretamente sobre Secchia, que foi afastado da direção do partido e acabou politicamente marginalizado. (N. T.)

***Associações de representação dos agricultores. (N. T.)

o PSI era vista com preocupação e exigia uma discriminação ainda mais nítida contra os comunistas.

Fatores subjetivos também criaram obstáculos para a renovação. Os anos duros haviam deixado uma marca: o encerramento do partido em si mesmo, e tal rigidez ideológica levou, paradoxalmente, à busca de uma saída mais por manobras políticas na cúpula e no parlamento do que por uma ampliação dos interlocutores sociais e culturais. O PCI encarava a grande tempestade de 1956 em condições não ideais.

Togliatti e o Informe Secreto

O "partido novo" de Togliatti, contudo, antecipou muitas das novidades que surgiram mais claramente em 1956, durante o XX Congresso, e, graças àquela que defini como "redução de dano", permaneceram vivas em seus cromossomos: a evitabilidade da guerra, a multiplicidade de vias para o socialismo (inclusive a "via democrática"), a necessidade de superar a Guerra Fria e buscar amplas alianças, uma maior autonomia da cultura e da arte, um planejamento econômico menos rígido e centralizado. Vê-las finalmente legitimadas pela União Soviética e já confirmadas por certo fato, sobretudo pelos sucessos das lutas anticoloniais e pelo equilíbrio militar recuperado, era uma grande satisfação e uma esperança. E, no longo prazo, esse elemento prevaleceu.

No entanto, não se pode dizer o mesmo do Informe Secreto. Nessa vertente, aliás, o PCI estava mais exposto do que os outros partidos, e em todos os níveis. Era um partido de massas que enfrentava outro grande partido de massas – a Democracia Cristã, que, por sua vez, controlava todos os meios de comunicação – e articulava-se em "partido do povo" e "partido de quadros", unidos por uma forte fé em comum. Essa fé permitiu que ele resistisse à pressão permanente do adversário, ampliasse o proselitismo em uma fase de refluxo do movimento de massas, suportasse perseguições e sacrifícios e deixasse que a unidade prevalecesse sobre a concorrência na relação com o aliado socialista (que já manifestava certa fratura), uma fé, aliás, que se fundava na memória da luta antifascista e na confiança na União Soviética, personificada por seu líder, Joseph Stalin. A destruição repentina de Stalin abriu, portanto, uma laceração profunda no coração e no cérebro dos militantes. Não só, e talvez nem principalmente, pelas coisas que acabaram sendo reveladas, algumas amortizadas pela incredulidade, outras imputadas às necessidades da história, mas porque foram reveladas pelo próprio partido soviético, de um modo brutal e sem nenhuma explicação.

Pior do que o temor de ser envolvido como corresponsável, ou o embaraço causado pela brutalidade da linguagem de Kruschev, foi a preocupação com o previsível sofrimento e com a desorientação do partido que gerou a indisfarçável hostilidade inicial de Togliatti contra o Informe Secreto e a ingenuidade, surpreendente nele, que o fez acreditar que poderia evitar o escolho, calando o fato ou duvidando da credibilidade das versões que, durante alguns meses, vazaram do texto.

Não disse nada a respeito do Informe Secreto à direção do partido – e parece que nem mesmo à secretaria. No informe de 13 de março ao Comitê Central, dedicado ao XX Congresso, nem sequer o mencionou. Quando os primeiros fragmentos do texto foram publicados no *New York Times*, sem que houvesse nenhum desmentido, Togliatti definiu-os como "uma manobra bastante tosca" de "guaribas". No Conselho Nacional de 3 de abril, em preparação para as eleições administrativas iminentes*, dedicou um espaço limitado ao XX Congresso para evitar a "batata quente". Isso apenas provocou embaraço na assembleia e levou Amendola e Pajetta a intervir com um tom explicitamente diferente, insistindo na necessidade de uma reforma profunda; mas nas conclusões, relembrando o que "Stalin havia feito de bom, apesar de certos erros", Togliatti arrancou da plateia uma ovação que refletia o atormentado estado de ânimo do partido.

Essa obstinada reticência serviu talvez para conter o retrocesso (- 0,8%) nas eleições, concentrado nas grandes cidades do Norte e nos bairros populares, o que indicava que o dissenso, a grande hemorragia, manifestava-se mais contra a liquidação de Stalin do que a favor de seu aprofundamento. Mas no início de junho, quando o texto foi publicado nos Estados Unidos e em seguida na França, Togliatti, ao contrário de Thorez, não continuou a ignorá-lo: pegou o touro pelos chifres e, sem consultar a direção, publicou uma longa entrevista no *Nuovi Argomenti*, inteiramente dedicada ao tema da "desestalinização". Quem lê essa entrevista prescindindo de seu contexto e dos interlocutores a que se endereçava – o partido e seus tormentos, os ataques do adversário, que junto com Stalin queria derrubar toda a Revolução Russa – pode facilmente subestimar seu valor. As coisas que se diziam nessa entrevista não eram novas (exceto uma); as investigações históricas profundas, das quais se afirmava a urgência, omitiam pontos candentes; a coerência do próprio raciocínio não era impecável em sua lógica interna nem em relação aos fatos a que se aplicava. Contudo, considerando a situação, ainda hoje entendo essa entrevista como uma pequena obra de arte política.

A entrevista começa e termina com um postulado, ou seja, com uma afirmação que não necessita de demonstração, porque se oferece como evidência. O postulado era que os erros de Stalin, de qualquer modo que fossem julgados e elencados, não impediram a Revolução Russa de assentar as bases estruturais de uma nova sociedade socialista, tampouco invalidaram seu valor propulsor. Essa

---

* Nas eleições administrativas, os cidadãos escolhem prefeitos e representantes dos conselhos comunais, provinciais e regionais. (N. T.)

sociedade, apesar do extremo atraso do qual partiu, apesar dos dezoito anos de guerra ou reconstrução que enfrentou em seus quarenta anos de existência, apesar do isolamento e da permanente ameaça sob os quais vivia, criou em poucas décadas um sistema de produção moderno e dinâmico, alfabetizou um país inteiro, uniu as diversas etnias do antigo Império, venceu uma agressão dramática, produziu uma elite científica de alto nível, teve um grande consenso popular e uma participação apaixonada e, por fim, estendeu-se a novos países, estabelecendo um novo equilíbrio mundial. Tudo isso ainda persiste e está diante dos olhos de todos. Os erros, incluindo as arbitrariedades e os delitos, podem ter freado ou, em certos casos, desviado o processo, mas nunca o interromperam ou desfiguraram. E a própria autocrítica, embora discutível em alguns aspectos, em vez de uma crise, revela uma força alcançada e contribui para seu desenvolvimento posterior.

O postulado em si confortava grande parte dos militantes e do grupo dirigente soviético. Podia ser criticado, mas não completamente negado por adversários honestos; permitia uma discussão séria, em vez de brigas e desorientação. A entrevista contribuiu com elementos novos, procurou orientar o debate, mas sem sufocá-lo. Parece-me útil indicar alguns de seus pontos, sem omitir certas debilidades.

1) Togliatti reconheceu finalmente o Informe Secreto e não tentou esconder a gravidade de suas revelações: não apenas erros graves, como também arbitrariedades e crueldades, que não foram ditados por necessidades objetivas, mas causaram prejuízos desnecessários, e cujo principal responsável era Stalin. Pois bem, depois de tanta hesitação, ele foi além do simples reconhecimento. "Não se pode atribuir tudo ao 'culto da personalidade' e depois reproduzi-lo às avessas, jogando toda a culpa em Stalin, depois de ter atribuído a ele todo mérito." Sem diminuir as críticas, era necessário observar como e onde tinham tido origem aqueles desvios, e por que duraram tanto; era necessário fazer uma análise histórica mais aprofundada e equânime. Desse modo, Togliatti respondia à inquietude dos militantes, que não queriam jogar no lixo a confiança que tanto haviam concedido, e fazia uma crítica a Kruschev, que não podia recusá-la porque ela era solicitada pela própria União Soviética e mais ainda pelo partido chinês e iugoslavo.

2) Ele mesmo iniciou uma reflexão histórica, quebrando o tabu que limitava a crítica de Stalin aos acontecimentos do fim dos anos 1930. Apontou como origem do "stalinismo" alguns erros cometidos nos anos 1920, como, por exemplo, as mudanças introduzidas na gestão da cúpula do partido, ou mesmo o caráter precipitado da justa decisão de coletivização agrícola. Estabeleceu uma diferenciação entre as ilegalidades cometidas em 1937-1938, em um contexto de guerra sem quartel contra um perigo real de subversão e terrorismo, e os abusos praticados no segundo pós-guerra, sem justificativa e sem critério. Citou

ainda as mudanças positivas que Stalin promoveu, como a do VII Congresso, e os grandes resultados alcançados sob sua direção, como a guerra vitoriosa e a heroica mobilização de massas que a tornou possível. Omitiu, porém, a mudança no Cominform e seus reflexos no PCI.

3) Em outro trecho importante da entrevista, a omissão se tornou contradição: o problema da democracia. Togliatti empenhou-se com sucesso em ressaltar, como não fazia havia anos, o caráter limitado e formal das instituições políticas classicamente parlamentares. E, para poder lhes contrapor a superioridade da "democracia socialista" sem refutações fáceis, definiu mais uma vez o conceito de "ditadura do proletariado", recorrendo ao Lenin de *O Estado e a revolução** (uma democracia fundada em sovietes), muito diferente do conceito exposto em *A revolução proletária e o renegado Kautsky***. Essa era uma novidade importante, que dava ao conceito de "via democrática" uma qualificação mais avançada, encontrando ecos positivos tanto à direita quanto à esquerda. Contudo, era possível afirmar legitimamente que, na União Soviética, o poder substancial estava nas mãos dos sovietes?

4) Uma contradição análoga aparece em um trecho posterior e importante da argumentação, quando Togliatti afirma, corajoso, que os erros do passado não podem ser atribuídos apenas à esfera política, e sim devem ser vistos necessariamente como causa e produto de certos fenômenos da "degeneração" parcial de alguns setores da sociedade (burocratização de setores da administração, mortificação das massas em uma parte da economia). De fato, não há dúvida de que essa afirmação era persuasiva para o partido e para muitos outros, porque, mais do que uma recriminação, mostrava uma autêntica vontade reformadora. Mas dificilmente esta seria aceita pelos soviéticos, que, aliás, manifestaram uma clara crítica a essa passagem, concentrando-se sobretudo no termo "degeneração", vagamente trotskista, que não provocou nenhum dano. Devemos frisar, no entanto, que essa afirmação não conciliava com outra que a seguia: "Nossa reflexão crítica diz respeito às instituições e aos comportamentos da política (a superestrutura), não ao sistema social (que foi e continua sendo plena e coerentemente socialista)".

5) Surgia, todavia, uma pergunta. Se os erros de Stalin espalharam-se ao longo do tempo, tornando-se ainda mais evidentes e nocivos no último período, por que não foram detectados e eliminados antes? Togliatti respondeu a essa pergunta com sinceridade e eficácia. Tirar Stalin de seu papel antes de sua morte não só seria perigoso para qualquer um que tentasse fazê-lo como teria resultado oposto ao que se desejava. Sua autoridade e seu prestígio entre o povo,

---

*   São Paulo, Expressão Popular, 2007. (N. E.)
**   São Paulo, Ciências Humanas, 1979. (N. E.)

efetivamente, eram tão grandes que a tentativa, em vez de reforma, teria levado a uma luta e uma crise em toda a sociedade. Mesmo depois de sua morte, era necessário primeiro corrigir os fatos e comprovar uma sólida convergência no novo grupo dirigente colegiado. Depois disso, era necessário um choque, e tinha de ser traumático, para desmantelar o modo de pensar e agir arraigado em todos os níveis do poder. O próprio Togliatti se perguntava: se o nó do problema era o "culto da personalidade", não se podia moderar primeiro o tom da apologia, conter algumas de suas manifestações? Contudo, ele deixou o ônus da resposta para "os dirigentes soviéticos, que conheciam melhor as coisas". Evitou fazer essa pergunta a si mesmo e a seu partido, que na ruptura com Tito ou nos processos sumários não haviam demonstrado nenhuma moderação ou perplexidade.

6) A conclusão da entrevista, que trata das relações entre os partidos comunistas e o papel de guia da União Soviética após o XX Congresso, contém talvez o ponto mais avançado e fecundo. Togliatti não se limita a sublinhar o princípio já adquirido de independência dos partidos comunistas, da "unidade na diversidade" dos múltiplos caminhos para o socialismo, mas dá a ele uma base mais sólida e um maior alcance. A extensão do campo socialista a muitos países, em diversas regiões do mundo, não apenas tornou a autonomia uma condição indispensável para salvaguardar a unidade, como permitiu usar as diversidades – ligadas às histórias, estratificações sociais, tradições multíplices – como um recurso para o enriquecimento e o desenvolvimento de todo o movimento. Não se tratava de formas diferentes de alcançar um objetivo preestabelecido, mas de uma forma de definir melhor e levar mais adiante o mesmo objetivo. Por esse motivo, além da definição de "vias nacionais" ou "partidos nacionais", ele introduziu o termo "policentrismo".

Infelizmente, a situação histórica e o nível de elaboração não permitiam uma definição clara dos sujeitos desse policentrismo; menos ainda dizer como, quanto e por que cada um deles – países comunistas, Terceiro Mundo, Ocidente – poderia contribuir para esse crescimento polifônico. E o aceno permaneceu como tal por muito tempo, e nem ao menos se tentou desenvolver seu sentido antes que fosse tarde demais.

Em suma, essa entrevista é um exemplo de como é possível superar uma situação de dificuldade e dilaceração não com uma simples mediação, mas com um corajoso passo adiante. De fato, o PCI, desde a base até a cúpula, apesar das feridas ainda não cicatrizadas, reconheceu-se nessa argumentação. As críticas de Kruschev à entrevista foram marginais, ou melhor, foram contrabalançadas pelo reconhecimento da "grande" contribuição que ela fazia. Interlocutores e adversários objetaram, mas com respeito.

Por volta do meio do ano, a situação havia mudado. A discussão não estava esgotada, mas era construtiva. Também para as minorias, o centro do dissenso deslocava-se para outro terreno, mais fecundo: passava do Informe Secreto para o que o PCI havia realizado e o que deveria fazer para se renovar. O mérito deve ser atribuído a Togliatti, porque quem lê na íntegra as atas da direção – às quais, por experiência, não dou grande crédito – surpreende-se com a mediocridade, o caráter reticente e exclusivista do debate colegiado naqueles meses.

A segunda tempestade

Tratou-se, porém, de uma calma precária, entre duas tempestades. Se, no primeiro caso, as ondas se encresparam por causa do Informe Secreto, no segundo, outras não menos agitadas se levantaram por causa dos acontecimentos na Polônia e na Hungria, ainda que contra os grupos dirigentes e a relação com os intelectuais e com os outros partidos, mais do que contra a relação com as grandes massas populares.

(Não sei francamente como situar nessa periodização um fato sem dúvida relevante para o PCI e para a política italiana, a saber, o fim da unidade entre comunistas e socialistas. É difícil situar esse evento, mas vou citá-lo porque, ao contrário do que todos pensam e dizem, a ruptura iniciou-se antes e independentemente do XX Congresso, aprofundou-se gradativamente nos anos seguintes, mas em relação às políticas governamentais, e em 1956 encontrou uma forma clamorosa de se manifestar, durante o encontro em Pralognan entre Nenni e Saragat, sobre uma proposta de unificação entre eles, que demorou dez anos para se realizar e sobreviveu por um período ainda menor. É útil acrescentar que esse encontro se realizou antes da crise da Hungria e da invasão soviética e não como consequência delas.)

Sobre os acontecimentos poloneses e húngaros, de que já tratei, resta discutir apenas de que forma repercutiram no PSI e no PCI. E isso não é tarefa de pouca importância, já que não só despertaram debates e paixões na Itália, mas ficaram impressos na memória de forma dilatada, e mais ainda hoje, como o evento central da segunda metade do século, a grande ocasião que o PCI, rejeitando uma ruptura com a União Soviética, perdeu para desbloquear a democracia italiana, evitar a perene *conventio ad excludendum* e formar uma grande força social-democrata, capaz de conquistar o governo do país e quebrar o monopólio da Democracia Cristã.

Eu, que, como outros, fui expulso do PCI muitos anos depois, não exclusivamente, mas sobretudo pelo que escrevi sobre a invasão de Praga e a impossibilidade de reforma da autocracia soviética, descordo inteiramente dessa posição, ou melhor, considero-a um problema que deve ser resolvido na reconstrução da história do PCI e da política italiana. Abstenho-me de negar que, diante dessa revolta na Europa oriental, os comunistas e, em particular, seus dirigentes –

inclusive Togliatti – compreenderam pouco o que estava acontecendo, sustentaram posições erradas e mal motivadas e, portanto, sofreram graves consequências. Nesse caso, é adequado aplicar a célebre máxima de Fouché, um homem cínico, porém um político arguto: "Isso é pior do que um crime: é um erro".

Qual foi o erro? Na raiz do erro, acredito, está o velho hábito de navegar a olho, usando como bússola apenas princípios abstratos e o respeito pelas autoridades superiores, responsáveis pelas decisões de envergadura. E a consequente dificuldade de praticar uma autonomia recém-conquistada. É fácil dizer, como se fez, que "estamos desse lado da barricada e desse lado ficamos, também quando erramos". E Turati já havia dito: "Estou com o partido também quando ele não tem razão". Mas qual era o lado que se queria apoiar? É óbvio: o movimento comunista em uma situação delicada de transição e ainda pressionado pela Guerra Fria. Mas, quando surge desse lado uma situação de crise confusa e incerta, em um ponto circunscrito e distante, mas de grande valor estratégico, como posso defender a barricada e ajudar a resolver a crise, fortalecendo meu lado? Há várias maneiras de estar em uma barricada, inclusive dentro dela, atirando e rechaçando deserções: posso substituir os líderes, recuar a barricada ou avançar, ou posso ainda oferecer uma trégua, enviar mensagens para outras forças. Se estou distante, posso mandar ajuda, trabalhar para chegar a um bom compromisso, ou me limitar a salvar o que resta da frente de batalha. Mas, para escolher entre todas essas possibilidades e agir, não bastam declarações de solidariedade ou condenações precipitadas. É essencial dizer, ou ao menos dizer a si mesmo, a verdade dos fatos, prever sua provável dinâmica, avaliar suas consequências, considerando também o contexto em que o conflito se situa. E dizer essas verdades de maneira apropriada às massas a que peço apoio e que assumo a responsabilidade de dirigir. Talvez essa seja a maior diferença de Lenin em relação a Stalin, e de muitos outros políticos antes e depois dele.

Foi exatamente isso que, naquelas semanas cruciais, o PCI não soube fazer, cometendo uma série de erros e tirando conclusões equivocadas a respeito do conteúdo e do tempo. O primeiro erro foi assimilar a origem, a evolução e, em certa medida, até o resultado dos acontecimentos na Polônia e na Hungria pelo simples fato de que tratava-se de revoltas, inaceitáveis enquanto tais, contra um governo socialista, para além de seus próprios erros. A greve e a manifestação de Poznań eram um protesto de operários que reivindicavam salários mais justos, direito de greve e revisão do plano econômico, que impunha sacrifícios excessivos. A repressão policial foi injusta, portanto, assim como foi injusta a de Scelba, e era justo que Di Vittorio e a CGIL* dissessem isso. O Partido polonês entendeu a lição e assumiu as consequências práticas: quando a contestação se estendeu a

---

* Confederazione Generale Italiana del Lavoro (Confederação Geral Italiana do Trabalho). (N. T.)

Varsóvia, tomando uma feição mais acentuadamente política, pôs na presidência um homem que mal havia saído da prisão, soube estabelecer um compromisso eficaz com os soviéticos, recuperou o consenso, sobretudo entre os operários, e obteve o aval do arcebispo católico. Esse compromisso podia se estender a outros países da região, e era nessa perspectiva que o PCI podia e devia ter apostado, em coerência substancial com o XX Congresso. Mas não foi o que ele fez.

A crise húngara tinha um fundo completamente diferente. O Partido Comunista Húngaro estava titubeante e dividido muito antes da crise, e a dinâmica da revolta evoluiu por etapas. Encontrar uma solução que não fosse uma derrota e não desencadeasse um processo de dissolução em grande escala, no momento em que começava o ataque no Egito, era muito mais difícil. O essencial é isso. Se existia uma possibilidade mínima de chegar a uma solução com instrumentos políticos e não militares, era necessária uma ajuda externa, mesmo que fosse custosa para ambas as partes, mas isso evitaria a retomada ou um péssimo desfecho da Guerra Fria. Os soviéticos não eram hostis a essa "ajuda" política; na verdade, a primeira intervenção das tropas soviéticas foi decidida localmente e apenas como demonstração de força. Desse modo, puseram Nagy no governo e destituíram Gerő. O documento que propuseram afinal como compromisso era ainda mais concessivo do que aquele estabelecido com os poloneses.

Mas tudo isso se deu sempre com atraso, correndo por trás dos acontecimentos em vez de prever que o protesto evoluiria para revolta, e então de revolta para confronto armado, de reivindicação de democracia para mudança de campo. Em um país em que preexistiam não tanto conspirações, mas sedimentos reacionários que se reativavam.

O PCI e, em geral, a opinião da esquerda italiana não compreenderam e não acompanharam essa dinâmica, tampouco intervieram para favorecer uma solução. Di Vittorio errou ao interpretar, já em 25 de outubro, a primeira presença militar soviética em Budapeste como uma repressão e ao ver apenas como um protesto político democrático um protesto que já começava a assumir as características de uma ingovernável *jacquerie*. E Togliatti errou ao classificar de início o protesto como uma contrarrevolução, metendo tudo no mesmo saco. Depois, quando qualquer possibilidade de solução se tornou inviável e Kruschev, solicitado por todos os partidos comunistas, decidiu a verdadeira invasão, o PCI o apoiou.

Nesse momento, ele não deveria ter rompido com a União Soviética, desertado do campo comunista mundial já degenerado? Já na época eu pensava que não, e continuo convencido disso por uma série de razões. Acrescentei a elas mais três, de cuja importância só me dei conta mais tarde.

Primeira consideração. A ruptura de um vínculo sobre o qual o PCI havia se constituído, feita no momento em que a União Soviética já havia iniciado uma renovação e o campo ligado a ela mostrava sucessos substanciais (uma tendência que os eventos da Hungria não haviam interrompido e que duraria por anos), não só não faria sentido como seria inaceitável para a grande maioria dos quadros, dos militantes e dos eleitores comunistas. Seguramente, ocorreria uma luta e uma dissolução do PCI. Talvez surgisse outro partido, mais duro, minoritário, ainda vinculado à União Soviética, e houvesse uma modesta cisão à direita, orientada para confluir no PSI. Não acredito que daí nascesse uma grande força social--democrata nos moldes suecos; talvez uma social-democracia semelhante à francesa, obrigada a governar com a Democracia Cristã, e cumprindo um papel subalterno. Prova disso é o fato de que o PSI não conseguiu ocupar o espaço que a situação parecia oferecer, mas, ao contrário, sofreu uma cisão à esquerda, e as minorias democráticas e progressistas, mesmo contando com intelectuais de valor, tornaram-se politicamente dispersas e irrelevantes – como sempre.

Segunda consideração. Desde o início de 1957, o grupo dirigente soviético estava dividido. Não se tratava apenas de uma sequela do Informe Secreto, mas de uma divergência política geral sobre as reformas que deveriam ser feitas, os acontecimentos na Europa oriental e a versão a respeito da coexistência pacífica. Soube-se depois que, mais do que divisão, houve uma ruptura inconciliável. A maioria do Politburo, isto é, do centro de irradiação do poder, estava decidida a derrubar Kruschev. E Kruschev, no começo de 1957, tentou uma jogada fora de qualquer práxis: juntou em poucas horas, em aviões militares, um número suficiente de membros do Comitê Central para convocar uma assembleia extraordinária. Ganhou e conseguiu a expulsão do grupo antipartido. Basta recordar os nomes – Molotov, Vorochilov, Kaganovitch, Malenkov – para ter claro o tipo de contramudança que eles teriam introduzido na política da União Soviética, que era uma grande potência e possuía o armamento necessário para continuar a ser. Se a Hungria tivesse sido entregue a própria sorte, ou se tivesse gerado crises análogas em países limítrofes, o resultado desse confronto em Moscou já era previsível e teria se concluído de maneira oposta. Qual teria sido o efeito imediato disso tudo na relação com a China, que depois da liquidação de Liu Shaoqi avançava em direção oposta, e tanto mais que a guerra em Suez prometia um acirramento da Guerra Fria?

Terceira consideração. Mesmo admitindo que a mudança levasse a um novo compromisso, antecipando em oito anos a era Brejnev e Suslov – dos quais falaremos adiante –, teria ela sido boa para os comunistas e para todos? Apesar de todos os limites do kruschevismo, e a parábola a que estava destinado, acredito que não.

É possível discutir com calma, portanto, a tese de que o PCI teve uma função de consolidação da democracia na Itália, evoluindo pouco a pouco – como fez de fato – para a social-democracia e, em seguida, para a liberal-democracia, e teria sido melhor se tivesse feito isso de modo mais consciente e rápido (embora os tempos mais recentes permitam contestar essa visão). Mas dizer que o racha, a mudança de campo e de identidade, deveria ter acontecido em 1956 me parece completamente insensato, uma autocrítica pouco pensada, ditada pela necessidade de se livrar do peso de uma esperança frustrada, ou de uma responsabilidade hoje aviltante. Não me refiro nem mesmo à eventualidade de uma intervenção norte-americana, que hoje muitos consideram que era quase um dever, mas que teria levado simplesmente a um extermínio atômico recíproco.

Todavia, os erros cometidos naqueles meses, diante da crise húngara, tiveram ao menos três consequências relevantes. Eles abriram o caminho ou, em todo caso, aceleraram o deslocamento do PSI não apenas e não tanto para a participação em governos dirigidos por democratas-cristãos, mas sobretudo para a aceitação de uma política moderada, e produziram uma cisão que o obrigou ainda mais a uma integração subalterna; no PCI, afastaram intelectuais importantes, portadores de preciosas diferenças culturais. No entanto, não posso omitir o fato de que eles mesmos, em voz alta e em formas incomuns, expressaram e assumiram um dissenso como alavanca para propor uma remoção radical do grupo dirigente e de Togliatti. Além disso, tentaram envolver sub-repticiamente Di Vittorio – contra a sua vontade – com o intuito de enfraquecer a autoridade desse importante recurso de renovação sindical. Por fim, ofereceram aos adversários um argumento, reproposto de maneira obsessiva, para imputar ao PCI uma duplicidade permanente e prendê-lo para sempre à oposição e, assim, ter um pretexto, também este reproposto obsessivamente, para justificar a plena cumplicidade com os Estados Unidos, inclusive nos momentos mais virulentos de suas intervenções no mundo – complôs, golpes de Estado, chacinas, agressões diretas, Guatemala, Brasil, Chile, Indonésia, Vietnã e Oriente Médio, para citar apenas alguns.

O VIII Congresso

Assim como em junho, em dezembro de 1956 Togliatti teve inteligência e capacidade para propor uma plataforma própria de renovação, em vez de se opor ou ser atropelado por ela. E para se recuperar. Seu informe no VIII Congresso, como sempre, sem autocríticas aparentes, introduziu muitas novidades.

Separando claramente a crise polonesa da tragédia húngara, admitiu que em sua origem estivesse a fragilidade original da revolução socialista nesses países e em toda a região, o erro imperdoável de ter imposto a eles uma imitação "servil e acelerada" do modelo soviético, a enfadonha resistência dos dirigentes contra o impulso renovador do XX Congresso, que havia permitido às forças reacionárias espaço para uma revolta e, na Hungria, a possibilidade de prevalecer, no exato momento em que as potências ocidentais tentavam relançar a Guerra Fria. Sobre a União Soviética como Estado-guia, além de seus erros passados, reconheceu o fato de que teve de construir o socialismo em meio a terríveis dificuldades, carregando suas marcas; no fim, ela teve êxito e, por isso, continuava sendo o pilar do movimento comunista mundial, cada vez mais vasto.

Quanto à "via italiana para o socialismo", ele foi além das definições precedentes. Ou seja, atenuou seu caráter de "via nacional", vinculando-se mais às transformações históricas que se sucederam no mundo e a tornaram possível. Sobretudo, procurou defini-la melhor, como uma estratégia e não como uma tática. Não mais os clássicos "objetivos intermediários", destinados a acumular forças para uma futura ruptura revolucionária, mas "reformas de estrutura", conquistas permanentes, casamatas que prefiguravam uma perspectiva socialista, produzidas pelas experiências de luta na base e introduzidas na ordem fazendo apelo aos princípios mais avançados já inseridos na Constituição republicana: não se tratava ainda de socialismo, mas de uma aproximação. Desse modo, ele estabelecia uma clara fronteira com o parlamentarismo social-democrata e ao mesmo tempo combatia a expectativa de uma hora X: a revolução era um processo que, em determinado momento, podia e devia traduzir-se em conquista pacífica do poder do Estado e em gestão democrática, exatamente porque é subjetiva e objetivamente apoiada na sociedade.

É claro que, dessa maneira, o problema não era resolvido, apenas adiado. Porque uma interrogação permanecia: se e quando essas reformas – intrinsecamente anticapitalistas, produzidas pela luta de classes, dirigidas por um partido comunista – conseguiriam iniciar uma crise no sistema e mudar seu traço dominante e como poderiam configurar um salto e organizar os princípios de uma nova ordem. Togliatti não devia nem podia lhe dar uma resposta, porque esta somente podia tomar forma em relação à situação concreta em que a interrogação se colocava. Naquele momento, na Itália e no Ocidente, essa situação estava muito distante, e ele podia apenas seguir a linha sutil que ele mesmo havia traçado entre reformismo gradualista e revolução socialista.

A maior fraqueza desse informe, porém, era outra. Era a incapacidade de ver a transformação profunda que já se iniciava na sociedade ocidental, prever sua evolução e estimular uma reflexão para enfrentá-la e utilizar suas contradições. Não quero banalizar, como muitos de nós chegaram a fazer algumas vezes, uma crítica do PCI ainda preso à ideia do capitalismo italiano como um capitalismo maltrapilho. Na verdade, desde o VIII Congresso a análise de Togliatti distinguia--se (ao contrário do PCF) dos estereótipos do capitalismo em putrefação, incapaz de qualquer desenvolvimento, ou da ideia de empobrecimento absoluto que afetava a maioria dos trabalhadores italianos, reconhecia as mudanças relevantes que estavam acontecendo no campo da tecnologia e da organização do trabalho e estimulava a atualização das plataformas reivindicatórias. Mas, em substância, repropunha a imagem de um capitalismo monopolista, fechado em si mesmo, que sequestrava o lucro produzido pelo progresso tecnológico e introduzia desigualdades e exclusões clássicas. Uma imagem ainda adequada à realidade das coisas, mas apenas se olhássemos para a traseira do trem em movimento, sem levar em conta a força e a direção da locomotiva que o puxava. Era, acima de tudo, uma imagem que deixava escapar o submovimento social e cultural geral que se anunciava. Em suma, quase o contrário do esforço que Gramsci, mesmo fechado em um cárcere, havia feito em seu ensaio *Americanismo e fordismo**, formidável e ousada antecipação que não por acaso acabou arquivada por tanto tempo. O VIII Congresso, em seu valor e dentro de seus limites, foi isto: o resultado de uma batalha entre conservadores e renovadores.

Assim como, na União Soviética, o XX Congresso teve como primeiro resultado tangível a mudança dos quadros, a volta à legalidade, a libertação de prisioneiros políticos e o relaxamento da censura, o VIII Congresso do PCI produziu uma mudança geracional, a escolha finalmente decidida de uma "via democrática", ainda que sem saber muito bem como percorrê-la, e um clima interno mais aberto e tolerante para a discussão e a análise, mesmo que sempre na forma codificada do centralismo democrático.

Talvez um pequeno e divertido episódio autobiográfico possa fornecer um exemplo. No fim de 1958, recém-filiado ao PCI, voltei de Roma para Bérgamo como secretário local do partido. Na mesma época, filiaram-se ao PCI os principais dirigentes locais da Juventude Católica, imediatamente cooptados pelo Comitê Federal. Às vésperas do IX Congresso, escrevi com Michelangelo Notarianni um artigo publicado na *Rinascita* – nada de especial, apenas uma ênfase maior do nexo necessário e recíproco entre democracia e socialismo. Veio ao congresso provincial, para presidi-lo em nome do centro, Luciano Lama. Como de costume, Eliseo Milani, secretário da Federação, e eu levamos o hóspede ilustre a um bom restaurante para almoçar. A certa altura, Lama, que nitidamente não se lembrava do meu nome, perguntou: "Você leu o artigo daqueles dois trotskistas na *Rinascita*?". Entendi perfeitamente de quem ele falava e me enfureci: eu, trotskista? No entanto, respondi com tranquilidade: "Não preciso lê-lo, porque fui eu que o escrevi". Alguns anos antes, esse tipo de suspeita levaria a uma imputação que preludiava a marginalização, mas dessa vez demos boas risadas da gafe e continuamos a conversar cordialmente. Esse episódio mostra bem como a margem dada ao dissenso era limitada, mas também como a tolerância havia crescido. E, de fato, no ano seguinte fui nomeado para a secretaria regional do partido.

---

* São Paulo, Hedra, 2008. (N. E.)

Isso não quer dizer que a inovação não tenha encontrado dificuldades nos primeiros anos. O IX Congresso foi substancialmente repetitivo, centrado na tão interessante quanto infrutuosa "operação Milazzo", na Sicília*; a discussão política sobre o centro-esquerda era confusa e titubeante; as eleições de 1958 assinalavam mais estabilidade do que novos avanços; o otimismo dos companheiros concentrava-se no lançamento dos satélites e de uma cadela dentro de um deles. Não há do que se surpreender nem por que se lamentar. Em uma grande organização, a verdadeira inovação nunca ocorre por partenogênese, e sim surge na onda de grandes impulsos sociais e culturais e, naqueles últimos anos da década de 1950, a Itália não tinha muito que oferecer. O milagre econômico estava apenas começando e permitia aos patrões fazer algumas concessões sem luta; o governo democrata-cristão se movia na direção de formas sutis de regime, mas sem rumo claro; os socialistas aspiravam participar do governo, mas ainda esbarravam em muitas resistências e contrastes internos; a coexistência pacífica encalhava; a guerra argelina se inflamava, mas seu primeiro resultado foi a ascensão de De Gaulle e a exautoração do Parlamento na França.

Honestamente, devo acrescentar que Togliatti também pisou no freio. Cito três exemplos. Em primeiro lugar, sua intervenção alinhada no encontro dedicado a Gramsci, em que se destacou a genialidade de seu pensamento, mas também sua perfeita continuidade com relação a Lenin. Em segundo lugar, uma intervenção em Moscou (onde sentiu certa desconfiança, que se somava às críticas abertas que recebeu de Paris e Pequim), na qual ressuscitou uma linguagem apologética ao fazer um balanço da situação na União Soviética e de seu formidável desenvolvimento produtivo, inclusive na agricultura, a ponto de compartilhar com Kruschev a ideia de que, em dez ou quinze anos, a economia norte-americana seria alcançada e superada. Em terceiro lugar, a leitura quase unânime da ascensão de De Gaulle como sinal de uma clássica restauração conservadora e autoritária e não como uma modernização pelo alto, que compreendia também a independência da Argélia. (Sobre essa questão, estreei com uma interpretação oposta em um longo ensaio no *Nuovi Argomenti*, mas sem sofrer nenhuma crítica.)

Contudo, furtivamente, ou à margem do partido, iniciavam-se uma análise e uma discussão bastante fecundas que já então mostravam uma grande utilidade. Penso no grande fervor com que alguns setores sindicais (Trentin e seu centro de estudos, Garavini em Turim, Leonardi em Milão) e organizações periféricas do partido (Minucci e *L'Unità* de Turim) levaram adiante a reflexão

---

* O democrata-cristão Silvio Milazzo foi eleito presidente da região da Sicília com votos de todos os partidos, desde a esquerda até a extrema direita neofascista. O episódio causou um racha na Democracia Cristã que, mais tarde, se revelou não significativo. (N. T.)

sobre a nova organização do trabalho nas fábricas. Penso também na introdução de "novas fontes" no plano cultural, na ênfase dada à leitura de *O capital*, nas diversas discussões que surgiram entre jovens intelectuais pró e contra o pensamento de Della Volpe, na penetração da literatura marxista heterodoxa (o primeiro Lukács, Korsch) e no debate francês (Sartre e Merleau-Ponty, Hippolyte, Kojève; Husserl, recuperado por Banfi e de seus alunos). A Federação Juvenil e seu semanário *Nuova Generazione* participaram de todas essas pequenas heterodoxias e enfrentaram algumas dificuldades.

Mas o que dava relevância e valor político a tudo isso, fazendo a "via democrática" surgir como um problema e não como uma fórmula já estabelecida, era outra coisa, bem diferente: a retomada da luta operária, primeiro entre os eletromecânicos de Milão e depois em Mirafiori e no setor têxtil; a rebelião antifascista, que começou em Gênova e se espalhou rapidamente por todo o país, com a surpreendente irrupção dos jovens (os "camisas listradas"), à qual, como sempre, seguiu-se a repressão (os mortos de Reggio Emilia), mas que dessa vez não foi sofrida passivamente; as emigrações em massa do Sul para o Norte, que abalaram toda a organização dos centros de partida, mas forneceu novo sangue político aos pontos de chegada. E, por fim, a repentina emergência de novos estilos de vida, de novas necessidades que o desenvolvimento econômico permitia satisfazer, mas que antes de tudo estimulava e reivindicava; havia ainda o amadurecimento de uma nova maioria de governo, embora atormentada e indefinida, e a eleição de João XXIII como papa e de Kennedy como presidente dos Estados Unidos.

7. O CASO ITALIANO

O PCI ingressava nos anos 1960 em condições promissoras. Representava um quarto dos eleitores e conservava quase 2 milhões de filiados, ativos em sua maioria; era parte de um movimento internacional que governava um terço do mundo, mas tinha autonomia própria dentro desse movimento; despertava simpatia, ou ao menos atenção, nos países e nos movimentos que estavam se libertando do colonialismo; mantinha forte influência sobre o sindicato, sem mais considerá-lo uma "correia de transmissão"; encorajava e era encorajado por uma classe operária mais ampla, que dava novos sinais de combatividade; encontrava uma geração politizada, além de uma intelectualidade na qual penetrava, finalmente, um marxismo não dogmático e canônico; iniciava um diálogo com as minorias católicas que se afastavam aos poucos do anticomunismo "absoluto" do papa Pacelli; governava regiões importantes do país, obtendo bons resultados, além de dar prova de uma correta administração orçamentária. E, sobretudo, era unido e convicto de uma estratégia univocamente definida, ao menos em seus princípios, desde o VIII Congresso: "a via italiana". Ainda estava preso ao papel de oposição pelos vínculos impostos à Itália pelas alianças já feitas, mas a nova relação de força mundial o resguardaria de uma intervenção armada norte-americana, se e quando conquistasse um papel de governo de modo pacífico e legal. Tudo isso obrigava e permitia ao PCI verificar nos fatos, ao menos em médio prazo, se a "via democrática para o socialismo" era praticável no Ocidente, se o conduzia aonde queria ir, sem se perder pelo caminho.

Portanto, começava para o PCI, para aquele PCI, um novo jogo, em que se disputavam uma identidade duramente construída e sua futura existência. E mais, se bem observada, a aposta era alta. Porque, naquele exato momento, se não houvesse uma mudança no Ocidente, se o confronto entre os blocos continuasse a ser apenas uma "guerra conduzida com novas armas", em outras partes do mundo (na União Soviética e nos países não alinhados) poderiam prevalecer – e já se vislumbravam – tendências ao isolamento ou à divisão. Somente na Itália, talvez, parecia haver condições (força e vontade) para iniciar essa mudança.

Mas tratava-se realmente de um jogo aberto? Cinquenta anos depois, sabemos como ele terminou. O PCI, como força organizada e pensamento acabado, morreu. E poucos reivindicam sua herança. Não morreu por causa de um ataque repentino de apoplexia, ou seja, arrastado pelo colapso da União Soviética, da qual havia se afastado já há muito tempo. Não morreu por exaustão, porque conservou até o fim uma força eleitoral relevante (28%), além de certo peso na sociedade e no sistema político. Morreu por livre escolha, na ambição de um "novo começo". Esse novo começo nunca aconteceu, e hoje está claro para todos que, mesmo que fosse bem-sucedido, teria sido o começo de uma coisa completamente diferente. Isso é um fato, tão evidente e tão duradouro que não podemos mudar – mas devemos explicar. Afinal, por que uma força que nos anos 1960 chegava a sua maturidade, estava em plena ascensão e empenhava-se em uma tentativa original e ambiciosa, depois de anos de sucessos, começou a declinar, até se dissolver?

É óbvio que quem considera essa tentativa mera ilusão, ou até suspeita de uma manobra diversionista necessária para transferir o grosso do exército para outras e mais seguras praias, tem pouco interesse por aquilo que o PCI fez e discutiu nessa longa década e, por isso, refere-se a ele de modo sumário. Talvez concentre seu interesse mais na experiência posterior, a da unidade nacional, premissa infeliz, mas necessária, de outra história, uma história sem ilusões, enfim com os pés no chão. Uma história da qual foi removida aos poucos a ambição de uma alternativa de sistema, para depois se iniciar a transição rumo a um sistema político bipolar, com duas formações competindo entre si, mas ambas dentro dos limites da ordem geral das coisas no mundo.

Quem mais está, como eu, entre os poucos que acreditam que essa tentativa, se tivesse sido realizada no devido tempo, teria algum fundamento ou poderia ser conduzida de modo diferente, concluindo-se , ainda que sem uma afirmação plena, ao menos com resultados fecundos e deixando uma herança que hoje teria algum valor, deve dedicar uma atenção particular a essa longa década, durante a qual muitas coisas estavam em movimento, e o jogo entre um capitalismo em dificuldade e um comunismo empenhado em se redefinir parecia – e talvez estivesse – efetivamente aberto. Quem pensa assim encontra respaldo nos fatos: o PCI morreu há muito tempo, mas a Itália não vai bem das pernas. Esse argumento não é suficiente. O fato de que outras tentativas tenham decepcionado, tantos sujeitos e tantos projetos com ênfase no "novo" tenham se mostrado até agora incapazes de defini-lo e tenham se revelado versões restauradas de um passado ainda mais frágil, ou gestão medíocre das coisas como estão, a ponto de provocar mais depressão do que esperança, não é suficiente para demonstrar que aquela longínqua ambição era justa e plausível. Tampouco exime de perguntar se, desde as origens, ela não foi minada por erros profundos e bloqueada por obstáculos insuperáveis.

A primeira coisa que devemos mostrar, portanto, é que, ao menos em uma fase inicial, o jogo estava realmente aberto. Somente um olhar sobre a realidade daquele momento permite entender e julgar o que então se discutia no PCI e as escolhas que prevaleceram. Mesmo com o risco de repetir em algum ponto coisas já conhecidas e não esquecidas, é útil reconstruir o quadro global dessa década, que foi definida retrospectivamente como "caso italiano". Comecemos pela periodização. Quando digo "caso italiano", refiro-me a um momento cujo centro é a década de 1960, mas que se estende por um período bem mais extenso: em certos aspectos, inclui acontecimentos que a precederam; em outros, que desdobram-se até o início dos anos 1970. Esse período une duas fases diferentes (de 1960 a 1965 e de 1968 a 1974) que, no entanto, entrelaçam-se por diversos fios e convergem no que diz respeito à produção de um novo quadro geral. Nesse intervalo, a Itália viveu dois movimentos distintos e complexos que transformaram profundamente a sociedade e a política. O primeiro caracterizou-se pelo chamado "milagre econômico", pela forte retomada das lutas sindicais e pela tentativa de usar um e outro como alavanca de um "reformismo pelo alto", com os governos de centro-esquerda. O segundo caracterizou-se pela contestação estudantil e pelas lutas operárias que visavam produzir uma nova ordem social "de baixo". Ambas as tentativas foram vencidas em seus objetivos principais, mas deixaram marcas profundas e duradouras e, de todo modo, provocaram de imediato algo semelhante a uma crise do sistema. Em ambas as tentativas, o PCI não pôde, ou em parte não quis, assumir um papel direto de promoção e direção, como fez na Resistência e na fundação da República. Contribuiu, porém, para iniciá-las, sustentá-las ou condicioná-las e foi, por sua vez, envolvido e percorrido por elas. Somente ao fim colheu os frutos, cabendo-lhe, porém, a responsabilidade de propor uma saída aceitável para o conflito social. E definir, impor ou rejeitar um papel de governo que a própria situação ambiguamente lhe oferecia. Sem ter força e ideias suficientes para enfrentá-la. Por isso, convém analisar cada um desses dois movimentos e somente depois tentar apontar os laços que os unem e as conclusões a que chegaram juntos.

O milagre econômico

Entre 1953 e 1964, o produto interno bruto da Itália cresceu de maneira constante, passando de 17 mil para 30 trilhões de liras; a renda média anual *per capita* passou de 350 mil para 571 mil liras. Uma taxa inicial de desenvolvimento de 5% superou os 6% até os anos 1970, em apenas um ano (1964). Tal fenômeno nunca tinha sido visto antes, e também nunca mais se repetiu. Outros países capitalistas também estavam em expansão nesse mesmo período, mas não era menos surpreendente o fato de que a Itália, no início muito mais atrasada, com escassos recursos naturais, financeiros e tecnológicos, não só conseguiu alcançar o trem como se sentou nos vagões da frente: um pouco mais lenta do que o Japão, igual à Alemanha, mais rápida do que a França, muito mais do que a Inglaterra e os Estados Unidos. Por esse motivo, cunhou-se a expressão, importada do exterior, "milagre econômico". Embora exprime a ideia, nenhuma das duas palavras que a compõem é adequada. Não existem milagres na economia, salvo a história dos pães e dos peixes, tão excepcional quanto a natureza de seu autor. Em nosso caso, o "milagre" não foi apenas econômico, pois estava acompanhado de grandes e múltiplas transformações sociais, políticas e institucionais, entre as quais é necessário encontrar o fio.

O processo foi desencadeado por dois eventos políticos, a revolução antifascista e a Guerra Fria, que juntos permitiram o fim brusco do protecionismo (antiga herança do capitalismo italiano que a autarquia fascista tornou muito mais pesada). E obrigaram o país a apostar em intercâmbios com países muito mais avançados, geograficamente próximos, politicamente solidários e, naquele momento, empenhados na reconstrução pós-guerra. Podia ser um salto no escuro. E, de fato, parte da classe patronal, que temia não suportar a competição, e parte dos trabalhadores, que temia as demissões, mostravam-se relutantes. Mas os Estados Unidos tinham bons motivos econômicos para procurar saídas e bons motivos políticos para integrar a Itália, país em risco, a sua lista de clientes. Portanto, encorajaram a escolha e prometeram ajuda (como fizeram com o Japão e, mais tarde, junto com o Japão, com o Sudeste Asiático). Essa precoce escolha liberal marcou a nova Europa como aliada subalterna do bloco atlântico.

Não há dúvida de que essa escolha oferecia à Itália mercados que naquele momento estavam dispostos a importar bens a bom preço, mas não era suficiente para garantir a possibilidade de competir com eles e, de fato, a expansão começou com certo atraso e muitas dificuldades. Nos primeiros anos, a ajuda norte-americana serviu quase exclusivamente para resolver a emergência alimentar, manter as tropas de ocupação, sanear as finanças públicas (para evitar o câmbio da moeda) e, consequentemente, frear uma inflação galopante. O verdadeiro motor do "milagre", desde os primeiros anos da década de 1950, foi outro. Valendo-me de uma linguagem um tanto maoísta, posso defini-lo com o *slogan* "usar o atraso como recurso para o desenvolvimento". Em uma forma um tanto pomposa: uma edição original de uma nova "acumulação primitiva". Ou mais prosaicamente: o binômio salto tecnológico e baixíssimos salários.

Salto tecnológico não quer dizer apenas aplicação de melhores equipamentos e formas de organização do trabalho na reconstrução de um aparelho produtivo já existente e em parte inutilizável (como aconteceu na Alemanha e na França). Quer dizer revolucionar ambas as coisas e envolver nelas grandes ilhas excluídas da modernidade, ou seja, passar rapidamente de uma base industrial limitada e semiartesanal para uma indústria do tipo fordista (em suas pontas de excelência já no limiar da automação) e, em seguida, estendê-la a novos setores e novos tipos de produtos e consumo. Saltando as etapas intermediárias que outros haviam realizado ao longo do tempo e com esforço. Isso, e apenas isso, podia garantir aumentos rápidos e importantes da produtividade a determinado número de empresas e possibilidade de inserção no mercado externo. Os Estados Unidos podiam oferecer essa oportunidade: equipamentos, conhecimentos tecnológicos, organizativos e gerenciais, além de algum investimento direto. É lógico que para aqueles que tivessem condições de pagá-la e usá-la e estivessem dispostos a ser dirigidos por eles. Tratava-se, todavia, de um salto bastante difícil, sobretudo no começo. Prova disso é que muitos países semidesenvolvidos (excluídos os países do Terceiro Mundo) somente puderam tentá-lo muitos anos depois. Os países das "grandes revoluções" realizaram-no sem ajuda, mas apenas em alguns setores, e sabemos a que preço e isolados da economia mundial. Era necessário, na verdade, encontrar um financiamento preliminar e, por um longo período, destinar todo aumento de produtividade ao autofinanciamento ou à infraestrutura necessária. Somente muito mais tarde, e com parcimônia, destinar parte dele ao consumo, porém sempre em função de um modelo de desenvolvimento imposto pelo mercado externo. Além disso, era necessário possuir capacidade empresarial e uma boa quantidade de trabalhadores qualificados e técnicos conversíveis, além de um poder público capaz de se antecipar ao setor privado e chegar aonde este não tinha capacidade ou interesse em chegar.

O capitalismo italiano do pós-guerra dispunha de algumas dessas condições. A Itália era em conjunto um país atrasado, mas muito desigual pelo sedimento de histórias diversas. Antigos centros de excelência adormecidos nas "cem cidades"; zonas de industrialização concentrada e antiga; uma agricultura ainda predominante e em geral muito pobre, mas também muito diferenciada: latifúndios absenteístas, pequenas propriedades nem sempre miseráveis, arrendamentos ávidos, porém civilizados pelos camponeses mais esclarecidos, e grandes propriedades agrícolas transformadas pelo remoto despotismo iluminado. Grande parte da população era semianalfabeta, mas havia também, para uma minoria, uma escola tradicionalista, mas de qualidade, assim como ilhas prestigiosas de pesquisa científica, por exemplo, no campo da física. A cultura ficou presa no provincianismo do fascismo, mas não em todos os setores, e, de todo modo, vinha de uma grande tradição cosmopolita. A família era ainda fortemente patriarcal, mas em muitos casos era uma família ampliada, que funcionava como coletivo de trabalho, inclusive com mulheres; garantia poupança e proteção social e continuou transitoriamente a cumprir essa função, inclusive a longa distância, durante as dores do parto do novo; dominava a moral, sobretudo sexual, muito repressiva, formada pela Contrarreforma e imposta pela tradição e pelas convenções, embora não interiorizada em todos e, por isso, disponível à secularização.

Nesse grande e multiforme arquipélago de modernidade e atraso, dois elementos tiveram um efeito decisivo e sinérgico no desencadear de certo modelo de expansão. O primeiro vinha paradoxalmente da herança deixada pelo fascismo. Uma figura econômica anômala, inventada para enfrentar o *crash* dos anos 1930, segundo a lógica do regime: grandes empresas industriais e quase todos os grandes bancos eram propriedade pública, mas administrados como empresas autônomas. Em conjunto, configuravam um "terceiro polo", uma verdadeira "economia mista". Em um primeiro momento, talvez por um acaso afortunado, mas depois da libertação certamente por efeito do clima político, essas entidades anômalas foram dirigidas predominantemente por homens de diversas orientações, mas empreendedores, honestos e conscientes de seu papel (Beneduce, Menichella, Mattioli, Senigallia, Saraceno e, por fim, Mattei). Eles se comprometeram a buscar e investir grandes recursos públicos na produção industrial para dotar o país de uma moderna indústria de base: uma siderurgia baseada não mais em sucata, mas diretamente no mineral; exploração petrolífera, que logo se estendeu à produção petroquímica e de fibras sintéticas etc. Em um plano mais escorregadio, para socorrer uma bolsa de valores raquítica e especuladora, a poupança dos bancos semipúblicos foi investida, por meio de Enrico Cuccia e da Medio Banca, na reorganização de um sistema financeiro privado e na gerência de mediações e hierarquias entre finanças e grandes grupos industriais. O fato de que, mais tarde, uma coisa e outra se transformaram em instrumento de um entrelaçamento perverso entre público e privado, em recurso usado por um poder clientelista para obter consenso, em controle do sistema de informação, que as tornou um entrave para o desenvolvimento, não deve esconder que, na fase de decolagem, essa economia mista teve um poderoso papel de propulsão.

O segundo e decisivo fator para o desenvolvimento foi o arrocho permanente dos salários e a capacidade de sacrifício do proletariado, mas também de iniciativa. Esse aspecto do "milagre" foi reconhecido em diversas ocasiões, mas, a meu ver, não foi suficientemente analisado. Em 1946, o salário real na Itália era 40% inferior ao salário de 1938. A inflação anulava quase todos os aumentos conquistados a duras penas. Somente em 1950, quando a reconstrução já estava acabada, o salário voltou aos níveis anteriores à guerra. Em 1959, cresceu em média 6-7%, enquanto a produtividade deu um salto de mais de 50%. Esse dado já é eloquente em si. Alguém tinha de pagar a acumulação, e o poder dominante resolveu que os primeiros a pagar fossem os operários e os camponeses, e que fossem eles os últimos a se beneficiar. A decisão não tinha nenhuma necessidade de ser declarada e discutida: era imposta sobretudo pelo desemprego, pelas demissões e pelo fechamento de fábricas obsoletas. O Estado contribuía para isso garantindo brutalmente a "ordem pública" e gastando de modo avaro e seletivo. Mas havia muito mais. Como todos sabem, o desemprego, dentro de certos limites, tem uma poderosa função de controle dos salários e intensificação do trabalho, alimenta lucros e investimentos. Fora desses limites, ao contrário, restringe o mercado interno, deprime a poupança e obriga a sustentar de alguma maneira uma população inativa, causando estagnação e depressão e, justamente naquele momento, o excedente de braços superava amplamente esses limites (em particular pelo êxodo do campo, onde o trabalho não garantia mais, em muitos casos, nem a simples subsistência). Mas justamente esse excedente se transformou em recurso. Graças a três grandes fluxos migratórios, diversos, mas tão preciosos para o desenvolvimento quanto dramáticos para quem os vivia.

O primeiro fluxo orientou-se predominantemente para o exterior, que nessa época precisava de braços. De 1 a 2 milhões de trabalhadores foram para o além-mar (em particular, Austrália e Argentina) e logo depois para o Norte da Europa (França, Bélgica e Alemanha, quando a onda de exilados alemães dos países ocupados se esgotou). Eram pessoas que, movidas pela necessidade, viviam em barracos, faziam os trabalhos mais pesados, cumpriam horários excepcionalmente longos e apertavam o cinto para sustentar a família na Itália ou poupar algum dinheiro para um dia voltar para casa, construir uma casinha ilegal e fugir assim não só da privação, mas também de um ambiente hostil. Esse esforço, esse dinheiro arrancado da fome ajudou a balança de pagamentos ou se acumulou em pequenas cadernetas de poupança. Um belo exemplo de "acionariado popular".

O segundo fluxo migratório caracterizou-se pela "proximidade", ou seja, do campo para as cidades mais próximas, com a intenção de estabelecer-se ali e manter ligação ativa com a parte da família que permaneceu no campo, cuidando da terra. Esse tipo de migração começou na Itália central, mas depois se estendeu. Jovens arrendatários em terras avaras, mas já transformadas pela força dos braços e cujo produto já era um pouco melhor dividido, precisavam, mas também tinham capacidade para conseguir emprego em pequenas empresas, nos interstícios do mercado, e com salários um terço inferiores ao mínimo contratual. Ou jovens que trabalhavam com mulher e filhos, em domicílio, dia e noite, para empresas de médio porte, por empreitada, com velhas máquinas descartadas pela própria empresa e por meio de intermediários que cobravam comissão, e tornaram-se, por sua vez, pequenos empresários. Ou ainda trabalhadores urbanos que abriam uma pequena atividade comercial e arcavam com aluguéis pesados. Em muitos casos, a renda de todos era completada pelo autoconsumo do produto, com sua contribuição sazonal, no velho pedaço de terra da família. Aconteceu algo similar em certas áreas irrigadas do Sul da Itália, com o trabalho precário dos jornaleiros, prestado sazonalmente a vários patrões, completado por parcos subsídios arrancados com luta e acordos locais e organizado por "capatazes". Em conjunto, uma zona "cinzenta" entre campo e cidade, trabalho agrícola e outras inúmeras atividades: um modelo específico de acumulação primitiva por conta própria, baseado na autoexploração, que contribuía para o desenvolvimento e a urbanização, e do qual surgiu, mais tarde, a Terceira Itália das microempresas e dos "distritos". E, com ela, um novo tipo de camada média, cruz e delícia definitiva do "modelo italiano".

O terceiro e último fluxo migratório, o mais impetuoso, foi do Sul para o Norte: a princípio, em direção às grandes concentrações metropolitanas e, logo depois, aos territórios limítrofes. Esse fluxo, pelos sacrifícios que impunha, teve muitas afinidades com o primeiro: a vida em barracos construídos com materiais recolhidos, sem serviços domésticos ou urbanos (as famosas Coreias*), horas e horas de viagem entre a casa e o trabalho, trabalho informal no setor da construção, jornadas longas e muitos acidentes, separação da família, desconfiança da população local. Com o segundo fluxo migratório, compartilhou a ambição de se integrar no novo território, reunir a família assim que possível, todos ligados pela esperança, depois realizada, de conseguir um emprego fixo na indústria em expansão, que prometia estabilidade e talvez um futuro melhor. Por isso, a seleção cuidadosa das contratações, a ameaça de demissão contra os rebeldes e os prêmios antigreve tiveram, durante alguns anos, uma grande eficácia, mesmo quando as empresas absorviam nova mão de obra. A maior novidade dessa terceira onda estava, porém, no fato de ter ocorrido em uma fase econômica diferente, um dado muito importante. No fim dos anos 1950, o ciclo da "acumulação primitiva" estava se encerrando e um novo modelo de desenvolvimento, bastante original, tomava forma.

A construção de uma grande e moderna indústria de base, predominantemente pública, já estava acabada ou planejada: no setor siderúrgico, Conegliano e Bagnoli estavam em atividade, e Taranto estava em construção; no setor petrolífero, Mattei havia assinado acordos ou estava em negociação com a Argélia e o Oriente Médio, em duelo com as "sete irmãs", e acabaria assassinado; no setor petroquímico, a Anic** de Ravena e a Raffinazione de Gela estavam em construção. Na indústria privada, a Fiat dominava com sua gigantesca e moder-

---

* Periferias superpovoadas e degradadas das grandes cidades. O apelido era uma referência às condições de vida particularmente duras na Coreia durante a guerra de 1950-1953. (N. T.)

** Azienda Nazionale Idrogenazione Combustibili (Empresa Nacional de Hidrogenação de Combustíveis). (N. T.)

níssima cadeia de produção do Fiat 600, em Mirafiori, e estimulava o setor da borracha, criava atividades econômicas derivadas e precisava de infraestrutura adequada. O setor petroquímico difundia milhares de produtos de plástico. A indústria têxtil introduzia máquinas automatizadas e estimulava a produção de fibras sintéticas. Os setores modernizados da agricultura demandavam fertilizantes e máquinas agrícolas, que a Federconsorzi comercializava e transferia, com ajuda pública, para um segmento de produtores diretamente sob a égide da Coldiretti de Bonomi. Ainda mais recente era o fenômeno da multiplicação, quase do nada, de novas empresas médias, mas em breve grandes, que saltavam do semiartesanato para a produção em grande escala nos vários setores dos eletrodomésticos. Todas procuravam trabalhadores sem grandes qualificações e exigências, também nas pequenas cidades, antes de poder lhes oferecer um posto decente.

Essa expansão da indústria manufatureira produziu, e logo multiplicaria, duas grandes consequências sociais e culturais, além de econômicas. Em primeiro lugar, redefiniu o mapa do poder real, aquele que não se circunscreve às câmaras de deputados, mas penetra na sociedade, regulando conflitos e orientando consensos. Assim, a grande burguesia industrial e financeira voltou à cena como sujeito autônomo e organizado. Saiu da guerra politicamente deslegitimada e economicamente enfraquecida. Não tinha condições de enfrentar a competição no mercado internacional nem de expressar uma hegemonia política e cultural ou administrar um conflito social agora livre para se manifestar. Conseguiu recuperar o controle nas fábricas, apoiando-se na coligação com a Democracia Cristã, que a dominava. Contudo, como vimos, o impulso do desenvolvimento econômico foi dado pela indústria pública e sustentado pelas decisões do poder político e por seus aparelhos.

Desde meados da década de 1950, porém, o grande capital estava pronto para assumir um papel de comando, com um programa explícito: impedir que a empresa pública, uma vez cumprida a tarefa, assumisse uma função de liderança no futuro; evitar um regime fiscal que transferisse o equilíbrio dos impostos indiretos para os diretos e limitasse os lucros; prolongar a contenção das reivindicações sindicais e orientar as despesas públicas apenas para os setores em que eram diretamente necessárias para a competitividade das empresas. Para sustentar esse programa, o grande capital tinha a propriedade direta da imprensa (com a exceção do *Giorno*, de Baldacci, enquanto conseguiu sobreviver). E tinha a falta de escrúpulos necessária para ameaçar a mobilização de toda a Itália reacionária, que perdurava. De Gasperi definiu-o como o "quarto partido", que devia ser levado em conta.

Uma segunda consequência do boom industrial diz respeito à relação entre produção e consumo. Poderíamos falar de "consumismo precoce", e não era um fenômeno conjuntural, mas estrutural. O desenvolvimento industrial e os investimentos futuros estavam estreitamente ligados às exportações, e estas eram orientadas sobretudo para o mercado comum europeu, que era no início – e seria em grande parte e por muito tempo – uma simples união aduaneira (salvo um protecionismo residual na agricultura, a favor dos países mais fortes). As exportações eram destinadas, portanto, aos países limítrofes, mais avançados em conjunto do que a Itália, que permanecia ainda um país medianamente pobre. Esses países consumiam principalmente bens duráveis e de massa (carros, televisões, eletrodomésticos, móveis). Nessa mesma direção, orientavam-se, por meio da mensagem midiática (inauguração da televisão), as escolhas e os desejos de consumo interno, até de quem não possuía ainda bens primários, tanto individuais quanto coletivos. A palavra consumismo deve ser empregada com sobriedade aqui, porque se referia à satisfação de necessidades, na prática social, em si mesmas primárias: um modesto meio de transporte, na falta de transporte coletivo, para trabalhar ou fazer pequenos passeios; uma televisão, a primeira janela para o mundo depois de séculos de isolamento. No entanto, introduzia uma tendência, já em ação no modelo norte-americano, à preponderância do individual sobre o coletivo, à afirmação do símbolo de *status* sobre as necessidades reais, em suma, um novo estilo de vida. E as despesas públicas, tanto por razões econômicas quanto de integração social, contribuíam para estimular essa tendência. Em 1959, por exemplo, o Estado destinou 36 bilhões de liras para ferrovias obsoletas e deficientes e 2 trilhões para a construção de vias públicas, em particular rodovias; a saúde foi administrada por muito tempo pelo sistema mutualista, que excluía grande parte da população e era financiado não pela receita pública, mas pelos trabalhadores. O "consumismo", portanto, precedeu a "opulência" e a redistribuição mais justa da renda.

Eu poderia continuar a elencar os aspectos dos movimentos sociais e culturais subterrâneos que o milagre econômico italiano, entregue a si mesmo, determinava e percorria. Mas o que disse é suficiente para mostrar como isso reproduzia em forma nova o entrelaçamento entre modernidade e atraso, quais desequilíbrios e razões de conflitos territoriais e de classe, entre Norte e Sul, entre capital e trabalho, entre velha e nova classe média, alimentava. Para completar o quadro, devo acrescentar outro elemento, muitas vezes negligenciado. Essa agitação econômica não deixou incólume o bloco político e social sobre o qual a Democracia Cristã havia construído sua indiscutível supremacia. Esse bloco se afirmou, com grande esforço, como coalizão de emergência para barrar o caminho do "perigo comunista", contando com o apoio pleno, mas vinculante, dos norte-americanos, de uma classe média ainda não imune à influência fascista e, sobretudo, das grandes massas católicas, formadas predominantemente por camponeses e mobilizadas pela Igreja de Pacelli, mas também marcadas por antigas experiências de solidariedade ou pela recente participação na Resistência. De Gasperi conseguiu consolidar essa unidade com o apoio do cardeal Montini e pelo exercício do poder estatal. Mas já em 1953 sofreu uma cisão à direita, depois reabsorvida com o sucesso da economia. Contudo, esse mesmo sucesso – a migração, a urbanização, a burocracia que ficou para trás em renda e reconhecimento social, a autonomia reconquistada pela grande burguesia, a expulsão do campo – criava diversas rachaduras e estimulava interesses divergentes. Com o declínio da Guerra Fria, o "perigo comunista" perdia em parte sua força unificadora. O próprio Vaticano desconfiava do processo de secularização e, ainda por cima, assumia o pontificado um homem conhecido como um conservador prudente, mas não um clerical, mais inclinado a observar o mundo do que a intervir na política italiana. Assim, a supremacia estava ameaçada, o regime da Democracia Cristã precisava redefinir sua base de força.

Embora não me agrade reconhecer, porque entre Fanfani e Moro minha simpatia vai para Moro, Fanfani foi o único – entre os democratas-cristãos ou não – a compreender o problema que se apresentava e a ter a inteligência e a coragem se não de resolvê-lo, ao menos de armar-se para enfrentá-lo. Antes, e em vez de procurar uma saída por meio de novas alianças políticas, fez o possível para construir um novo bloco social. Era antipático e, acredito, perigoso, mas era um político audacioso e de grande envergadura, não um politiqueiro ou um moderado. E, de fato, começou logo, intervindo na sociedade e nos interesses contrastantes que a atravessam. E, acima de tudo, construindo um verdadeiro partido. Em substância, tentou um compromisso nada histórico, mas relevante e, em alguns aspectos, duradouro. Talvez seja mais correto dizer que fez muitos compromissos, e em diversas direções. Quanto à presença pública na economia, Fanfani não apenas não a reduziu, como a consolidou, ocupou-a com homens ligados a ele e obedientes, unificou-a em um único ministério e afirmou sua autonomia na contratação sindical (Intersind). Em compensação, permitiu e favoreceu que as empresas públicas mais eficientes, em vez de orientar um programa, ingressassem pouco a pouco no concerto da indústria privada e que outras se tornassem reserva do clientelismo e do assistencialismo e "socializassem" as perdas com déficit cobertas pelo Estado e nunca bem calculadas.

Nas cidades que cresciam tumultuadamente, o imenso campo da construção, nascido como promessa de moradia popular com o INA Casa*, foi abandonado na prática ao capital privado e às construções sem vínculo urbanístico, sem planejamento regulador, mas ao mesmo tempo foi sustentado, por meio dos bancos, com empréstimos de longo prazo e incentivos fiscais, pela demanda

---

* O INA Casa era um plano de intervenção estatal que visava estimular o emprego no setor da construção e ao mesmo tempo construir moradia para a população de baixa renda. (N. T.)

privada individual e por pseudocooperativas. Formava-se assim um "bloco da construção", que comprometia parte da classe média, e em particular os funcionários públicos, à defesa geral dos direitos de propriedade.

Tanto a pequena e média empresa agrária, em seu componente mais ativo, quanto o emprego público foram beneficiados pela concessão de melhores rendas e condições particulares de favor, principalmente em relação à aposentadoria, ou novas admissões em uma escola ainda não reformada.

Para regular a dinâmica salarial, à medida que a repressão ou o desemprego perdiam eficácia, apelou-se durante alguns anos, sob a cobertura de uma aparente contratação empresarial, para a prática de acordos separados e sindicatos amigos dos patrões.

Particularmente inteligente e antecipador foi o uso da televisão pública, totalmente controlada, com uma orientação semiclerical, mas de boa qualidade e bem dirigida.

Enfim, e sobretudo, a invenção de um tipo especial de *welfare state*, baseado principalmente na transferência de renda para os excluídos, não como direito universal, mas como subsídio concedido a determinadas zonas, ou outorgado em troca de votos: manutenção de preços agrícolas para produtos figurativos, aposentadorias por invalidez frequentemente suposta, crédito reembolsável para pequenas empresas que nunca existiram.

O partido-Estado e o perverso cruzamento entre público e privado haviam se fincado na sociedade, antes mesmo de decidir as alianças, ou melhor, alternando governos diversos: o centrismo de ferro de Scelba, as alianças variáveis com partidos menores, os governos de "verão"* ou as convergências ocasionais com a direita. A hegemonia de Fanfani sobreviveu mesmo quando a gestão centralista e autoritária inventada por ele levou a maioria da Democracia Cristã a limitar seu poder pessoal. Ela era, de fato, a expressão do milagre econômico e uma resposta preventiva aos problemas que surgiriam. Esse também é um exemplo do cruzamento entre modernidade e atraso.

O retorno da classe operária

Contudo, o edifício somente poderia durar se e enquanto seu pilar fundamental aguentasse, ou seja, a aquiescência da classe que havia arcado com os custos do desenvolvimento e havia contribuído para ele.

---

* Os *governi balneari* eram governos transitórios, criados para resolver impasses entre os partidos que compunham a maioria de governo. Duravam apenas o tempo necessário para aprovar o orçamento. (N. T.)

Se procurarmos um *leitmotiv* para a década, uma chave de leitura para seus diversos acontecimentos, acredito que devemos e podemos encontrá-lo no longo e peculiar "retorno operário". O termo "retorno" é apropriado porque remete a raízes antigas, mas pode ser limitante, já que subestima as grandes novidades que estavam a caminho. Por raízes antigas, que pareciam extirpadas, entendo o forte nexo entre lutas econômicas, consciência de classe e luta política; e entendo o protagonismo das iniciativas de baixo, que irrompiam além dos equilíbrios institucionais e ultrapassavam os próprios grupos dirigentes. Cada um desses aspectos estava no espírito dos tempos. E, de fato, algo similar estava presente também nas lutas que se desenvolveram na mesma época em diversos países europeus, como na Inglaterra e na Alemanha, mas nesses países um aspecto excluía o outro e, de qualquer maneira, não contribuíam um para o outro (a fragmentação dos *shop stewards* ingleses era coisa muito diferente do concerto e da cogestão conseguidos pelos alemães). Na Itália, ao contrário, os vários aspectos somavam-se e entrecruzavam-se. Não por acaso.

A resistência ao fascismo começou com as greves de 1943 e 1944, que, apesar de se destinar à conquista do pão de cada dia, ofereciam-lhe um apoio de massa nas grandes cidades: lutas econômicas e políticas misturavam-se e formavam uma nova consciência de classe. Os operários defenderam com armas as grandes plantas industriais que os alemães tentaram desmantelar em sua fuga e, no vazio de poder criado nas fábricas pelo colaboracionismo e pelo exílio dos patrões, procuraram construir uma experiência de conselhos que foi efêmera, mas não esquecida. Ainda no pós-guerra, continuaram em campo com lutas sociais que, no meio da pobreza generalizada, obtiveram resultados salariais limitados, mas conquistaram direitos que não seriam mais abolidos: negociação de demissões coletivas, formas parciais de escala móvel, comissões internas como órgãos reconhecidos e regulados. Nasceu daí um tipo particular de organização sindical. Um sindicato que nos primeiros anos uniu, com base em um pacto assinado por todo o arco de forças antifascistas, uma grande organização que conservou para sempre a forma de uma confederação, tanto em seus órgãos centrais quanto em suas ramificações territoriais, que serviu para barrar os impulsos corporativos de setor, ou das profissões, e permitir lutar unidos nos grandes temas de proteção social ou em defesa da democracia constitucional.

Em seu primeiro congresso, em 1947, esse sindicato contava com 5,7 milhões de filiados: na prática, mais da metade dos trabalhadores da indústria eram sindicalizados. Votaram 4,9 milhões de filiados, assim distribuídos: 2,6 milhões de votos para a corrente comunista; 1,1 milhão para a corrente socialista; 650 mil para a corrente cristã; 200 mil para as correntes laicas menores. A cisão de 1948 foi, quase inteiramente, um reflexo da ruptura das alianças de governo e da Guerra Fria, e os norte-americanos intervieram diretamente e a financiaram.

Contudo, a unidade entre socialistas e comunistas garantiu à CGIL conservar sua força organizativa, manter certo peso e tomar iniciativas incisivas, como, por exemplo, a proposta de um plano de trabalho, e permitiu aos coletivos operários uma resistência exemplar, como a ocupação e a gestão das oficinas Reggiane, que teve o apoio de toda a cidade. Não foi suficiente, porém, para evitar o colapso total do poder contratual e dos conflitos. Esse colapso foi resultado de fatores objetivos esmagadores: a nova onda de demissões para reestruturação ou o fechamento de fábricas inteiras; a repressão acertada entre Estado e patrões, destinada em particular a sufocar o conflito social; e mais tarde, mas não menos eficaz, a diferenciação social no interior da classe operária, ligada às transformações tecnológicas ou à extrema heterogeneidade das dimensões nas empresas. A expulsão quase total das velhas vanguardas das fábricas completou o desarraigamento das experiências passadas. Mesmo quando o desenvolvimento econômico se tornou evidente e já oferecia alguma margem de melhora, a situação nesse campo não mudou por um bom tempo: o "silêncio" dos operários durou até quase 1960. Para isso, contribuíram os "novos sindicatos", nascidos da cisão de 1948 e que, por alguns anos, foram ativos colaboradores do poder patronal, assinando acordos separados e rompendo as greves. Para avaliar o peso do sindicalismo católico naqueles anos, e o peso que teve depois sua revisão, parece-me útil e suficiente apenas um fato. Um fato desconhecido ou subestimado, que reconstruí pela memória e por uma documentação obstinada.

Todos se recordam da dramática derrota da Fiom contra a Fiat em 1955: nas eleições para as comissões internas, a Fiom sempre obtinha a maioria absoluta; de repente, caiu para 35% dos votos, contra 51% da CISL* e 25% da UIL**, ainda mais fiel ao patronato. Imediatamente, iniciou-se um debate sobre as razões dessa derrota tanto na CGIL quanto no PCI: em que medida se devia à repressão, à presença de sindicatos obsequiosos, à nova organização do trabalho e à demora da própria CGIL em entendê-la e enfrentá-la? A questão era difícil, porque todos esses fatores haviam contribuído para a derrota. Três anos depois, porém, novas eleições na Fiat ofereciam uma chave de leitura. Pastore, secretário nacional da CISL, apoiado por Carlo Donat-Cattin, declarou que não apresentaria candidatos em eleições fraudulentas e manipuladas, ganhando respeito com isso. O resultado, porém, foi surpreendente. A Fiom recuperou alguns pontos, mas a CISL desmoronou, passando de 20 mil para 7 mil votos, e seus filiados em Turim passaram de 18 mil para pouco mais de mil; seu lugar foi ocupado por um autêntico sindicato amarelo, o Sida. Esse simples fato já dizia tudo: a

---

* Confederazione Italiana Sindicati Lavoratori (Confederação Italiana dos Sindicatos dos Trabalhadores). (N. E.)

** Unione Italiana del Lavoro (União Italiana do Trabalho). (N. E.)

CISL devia seu sucesso na Fiat a um papel de cobertura, ela estava assumindo uma nova posição e a aquiescência dos operários já não estava mais tão ligada à chantagem, mas havia se tornado consenso passivo, uma ideologia sob a qual se incubava a raiva individual. Esse consenso passivo somente poderia ser rompido se as plataformas fossem adaptadas, se houvesse uma iniciativa construída de baixo, sustentada pela memória, uma nova consciência de classe e uma motivação ideológica renovada. Nos termos de Gramsci, a "questão católica" já não era apenas uma questão camponesa, mas uma "questão operária".

Na passagem para os anos 1960, essa passividade desapareceu quase de improviso e surgiu uma combatividade além de qualquer previsão, da qual faço aqui a simples crônica dos fatos. A primeira onda evidente de retomada operária começou em 1960, com a batalha sindical dos eletromecânicos – e, não por acaso, em Milão, onde o fio da memória ainda não havia sido completamente rompido. A plataforma de reivindicações no plano salarial era prudente, mas tocava em outros aspectos da distribuição do trabalho e implicava sobretudo o reconhecimento do princípio da contratação integrada. A esse respeito, os patrões cerravam fileiras. Um deles lançou um apelo aos colegas: "Na fábrica, no fim, apenas um deve decidir" e o contrato nacional deveria bastar até seu vencimento. O conflito sindical arrastou-se por vários meses, de setembro até fevereiro; durante a longa negociação, a base pronunciou-se aos poucos, as empresas mais combativas puxaram as outras. Em dezembro, uma invenção emocionante: o Natal na praça. Dois cortejos distintos, um da CGIL e outro da CISL, dirigiam-se à praça do Domo, 100 mil operários uniram-se no meio do caminho. As pessoas solidarizaram-se. Pela primeira vez, houve uma participação organizada dos estudantes. O cardeal Montini desceu à praça para dar a bênção aos trabalhadores. Nesse ponto, a Intersind assinou um protocolo de acordo preliminar. Uma a uma, as empresas privadas cederam. Era a primeira vitória sindical e política em muitos anos, a unidade havia encontrado suas pernas.

Em 1961 e nos primeiros meses de 1962, a renovação dos contratos coletivos de diversas categorias profissionais obteve aumentos de 7% a 13%. Os conflitos sindicais romperam na Alfa, na Siemens e na CGE e encontraram a mesma resistência patronal na questão da contratação integrada. A Fiat tentou prevenir o problema fechando um acordo com o sindicato amarelo. Os sindicatos metalúrgicos decidiram antecipar a renovação do contrato nacional coletivo e convocaram uma greve para os dias 7, 9 e 10 de julho. O primeiro dia de greve foi um sucesso em quase todas as fábricas de Turim, com exceção da Fiat, onde fracassou. Em poucas horas, os próprios operários, em massa, iniciaram uma campanha coletiva de convencimento e ataque verbal aos fura-greves nos portões das fábricas e nos bairros residenciais. No segundo dia, a Fiat também parou. Participaram jovens, estudantes ou marginalizados, que se manifestaram e enfrentaram a polícia; por toda a parte, os trabalhadores do sul, em sua primeira experiência, eram os protagonistas. Em 29 de dezembro, a Intersind assinou um acordo que reconhecia o direito de contratação articulada no sistema de empreitada, os prêmios de produção coletivos e os ritmos de trabalho em cadeias de produção. O contrato coletivo nacional foi assinado em fevereiro, mas somente depois da greve geral de toda a indústria. Houve melhoria econômica, a vários títulos, de 32% em relação ao contrato precedente. Não menos importante foi a novidade introduzida na ordem contratual que superava, em um terreno mais avançado, uma longa *querelle* que por muito tempo dividiu o sindicato entre "generalistas" e "corporativistas". O contrato coletivo por categoria profissional continuava a existir para garantir normas válidas para todos, em particular na definição dos níveis retributivos mínimos, mas podia se integrar com acordos empresariais em questões relativas às condições específicas de trabalho ou com melhores salários não subordinados à evolução econômica das empresas. Outro fator de importância não secundária: contribuíram para esse resultado não somente a greve da "nova classe operária", como também a participação ativa da base, que muitas vezes foi além dos limites dos tradicionais conflitos sindicais. Em 1963, as lutas sindicais estenderam-se e alcançaram em todo o país o ponto mais alto de horas de greve.

Esse simples relato cronológico dos eventos que marcaram a retomada das lutas sindicais é suficiente para lançar luz sobre um elemento que explica seu caráter repentino e sua abrangência. Ao prolongado arrocho salarial acrescentaram-se a raiva acumulada pelo desterro e pelos tremendos sacrifícios impostos pelas migrações e o novo esforço ligado à organização taylorista do trabalho. Assim que se abriu uma brecha para luta, tudo isso contribuiu para compor uma mistura explosiva e, em sua fase inicial, lhe dar um caráter radical de "luta de libertação". Essa brecha se abriu pelo fato de que, ao menos em algumas regiões, o mercado do trabalho se aproximou do pleno emprego. As razões dos operários eram discutíveis, mas não refutáveis. Mas só isso não bastaria sem o concurso de outros fatores. Em primeiro lugar, a retomada do conflito social intervinha em um país onde, ao contrário de outros, havia um sindicato forte e um partido forte, que mantinham vivos a inspiração de classe e o antagonismo ao sistema social dominante. Ao mesmo tempo, embora com dificuldade e atraso, os operários já tinham capacidade de enxergar e vontade de se adequar às novas características que o conflito de classe vinha assumindo. E apoiavam-no com convicção. De fato, contribuíam para essa nova onda, em primeiro plano, sindicalistas e políticos, comunistas (Di Vittorio, enquanto viveu, Trentin e Minicucci), socialistas (Foa e Santi), intelectuais (Panzieri e Leonardi) e muitos outros. Em segundo lugar, o deslocamento do mundo católico mostrou-se mais profundo e duradouro do que parecia de início. A abertura que se notava no *Mater et Magistra* de João XXIII oferecia um novo espaço para a CISL e, mais tarde, para as

Acli*, mas a *Pacem in Terris* e a promoção do concílio preparavam algo mais. Em terceiro lugar, porém mais imediatamente, a mudança geracional. Os jovens dos anos 1960, tanto na Itália quanto em qualquer outro lugar, aceitavam cada vez menos o vínculo da autoridade estabelecida, recebiam sugestão de novos estilos de vida e adequavam-se a eles tanto quanto lhes permitia a renda, cujos níveis ainda os excluíam. Isso não se limitava à música ou aos comportamentos privados, mas conjugava-se com a lembrança do antifascismo e do conflito ideológico nunca resolvido, e as pessoas mergulhavam na atividade política, mesmo que por instinto e com frequência fora das organizações. O movimento popular suscitado em julho de 1960 pelo conúbio entre Tambroni e os fascistas estendeu-se a todo o país, pagou com mortos, mas prevaleceu, e os "jovens com camisas listradas" foram seus protagonistas.

De imediato, tudo isso teve como reflexo um crescimento eleitoral do PCI, mas na sociedade foi o prelúdio de uma nova agitação mais ampla e diferente, o longo 1968 que, na Itália, não foi apenas um movimento estudantil, mas um movimento operário, durou anos e envolveu depois outras camadas sociais. Se excluíssemos ou subestimássemos esse *leitmotiv*, não entenderíamos o "caso italiano", e menos ainda o que o PCI discutiu e o papel efetivo que exerceu, e poderia ter exercido melhor, no caos dos anos 1960.

---

* Associazioni Cristiane Lavoratori Italiani (Associações Cristãs de Trabalhadores Italianos). (N. E.)

Lucio Magri e o político Giorgio Napolitano,
eleito presidente da Itália em 2006 e reeleito em 2013.

8. O CENTRO-ESQUERDA

O CENTRO-ESQUERDA, ou seja, uma maioria de governo fundada, antes de mais nada, sobre a aliança entre democratas-cristãos e socialistas, representou a expressão política dessa agitação econômica e social e a tentativa de lhe oferecer uma resposta adequada. O PSI foi o promotor dessa tentativa, assim como a principal vítima de seu fracasso.

Admito que, alguns anos atrás, teria sido difícil para mim evitar uma crítica ao centro-esquerda não só dura, mas apressada e em parte facciosa. Ainda hoje acredito não poder abrir mão dela, porque foi corroborada pouco a pouco pelos fatos. E mais evidentes e duradouras revelaram-se as consequências negativas dessa política. Agora, porém, sinto que devo fazê-la com um espírito diferente e com novos questionamentos, por uma razão ligada ao presente que não é nada óbvia e aparentemente poderia conduzir na direção contrária, ou seja, à demolição indiferenciada e mesquinha de uma história complexa que acuso tantos de fazer a propósito do comunismo italiano. Hoje, enquanto a palavra "comunista", em todas suas versões, é em geral removida e considerada comprometedora, a palavra "socialista" é inflacionada. Uma multidão disputa o direito de se apropriar dela para encontrar uma tradição com que se legitimar, ou simplesmente poder se vincular a partidos europeus que ainda têm peso e merecem consideração. A bem ver, porém, o destino dessas duas palavras não é tão diferente. À palavra "socialista" atribuem-se vários usos e significados, ou mais comumente nenhum significado, e nela a mais total indiferença em relação à complexa história que carrega. Kautsky, Rosa Luxemburgo ou ainda Bernstein, Bauer ou De Man, Palme, Guy Mollet ou Tony Blair, Nenni, Turati ou Saragat, Lombardi ou Basso, até Craxi: todos convivem em uma salada na qual não se reconhecem sabores. O socialismo italiano, ao contrário, tem uma história interessante e original, repleta de grandes lutas, merecidas derrotas, tentativas bem-sucedidas e outras fracassadas, que terminou em um fim humilhante. Uma das passagens cruciais dessa história foi a experiência centro-esquerdista, que deve ser considerada com seriedade e avaliada em seu desenvolvimento e suas consequências, tanto de curto quanto de longo prazo.

O centro-esquerda começou a ser aventado muito cedo, atravessou fases distintas e apresentou-se em diferentes versões. A proposta partiu de Rodolfo Morandi, em 1955. Ele a concebeu como o primeiro passo de uma mudança política que ainda não podia incluir os comunistas, mas excluía qualquer rompimento com eles. A Democracia Cristã, com exceção de uma pequena minoria, não a levou a sério. O Vaticano e os norte-americanos vetaram-na sem hesitar, por considerá-la um engano perigoso. Os eventos de 1956 e o encontro de Pralognan permitiram retomá-la. No entanto, assim que Saragat esclareceu, às pressas, que se tratava apenas de uma ampliação da maioria centrista, da passagem do PSI para o campo atlântico, a maioria dos socialistas mostrou-se nitidamente contra, e na Democracia Cristã, depois da desautoração de Fanfani, prevaleceu a corrente doroteia*, que, em seu conjunto, não estava disposta a abrir mão da supremacia democrata-cristã e procurava fazer, sem nenhum escrúpulo, alianças ocasionais e subalternas. O próprio Moro, em 1959, disse claramente: "Quem não é contra o comunismo é forçado a estar com o comunismo. Portanto, é necessário que o deputado Nenni escolha, sabendo que meios-termos não bastam. Até agora o PSI não pode ser usado para a defesa da democracia italiana".

Entre 1957 e 1959, os governos de Zoli e Segni, que sucederam ao de Scelba, contavam com o apoio e os votos da extrema direita. E, no início de 1960, o jornal *L'Osservatore Romano* escreveu: "O socialismo, mesmo em suas formas mais moderadas, mesmo repudiando Marx e a luta de classes, não pode se conciliar com o catolicismo". A história do governo Tambroni, dramática e grotesca, tornou evidente para todos que não se podia mais navegar a olho. As grandes novidades ocorridas na economia e no conflito social, a mudança em curso na Igreja e o novo cenário internacional tornavam necessária e urgente uma novidade na composição e nos programas do governo. Tratava-se agora de decidir quais e com quem. Naquele momento, em 1961, o "centro-esquerda" surgiu

---

* A corrente doroteia era uma das correntes mais fortes da Democracia Cristã, próxima das hierarquias eclesiásticas e dos setores mais conservadores da burguesia e da pequena burguesia. Caracterizava-se por um claro anticomunismo e foi criada por iniciativa dos expoentes da *Iniziativa Democratica*, um grupo que lutava contra a hegemonia de Fanfani e o projeto de aproximação com o PSI. Seu nome deriva do lugar onde ocorreu o encontro que formalizou a corrente, o convento de Santa Doroteia, em Roma. (N. T.)

como um problema imediato e político, que tinha de ser enfrentado em breve, mas era inevitável, e logo se tornou claro que poderia ser enfrentado com intenções políticas e plataformas programáticas diversas, alternativas entre elas: a proposta avançada por Morandi em 1955, ou mesmo a que surgiu do encontro de Pralognan e dos comentários de Saragat.

O aspecto mais interessante da situação estava justamente nessa ambiguidade inicial, que poderia se resolver de uma maneira ou de outra. De fato, a princípio, quando ainda se tratava de discutir, antes de escolher, e as forças reais ainda não estavam mobilizadas, a hipótese de centro-esquerda foi assumida em uma versão muito avançada e levada adiante por homens importantes e inteligentes. Refiro-me a duas convenções nacionais: a de San Pellegrino, promovida pela Democracia Cristã e cujos relatores foram Ardigò e Saraceno, e a de Roma, promovida pelos amigos do *Mondo* e pelo *Mondo Operaio*, com contribuições de Scalfari, Lombardi, Manlio Rossi Doria e Ernesto Rossi. Voluntariamente, em ambas as convenções, a discussão deixou um pouco de lado os temas mais diretamente políticos, em particular os internacionais, e concentrou-se na análise da situação econômico-social, a fim de definir principalmente um programa de política econômica. Nesse quesito, todavia, era bastante corajosa, seja na denúncia explícita dos fenômenos negativos que o desenvolvimento entregue apenas ao mercado estava produzindo e produziria, seja na proposta que avançava para corrigi-los. O discurso era sinceramente reformador: nacionalização das companhias de energia elétrica e luta contra nichos ocultos de renda; prioridade da questão meridional como questão nacional; crítica do consumismo induzido; inovação dos pactos agrários; reforma urbanística. Acima de tudo, dominava a ideia de um programa econômico em que as empresas públicas assumissem um papel de vanguarda, sem abrir mão da eficiência, mas coordenadas por um "plano". As duas convenções eram substancialmente convergentes quanto a essa plataforma. Portanto, não era ilegítimo pensar em um *placet* de Moro, Nenni, Vanoni e, em parte, La Malfa.

Acompanhei as duas convenções com vivo interesse, mas também com desconfiança. A desconfiança, devo reconhecer, talvez tenha sido causada, em parte, por meu preconceito ideológico sobre o uso da genérica palavra "reformismo", que abria caminho para um pragmatismo adaptável a muitos usos. Mas não era sem razão: eu não conseguia ver como essa linha programática poderia se afirmar sem romper os reais equilíbrios políticos, como poderia vencer a intransigência da Confindustria, excluindo em princípio qualquer tipo de contribuição dos comunistas e das forças que eles organizavam e a participação convicta do sindicato, e amargando um imobilismo no campo da política internacional. Lembro-me de que, ao sair de San Pellegrino, em uma troca de ideias com meu velho amigo Granelli, disse-lhe, como Giorgio Amendola havia me ensinado: "Quem tiver mais recursos conseguirá os melhores resultados". Mas meu interesse não era tolhido pelo receio e, de fato, empenhei-me com confiança no setor em que eu tinha um encargo específico, isto é, a questão urbanística, em que o PCI tinha muita autoridade, graças à consonância de tantos intelectuais para apoiar as tentativas de Giolitti e de seu braço direito, Giannotta, de aprovar a proposta de lei urbanística de Sullo, que, no entanto, foi vetada. Mas foi breve a vida feliz de Francis Macomber. Após a queda de Tambroni, os socialistas ficaram ainda na sala de espera. Formou-se o governo Fanfani-Saragat, e o PSI o apoiou apenas com uma abstenção não reconhecida e não pactuada, que Moro, talvez sem se dar conta da ironia, chamou de "convergências paralelas".

A primeira tentativa explícita de acordo político entre a Democracia Cristã e o PSI concretizou-se finalmente em 1962. Ainda deixava o PSI fora do governo, mas comprometia-se com algumas das reformas auspiciadas em San Pellegrino. O novo governo também era dirigido por Fanfani, que, não sendo mais secretário do partido, deslocou-se para a esquerda e, por temperamento, estava acostumado a fazer com rapidez o que queria e devia fazer. Além do mais, o ministro do Tesouro, La Malfa, acrescentou seu apoio com a proposta de um comitê de planejamento econômico, entregue na prática a Saraceno. Assim, em pouco tempo o governo nacionalizou as companhias elétricas, criou um imposto direto sobre os lucros financeiros para dificultar a evasão fiscal e instituiu o sistema único de ensino fundamental. Paradoxalmente, o momento em que o centro-esquerda pareceu mais incisivo e determinado foi quando o parto ainda não estava terminado.

Contudo, se bem considerado, naquele momento já era possível avaliar os obstáculos e os adversários que se contrapunham e condicionavam o centro-esquerda. A nacionalização da indústria hidroelétrica era um objetivo histórico de toda a esquerda e era difícil mobilizar a opinião pública para combatê-la de peito aberto: porque a Edison e seus satélites administravam um recurso natural e, por isso, objetivamente público, com instalações amortizadas havia muito tempo, gerindo-o como um rendimento monopolista e agindo como um grupo financeiro. A Edison, porém, não só encontrou uma forma de se defender, como conseguiu desnaturar o objetivo da campanha com um mecanismo de indenização. Sob pressão do Banco da Itália e da direita democrata-cristã, o governo decidiu conceder uma indenização gigantesca não à multidão de pequenos acionistas, na forma de títulos e, portanto, a serviço de um plano público de investimentos de longo prazo e prioridades estabelecidas, mas diretamente aos grupos restritos que controlavam a indústria elétrica. E estes a gastaram, e em muitos casos dissiparam, nas atividades mais disparatadas e em busca das oportunidades mais imediatas, o que acelerou a formação de uma finança de caixa chinesa, que integrou o público ao privado. A morte violenta de Mattei, a nomeação de Eugenio Cefis para a presidência da ENI* e sua transferência para a Montecatini** simbolizaram esse fenômeno e anteciparam uma permanente oligarquia econômica poderosa e, com frequência, corrupta. O imposto direto sobre os lucros financeiros, primeiro ato de uma reforma fiscal que nunca se completou, foi emendado em seguida de modo a estimular a exportação clandestina de capitais, que voltavam do exterior com privilégios fiscais.

A guerra preventiva de todos os componentes da direita não terminava aí. Assumiu o caráter de uma forte mobilização política que enfatizava sobretudo a proposta da reforma urbanística, ainda em elaboração. Essa reforma não só queria pôr fim à substancial irrelevância dos planos reguladores, como também separava o direito de propriedade da terra do direito de edificação: quando um terreno se tornava área de edificação, podia ser adquirido a preço de terreno agrícola pelo município, que em seguida concederia o direito de construir a preços que incluíam o custo da urbanização. Liquidava-se assim a renda arbitrária, garantida a proprietários ou construtores pela passagem de terreno agrícola a área de construção por meio de uma variação do plano regulador, obtida com frequência por corrupção e, de todo modo, remetendo ao município o custo da urbanização. A racionalidade dessa reforma era, e ainda é, indiscutível; assegurava uma gestão honesta e civilizada em uma fase de migração tumultuada para as cidades, era uma garantia de proteção de um território rico em recursos artísticos e paisagísticos. Mas a direita conseguiu convencer tanto especuladores e empresários quanto pequenos proprietários de que se tratava de uma ameaça de expropriação geral da terra, e ainda convenceu muitos pequenos proprietários de imóveis que a reforma queria lhes tirar as propriedades. Esse tema se tornou símbolo de uma tendência geral à liquidação do mercado e da propriedade. O efeito imediato da campanha foi a suspensão de todos os pontos do programa concordado: instituição de regiões, adoção de um programa econômico e, obviamente, qualquer discussão sobre questões internacionais, que naquele momento chegavam ao nó do rearmamento atômico da Alemanha.

Assim, o centro-esquerda chegou às eleições de 1963 já em crise, antes mesmo de nascer. E os dados eleitorais acentuaram os contrastes. Os comunistas avançaram, um pouco atrás vinham os socialistas e muito atrás os democratas-cristãos, dizimados por seu eleitorado conservador. Mas a novidade mais importante estava no fato de que, naquele momento, Moro foi pressionado a esclarecer suas perspectivas políticas. Ele tinha simpatia e interesse por figuras

---

* Ente Nazionale Idrocarburi (Entidade Nacional de Hidrocarbonetos). (N. E.)

** Società Generale per l'Industria Mineraria e Chimica (Sociedade Geral para a Indústria Mineira e Química). (N. T.)

como Saraceno ou Ardigò, mas não estava disposto a arriscar a unidade e a supremacia da Democracia Cristã. Como era de sua natureza, não entrou em contendas minuciosas sobre os vários conteúdos dos programas, que podiam ser ajustados ou adiados conforme a necessidade. Mas apontou as linhas políticas e os princípios dos quais o centro-esquerda não podia abrir mão. Disse claramente que, com relação aos comunistas, não podia haver incertezas toleráveis, as regiões se constituiriam se e quando os socialistas garantissem que não fariam alianças com eles, e o centro-esquerda era uma ampliação e não o abandono do centrismo e do atlantismo. E, para demonstrar a seriedade de suas intenções, apoiou Segni para a eleição à presidência da República, votando com a direita. Os socialistas tiveram um ímpeto de orgulho e, em junho de 1963, a noite de São Gregório, o Comitê Central socialista rejeitou a proposta de participação direta no governo Moro. A rejeição veio da esquerda socialista, mas também de Lombardi, Giolitti e, mais reservadamente, de Santi. De Martino estava do lado de Nenni, mas hesitava, porque ambos temiam que, em caso de ruptura, o diálogo com a Democracia Cristã dificilmente seria retomado. A questão foi encaminhada a um congresso extraordinário do PSI, que se realizou em novembro e revogou novamente a decisão, reabrindo as negociações com Moro para a formação de um governo orgânico. Lombardi curvou-se, convencido de que o essencial era discutir o programa. Durante as negociações, Moro usou sua habilidade segundo o esquema habitual: confirmou os compromissos assumidos e pelos quais sabia que Lombardi estava disposto a morrer, ou seja, a reforma urbanística, a elaboração de um plano econômico quinquenal, mas em versão moderada e sem estabelecer prazos ou definir instrumentos; vinculou novamente a atuação das regiões, mas sem dizer quando e como seria posta em prática; deixou de lado a questão do rearmamento atômico para quando estivesse mais clara e assim por diante. A composição do governo atribuiu aos socialistas o papel de guardiães e gestores de compromissos que, como já se sabia, dificilmente seriam mantidos (por exemplo, Giolitti no Ministério do Orçamento e Planejamento quase sem nenhum poder e Mancini no Ministério de Obras Públicas para levar adiante uma lei urbanística que nunca se realizaria). Assim, o governo Moro decolou, entre reticências e indiferença. Um terço dos parlamentares socialistas votou contra e sofreu processos disciplinares; seguiu-se uma cisão que já em si modificava, e não pouco, o panorama político.

Togliatti era razoavelmente contra essa cisão, porque temia que afastasse cada vez mais o PSI. Mas, em um encontro reservado, não conseguiu convencer a esquerda socialista a voltar atrás. Em um colóquio ainda mais reservado e pessoal, Basso explicou-lhe por quê: "Se estivéssemos apenas a um passo de posições realmente social-democráticas, poderíamos ficar para influenciá-lo e corrigi-lo; mas, na realidade, há uma corrida para o governo que levará o PSI a mudar rapidamente de natureza e de base social, e não se pode participar disso sem ser envolvido e transformado". De fato, olhando de longe, podemos usar para aquela ruptura, naquelas condições, as palavras de Gramsci sobre 1921: "É uma catástrofe, mas é necessária".

Poucos meses depois, a verdade dos fatos surgiu ainda mais clara. Uma carta de Colombo, ministro do Tesouro – que era para ser privada, mas tornou-se mais do que pública –, declarava que a situação era tão grave e a reação dos mercados tão ameaçadora que era necessário suspender programas ambiciosos e adotar imediatamente uma intervenção deflacionista para deter o aumento salarial. Carli, do Banco da Itália, pedia a mesma coisa. O governo entrou em crise e, pela enésima vez, houve uma "avaliação". A mudança imposta pela Democracia Cristã tornava-se agora mais dura. Lombardi e Giolitti puseram o acordo mais uma vez em discussão e, por isso, não aceitaram cargos de ministros; murmúrios alimentados pelos encontros entre o presidente da República e os comandos militares e a dura chantagem da Confindustria sugeriam a Nenni seguir em frente, conseguiram vencer as resistências na cúpula e na base de um partido claramente confuso. Um ano depois, veio o golpe de misericórdia. A insensata tentativa de uma rápida fusão com o PSDI, que logo se tornou disputa de poder, desfez-se em pouco tempo, deixando os socialistas arrasados e sem perspectivas.

O PSI começou a ressurgir dez anos depois, mas com outra pele e outros cromossomos. Após uma tentativa de retorno à esquerda dirigida por De Martino, houve a eleição de Craxi, apoiada por Signorile e De Michelis. Tudo aqui parece claro, intenções, resultados e responsabilidades de cada um. Mas não é bem assim. Não estava dito de modo algum que, naquela situação real, as coisas deveriam ocorrer como ocorreram e não de outra maneira.

Não quero ser mal interpretado. Pensar que, no fim dos anos 1950, o PSI poderia e deveria marchar com o PCI, renunciando a afirmar mais claramente sua autonomia de pensamento e a reivindicar um papel próprio, e que recusaria, *a priori* e por princípio, um possível acordo de governo com a Democracia Cristã, é uma abstração, uma hipótese escolástica de pouca utilidade. Certa ou errada, por mais perigosa que fosse, essa tentativa era oferecida pelas próprias circunstâncias e estava enraizada na cabeça de quem devia decidir se iria realizá--la ou não.

Mas é legítimo se questionar sobre a famosa "noite de São Gregório" e seu resultado. Não foi um ímpeto de orgulho, irrealizável e imotivado. Àquela altura, a plataforma e a união de forças reformistas já estavam definidas, e já eram claros o conjunto de forças que a travavam, o rumo que a experiência havia tomado e o preço que o PSI pagaria. Romper a aliança era mais do que justificado, ou melhor, era a condição para relançá-la no futuro de maneira diferente. A maioria dos eleitores, dos filiados e dos potenciais aliados estava de acordo.

Lendo as atas do sucessivo congresso socialista, em que se recosturou o acordo entre Nenni, Lombardi e De Martino, parece que havia mais argumentos a favor de uma ruptura do que a favor da continuidade. Não por acaso, Nenni podia justificar a proposta de um ingresso ainda mais explícito no governo quase que só enfatizando sua importância em si (*la politique d'abord*) ou justificando-a pelo temor de saídas subversivas da direita (temor que depois, em suas memórias, considerou exagerado). O que teria acontecido se a decisão da "noite de São Gregório" não tivesse sido revogada pouco antes do início da madrugada? Com toda a probabilidade, a Democracia Cristã não teria cedido naquele momento. Mais certo ainda é que o "rumor dos sabres" do general De Lorenzo (com os norte-americanos atolados no Vietnã, com a retomada da esquerda na Europa e a revitalização do sindicato, com a experiência do governo Tambroni encerrada, a Democracia Cristã dividida, o Concílio Vaticano em curso e o golpe de Estado dos coronéis na Grécia) não tivesse credibilidade. Antes poderia acontecer de se formar governos centristas fracos, com a comprometedora e precária ajuda da direita no Parlamento e com o apoio de uma Confindustria indecisa. O PCI teria sido ainda mais circunspecto e corajoso com relação aos acontecimentos de Praga. O PSI não teria sofrido o racha e teria retomado o diálogo interno. Poderíamos refletir mais ainda sobre como os acontecimentos teriam se desenrolado se, três anos depois, com a chegada da grande onda de lutas operárias, estudantis e de amplos setores democráticos, o objetivo de tudo isso tivesse sido a derrubada de um governo conservador, débil e desprovido de consenso. É razoável imaginar que a história italiana teria tomado um rumo diferente, menos cheio de perigos e mais rico de oportunidades reformadoras. Naquele momento, dados os condicionamentos internacionais, mesmo que o PSI aceitasse um compromisso, as relações de força sobre as quais ele seria construído seriam completamente diferentes, e diversos os que o conduziriam.

Se aceitarmos a ideia de que o PSI, nos anos 1960, poderia ter tomado um caminho diferente daquele que tomou, é inevitável perguntarmos por que, ao contrário, ele entrou, e depois continuou, em um beco sem saída. Talvez se possa dizer algo nesse sentido, exatamente porque sugere uma reflexão significativa em si. Excluo um elemento que talvez tenha sido importante, mas é marginal, isto é, o papel que teve, em determinados momentos ou para determinados dirigentes do PSI, uma sutil, reprimida e nem sempre injustificada veia anticomunista. É provável que essa veia sempre tenha existido, sobretudo no componente ex-*azionista*, por razões ideológicas respeitáveis e, sem querer, o PCI tenha contribuído para alimentá-la, com sua postura pretensiosa. Paradoxalmente, foi justamente a política posterior dos amplos entendimentos com a Democracia Cristã que pôde despertar esse elemento, ao invés de eliminá-lo. No entanto, não é possível imaginar que aquele que ficou do lado dos comunistas nos momentos mais difíceis da Guerra Fria e do Cominform se deixasse dominar por esse sentimento no momento em que o anticomunismo declinava, a coexistência pacífica começava e a União Soviética, ainda que criticável, estava ainda em ascensão.

O impulso de insistir na experiência do centro-esquerda, pagando cada vez mais caro por ela, nascia em outros âmbitos, portanto, e deve ser levada seriamente em consideração. Em primeiro lugar, naquele exato momento as duas maiores forças socialistas europeias, o Labour inglês e o Partido Social-Democrata alemão, que mantinham uma base de classe e um vínculo formal com o marxismo, fizeram com muito esforço e de maneira explícita uma grande mudança. Os textos de Crosland e a linha política de Gaitskell na Inglaterra, e o novo programa fundamental do Partido Social-Democrata alemão, em Bad Godesberg, não continham nenhuma referência ao marxismo nem um fim propriamente socialista. Esse deslocamento não só era implícito, como era explicitamente afirmado como necessidade para aderir a um novo tipo de estrutura social, conseguir o consenso de amplos setores da classe média, poder ambicionar um papel de governo depois de um longo período de exclusão. Esses dois grandes partidos consideravam que sua missão permanente era redistribuir na sociedade os benefícios de um desenvolvimento econômico que o neocapitalismo havia garantido e garantiria no futuro. Depois de muito tempo, com esforço, e somente quando se tornaram maioria, conseguiram alguma coisa nesse plano, mas com a condição de militar no campo atlântico. Nada poderia transmitir melhor a ideia do que esta frase de Kissinger: "Durante todo o período da guerra no Vietnã, não me lembro de nenhuma crítica por parte de um líder europeu [...]. Brandt e Wilson decidiram voluntariamente não fazer nenhum comentário a esse respeito".

No plano ideológico, o PSI, durante os anos centro-esquerdistas, mostrou-se bem mais prudente ao enunciar uma mudança igualmente radical, ainda que não pudesse não ser influenciado pela análise que a acompanhava. No plano político, porém, temia que, propondo algo que prejudicasse o consenso norte--americano, fosse posto de novo fora do comando. Embora o período da distensão tivesse começado, era preciso ter uma disciplina rigorosa para chegar ao governo e, para eles, o acesso ao governo era prioridade absoluta. O que unia e movia a maioria "autonomista" era essencialmente a ideia de que, sem participação no governo, não haveria como mudar a sociedade e conquistar consenso. Nenni tinha absoluta segurança disso, e Lombardi, apesar de sua intransigência com o programa, não conseguia discordar. Por isso, alguns estavam dispostos a transigir na definição dos acordos, enquanto outros confiavam demais nas promessas registradas no papel, e todos escondiam de si mesmos o andamento real das coisas. Moro era mestre em aproveitar a corda para enforcá-los: "As coisas ainda não amadureceram, mas em breve estarão; vamos continuar juntos, com tenacidade e paciência, superando resistências e removendo entraves".

Procurei mostrar, nesses acontecimentos remotos, um mecanismo implacável, que voltaria a agir nos governos de unidade nacional dos anos 1970. Craxi aprendeu a usá-lo, às avessas, nos anos 1980, com gestos de ruptura controlados e revogáveis. Hoje, tornou-se o modo de raciocinar de todos: primeiro, tentam ganhar as eleições com um programa genérico e depois, caso ganhem, decidem o que fazer, esforçando-se para convencer as pessoas de que é o correto, ou o inevitável. Esse discurso será retomado.

9. O PCI DIANTE DO NEOCAPITALISMO

ENTRO em terreno minado. A cartografia oferecida pela documentação ou pelos historiadores é aproximada e incompleta, os sinais deixados pelos viajantes são em geral reticentes e tendenciosos. Assim, para reconstruir e julgar, devo usar também minha memória pessoal, que não me falta, mas da qual é legítimo desconfiar. Porque nesse período eu não era apenas um observador informado, mas parte em questão, ainda que não tivesse um papel de protagonista, mas como tropa irregular ou instigador subterrâneo. De modo que, *a posteriori*, não carrego responsabilidades, mas sou facilmente tendencioso. Para evitar esse risco, disponho de apenas três recursos.

O primeiro é inserir na narração, quando tiverem alguma relevância, coisas que eu mesmo disse e fiz nesse período, aplicando o mesmo critério crítico reservado a outras e diversas posições, ou seja, reconhecendo erros e reivindicando méritos. Em outras palavras, sem falsa modéstia e sem versões condescendentes. O segundo é usar, como antídoto contra meu próprio espírito faccioso, a presunção de quem se acredita suficientemente inteligente para individuar as razões dos erros que compartilhou e a parte de verdades importantes que se misturavam a eles e foram reconhecidas ou reprimidas. O terceiro recurso, óbvio e por isso ainda mais importante, é o compromisso de me limitar o mais possível aos fatos documentados.

Direita e esquerda

O quadro geral da situação italiana no primeiro quinquênio da década de 1960 deveria já em si tornar evidentes tanto as oportunidades quanto as dificuldades que o PCI tinha diante dele. Nesse contexto, ampliava-se para o partido o espaço como força de oposição social e política, e também para conquistar uma relativa hegemonia cultural. E ele estava equipado para ocupá-lo – não apenas por sua longa tradição, mas também por suas recentes atualizações. Em vez de se opor com acribia propagandística ao novo cordão sanitário que tentavam construir em torno dele com o mito de um bem-estar ao alcance das mãos, o PCI opôs-se com a retomada das lutas operárias unitárias e vitoriosas, com a retomada do antifascismo militante, da luta anti-imperialista e do tema da paz e, por fim, com um novo interesse e uma nova leitura dos acontecimentos do mundo católico (além da Democracia Cristã). E no plano especificamente político, em vez de gritar contra a "traição" dos socialistas, Togliatti assinalou os riscos e as veleidades que a operação comportava, mas também mostrou interesse pelos propósitos reformadores declarados, reservando-se avaliar os fatos concretos. O salto adiante, o único na Europa, que o partido realizou na eleição de 1963 – marcando uma flexão socialista e um forte recuo da Democracia Cristã – premiou e mediu essa eficaz oposição. O primeiro tempo do jogo parecia ganho.

O que havia para discutir e sobre o que se dividir? Havia muito que discutir. Dizer que existia um problema de estratégia não resolvido e inescapável não seria exagerado, mas inexato. A "via democrática" já havia sido esboçada com a viragem de Salerno, e havia sobrevivido à repressão do Cominform e à Guerra Fria e confirmada no VIII Congresso. Mas exatamente aí havia um vazio, porque a viragem de Salerno devia seu valor ao fato de que ela era, além de uma afirmação de princípio, uma política. Ou seja, estava coligada a uma situação historicamente determinada, aceitava riscos e reconhecia limites. Portanto, comportava escolhas precisas e prioridade de objetivos, alianças possíveis: a promoção de uma resistência armada, a unidade do antifascismo em torno dela, a Constituição e a República, um posicionamento internacional.

Agora, em uma economia transformada, em uma nova ordem mundial, com novos sujeitos sociais em campo, em uma crise geral dos equilíbrios políticos, não bastava reafirmar princípios ou aumentar as próprias forças sob o impulso de um conflito social, tampouco aproveitar a dificuldade do adversário para conquistar novos eleitores. Ao contrário, quanto mais essa oposição se afirmava, mais era necessário avaliar a nova fase, definir programas, alianças políticas e sociais, formas organizativas adequadas para oferecer uma saída. Aplicar a Constituição? Sim, mas isso era um pouco vago.

A exigência de uma reflexão de fundo não era, de resto, uma necessidade apenas da esquerda italiana. Estava em curso, em toda a Europa, para o bem ou para o mal, um debate inflamado. Em alguns grandes partidos social-democratas: Brandt e o novo programa de Bad Godesberg no Partido Social-Democrata alemão; Crosland e Gaitskell (o "novo *labour*" em primeira edição) na Inglaterra; a ascensão de Palme na Suécia e de Kreisky na Áustria. Mas, com certa agonia, algo mudava também em alguns partidos comunistas: na França, o conflito entre a cúpula do PCF e o dissenso dos jovens e de muitos intelectuais (chamados de *italianisants*), que se concluiu com expulsões e abandonos, obrigou a reatar o fio da "unidade da *gauche*"; no partido espanhol, a ruptura de Carrillo com Claudín e Semprún. E ainda mais na esquerda intelectual, nas duas margens do Atlântico: Sweezy, Baran, Galbraith, Marcuse, Wright-Mills, Friedman, Braverman, Strachey, Thompson e a "New Left", Mallet, Touraine, Sartre, Gorz, com *Les Temps Modernes*, e muitos outros. Discutiam-se as novidades do Terceiro Mundo: de Fanon aos teóricos do neocolonialismo, da dependência, da polarização (Samir Amin, Gunder Frank). As análises e as respostas eram divergentes, muitas vezes opostas, mas o tema era comum: como interpretar o neocapitalismo e como lhe dar uma resposta?

Por isso, quando falo de "caso italiano", não entendo de modo algum uma anomalia – porque, mais do que nunca, a Itália era parte de um processo mundial –, mas uma especificidade de enorme interesse para todos. O neocapitalismo apresentava-se, sobretudo na Itália, com um estreito e recíproco entrelaçamento entre modernização e atraso, que se manifestaria, de forma ainda mais complexa e explosiva, na última parte da década. Essa contemporaneidade casual de fenômenos que, em outros lugares, afirmaram-se em sequência temporal permitiu no início a decolagem, mais tarde poderia facilitar uma modernização perversa e uma triste americanização e depois, em uma fase de transição, poderia se transformar em crise e desestabilização. Aqui, mais do que em outros lugares, portanto, existia a possibilidade de definir uma nova perspectiva, de médio prazo, que não fosse uma adequação subalterna ao fluir das coisas. Era necessário discutir isso no PCI. E foi discutido, bem ou mal, mas com muita paixão e vivacidade. O primeiro conselho que a memória me dá a respeito disso é ter prudência. Reconstituir essa discussão, esclarecer seus conteúdos, identificar as forças diversas que participaram dela, avaliar o ponto de chegada e as consequências, é tarefa delicada. De fato, comprimir dentro de esquemas simplificados e tempos curtos um debate que constituiu um processo longo, complexo, e envolveu inúmeras personalidades e milhares de militantes, ao invés de nos ajudar a compreender sua substância, reduz sua importância e amputa tudo que resultou confusamente daí, mas com o tempo mostraria seu caráter antecipatório e precioso.

Digo processo por diversas razões. A discussão, que se tornou depois luta política, desenvolveu-se pouco a pouco, e em diversas fases, no curso de cinco anos fundamentais: porque não tinha atrás dela posições definidas (ao contrário, nasceu da convergência progressiva, e nunca acabada, de múltiplas experiências e culturas); porque se desenvolveu no plano da pesquisa e da análise, mais do que no plano de uma divergência política consciente; porque, em muitos nós importantes, a posição de cada um evoluiu, os reagrupamentos eram mutáveis e as lideranças eram apenas pontos de referência e não implicavam nenhum tipo de fidelidade; porque o confronto interno do partido se entrelaçava com o que acontecia a suas margens, ou fora dele, em uma esquerda mais ampla (desde os *Quaderni Rossi* até a *Rivista Trimestrale*); e, por fim, porque a unidade do partido não era apenas um vínculo que devia ser respeitado, mas um valor amplamente introjetado.

Dois momentos importantes, úteis para datar o início e o fim dessa fase, podem dar uma ideia do caráter inicialmente aberto e móvel desse confronto, de sua franqueza. A reunião do Comitê Central de 1961 discutiu o informe de Togliatti, que retornava do XXII Congresso do PCUS, em que Kruschev repropôs, com consecutivo rigor, as acusações contra o stalinismo, provavelmente para reagir ou prevenir uma restauração servil de velhos modos de pensar e gerir o poder. Togliatti era hostil a essa proposta não porque ignorasse a exigência de uma renovação, seja na União Soviética, seja no PCI, mas porque considerava inútil e enganador relançá-la com uma nova resposta do Informe Secreto. E mais uma vez, ao invés de propor outro tipo de inovação, evitou falar do ponto mais delicado do congresso a que assistiu e que todos comentavam. Grande parte do Comitê Central manifestou de imediato mal-estar e irritação: não queria discutir de novo as culpas de Stalin, mas também não aguentava mais esse método de autocensura, queria discutir de maneira mais franca o modelo soviético e, sobretudo, queria fazer um balanço corajoso da renovação do PCI. Pela primeira vez, esse mal-estar tomou a forma de uma crítica explícita, da qual participaram membros do grupo dirigente. Aldo Natoli, isolado, mas influente, chegou a propor a convocação de um congresso extraordinário. Foi Giorgio Amendola, porém, que liderou o dissenso, com o apoio de Pajetta e Alicata. Togliatti endureceu e ameaçou um conflito aberto. Suas polêmicas conclusões não foram votadas nem publicadas, mas substituídas por um documento coletivo que tinha um matiz completamente diferente. Togliatti não só sofreu, como aceitou sua inspiração, de tal maneira que, a partir de então, tornou-se parte ativa e visível de uma reflexão inovadora, publicando um ensaio sobre a formação do grupo dirigente do PCI nos anos 1920, em que derrubava grande parte das visões canônicas e mistificadoras do passado, e publicando na *Rinascita* a polêmica correspondência de 1926 entre ele e Gramsci, nunca reconhecida como autêntica e agora proposta na íntegra. O direito a esse tipo de reflexão sem preconceitos sobre a tradição não se limitou apenas a ele ou aos dirigentes máximos. Seguiu-se um confronto aberto, nas páginas da *Critica Marxista*, sobre a experiência das frentes populares (recuperá-la como modelo ou reconhecer seus limites?) entre Emilio Sereni, um líder histórico, e um joão-ninguém como eu. E mais tarde, em um volume oficial sobre a teoria do partido, pude afirmar que havia certo excesso de jacobinismo no leninismo – recebi algumas repreensões, mas também muitos elogios. Acrescento um particular sobre esse tempestuoso Comitê Central do qual somente me dei conta recentemente, nas incursões que fui obrigado a fazer em vários textos. A intervenção de Amendola continha, e depois foi publicado, um trecho em que ele pedia o direito, para todos, à propaganda do dissenso e afirmava a utilidade de formar não correntes organizadas, mas maiorias e minorias sobre os temas mais importantes. E fez isso com palavras quase idênticas àquelas com que, quatro anos depois, no XI Congresso, Ingrao foi crucificado.

Um segundo exemplo de confronto político ainda não encarniçado, mas já duro, é o de 1965. Uma importante conferência operária nacional foi convocada. Luciano Barca devia fazer uma intervenção introdutória como responsável da comissão de massas. Para preparar a assembleia, convocou-se um seminário fechado em Frattocchie: além de Barca, participaram do seminário Amendola, Reichlin, Trentin, Garavini, Minucci, Scheda, Pugno, eu e alguns outros. A pauta era desafiadora, porque discutia não a situação sindical contingente, mas o peso e o significado que se deviam atribuir à classe operária e a suas novas lutas, em relação à crise econômica que se delineava e, mais em geral, à estratégia do partido. Vários temas estavam interligados, e já havia uma discussão inflamada em torno deles. A discriminante principal colocava-se entre aqueles que consideravam essas lutas – não apenas por sua amplitude, mas pela qualidade de seus objetivos e de sua forma – o eixo fundamental sobre o qual construir uma hegemonia política e social e o embrião de uma democracia mais participativa dentro e fora das fábricas e aqueles que as consideravam tradicionalmente um dos múltiplos impulsos reivindicativos que emergiam na sociedade por causa de seus atrasos e que, somando-se, podiam produzir uma nova correlação de forças no terreno político-institucional. De uma parte e de outra, havia ênfases e prioridades diferentes ou, por assim dizer, transversais; por exemplo, alguns atribuíam mais importância à ação direta nas fábricas, outros realçavam o nexo recíproco entre a luta nas fábricas e uma mudança na política econômica, e por isso davam mais importância ao papel do partido, e outros ainda assinalavam a necessidade de estender as novas formas de luta a regiões e sujeitos sociais ainda atrasados, embora já transformados, sobretudo no Sul. Entretanto, Amendola, percebendo-se minoria naquele cenáculo, adotou uma postura enérgica. O que o preocupava era a tendência geral a uma política demasiado concentrada no conflito de classes, elemento que, a seu ver, podia limitar a frente de alianças, desviar a atenção das reivindicações imediatas e, ao mesmo tempo, subestimar a ação parlamentar e as relações entre as forças políticas. Portanto, um desvio potencial da clássica "via italiana". Se minha interpretação é correta: o perigo de uma regurgitação do "ordenovismo" e, ao mesmo tempo, uma rigidez nos programas que os tornava interessantes, mas abstratos. Amendola criticou duramente o seminário e levou a questão à direção do partido, pedindo e obtendo a convocação do Comitê Central a fim de engajá-lo não mais na costumeira "luta em duas frentes", mas para que pusesse um freio claro em uma perigosa "tendência de esquerda". Longo foi encarregado de introduzir essa mudança. Mas, como de hábito, entregou a alguns camaradas do aparelho central material para preparar sua intervenção. Cumpri minha parte reafirmando minhas convicções de forma mais razoável, em particular sobre o tema de uma política econômica coerente com as lutas de massa. Era apenas uma contribuição, ainda que de treze páginas, mas Longo, homem imune a preconceitos, achou-a convincente e inseriu grande parte dela em seu informe. Não havia nada de especial nela, afora o fato de que, naquele momento, a "luta em uma só frente" estava suspensa. Quem acompanhou o seminário de Frattocchie ficou surpreso, outros não. Amendola, na entrada da sala do Comitê Central, segurou-me e disse, palavra por palavra: "Não pense que não vi o que você fez, não vou esquecer". Em seguida, Barca foi confirmado como relator da conferência de Gênova, moderou um pouco os termos, mas manteve suas posições, por isso Amendola criticou-o nas conclusões, mas também foi criticado na reunião da direção por Ingrao, Reichlin e outros. Contudo, foi uma vitória de Pirro, porque justamente naquele momento a discussão política assumiu feições de uma luta explícita entre duas orientações.

Enfatizei com exemplos concretos, desconhecidos ou esquecidos, o caráter aberto e flutuante que o confronto manteve por um bom tempo, não para oferecer uma "feição afável" da vida interna do PCI, que hoje é apresentado como uma caserna, mas porque, a anos de distância, parece-me útil fazer um questionamento de que sempre esquivei: embora tomando a forma de orientações diversas, mas não rígidas, esses dissensos não poderiam levar a um pluralismo responsável? Era inevitável que conduzissem a um confronto intolerante ou às vezes a conflitos pessoais mesquinhos? Para responder, é necessário esclarecer melhor em que conteúdos a diferença aflorou claramente. Esses conteúdos afloraram não somente em sedes e eventos oficiais, mas em escritos, conferências, periódicos, diatribes e discussões pessoais, que, por isso mesmo, historiadores e memorialistas negligenciaram ou ignoraram. Os arquivos, com suas atas sumárias e seletivas, não conseguem lhes dar conta e razão. Procurarei proceder como foi possível, cruzando lembranças pessoais e de outros com textos que essas lembranças me permitiram selecionar, e esforçando-me para tornar o mais claro possível o nexo que os unia.

As tendências do neocapitalismo

Em um partido comunista, nos momentos cruciais, a linha política sempre se fundou na definição preliminar da conjuntura. Foi assim nos primeiros e nos últimos anos da década de 1920, em meados dos anos 1930, em 1944, em 1948, em 1956 e, em certa medida, após 1960. O confronto deu seus primeiros passos a partir da análise do capitalismo e de suas tendências. Não se pode dizer que começou de repente, porque diversas ideias já haviam aflorado, mas ganhou visibilidade na conferência organizada pelo Instituto Gramsci em 1962. Essa conferência, lotada, teve ampla repercussão, sobretudo no partido, mas não só nele, e ficou guardada na memória, todavia em versões bastante deformadas. Basta a simples leitura das atas publicadas em dois grandes volumes para perceber e se surpreender com isso.

Não é verdade, por exemplo, que Giorgio Amendola, promotor efetivo e principal relator da conferência, tenha proposto a habitual visão de um capitalismo "maltrapilho", incapaz de promover um desenvolvimento produtivo durável. Ao contrário, no centro da conferência, verdadeira novidade compartilhada por todos, residia finalmente a constatação de que a Itália havia realizado um salto de qualidade permanente de país agrário-industrial para país industrializado. E o informe de Trentin, apreciado e compartilhado por todos, completava o quadro, analisando criticamente os instrumentos que a sociologia norte-americana oferecia e estava experimentando para governar o conflito social nas fábricas e conquistar o consenso das novas classes médias, e prestando atenção aos ambíguos reflexos que isso tinha no sindicalismo católico italiano. O dissenso que se manifestou abertamente, com várias ênfases, no curso do debate, na minha intervenção e nas de Foa, Libertini, Parlato e outros, versava sobre duas questões importantes.

Primeira questão. Na intervenção de Amendola e, mais ainda, em suas polêmicas conclusões, o desenvolvimento da economia italiana e a industrialização que foi ao mesmo tempo seu motor e seu resultado conviviam com desequilíbrios territoriais e atrasos tão graves que não poderiam se manter mais tempo sem uma intervenção corretiva e uma mudança na política que envolvesse a força comunista. Por isso, o centro-esquerda podia e devia ser pressionado, na medida em que se mostrou incapaz de realizar o que havia prometido, e a classe dominante devia ser desafiada em nome de um desenvolvimento mais longo e de uma redistribuição mais justa da renda a todos que estavam excluídos de seus benefícios. Para isso, era necessário organizar lutas sociais vigorosas, com objetivos imediatos e realizáveis, sem andar à caça de borboletas em um futuro ainda distante, e consolidar a democracia dentro de seus limites clássicos.

Segunda questão. A industrialização e o desenvolvimento ligado a ela, além de constituir indubitavelmente o aspecto mais visível e imediatamente mais importante das transformações em curso, esgotavam nisso sua novidade ou inseriam a Itália em uma mudança mais geral e profunda do sistema capitalista? No primeiro caso, é claro, mais do que nunca era necessário reafirmar e atualizar a linha que o PCI havia definido havia muito tempo e que finalmente podia alcançar uma primeira meta. No segundo caso, era necessário concentrar a atenção nas tendências de longa duração, procurar nelas as contradições com que trabalhar e as dificuldades que deviam ser superadas, redefinir nessa base alianças, programas, sujeitos a quem se dirigir e formas organizativas: manter firmes alguns princípios, mas elaborar uma inovação teórica e prática. Para essa segunda hipótese convergia, ainda nos primeiros passos, uma crítica "de esquerda" dentro e fora do partido.

Em sua intervenção de encerramento, Amendola não ignorou a importância e a substância do dissenso e respondeu com firmeza, mas habilmente. Não por acaso escolheu minha intervenção – assim anota Luciano Barca em seu diário – "como cabeça de turco". Não apenas porque eu era, é claro, o menos influente dos muitos dissidentes, mas porque, em parte pelo breve tempo à disposição da argumentação, em parte por sugestão de leituras recentes, ofereci amplo espaço a sua crítica, mesmo tendo conquistado algum consenso. Em minha análise, ressaltei o fenômeno do consumismo individualista como traço do neocapitalismo, o que se prestava em particular à acusação de abstração e ideologismo, em um país em que o bem-estar estava ainda muito distante e muitas necessidades vitais ainda não haviam sido atendidas. Logo me dei conta do equívoco que havia ajudado a criar, e que talvez estivesse em parte em minha cabeça, e aproveitei a oportunidade que me oferecia uma proposta de publicar no *Temps Modernes*, de Sartre, para ampliar e corrigir o texto. Ou seja, procurei esclarecer que, a meu ver, o consumismo não era produto de um impulso cultural, mas do modo de produção, do uso capitalista dos grandes e novos instrumentos de comunicação de massa e, sobretudo, da fragmentação e da alienação do trabalho; e, por outro lado, já em seus primeiros passos, o fenômeno estava produzindo uma contradição no mundo católico e, portanto, tinha uma relevância imediatamente política. Esse esclarecimento servia para me tranquilizar e sistematizar meu modo de pensar na época – e ainda hoje reconheço nele um caráter premonitório. Mas não mudava em nada o elemento de fundo da conferência do Instituto Gramsci: surgiram temas mais avançados e uma esquerda que trabalhava com eles, mas ainda era incapaz de oferecer, além da análise, uma linha política concreta. Ao contrário da direita, que tinha capacidade de manifestar uma linha, talvez insuficiente, mas clara.

Modelo de desenvolvimento e reformas estruturais

Sobre essas três questões, a discussão no PCI começou a assumir entre 1963 e 1964 o caráter de uma competição explicitamente política: formaram-se duas correntes de opinião e uma delas reconheceu como referência Pietro Ingrao, que interveio diretamente. Também sobre esse episódio a memória, além de escassa, é bastante confusa e aproximada. É necessário, portanto, completá-la e corrigi-la. Existiu, em algum momento, um "ingraísmo"? E, se existiu, quais posições o caracterizavam?

Sobre a primeira pergunta, minha resposta, ou melhor, meu testemunho é exato e comprovado pelos fatos. O ingraísmo como grupo político minimamente organizado ou conscientemente coeso nunca existiu, é uma invenção póstuma, talvez inconsciente, de seus adversários, é fruto de uma imprensa que precisava de simplificações. Seja nos longos anos de discussão, seja na fase conclusiva, em que a discussão se tornou um duro confronto político, nunca houve uma única reunião, mesmo restrita, para decidir um comportamento comum e muito menos para estabelecer uma disciplina. O próprio Ingrao não admitia nem para seus amigos mais íntimos que o ingraísmo pudesse ou devesse existir, não por uma questão de prudência, mas por convicção. Expressava claramente as ideias das quais pouco a pouco se convencia e, mais raramente, e com mais matizes, publicava artigos ou participava do debate público na imprensa do partido, mas evitava organizar suas posições em uma plataforma. Muitos camaradas se reconheciam em suas posições e contribuíam para caracterizá-las com mais clareza; outros compartilhavam delas, mas às vezes tomavam certa distância delas, conforme a sede em que legitimamente se encontravam e na forma que julgavam oportuna. Portanto, é legítimo falar de ingraísmo no sentido de uma corrente sem fronteiras demarcadas, molecularmente difusa, pouco a pouco convergente em temas importantes e com uma inspiração cultural visivelmente comum. É quase impossível demarcar as fronteiras, apontar os seguidores: em certos momentos, ou em certos temas, um se aproximava e outro se afastava. No entanto, tratava-se de um fato político relevante, porque, pela primeira vez, a presença de uma esquerda "não dogmática e não stalinista" manifestava-se em um partido comunista. Não era dirigida por um líder importante e popular, mas era inspirada e cimentada por ele. Apenas isso.

Os conteúdos e as propostas com que a "esquerda ingraísta" vinha se caracterizando – e acabou se chocando não apenas com Amendola, mas com a maioria do grupo dirigente – transmitiram-se e fixaram-se na memória coletiva em uma versão igualmente deformada, adulterada em certos aspectos e, acima de tudo, confusa e incompreensível.

O ingraísmo foi arquivado e liquidado como um desvio generosamente utópico, que, tendo na cabeça uma alternativa anticapitalista e um democratismo radical, negava a importância dos objetivos intermediários, opunha a democracia direta e a luta social ao parlamentarismo, via os socialistas não mais como aliados recuperáveis, mas comprometidos com o sistema dominante, e subvertia, talvez sem saber, toda a via para o socialismo implantada por Togliatti. Como sempre, essa versão se tornou a história oficial dos vencedores: dos vencedores internos, que assim podiam se congratular por ter desviado Ingrao e tantos outros de uma tentação transitória; e dos vencedores externos, que insistiam para que o PCI acelerasse os tempos e se tornasse o mais rápido possível a força robusta, plenamente reformista, de que a Itália carecia e que o PSI não conseguia ser. Ingrao? Um espírito nobre e um grande sonhador: a imagem tornou-se tão canônica que ele mesmo se curvou a ela em alguns momentos. Mas a verdade dos fatos era muito diferente. Em meados da década de 1960, o ingraísmo era bem menos subversivo e a batalha travada no PCI era bem mais concreta do que se imagina. O confronto propriamente político ocorreu em graus e em torno de três questões muito concretas e interligadas: "modelo alternativo de desenvolvimento", reformas estruturais e avaliação do centro-esquerda.

O conceito de modelo alternativo de desenvolvimento não era uma abstração, e propô-lo não indicava que subestimávamos a importância do problema das reformas; ao contrário, mostrava que o levávamos muito a sério. A própria crise econômica com que o sistema reagiu à primeira onda de lutas sindicais e ao anúncio de reforma que afetava a renda e o lucro punha um problema delicado. Se as reformas não tivessem provocado um efeito propulsor no nível da produção, se não tivessem criado em seu conjunto um impacto suficiente e uma coerência necessária para oferecer também ao mercado um novo quadro de compatibilidade que substituísse o precedente, se não tivessem contado com uma intervenção direta do Estado, coordenada em um plano efetivo, e se não tivessem sido apoiadas por uma pressão social, logo chegaríamos a um impasse e se apresentariam as bases para uma contraofensiva de direita. Por isso criticávamos as expressões de Pajetta ("oposição por mil arroios") e Amendola ("as lutas de massas se medem primeiro em palavras claras"). De resto, nessa época, Lombardi dizia quase a mesma coisa que nós, pena que apoiasse um governo que fazia o contrário.

Um plano, então? Sim, um plano orgânico e vinculante, mas não "à moda soviética". Ao contrário, uso da economia mista, empresas públicas vinculadas e apoiadas por prioridades claras, democraticamente definidas, mas avaliadas no mercado por sua eficiência e posteriormente cobertas em seus déficits, desde que na medida necessária e verificável das perdas que tivessem em relação aos objetivos, não imediatamente remuneráveis, que deveriam ser alcançados. Uma despesa pública orientada, por sua vez, para o consumo coletivo e básico. Uma economia privada livre da concorrência, mas orientada pela demanda que se oferecia, e do peso das rendas excessivas que lhe tiravam recursos. Tudo isso apoiado por uma participação dos trabalhadores, aos quais se reconhecia direito de controle e se oferecia uma qualidade diferente das condições de trabalho. Não era tarefa para um só dia ou para um ano, mas não era esse o horizonte de uma via democrática para o socialismo? Não era esse um objetivo de fase em que fundar a aspiração ao governo? Talvez exagerássemos, talvez as etapas devessem ser mais paulatinas. Mas não estávamos fora do tema principal: reformas estruturais e não somente corretivas, um novo mecanismo de desenvolvimento e não apenas um desenvolvimento mais acelerado, uma modernidade diferente e não apenas a modernidade dada. E, de fato, às vésperas da formação do centro-esquerda, foi a esquerda comunista que apoiou a reforma urbanística proposta por Sullo e assumida como bandeira por Giolitti e Lombardi, foi a esquerda que criticou as "catedrais no deserto" (tão gigantescas e moderníssimas quanto dissipadoras) e apresentou a ideia de um *welfare* universal, que eliminasse os privilégios corporativos; foi a esquerda que assinalou a urgência da reforma fiscal para permitir grandes investimentos públicos produtivos, sem gravar além da medida a dívida pública (talvez Napolitano se lembre de um documento sobre o sistema de aposentadoria que ele me pediu e eu tentei redigir, estudando a coerência e a sobriedade da experiência sueca).

É óbvio que, quando se tornou clara a deriva a que o centro-esquerda estava sendo arrastado, não nos contentamos em denunciá-la, mas chegamos à conclusão de que, se essa operação política havia fracassado em suas esperanças reformadoras, não havia fracassado a tentativa democrata-cristã de deslocar o PSI para outro campo. E teria sido difícil fazê-lo voltar atrás. Exatamente sobre esse ponto, a discussão no PCI assumiu um caráter imediatamente político e houve um conflito direto de opiniões entre Amendola e Ingrao. Em outubro de 1965, Amendola enxergou na situação econômica e política a possibilidade e a necessidade de uma iniciativa nova. Em uma série de artigos publicados na *Rinascita*, desenvolveu o seguinte raciocínio: "o milagre econômico", pressionado por lutas operárias vitoriosas, havia chegado a um ponto crucial. Sem uma mudança política, que o PSI sozinho não conseguiria impor, ele se esgotaria. E poderia nascer e prevalecer uma contraofensiva ameaçadora da direita política e social. Não se podia tergiversar ou fechar em posições defensivas. Era necessária uma intervenção firme, que desembaralhasse as cartas. Essa intervenção podia e devia vir do PCI, propondo a si mesmo e aos socialistas um partido único de esquerda. A proposta desconcertou, e muito, o partido e o próprio grupo dirigente. E provocou uma série de intervenções de diversos tipos, mas em geral críticas. Bobbio manifestou logo seu apreço pela intenção, mas afirmou que a unificação somente seria possível sobre uma base social-democrata. Não poderia estar ligada a uma emergência política e deveria ter um perfil estratégico, que abrangesse o passado e o futuro distante; portanto, a premissa era uma reavaliação, por parte dos comunistas, da cisão de Livorno de 1921. Amendola aceitou a provocação e subiu a aposta em uma segunda intervenção. Nas próprias dificuldades apontadas por Bobbio, escreveu ele, estava o valor da proposta: tendo sido demonstrado, em cinquenta anos, que comunistas e socialistas não eram capazes de fazer o socialismo em nenhum país europeu, era chegado o momento, para estes e aqueles, de repensar profundamente suas escolhas e estratégias. Isso provocou uma reação oposta, intervenções críticas em cadeia. Cito apenas algumas, porque são diferentes entre si. Lélio Basso: "O fosso ideológico e político entre sociais-democracias e marxismo revolucionário aumentou, em vez de diminuir". Romano Ledda: "Não podemos colocar no mesmo plano da história do século as responsabilidades e o papel dos comunistas e dos sociais-democratas na Europa e, menos ainda, no resto do mundo, pelo passado e pelo presente". Eu mesmo, pela primeira vez sendo moderado nessa polêmica:

> O problema levantado por Amendola é real, uma reflexão sobre a revolução no Ocidente é necessária e impõe a todos uma renovação, mas a renovação em que estamos engajados não vai na mesma direção em que os socialistas se orientaram, não é com uma operação eclética e de cúpula que se pode resolver a questão da renovação; pelo contrário, dessa forma ela acabaria fracassando.

Quando essa questão chegou à direção do partido, Amendola não mudou de opinião, mas ficou em minoria. Para encontrar uma mediação, formou-se uma comissão que declarou em um documento que essa proposta era errada, porque imatura, mas sublinhava a necessidade de reatar o acordo com os socialistas. Ingrao disse claramente e repetidas vezes que se tratava de uma mediação banal, apenas de palavras, por isso discordava. No Comitê Central, mais de um votou contra ela, e outros se abstiveram.

A isso foram acrescentados os acontecimentos da Conferência de Gênova e, naquele momento, ficou claro que a discussão havia se tornado uma competição entre duas linhas diferentes, coisa que todos podiam perceber. E todos perceberam. O debate foi tão longo, vivo e escancarado, as sensibilidades estavam tão à flor da pele que um aceno, uma nuance ou um modo de se expressar bastava para ser incluído em uma lista ou cortado de outra. Dizia-se a verdade, mas sem acrimônia. Quem era tão hábil a ponto de não mandar nenhum sinal era visto como uma raposa velha. Às vésperas do congresso, ou seja, na redação das teses, a tensão pareceu diminuir e, mesmo durante o congresso, os pontos mais espinhosos da discussão foram ou retomados, com prudência até excessiva, ou simplesmente omitidos. O confronto explodiu de repente, e somente até certo ponto, sobre uma questão que, ao menos nos cinco anos anteriores, havia sido apenas esboçada pelas diversas partes e parecia minimizada pela própria prática.

10. O XI CONGRESSO

A legitimidade do dissenso

UMA FRASE, seguida de aplausos, foi suficiente. Poucos dias antes da abertura do congresso, Longo e Ingrao entraram em contato para estabelecer uma espécie de *gentlemen agreement* – ao menos é isso que se conclui do diário de Barca, que foi o mensageiro. Longo disse estar preocupado que acontecesse na sede, que era internacional, um ataque à política da coexistência pacífica. Ingrao deu garantias de que, de sua parte, isso não aconteceria, não por prudência, mas por convicção. E, de fato, ainda hoje ele diz nunca ter simpatizado com impaciências "guerrilheiras". Para deixar claro esse compromisso, e evitar que fosse mal interpretado, na manhã de sua intervenção fez o secretário ler o texto já escrito (eu soube disso já naquela época, de primeira mão). Longo não manifestou irritação nem pediu correções. Por sua vez, os supostos ingraístas mais importantes (Reichlin, Rossanda, Pintor, Natoli, Trentin) fizeram discursos bastante moderados, limitando-se sobretudo aos setores de sua competência ou calando-se. No terceiro dia, Ingrao subiu à tribuna. Sua intervenção, ao contrário do que se disse depois, reafirmava com franqueza e eficácia, porém sem demagogia ou tons acalorados, suas posições sobre os pontos que já haviam sido amplamente discutidos. No fim, porém, pronunciou uma frase que devo citar textualmente:

> Eu não seria sincero se não dissesse que o camarada Longo não me convenceu, opondo-se à introdução em nosso partido do novo costume da propaganda do debate, de modo que fique claro a todos os camaradas não somente as orientações e as decisões que prevalecem e empenham, mas também o processo dialético de que são resultado.

A assembleia quase toda reagiu com um longo e insistente aplauso, e quando Ingrao, emocionado, levantou o punho, o aplauso se tornou quase uma ovação. Na mesa lotada da presidência, ao contrário, quase todos ficaram tesos e de braços cruzados. A partir desse momento, o clima no congresso mudou totalmente. Nas intervenções seguintes e, mais ainda, na comissão política reservada, houve ataques duríssimos, quase todos destinados a denunciar a formação de uma facção ou enfatizar o perigo de uma divisão do partido. Para um partido comunista, esse tipo de ataque, dirigido de modo mais ou menos explícito a um dirigente desse nível, significava quase uma excomunhão e, de qualquer maneira, era um convite para se alinhar ao secretário.

Hoje, podemos duvidar – e com razão – do fato de que palavras tão moderadas e um simples aplauso – emotivo de *per se*, em parte manifestação de afeto, bem mais do que um voto – desencadeassem uma reação tão dura, abrissem feridas por muitos anos não curadas e levassem a uma seleção rigorosa na renovação das funções dirigentes. E depois de anos em que o dissenso foi amplamente tolerado em questões bem mais relevantes. Por isso mesmo, esse confronto, observado de fora, foi interpretado já na época como ocasião e instrumento de uma luta de poder. Não acredito que tenha sido assim. O aperto repentino, que também considero errado e que teve consequências negativas para todos, tinha uma lógica e uma motivação política e teórica relevante. Interveio quando se acrescentou aos diversos temas que haviam sido discutidos, e ficou em aberto a delicada questão da reforma do partido e de suas regras. Isso merece uma reflexão específica, que vá além da simples reconstrução dos fatos, e exige os riscos de uma interpretação.

Na história do movimento operário de inspiração marxista, a questão do partido, de seu papel e de suas formas organizativas sempre foi dirimente, um pilar da teoria da revolução, em estreita conexão com a questão da democracia em geral. Já antes da Revolução de Outubro e da ruptura histórica entre sociais-democratas e comunistas, entre Kautsky e Bernstein, entre Bernstein e Rosa Luxemburgo e Lenin, e mais tarde entre Lenin e Trotski, entre Lenin e Stalin, entre Gramsci e Togliatti, entre Togliatti e Secchia, entre stalinismo e kruschevismo, entre Kruschev e Mao, entre Mao e seus antigos companheiros. Eu poderia acrescentar também o campo socialista: entre o poder do grupo parlamentar e o do sindicato na Inglaterra, ou entre Nenni, Morandi e Basso na Itália. Nada disso acontecia por acaso. Porque, enquanto a burguesia se constituiu e se afirmou como classe por meio do poder econômico e da supremacia cultural, e somente ao fim expressou instituições políticas que não necessitavam de partidos em sentido forte, o proletariado não podia se formar como classe dirigente e, menos ainda, ambicionar o poder e administrá-lo sem uma organização política permanente. Mas como garantir que essa organização fosse tão autônoma e compacta que não acabasse absorvida e decapitada pelo poder dominante e, ao mesmo tempo, tão democrática que não se tornasse ela mesma titular de um novo poder burocrático e privilegiado?

Além de continuar aberta, essa questão se reapresenta hoje de forma ainda mais grave. De fato, podemos comprovar hoje, mais do que nunca, que a democracia, sem autênticos partidos, degenera e torna-se manipulável; ao mesmo tempo, vemos como aqueles que se denominam partidos degeneraram em aparelhos profissionais e competem pelo poder mediante o dinheiro e o espetáculo. Por ora, basta frisar a importância que o problema da forma partido assumia para uma força política como o PCI, que reunia milhões de homens e de votos em uma sociedade complexa e caminhava no limite entre lutas sociais e instituições parlamentares. E também basta demonstrar que, na passagem dos anos 1960, mais do que nunca isso se mostrava inelutável, impunha um passo adiante e talvez permitisse isso.

O PCI havia encontrado, empiricamente, soluções parciais e mutáveis para o problema. Ou seja, a escolha do partido de massas, que havia sobrevivido às pressões do Cominform com a invenção de "dois partidos" (o partido do povo e o partido dos quadros), cimentados por uma fé comum, grande militância, ideologia e pedagogia, grupo dirigente de bom nível e legitimado por um grande passado. Após o VIII Congresso, esse partido se renovou posteriormente com as filiações originadas pela Resistência, oferecendo cada vez mais espaço ao debate e à análise, às experiências locais. Mas conservava inalterada uma "constituição" própria: tutelava a unidade da cúpula, que tinha o direito de dizer a primeira e a última palavra sobre decisões importantes, a transmissão da linha era de cima para baixo, cada nível tinha o direito de discuti-la, mas era obrigado a transmiti-la colegiadamente; a seleção dos quadros (um pouco menos do que a dos parlamentares) fazia-se por cooptação, embora atenta às capacidades e às qualidades demonstradas. Mas, em particular nos últimos anos desse período, a liberdade de expressão era ampla e a possibilidade de influir nas decisões era limitada. Em suma, tratava-se de um regime de "democracia protegida". O que não quer dizer democracia de fachada. Cito três episódios para assinalar seu valor e seus limites.

O primeiro me diz respeito pessoalmente. Em 1961, quando eu era membro da secretaria regional da Lombardia, fui encarregado de preparar as teses para uma conferência regional do partido e redigi um texto que, reconheço francamente, era cheio de ideias interessantes, mas ousado e impróprio. Não fui localmente criticado, mas Amendola, quando chegou para o *placet*, leu o texto e jogou-o no lixo. Não encontrei, razoavelmente, quem me apoiasse e, conscienciosamente, me eximi da incumbência. E assim ficou. Mas isso bastou para que Togliatti convocasse a mim e ao grupo dirigente de Milão a ir a seu escritório em Roma e, durante toda uma manhã, permitiu que eu explicasse minhas razões e concluiu: ideias interessantes, mas contestáveis e, em vez de me liquidar, me convidou para trabalhar em Roma, na comissão de massas dirigida por Napolitano, na qual me acolheram e, aos poucos, acabaram me valorizando.

O segundo exemplo diz respeito a Rossana Rossanda. Ela dirigia havia anos a Casa da Cultura de Milão e transformou-a em um centro de confronto com as partes mais avançadas do mundo intelectual, mas não escondia sua propensão a priorizar os temas da investigação científica ou o novo pensamento marxista, que se situava nos limites da heterodoxia, em explícita alternativa às linhas clássicas da política cultural comunista, concentrada nos intelectuais tradicionais, na linha historicista, na produção cinematográfica e nas "belas artes". Alicata tinha propensões muito diferentes, mas isso não impediu, nem a ele nem a outros, de lhe confiar, em 1962, a responsabilidade nacional do setor. Rossanda encontrou nesse novo cargo, como ela mesma conta, diversos obstáculos e diversos limites que não conseguiu superar. Em substância, quem tinha algo útil a dizer, pluma e lugar para fazê-lo, não apenas encontrava tolerância, como conseguia – que é o que importa – um interesse real.

O terceiro exemplo diz respeito aos espaços oferecidos às organizações locais, em especial onde o partido governava. A política urbanística que a prefeitura de Bolonha implantou depois de Dozza, com o estímulo de arquitetos como Campos Venuti ou Cervellati, era completamente diferente daquela dos municípios litorâneos, também vermelhos, mas seduzidos pela política do "tijolo fácil", generosa em resultados e consensos imediatos, mas péssima em perspectiva. A direção central do partido dava liberdade a ambas.

Em suma, o partido não funcionou mal naqueles anos. Devo dizer com sinceridade que não sentia a menor tentação por uma organização que, para ampliar a democracia, passasse pelas correntes organizadas.

Contudo, no momento em que se apresentavam novos problemas, linhas gerais para redefinir ou posições plurais no grupo dirigente, a "democracia protegida" revelava-se insuficiente para resolvê-los. Mais importante ainda era o estado real do partido em seu conjunto. Nem tudo eram flores, as mutilações da sociedade também pesavam ali. Enquanto os votos cresciam, os operários voltavam à luta e os jovens ingressavam na política, o número de filiados caiu de 2,1 milhões para 1,6 milhões em poucos anos, a FGCI* passou de 358 mil para 170 mil, as células nas fábricas diminuíam em número e em papel. Esse declínio, gradual e constante, não podia ser explicado apenas por um dissenso ou desencanto. Não podia mais ser atribuído ao choque de 1956, já digerido na época, não era a expressão de uma crítica ao moderantismo, porque o PCI havia inflamado as lutas

---

* Federazione Giovanile Comunisti Italiani (Federação Juvenil Comunista Italiana). (N. E.)

de 1960 e o ano 1968 ainda estava longe, e também não se devia à concorrência dos partidos de governo, que, na verdade, declinavam cada vez mais.

Naquele momento em particular, podíamos e devíamos buscar a causa principal do declínio organizativo no modo de ser e de atuar do partido, vinculando o que ele exigia e o que oferecia, cotidianamente, aos novos atores em campo. Os jovens em especial não se sentiam atraídos, nem viam utilidade em um engajamento feito majoritariamente de reuniões, campanhas eleitorais e proselitismo; eles não precisavam de uma pedagogia elementar (coisa que a escola podia lhes dar), mas de uma formação mais complexa e de uma informação mais ampla. Eles queriam entender e participar efetivamente da elaboração da política e contribuir com suas próprias experiências; queriam dirigentes, mesmo periféricos, capazes de dirigir suas lutas e compartilhar suas formas de expressão, suas emoções; não queriam apenas ouvir falar dos tempos em que vivíamos na montanha ou como governávamos os conselhos municipais.

Tudo isso escapava a nossa compreensão. Em certos momentos, discutimos como o partido soviético funcionava, mas não debatemos o estado real do partido italiano. Éramos todos dirigentes ou clérigos. Falávamos de centralidade da classe operária, mas sem enxergar que cada vez menos operários se tornavam dirigentes do sindicato ou do partido.

Ingrao, sozinho, talvez sem plena consciência e sem argumentação adequada, teve a coragem de compreender e apresentar esse argumento. E propôs um primeiro passo para enfrentá-lo. Nada diruptivo, ao menos à primeira vista, porque não questionava o centralismo democrático, ou seja, o dever não só de aceitar, mas de apoiar e aplicar a "linha prevalecente" com disciplina, sem colocá-la continuamente em questão. Mas a dele também não era uma simples petição de livre expressão do dissenso. Pedia que a "linha prevalecente" fosse o resultado mensurável de uma dialética explícita, compreensível para todos, em seguida fosse submetida a uma verificação dos fatos e, diante de novos desdobramentos da situação, pudesse ser mais bem definida ou corrigida com a participação de todos. Em substância, propunha a volta ao centralismo democrático, assim como foi pensado e praticado por Lenin, antes da guerra civil e da carestia, e como operou durante grande parte dos anos 1920, já com Stalin no poder. Na prática, congressos e "campanhas de discussão entre um e outro", dos quais todos participavam, mesmo com plataformas coletivas, e nos quais todos votavam e decidiam, mas deviam se ater às decisões tomadas, participando dos órgãos executivos. Essa "constituição" havia sido modificada nos vinte anos anteriores, e o XX Congresso do PCUS, assim como aconteceu em todos os outros partidos comunistas, excluiu abusos e arbítrios, mas não voltou ao modelo vigente. O próprio Ingrao propunha uma leve restauração. Naquele momento, uma tentativa desse tipo era possível: a cultura comum era forte, o grupo dirigente tinha legitimidade e havia vencido muitas tempestades, os quadros eram formados no espírito da unidade, não estavam presos à ambição de carreiras institucionais e suportavam livremente esforços e sacrifícios. Tanto é verdade que a expressão dos dissensos na cúpula não provocou desordem. Mas havia um risco, como em toda reforma, até porque Togliatti não estava mais lá.

E aqui se avalia a importância do aplauso insistente e geral da assembleia a Ingrao. "Às avessas", por assim dizer. Porque o próprio fato de não ter sido precedido ou organizado por uma ação fracionista, tampouco incluído na base de uma plataforma política definida, mostrava que o ingraísmo havia se difundido como um vírus, e Ingrao dispunha não de força, mas de carisma. Portanto, não existia um meio-termo: ou o vírus era debelado, ou era aceito como um componente, um estímulo com que se deveria conviver. Não se tratava de uma luta pelo poder, mas de uma difusão do poder. Era necessário confiar um no outro. Mas o grupo dirigente não confiou. Não confiou não nas ambições de Ingrao, que não eram grandes, mas na natureza e na periculosidade do vírus. Não tanto Amendola (que se manteve na segunda fila durante o ataque), mas os chamados centristas (Pajetta, Alicata, os secretários das grandes regiões) uniram-se em torno do secretário e convenceram-no (como eu soube mais tarde) de que um ataque contra ele estava em curso.

Seguiu-se uma depuração aguda e seletiva, que atingiu as pontas extremas e mais expostas (Rossanda, Pintor, Coppola, Milani etc.) e isolou Ingrao nas sedes institucionais; Berlinguer, que até então era chefe da secretaria nacional, foi acusado de tolerância excessiva, enviado para o Lácio e substituído por Napolitano em seu papel-chave. Alguns se afastaram sem deixar rastro. Eu não fui afastado porque não havia de onde me afastar, assim como não me degradaram porque eu não possuía graus dos quais ser degradado, mas eu era considerado um instigador ouvido e simplesmente acabei confinado em meu escritório, sem ter absolutamente nada para fazer. Depois de alguns meses, quando procurei Amendola para lhe dizer que não podia me aposentar aos 32 anos, pedindo-lhe que fosse transferido para uma pequena federação qualquer, ele me respondeu, sem sorrir: "Você precisa passar por uma quarentena, porque é um jovem inteligente, trabalhamos bem juntos, mas ainda tem de aprender a disciplina bolchevique". Peguei meus papéis e fui para a Botteghe Oscure* para refletir e estudar. Acredito que não tenha sido inútil para mim.

Para confirmar que o ingraísmo não era uma facção há o fato de que nenhum dos "castigados" protestou e ninguém defendeu ninguém. Nós simplesmente nos perdemos de vista, conservando apenas as amizades mais próximas. Permito-

---

* A sede nacional do PCI era conhecida por esse apelido, porque, até 1990, situava-se na Via della Botteghe Oscure, em Roma. (N. T.)

-me, por razões afetivas, uma lembrança estritamente pessoal: em agosto do mesmo ano, uma viagem pela Sardenha, ainda selvagem, acampando com Luigi Pintor, que ali havia sido confinado não para desfazer complôs, mas para recuperar as forças em um mar estupendo.

URSS e China

Na política, assim como na vida de cada um, não são importantes apenas os problemas que enfrentamos e as escolhas que fazemos. É igualmente importante aquilo do que nos esquivamos ou ignoramos. Sendo assim, não posso calar o fato de que, no intenso debate daqueles anos, criou-se quase um vazio de análises, reflexões e iniciativas em torno de um grande problema. Esse vazio diz respeito a toda a esquerda, italiana e europeia, mas os comunistas italianos pagavam um preço mais alto, embora tivessem mais possibilidade de poder contribuir para preenchê-lo. Refiro-me ao que estava acontecendo no mundo, ou melhor, em parte do mundo.

A afirmação parece paradoxal, porque alguns aspectos e momentos dos acontecimentos mundiais foram não só dramaticamente evidentes, mas produziram uma grande retomada do internacionalismo, formaram e orientaram gerações inteiras: a guerra e a independência da Argélia, a Revolução Cubana vitoriosa e imediatamente ameaçada, a repressão no Congo e, ainda mais feroz, na Indonésia e, em particular, o início da guerra no Vietnã. A propósito de tudo isso, o PCI, mais do que qualquer outro partido, mobilizou-se a fundo e debateu com liberdade (por exemplo, a natureza e o papel das "burguesias nacionais" ou o perigo do neocolonialismo como solução possível para certas lutas de libertação), mas nunca negou a importância da coexistência e, portanto, da luta pela paz e pelo desarmamento.

O vazio de que falo diz respeito, ao contrário, à incipiente crise do movimento comunista mundial, à ruptura entre a União Soviética e a China popular e, em particular, aos dois grandes eventos que a simbolizaram e tornaram irreversível: o fracasso da política de Kruschev, a ascensão ao poder de Brejnev e de Suslov na União Soviética e a Revolução Cultural na China. É verdade que a importância e o significado desses eventos apareceram mais claramente tempos depois, e só hoje, talvez, podemos compreender plenamente o peso que tiveram na moldagem desse mundo em que vivemos. Mas também é verdade que essa crise começou no início dos anos 1960 e, na época, o curso das coisas poderia ter sido, se não invertido, ao menos contido ou corrigido; naquele momento, o PCI tinha influência para tentar intervir ou, ao menos, para tornar mais sólida e original sua própria posição em um mundo em tumulto generalizado. Não soube compreender e fazer isso de maneira adequada. Togliatti teve certa responsabilidade no início, mas também teve o grande mérito de tentar remediar a situação.

Falo de responsabilidade porque, entre o fim dos anos 1950 e o início dos anos 1960, o conflito entre Kruschev e Mao já era latente, mas ainda não havia se consumado. O PCI preocupou-se sobretudo em defender a autonomia da "via italiana" e refreou a discussão sobre o valor geral que ela tinha além de nossas fronteiras. Embora tenha afirmado repetidas vezes que uma "democracia mais avançada", para além da pura forma do pluripartidarismo e do parlamentarismo, era um problema que dizia respeito também às sociedades socialistas, e apenas elas seriam capazes de realizá-la bem, evitou apresentar esse tema no debate internacional. Coisa que Tito, ao contrário, tentou fazer, pondo em discussão a experiência da autogestão iugoslava. Mas Tito era suspeito demais por causa dos acontecimentos do passado e a Iugoslávia era pequena demais para ter peso – a experiência da autogestão era muito claudicante. A "via italiana", por sua vez, era bastante pobre em resultados e muito identificada com o gradualismo e com o parlamentarismo para ser aceita como um modelo instigante; ao contrário, tanto soviéticos quanto chineses a consideravam perigosamente "revisionista", o cavalo de Troia da social-democracia.

O mérito de Togliatti está no memorial de Yalta, ou seja, nos apontamentos que enviou a Kruschev para preparar um encontro esclarecedor com o grupo dirigente soviético. Relendo esses apontamentos, percebi com grande atraso a verdadeira novidade ali contida. Togliatti reafirmava as linhas essenciais da estratégia do PCI na Itália e oferecia uma visão geral da situação europeia que tornava plausível aplicá-la em outros países ocidentais, mas, sobretudo, tinha também uma premonição iluminadora, da qual muitas vezes são capazes as grandes personalidades às portas da morte. Precisamente ele, que por muitos anos foi objeto das mais explícitas e grosseiras polêmicas chinesas, queria dizer a Moscou: cuidado, se o dissenso entre a União Soviética e a China continuar e se aprofundar, se não encontrarmos um meio de restabelecer o diálogo, de nos entendermos melhor, e, sobretudo, se não conseguirmos colaborar no plano internacional, tudo estará comprometido. Era isso que ele queria discutir e não teve tempo de fazê-lo. Os soviéticos não podiam ou não queriam entender e, de fato, não publicaram o texto. Mas seus companheiros na Itália também não entenderam: imediatamente publicaram o texto, dando-lhe grande repercussão, mas não inseriram seu ponto essencial na pauta do iminente congresso.

De fato, entre 1958 e 1962, o dissenso entre a União Soviética e a China cresceu pouco a pouco, primeiro de forma dissimulada, com tentativas fracassadas de reconciliação, mas depois publicamente e com cada vez mais rispidez. Não era fácil discuti-lo, já que se manifestava em termos voluntariamente deformados e enganadores e com frequência em contradição com as decisões efetivas. Era crível a reabilitação de Stalin, exibida por quem quase sempre lhe desobedeceu, tanto na tática quanto na estratégia? Era possível distinguir quem acreditava na coexistência (União Soviética) e quem a rejeitava, visto que para os chineses o "equilíbrio do terror" era mais necessário do que nunca para se garantir contra os ameaçadores atos de força dos norte-americanos? Era possível denunciar de maneira justa a pretensão de Moscou de exercer o papel de Estado-guia, por parte daquele que acusava os que tentavam uma "nova via para o socialismo" de se desviar da ortodoxia leninista? E, vice-versa, era razoável acusar os chineses de querer uma ruptura pelas palavras que pronunciavam, enquanto a ruptura já estava em ação nos próprios fatos, com a retirada dos técnicos soviéticos, que multiplicava suas dificuldades, e a recusa repentina em lhes conceder proteção atômica? Em suma, a simples exposição da verdade dos fatos já seria suficiente para deter uma polêmica artificial e expressar uma posição autônoma, ativa e eficaz, agregando diversos partidos que não aceitavam a polarização entre quem estava certo e quem estava errado. As coisas teriam ficado mais claras, e teria sido mais útil participar com sobriedade – logo, com mais comprometimento – da discussão de fundo.

Em meados de outubro de 1964, Kruschev foi liquidado, por sorte de forma incruenta, mas com o habitual golpe de palácio. A explicação de Moscou referia-se apenas à acusação de personalismo de sua gestão e a suas reformas improvisadas na agricultura ou na organização do partido, em geral fracassadas, mas às quais ninguém havia se oposto. O PCI criticou o método, mas não se preocupou com o conteúdo: em que e por que Kruschev havia fracassado e o que o novo grupo dirigente queria? Bastou a garantia de que a linha do XX Congresso não seria alterada para que o problema se resolvesse. Todavia, o XX Congresso foi importante também por suas promessas, pela esperança de reformas substanciais, pela ilusão de um forte desenvolvimento econômico com o qual seria possível vencer a competição pacífica. Portanto, sua derrota também devia ser analisada. E a substituição de Kruschev por um grupo dirigente, talvez menos audacioso, mas claramente mais sombrio e burocrático, não prometia nada além de uma estabilidade que durou vinte anos, mas levou a União Soviética a seu declínio definitivo. Não se podia prever nem dizer, mas algum alarme deveria ter soado.

Um ano depois começou a Revolução Cultural na China. Podia-se criticá-la e temer seus resultados, ou apreciá-la como uma nova esperança. Mas, de toda forma, o conteúdo real do conflito político e estratégico entre a China e a União Soviética estava claro e podia ser discutido seriamente. Atribuir a Mao uma leviana conversão ao extremismo era coisa de gente cega. Ele partia de uma constatação simples e bem fundada. Mesmo depois da conquista do poder, e mesmo sob seu governo, a luta de classes podia se repetir não porque, como dizia Stalin, as velhas classes se tornavam mais agressivas e perigosas, mas porque no próprio interior do novo poder, ou seja, no próprio partido, podia surgir objetivamente uma nova classe social, arrogante e privilegiada, separada da grande massa, que por um longo período ainda permaneceria muito pobre e pouco cultivada. Não se podia impedir essa luta de classes com uma luta de facções dentro do partido ou com um multipartidarismo para o qual não existiam bases. Tampouco se podia esperar que o desenvolvimento econômico resolvesse o problema, porque ele o agravaria. Era necessário, portanto, estimular de baixo uma contestação dos privilégios e construir nas novas gerações, que não haviam passado pela guerra revolucionária, uma tensão ideológica para a igualdade e a participação democrática. Para isso eram necessárias novas ondas revolucionárias na ideologia e na prática. O proletariado devia permanecer como protagonista direto da própria revolução. Essa era a verdadeira lição da Revolução Russa, de suas glórias e de sua involução. Daí o desafio: "Rebelar-se é justo". Era difícil liquidar a verdade contida nesse raciocínio.

No entanto, havia motivos fortes para criticar a decisão. Dois em particular. Em primeiro lugar, para que a revolução não degenerasse em anarquia destrutiva e violenta, era necessária uma referência que a orientasse e estabelecesse limites. E o partido não podia ser essa referência, já que era o alvo, e ela devia vir de um líder carismático – nesse caso, o próprio Mao. Só que o carisma produz o culto e o culto produz um poder ainda mais discutível, dando à rebelião um caráter de fé ou, antes, de uma mística, da qual muitos consideram-se os legítimos intérpretes, uma gente diversa e em conflito entre si. Uma divisão entre "rebeldes", portanto, cada vez mais violenta.

A segunda questão era a base material dessa retomada revolucionária. Mais do que ninguém, Mao tinha consciência do atraso econômico da China e do papel fundamental das imensas massas camponesas nesse cenário, mas não podia e não queria jogar em suas costas o peso principal de uma acumulação primitiva. De fato, com elas, ele havia feito uma revolução e reunificado um grande país, que o colonialismo e os senhores da guerra haviam destruído. Não por uma colossal *jacquerie*, mas por zonas liberadas, em que introduziu as primeiras reformas concretas: emancipação das mulheres de uma condição servil, expropriação das grandes propriedades de terra, distribuição das terras aos camponeses, ajudados e estimulados a unir-se em cooperativas, e criação de um exército disciplinado e sem privilégios. Além disso, pelo exemplo, educou as massas no igualitarismo, organizou um partido, forneceu uma ideologia compacta mas conscientemente criativa e inseriu a guerrilha no quadro da aliança antifascista, apoiando-se nos melhores resultados da União Soviética, porém sem se subordinar a ela. Contudo, depois de conquistar o poder, teve de enfrentar o problema de uma indústria de base, da qual os próprios camponeses e o país necessitavam para se unir realmente, assim como necessitavam de uma escola que, além de alfabetizar, produzisse as competências necessárias para um moderno desenvolvimento. O fracasso do "grande salto adiante" em 1958 mostrou que não bastava um forçamento subjetivo para resolver o problema. Era necessário modernizar o país, dividindo os custos e nunca abandonando ou adiando para um futuro distante o objetivo de uma sociedade nova. A Revolução Cultural tinha de resolver esse problema, criar nas consciências a resistência contra a burocratização, erradicar o individualismo e o privilégio, que eram os companheiros naturais da modernização. Mas bastavam as rebeliões dos jovens, em particular dos estudantes, para resolvê-lo? Não. E Mao tinha consciência disso. Por isso insistia que a maioria dos quadros devia ser criticada, mas no fundo era boa e podia ser recuperada; a rebelião, portanto, não podia se transformar em justiça sumária. Ele também insistia que os operários deviam se tornar rapidamente protagonistas, sem prejudicar a produção, e era necessário envolver os camponeses, respeitando suas convicções e aprendendo com sua austeridade. Todavia, na prática, a rebelião dos estudantes facilmente assumia a forma de processos sumários e humilhantes, o "*expert* e vermelho" tornava-se mero "especialista de vermelho". Quando o movimento ingressava nas fábricas e no campo, mobilizava as consciências, mas desorganizava a produção, e quando envolvia o Exército, podia extinguir as patentes, mas o Exército continuava a ser tal como era, com sua disciplina e seu grupo dirigente. A ideologia mesma não podia apelar para o marxismo ortodoxo e, ao mesmo tempo, acompanhar o revisionismo radical em seu ponto essencial, ou seja, o axioma de que o comunismo nascia da materialidade dos processos produtivos. Podia-se antecipar ou forçar esses processos, tentar evitar uma "passagem pelo capitalismo", mas não a prestação de contas. E, de fato, em 1968, o próprio Mao pisou no freio: a Revolução Cultural produziu resultados essenciais, sua inspiração não podia se apagar, mas tinha de terminar sem dispersão. Por algum tempo, esse retorno gradual à normalidade foi administrado com equilíbrio e sabedoria (com a exceção indecifrável da obscura morte de Lin Biao) pelo próprio Mao até a sua morte, e em seguida por Zhou Enlai e Hua Guofeng. Hoje, sabemos que se seguiu um termidor. E a história chinesa tomou um rumo completamente diferente.

Já entre 1966 e 1968 havia muito que entender e discutir sobre tudo isso. Mas o PCI entendeu pouco e discutiu pouco. Exorcizou o conflito sino-soviético, a fim de se manter fora dele. Só tomamos consciência disso depois da invasão soviética na Tchecoslováquia e quando a Revolução Cultural já estava terminando, e nada bem. Ou seja, quando as coisas já estavam feitas. Essa é uma responsabilidade comum do XI Congresso. E o expurgo apressado que se realizou logo em seguida gerou uma discussão atrasada e cheia de equívocos. A maioria, blindada, apesar de criticar certas decisões da União Soviética, continuou a apoiá-la, esperando uma autorreforma gradual e improvável, sem realmente acreditar nela. Continuou a falar de um "novo governo mundial", sem se preocupar com o campo do qual o PCI havia surgido e no qual ainda poderia exercer certa influência. Apenas uma exígua minoria deu valor à Revolução Cultural e ao contágio que ela podia produzir no mundo, mas fez isso quando ela já havia completado seu ciclo e com a expectativa tão confiante quanto infundada de que outra surgiria em breve. No longo prazo, as consequências desse atraso e dessa transferência seriam graves, e de fato foram.

11. O LONGO 1968 ITALIANO

NOS ANOS 1960, um segundo e maior abalo sacudiu a Itália. Dessa vez, "mais de baixo do que de cima".

Estou falando, é claro, do longo 1968 italiano. Eu explico: o ano 1968 foi um fenômeno mundial. Em rápida sucessão, e em quase todos os países do Ocidente, explodiu um grande movimento de contestação, perturbador e diversificado, contundente e derrotado, radical e confuso, como foi 1848. Dessa vez, em quase todos os lugares, os estudantes foram seu motor, e a universidade foi sua sede principal. Contudo, a contestação não tinha o caráter de um *cahier de doléances* [caderno de reclamações] cuja finalidade fosse a reforma do ensino e da condição estudantil. Interessava-se por todos os aspectos da instituição: métodos de ensino, modalidades e critérios da seleção, finalidade prioritária (fábrica de consenso, formação de competências das quais o mercado do trabalho necessitava). Em todos esses aspectos, reconhecia e recusava um elemento comum: o autoritarismo destinado a perpetuar a ordem social estabelecida, em detrimento da liberdade de imaginar uma sociedade diferente e contribuir para sua construção. Por isso, a contestação estudantil representava a revolta de uma geração inteira, que recusava, além da escola, os valores, as regras, os estilos de vida e as várias instituições que os regiam havia séculos. Um patrimônio que o próprio desenvolvimento capitalista havia usado e ao mesmo tempo rachado, e que uma nova cultura havia desmistificado. O movimento era menos que uma crítica do capitalismo enquanto estrutura do sistema, mas também era mais, porque pretendia superar "num pulo" todos os vínculos e dependências que ele impunha à vida coletiva e até à intimidade da vida cotidiana individual (nesse sentido, estava em sintonia com a Revolução Cultural chinesa em versão mitificada).

O antiautoritarismo era um grande recurso, porque permitia unir, de modo não corporativo, exigências e motivações diversas, reconhecer e alimentar outros conflitos que naquele momento estavam em pleno desenvolvimento (contra o racismo, contra a insensata e sangrenta guerra no Vietnã), e também porque poderia ser, em suas formas de luta (ocupação de universidades, comunas juvenis), uma prática coletiva cotidiana, além de um objetivo reivindicado. Nesse sentido, a contestação deixou uma marca indelével nos modos de pensar, nas relações interpessoais, na família, na aceitação acrítica das instituições políticas representativas e, em parte, no surgimento de um feminismo novo e mais radical. Ao mesmo tempo, porém, o antiautoritarismo era um limite pesado quando e onde entrava em conflito com as vigas mestras do sistema: o modo de produção econômica e o Estado. Ossos bem mais duros de roer e, ao mesmo tempo, mecanismos e poderes que não bastava desmantelar, mas, ao contrário, era necessário saber controlar e mudar para garantir melhores condições de vida e mais direitos para grande parte da população. Esse limite era ainda mais pesado porque a condição juvenil é passageira, e aqueles mesmos que recusavam uma forma social estavam destinados a se tornar privilegiados na sociedade que sobreviveria. Portanto, como revolta juvenil, 1968 estendeu-se rapidamente a todo o mundo, deixou marcas mais ou menos profundas por toda a parte, mas isolou-se com igual rapidez, dividiu-se internamente e enfraqueceu sem mais réplicas.

Contudo, existe outro aspecto de 1968 como fenômeno mundial, mais contraditório e não menos importante, do qual todos nos esquecemos. O ano 1968 abriu-se com a ofensiva do Tét, que deu início à fase da vitória vietnamita e da humilhação norte-americana. Ainda estavam em andamento tentativas de imitar a Revolução Cubana na América Latina; na China, Mao havia freado a Revolução Cultural, mas reconhecia seu mérito e seu significado; na França, a revolta estudantil conseguiu arrastar o país quase inteiro por algum tempo, mas De Gaulle prevaleceu, pagando caro por isso; o nacionalismo árabe havia sido derrotado pelo ataque israelense, mas estava fortalecido politicamente; no plano econômico, o "milagre" estava se esgotando e haveria uma crise monetária e uma longa estagnação. Se tudo isso suscitava esperança, já se entreviam outras novidades mais duras. A invasão da Tchecoslováquia acabou com qualquer otimismo em relação à capacidade de autorreforma econômica e política na União Soviética; a evolução dos acontecimentos na China dava a entender um novo rumo na política interna; a ruptura entre Pequim e Moscou era irreversível e alterava todo o equilíbrio mundial; a morte de Che criava um mito, mas ratificava a derrota de todo um continente; os vitoriosos sociais-democratas no governo, na Alemanha e na Inglaterra, não sinalizavam uma verdadeira reflexão sobre a disciplina atlântica. Em suma, o mundo estava em caos total, mas a crise era de um campo e de outro. Isso era quanto bastava para dar início a uma nova reflexão sobre o caráter e a importância de uma revolução no Ocidente, mas não para vê-la às portas.

Se excluirmos ou subestimarmos tudo isso, como todos nós fizemos na época (tanto a nova esquerda quanto o PCI), a discussão sobre 1968 não só ficará manca, como será totalmente falsa.

A centralidade operária

Nesse quadro torna-se útil realçar e investigar a particularidade do nosso 1968, diferente de todos os outros em duração, qualidade, protagonistas e resultados. Talvez pela última vez, e mais do que nunca, posso falar legitimamente de "caso italiano". De fato, ao contrário do que ocorre em geral, ele chamou a atenção para além de nossas fronteiras, mesmo não possuindo o caráter "espetacular" que teve o maio francês. Essa particularidade está, por assim dizer, em um "feliz encontro", que em parte é explicável pela história precedente e em parte é casual.

Muitos conflitos sociais, muitas formas e muitos sujeitos de uma contestação, muitas rupturas culturais, que o capitalismo em transformação trazia consigo e tinha de enfrentar, já haviam se manifestado em diversos países, em tempos distintos ou, em todo caso, não em sintonia; o sistema pôde enfrentá-los isoladamente para neutralizá-los ou às vezes para aproveitar seus estímulos. Sobretudo, o sistema conseguiu evitar, ou pôr de lado, a presença de organizações sindicais e políticas capazes de oferecer a essa contestação uma representação ou, ao menos, uma sólida margem.

Na Itália, ao contrário, durante muitos anos antes e depois de 1968, múltiplos impulsos contestadores apresentaram-se contemporaneamente em seu ponto mais alto e com capacidade não apenas de somar-se, mas também de interagir entre si. Quando a base material que as originava era ainda robusta e suas boas razões eram reconhecidas pelas grandes massas, e quando os sindicatos de classe e os partidos que mantinham uma inspiração anticapitalista não somente eram fortes, como estavam em ascensão, enquanto os governos eram desacreditados e titubeantes. Antes de aventurar um julgamento dessa comoção, ainda hoje bastante controvertida, é necessário reconstituir o caráter e o percurso dos vários movimentos que concorreram para isso e o modo como as grandes organizações reagiram.

Não é por acaso que começo pelas lutas operárias. O esquema que se fixou depois na memória não é verdadeiro, ou é apenas em uma mínima parte. Não é verdade que a revolta estudantil antecipou o conflito social, marcando seu caráter radical, e esse conflito foi freado depois pela sabedoria do sindicato e reprimido pelos aparelhos comunistas. Esse esquema pode ser aplicado, talvez, ao maio francês. Os eventos italianos foram muito mais complexos e passaram por diversas fases, e, sobretudo, o centro do conflito foi o confronto direto entre capital e trabalho, a sede primária eram as fábricas e os protagonistas foram a classe operária em carne e osso. Sei muito bem os perigos que corro empregando a expressão "centralidade da classe operária". Essa expressão foi usada muitas vezes para indicar a esperança em alguma coisa que estava por vir, ou então para apontar algo que já estava declinando ou se apresentava em formas tão diferentes que qualquer significado se perdia. Portanto, quero deixar claro desde já que, quando me refiro ao 1968 italiano, quando falo em classe operária, faço isso em sentido absolutamente concreto. Um povo de assalariados, que desenvolvia em grande parte um trabalho manual e fragmentário, inserido em um ciclo produtivo organizado de modo cada vez mais rígido, concentrado em empresas de médio e grande porte, em que todos se sentiam partícipes de um coletivo e, cada vez mais, de uma classe; predominantemente, trabalhadores do setor industrial, em um momento em que a indústria já ocupava a maioria relativa da força-trabalho, impulsionando a economia do país. Prescindo totalmente de uma convicção ideológica que leva a reconhecer a primogenitura de uma classe que, por convicção e sem mitos, sempre levei dentro de mim; naquele momento, encontrei uma confirmação, mas reconheço que, na sociedade atual, ela deva ser ao menos reformulada. Refiro-me a um fato concreto e indiscutível, ou seja, um ciclo de lutas, especificamente operárias, que se desenvolveu por mais de uma década e, por dimensão e qualidade, soube falar a muitos outros movimentos e abalou profundamente os equilíbrios da economia e da política.

Como recordei, suas origens remontam à retomada sindical, entre 1960 e 1963, quando já afloravam reivindicações não apenas salariais, mas sobre a organização do trabalho, as formas de luta que traziam em si a exigência de uma redução não apenas do despotismo do patrão, como também do verticalismo do sindicato, em um entrelaçamento permanente entre contrato nacional e conflitos na fábrica. Essas lutas conseguiram resultados significativos sob todos os aspectos. Correlativamente, houve uma retomada do antifascismo militante e a politização de muitos jovens. Movimento, sindicato e partido marchavam juntos e juntos se renovavam. Um resultado direto e importante dessa experiência iniciada pelo PCI foi um forte deslocamento na cultura e na prática das organizações sociais católicas (tanto na CISL como nas Aclis).

As organizações patronais e o governo reagiram, entre 1964 e 1966, com pressão deflacionista, exportação de capitais e inovações tecnológicas limitadas, mas incisivas, que visavam sobretudo aumentar a produtividade, reduzindo o emprego e intensificando o trabalho. Em apenas um ano, por exemplo, a Pirelli aumentou sua produção em 28% e a Fiat de Mirafiori dobrou a produção, mantendo o número de postos e congelando os salários. Outras empresas, que não queriam ou não sabiam como fazer o mesmo, demitiam. Tudo isso serviu transitoriamente para reduzir o espaço do conflito; todavia, aumentou a raiva dos operários e derrubou as promessas reformadoras do centro-esquerda.

No biênio seguinte, mal a economia apresentou uma leve recuperação, os conflitos nas empresas recomeçaram e estenderam-se rapidamente, concentrando-se no salário por empreitada e nos ritmos. Com uma novidade: como a reestruturação atingia também o trabalho de técnicos e empregados de escritório, igualmente fragmentado e intensificado, em muitos casos o impulso reivindicatório estendeu-se a figuras profissionais que sempre tenderam a se abster. Em 1967: Italsider, Rex, Zanussi, Dalmine, Lebole, Magneti Marelli, Tosi, Autobianchi e, inesperadamente, Marzotto. No espaço de um ano, 3.878 acordos complementares foram concluídos de modo favorável. A Fiat, como sempre, foi um caso à parte, mas dessa vez para melhor. Em março de 1968, tentou evitar o conflito firmando um acordo de conveniência com o próprio sindicato; FIM e Fiom recusaram esse acordo, 100 mil operários entraram em greve e chegaram a um melhor. Essa foi a primeira vez em quatorze anos.

Mas houve mais, hoje já quase esquecido. Entre 1967 e 1968, começaram duas lutas gerais: a do sistema de aposentadoria, que, além de desigual e avaro, nunca foi bem definido; e da abolição das "gaiolas salariais"*, que permitiam pagar um salário 20% inferior nas regiões do Sul. O resultado das duas batalhas foi relevante: direito a uma aposentadoria igual a 80% do valor do salário final após 40 anos de trabalho, direito à aposentadoria após 35 anos de trabalho e abolição das gaiolas salariais até 1975. Não menos importante foi o modo como esse resultado foi obtido: a princípio, as três confederações sindicais assinaram um esboço de acordo contestado pelas organizações de base; a CGIL foi obrigada a convocar sozinha uma nova greve geral; essa greve foi tão imponente que conseguiu arrastar a todos ao sucesso.

Chegou-se assim à renovação dos contratos nacionais de trabalho, ao "outono quente", um verdadeiro salto de qualidade. A plataforma de reivindicações, encabeçada pelos metalúrgicos, era incomumente ambiciosa: aumentos salariais consistentes e iguais para todos, redução do trabalho de 48 para 40 horas semanais, paridade normativa para operários e empregados de escritório, direito a assembleias remuneradas em fábrica. As formas de luta, os centros de decisão e seus titulares foram mais inovadores ainda. Com relação às formas de luta, somaram-se às greves manifestações de rua imponentes, que visavam envolver a opinião pública; a luta prosseguia mesmo durante as negociações; uma progra-

---

* Esse sistema, instituído em 1945 e posteriormente modificado, estabelecia diversos níveis salariais, calculados com base no custo de vida em determinadas áreas. O território italiano foi dividido em quatorze áreas (em 1961, elas foram reduzidas para sete), e a diferença de salário de uma área para outra podia beirar os 30%. (N. T.)

mação de horas de greve era entregue à gestão de cada fábrica ou setor; em seu apoio, havia manifestações improvisadas dentro das fábricas para convencer os indecisos e interromper o ciclo de produção; além disso, havia reduções espontâneas do ritmo de trabalho ou paradas intermitentes. Não se tratava de luddismo, mas era uma forma de tornar as greves mais caras para o patrão e menos pesadas para os operários. Quanto a quem decidia, não existia um assemblearismo inconcludente, mas consultas preventivas e coletivas sobre plataformas iniciais, eleição direta de delegados divididos em listas na qual todos os trabalhadores tinham direito de voto; os delegados constituíam juntos um conselho de fábrica. Amplas delegações dos conselhos podiam assistir à negociação nacional com a contraparte e, com frequência, influenciavam-na com aplausos ou vaias.

Alguns dados falam por si só: em 1965, havia na indústria metalúrgica mil comissões internas, um tanto ancilosadas e controladas de cima, que representavam 500 mil trabalhadores; em 1972, 4.300 conselhos de fábrica representavam 1 milhão de trabalhadores e eram controlados de baixo. De 1968 a 1972, a CGIL e a CISL, que lideravam a luta e eram sustentadas por ela, passaram de 4 milhões para 5 milhões de filiados e, em dois anos, chegaram a 6 milhões de filiados. Para medir a contaminação e o deslocamento político que aos poucos se produziram, inclusive fora dos limites da indústria, vale um dado ainda mais impressionante: em 1968, a CGIL tinha 4 mil filiados no funcionalismo público; nos primeiros anos da década de 1970, esse número passou para 90 mil. Esses dados mostram não só o tipo de dinâmica expansiva que se criava quando a iniciativa de baixo aumentava suas exigências e a qualidade de seus objetivos e, reciprocamente, o sindicato se deixava penetrar para poder representá-la com mais eficácia. Tratava-se de lutas sindicais? Com certeza, e o sujeito social não podia prescindir delas. Todavia, quando observamos os objetivos e os resultados dessa luta, as formas que assumiu, o espírito geral que a inspirava, o nível de participação que a acompanhou, os quadros que rapidamente se formavam, não se pode negar seu valor político.

Nesse entrelaçamento, ou mesmo ambiguidade, entre concerto sindical e radicalidade das inspirações e, com frequência, dos comportamentos estava a força do movimento. Que durou até depois de seu apogeu, obteve conquistas importantes (por exemplo, o estatuto dos trabalhadores, 150 horas remuneradas para recuperação escolar, enquadramento único de empregados de escritório e operários) e consolidou a unidade sindical (a FLM*, o pacto de unidade de ação entre as confederações). Mas o que mais importa é que essa unidade deu implicitamente uma sugestão de estratégia política global, que Gramsci havia elaborado havia muito tempo: a ideia de que, no Ocidente em particular, a revolução deveria avançar sobretudo como movimento social, antes de conquistar o poder

---

* Federazione Lavoratori Metalmeccanici (Federação dos Trabalhadores Metalúrgicos). (N. T.)

estatal; a classe operária deveria adquirir a capacidade de uma classe dirigente, conquistar as casamatas, definir objetivos intermédios, estabelecer não apenas alianças, mas um bloco histórico hegemônico.

Contudo, nessa ambivalência entre o sindical e o político, nas lutas operárias mais avançadas, havia também uma contradição. Quanto mais o impulso reivindicatório crescia e se impunha, quanto mais o poder patronal se erodia nas fábricas e a organização do trabalho se subvertia, quanto mais emergia a necessidade de melhorar as condições de vida dos operários (e, com eles, das grandes massas dispersas, mas igualmente sacrificadas) também fora das fábricas, mais se erguiam, contra esse movimento, dois grandes obstáculos conexos. Em primeiro lugar, e como sempre, a chantagem da crise econômica, particularmente aguda em um momento em que o desenvolvimento capitalista entrava por conta própria em uma fase precária e a indústria estava inserida em um mercado internacional em que devia competir. Em segundo lugar, a necessidade de buscar recursos para financiar o "Estado social", impor um quadro normativo e encontrar capacidade gerencial para orientar esses recursos para a satisfação das necessidades coletivas, de acordo com uma precisa escala de prioridades. Em um e outro, estava destinado a vir à tona o problema de uma mudança profunda da política, e em particular da política econômica, como suporte essencial para a manutenção e o desenvolvimento do movimento.

No curto prazo, esse problema parecia e era insolúvel. As forças do governo chegaram a 1968 em plena involução: os socialistas tentaram insensatamente uma união com os sociais-democratas e saíram dela em estado comatoso; mais do que nunca, a Democracia Cristã estava empenhada em conservar o poder a qualquer custo e dividiu-se em uma disputa interna. Não havia espaço para um diálogo sério com eles. Abstratamente, isso podia ser proveitoso para a oposição de esquerda, mas sinais preocupantes começavam a vir também da sociedade.

Não me refiro tanto à "estratégia da tensão", da qual falarei adiante, mas aos motins de massa subversivos que explodiram em particular em Reggio Calabria e Áquila e mostravam que nas zonas de degradação social, clientelismo e delinquência tolerada, a revolta podia orientar o povo em uma direção paroquialista e reacionária. Menos patente, mas talvez mais alarmante, foi o que aconteceu em Battipaglia, porque os fascistas intervieram muito pouco, o impulso à rebelião não era do tipo paroquialista e as massas não eram marginalizadas. Essa era uma das poucas regiões onde o desenvolvimento era mais evidente, mas nas formas degeneradas que assumia no Sul: subsalários, trabalho precário, clientelismo e *caporalato**. Quando se anunciaram demissões na indústria do tabaco, a

---

* O *caporalato* é uma forma de exploração ilegal do trabalho difundida no Sul e controlada por organizações mafiosas. Consiste no recrutamento de trabalhadores que se oferecem todos os

sociedade se rebelou, ocupou a estação de trem para chamar a atenção, foi duramente reprimida pela polícia e, em resposta, ateou fogo na prefeitura, símbolo de todos os vícios. Contra tudo e contra todos, instituições e partidos, uma moderna *jacquerie* em uma sociedade modernizada, espelho de uma parte importante do país, em que sindicatos e lutas não eram suficientes para expressar e canalizar uma raiva legítima e irreprimível.

As eleições de 1972 foram uma fotografia das relações de força reais: o PCI desacelerou seu crescimento, toda a esquerda regrediu por causa do colapso do PSI e do humilhante resultado do *Manifesto* e da lista de Labor, a Democracia Cristã aguentou firme, mas deslocou-se à direita, e o Movimento Social Italiano (MSI)* deu um salto. É óbvio que a estabilidade do governo não foi recuperada, mas chegou-se a um governo Andreotti-Malagodi, apoiado pelo MSI. A classe operária ainda não havia abaixado a cabeça: no contrato nacional daquele ano, conquistou o enquadramento único de operários e empregados de escritório e as lutas prosseguiam (em 1973, as horas de greve foram inferiores apenas ao pico de 1969). Sabemos qual resposta, ainda em 1972, o PCI elaborou para oferecer uma saída política para o movimento: a unidade nacional.

Era possível fazer algo diferente em termos de conteúdos e protagonistas, já que o mundo e a sociedade eram completamente novos, mas similar em raciocínio e comportamento ao que Togliatti conseguiu fazer no fim da guerra antifascista, em condições muito mais difíceis? Era possível estar no movimento de luta, ganhar credibilidade dele e, com seu consentimento, conduzi-lo não para uma rápida "revolução", mas para uma etapa de aproximação, cujo remoto objetivo, além de declarado, fosse evidente? Antes de descartar essa possibilidade, já que pode ser descartada com argumentos sérios, devemos completar o reconhecimento daquele longo 1968.

Estudantes e contiguidades

Obviamente, o coprotagonista do 1968 italiano foi o movimento estudantil, que explodiu repentina e impetuosamente, embora com algum atraso em relação ao de outros países (Estados Unidos e Alemanha), coetâneo do Maio francês. Como revolta geracional, cultural e, sobretudo, moral, e com seu componente anti-imperialista, reconhecia e reproduzia orientações e características, mas com

---

dias em um mercado ilegal, em particular no setor da construção civil e da agricultura. São escolhidos por capatazes (*caporali*) que, em troca, descontam cerca de 50% do valor pago pelo trabalho, já sensivelmente abaixo do mínimo sindical. (N. T.)

* O Movimento Social Italiano era um partido neofascista, fundado pelos antigos partidários da República Social Italiana. (N. T.)

uma especificidade nacional que, com o tempo, mostrou relevância. Antes de tudo, por sua história e, em particular, pela condição material da qual partiu.

Desde a guerra de libertação, mas ainda por quase duas décadas depois, um grande número de jovens e muito jovens, aliados ou adversários, participou e protagonizou lutas políticas muito duras, com um alto nível de convicções ideológicas e discriminantes de classe. Antifascistas contra fascistas de início, comunistas contra católicos depois. Formaram-se assim organizações políticas juvenis de massas e fortemente militantes. Os "boinas-verdes" da praça São Pedro, comandados pela Giac* geddiana e presentes em todas as paróquias, e o meio milhão de filiados da FGCI de Berlinguer durante toda a década de 1950. Os estudantes, sobretudo os universitários, permaneceram à margem pelo simples fato de que, naquela época, os filhos dos operários e dos camponeses, depois do ensino básico, começavam a trabalhar fora ou dentro da própria família, e apenas os filhos dos burgueses frequentavam as universidades. Ao menos a partir de 1948, os jovens universitários não se sentiam mais premidos a se engajar na luta política cotidiana, e os estudantes comunistas eram poucos. Quando eu estava na faculdade, as raras e magras manifestações estudantis eram promovidas por uma minoria parafascista sobre a questão da Trieste italiana.

Mas, como vimos, em 1960 surgiu uma nova geração de jovens que participou da retomada das lutas operárias e era animada por um novo antifascismo militante, com precoces manifestações anti-imperialistas (Congo, Palestina, Cuba, ainda antes do Vietnã). Havia uma minoria de estudantes nas ruas, mas não enquanto estudantes. O balanço dessa história é simples: havia uma nova geração em formação na Itália, fortemente politizada e orientada para a esquerda. Parte da juventude católica, depois do rompimento de seu grupo dirigente com Gedda, começou a se deslocar para o movimento operário. Mas todos queriam que os partidos de esquerda se renovassem, apoiavam-nos de fato, mas não se filiavam a eles. Sem essa renovação, uma minoria intelectualmente qualificada procurava novos mestres ou formava cenáculos dissidentes (*operaísta***, marxistas-leninistas, trotskistas). Os chamados "grupos" de 1968 já tinham seus futuros dirigentes, tanto na Itália quanto na França. A FGCI, antes de ser "nor-

---

* A Gioventù Italiana di Azione Cattolica (Juventude Italiana de Ação Católica) foi dirigida de 1934 a 1946 por Luigi Gedda, que depois se tornou presidente de toda a organização. Gedda foi um dos signatários do manifesto em defesa da raça. (N. T.)

** O operaísmo foi uma corrente de pesquisa e análise teórica que surgiu na Itália e se expressava pela revista *Quaderni Rossi*. Afirmava a centralidade da classe operária no desenvolvimento econômico e a necessidade de sua autodestruição (por meio do abandono do trabalho) como única maneira de derrubar o capitalismo, assim como negava o papel dos partidos e dos sindicatos. (N. T.)

malizada" no XI Congresso, tentou reconhecer e dialogar com eles. Não menos específica, mas ainda mais importante, foi a condição material do ensino e dos estudantes. Isso, além de explicar a força e o caráter do movimento estudantil, é uma questão nacional que nunca foi seriamente resolvida.

Na Itália, a escola de massa enfrentava os mesmos problemas enfrentados em qualquer outro lugar, porém eram mais agudos e numerosos. Do mesmo modo que a nova industrialização, a escola de massa nasceu em poucos anos, sem nenhuma reforma nem financiamentos adequados. O livro de Rossana Rossanda, *L'anno degli studenti* [O ano dos estudantes], oferece um quadro eficaz da situação. O ensino fundamental único e obrigatório, que existia havia muito tempo em quase todos os países avançados, foi introduzido na Itália apenas em 1960, mas, para que fosse acessível, o latim foi eliminado e novos professores, com a mesma formação de sempre, foram contratados. A classe média, um pouco mais abastada, movida pela antiga ambição e antecipando a procura incessante de empregos mais qualificados, fez todos os tipos de esforços para mandar seus filhos para a universidade, cujo acesso foi aos poucos liberado. Mesmo quem não tinha recursos fazia "bicos" para não ficar fora da corrida para a futura carreira por falta de um diploma, talvez simbólico, mas exigido (os estudantes trabalhadores).

Assim, em 1967, os estudantes universitários já eram meio milhão. Essa onda atingiu 23 cidades universitárias, mais ou menos o equivalente em número às do início de século. Os professores comuns, os "barões", que em 1923 eram 2 mil para 43 mil estudantes, subiram para 3 mil para 450 mil estudantes, e eram obrigados a cumprir 50 horas de ensino efetivo por ano (exames incluídos). As salas eram insuficientes até para a minoria de alunos que assistiam às aulas. Laboratórios e bibliotecas eram de difícil acesso. Apenas um em cada quatro estudantes conseguia se graduar, os outros desperdiçavam o próprio tempo ou arrastavam pendências, até que abandonavam o curso. No Parlamento, a esquerda pedia organização e investimentos para remediar essa situação intolerável, mas foi bloqueada, além da falta de dinheiro, pela obtusa resistência contra a dedicação exclusiva e a descentralização do poder por parte dos próprios barões, que com frequência também eram parlamentares centro-direitistas e não queriam abrir mão de cargos duplos. Mas, ainda que não tivessem sido rejeitadas, essas propostas modernizadoras teriam agravado outro problema delicado: o mercado do trabalho não era capaz de absorver o número crescente de graduados, ainda mais com capacidades profissionais limitadas, inadequadas para os papéis exigidos. Por último, algo menos evidente mas mais escandaloso, a discriminação social efetiva: em cada cem graduados, apenas um provinha de família operária ou camponesa. A escola era tudo, menos democrática: os trabalhadores financiavam os estudos dos filhos dos burgueses, os quais, quando conseguiam completá-los, exigiam, justamente por causa do título, em geral formal, um salário muito mais alto do que o deles. Esse último elemento era necessário para pôr em evidência o papel social não apenas da universidade, mas de toda a estrutura de ensino. Quem chegava à universidade? E por que a "mortalidade" era tão elevada? O desastre se devia também ao estado dos ensinos médio e fundamental.

O ensino médio tem, por natureza, duas tarefas: formar uma capacidade intelectual geral – uma visão de mundo – e fornecer a base de conhecimentos para uma especialização profissional criativa e de alto nível. A escola tradicional (a de Gentile), com seus conteúdos, métodos e estruturas (os liceus), cumpriu com seriedade sua função de formar uma elite, transmitindo um saber que se atualizava muito lentamente. E era ajudada pela família abastada, que não só fornecia aos jovens um treino precoce no esforço intelectual, como tinha o hábito de manter viva a própria cultura. A escola de massas subverteu tudo isso. Em primeiro lugar, a transformação incessante, tanto da cultura e das relações sociais quanto das tecnologias produtivas, tornava impossível e inútil a transmissão de um saber antigo, rígido, de perfis profissionais fixos e predeterminados. Ao contrário, impunha para ambos os aspectos a aquisição de uma capacidade crítica, capaz de se orientar diante de problemas morais ou tecnologias em contínua evolução. Em segundo lugar, o saber da tradição não podia ser transmitido nem mesmo assimilado por aqueles que não tinham os antecedentes da classe dirigente. Em terceiro lugar, a família, inclusive a abastada, havia desmoronado: se a velha geração tentava impor seu modo de ver, não era nem sequer ouvida e acabava desistindo; mas ela não tinha o que dizer, porque a especialização profissional e a pressão das novas culturas afastaram os adultos do exercício intelectual. Como foi demonstrado por estatísticas precisas, tudo que se aprende na escola (com a exceção do que pertence à mais restrita prática cotidiana) é esquecido em menos de dez anos. O analfabetismo dos mais velhos soma-se às carências do ensino e à ultrafragmentação do trabalho e da própria pesquisa. A escola tradicional, simplesmente entulhada em vez de transformada, exclui as classes subalternas, adapta-se para tornar-se "fácil" para todos e evitar o extermínio e, por fim, torna-se uma "grande confusão" cultural e comportamental, delegando a formação acima a centros de "excelência" e abaixo ao sistema midiático. Produz, em suma, um produto semiacabado, informe, destinado a funções repetitivas, e uma eterna confusão. Essa foi, desde o início, a escola de massa que chegou à Itália, onde não existiam mecanismos de correção, implantados havia muito tempo em outros países a fim de reduzir os danos ao menos do ponto de vista do sistema (as onerosas universidades de vanguarda e a importação seletiva de cérebros nos Estados Unidos, nas *Grandes Écoles* e nos *Institutes* da França e nas excelentes escolas técnicas da Alemanha). Essa condição material da escola torna evidentes tanto as razões da contestação radical dos estudantes quanto a irresponsável cegueira do governo, assim como da esquerda, com relação a um problema tão fundamental para o futuro do país. Era preciso enfrentar o problema naquele exato momento, quando havia uma revolta social que permitia isso e as pessoas procuravam uma nova definição de estilos de vida, às vésperas de uma nova revolução tecnológica (informática, biogenética).

Voltemos agora ao movimento dos estudantes, em cujo percurso podemos distinguir, esquematicamente, três fases diferentes, sem esquecer que às vezes elas se sobrepunham ou uma trazia marcas evidentes de outra. A primeira fase (1967-1969) foi, acima de tudo, espontânea e de massas: em poucos meses, estendeu-se a todo o país, com maior ou menor dimensão e com ênfases diversas, mas precisamente como movimento estudantil. Quanto às ideias, era amplamente devedor dos alemães e, quanto às práticas, dos norte-americanos; contudo, em ambos os aspectos, devia muito aos eventos breves e fulgurantes do maio francês. O elemento comum era o antiautoritarismo, que se tornou imediatamente evidente pela forma principal de luta: a ocupação do espaço universitário, pelo máximo de tempo possível. Na Itália, o movimento realizava assembleias autônomas frequentes, intervinha mesmo durante as aulas, vivia quase exclusivamente para discutir e decidir, mas também para se conhecer e se divertir; às vezes era dispersado pela polícia, chamada pelos reitores, mas logo retornava. Desde o início, porém, mais do que em outros países, o movimento italiano concentrou sua atenção em um objeto preciso e em um adversário direto: os métodos e os conteúdos do ensino, a condição material e moral do estudante. Aliás, nas experiências-piloto (Trento, Veneza, a faculdade de arquitetura de Milão), o primeiro passo estava ligado à realidade específica de uma disciplina e situação (o que é sociologia, quais são os objetivos da arquitetura, que tipo de sociólogo ou de arquiteto?). Não por acaso, o primeiro momento de coordenação nacional provisória foi oferecido pela ocupação do Palazzo Campana, em Turim, que elaborou o texto "Contra a universidade, poder estudantil". Contudo, o movimento foi desde o início um movimento de contestação, ou seja, nasceu de uma situação concreta, era capaz de identificar os pontos específicos do mal-estar da massa estudantil, sabia mobilizá-la e produzir não apenas uma crítica, mas uma luta vitoriosa, sobretudo contra a arrogância e a negligência do corpo acadêmico e contra as regras e estruturas organizativas sufocantes e putrescentes. Ocupações, intervenções críticas ou zombeteiras durante as aulas já possuíam em si a capacidade de mostrar que "o rei está nu"; mas o movimento também era capaz de perceber, aos poucos, a lógica geral que estava na base das instituições e, para além dela, o papel geral que representava e continuaria a representar no sistema social, mesmo se e quando fosse modernizada.

Podia-se perceber nisso uma analogia com a trajetória das lutas operárias: reivindicações imediatas, insubordinações de baixo e demanda de poder. Mas também uma desconfiança profunda contra qualquer tipo de organização estruturada, contra qualquer tipo de delegação, contra o próprio conceito de "objetivo intermediário" e, portanto, contra a remoção de qualquer análise do marco geral que o movimento queria mas não podia subverter de uma vez só. Essa desconfiança era própria desse movimento espontâneo, de estudantes e, em certo sentido, fecundo, porque o resguardava do corporativismo de uma classe privilegiada e o transformava em um sujeito político. Fecundo, em particular, em sua fase inicial. No fundo, na guerra *partigiana*, havia uma ideia de combater pela liberdade, que talvez fosse majoritária entre os jovens, assim como a de que o risco de suas vidas e as armas que empunhavam arrastariam todo o país e mudariam a sociedade. Como na época da guerra, o PCI poderia ter tirado proveito e, ao mesmo tempo, orientado essas aspirações, dentro de uma situação histórica precisa, se tivesse sido parte integrante e reconhecida do movimento. De resto, a revolta operária, então recente, teria assumido as dimensões e as peculiaridades anteriormente esboçadas sem um sindicato disposto a mudar para poder representá-la e com força para dirigi-la? Profunda, ao contrário, foi a incapacidade do PCI de não reconhecer o alcance do movimento dos estudantes em sua fase nascente. Entregue a si mesmo, o movimento fez o melhor que pôde, mas seu melhor não bastava, ao contrário, estava cheio de armadilhas.

A segunda fase (1969-1971) iniciou-se com um grande perigo, substancialmente evitado, e continuou com uma grande oportunidade, infelizmente desperdiçada. O perigo evitado foi produzido de maneira consciente pelas forças reacionárias e pelos aparelhos do Estado. Refiro-me ao massacre de Milão, no Banco Nacional da Agricultura, um evento que exige atenção, porque atravessa toda a história italiana. A "estratégia da tensão" arrastou-se por anos. Bombas e atentados, muitas vezes cruentos, aconteceram antes e depois de 12 de dezembro de 1969 (desde Peteano até Bréscia e Bolonha). Sabemos que havia em todos uma provocação fascista e uma corresponsabilidade dos serviços secretos do Estado. Aliás, mesmo quando faltava o aspecto terrorista, a "estratégia da tensão" atravessou a década inteira: desde o Plano Solo* até o Sifar**, desde De Lorenzo até Miceli, Borghese e a P2***, o lado obscuro do poder intervinha na política

---

* O Plano Solo foi uma tentativa de golpe de Estado que deveria ocorrer no verão de 1964. (N. T.)

** Servizio Informazioni Forze Armate (Serviço de Informações das Forças Armadas). (N. T.)

***Giovanni De Lorenzo era comandante dos *carabinieri* e liderou o Plano Solo; Vito Miceli foi chefe da Sios, um serviço de contraespionagem, e do Serviço de Inteligência da Defesa (SID); Junio Valerio Borghese era um militar próximo dos grupos de extrema direita (Ordem Nova e Vanguarda Nacional); e a P2 (Propaganda 2) era uma loja maçônica, dirigida por Licio Gelli.

italiana. Mas a praça Fontana* teve um peso e uma característica particular. Não tanto porque os serviços secretos participaram – ainda não se sabe como – do planejamento e do despiste, mas porque o atentado foi assumido e utilizado pela cúpula como ocasião para dirigir um ataque político preciso – que ela julgava decisivo – contra o movimento de massa dos estudantes e, sobretudo, dos operários (a coincidência de datas é eloquente). Não me interessa saber se Pinelli foi empurrado por acidente ou com intenção assassina ou reconstruir a escandalosa e canhestra acusação contra o "bailarino anarquista"**. O que me interessa é que, poucas horas depois do atentado, o ministro do Interior fez vazar a notícia de que existiam razões em dirigir as investigações para a esquerda, e imediatamente iniciou-se uma campanha insana na mídia para lhe dar crédito, alimentada dia a dia pelas "investigações". Também me interessa o fato de que a campanha de contrainformação caiu nas costas da ultraesquerda e de um pequeno setor da *intelligentsia* democrática. Ela não teve sucesso, porque foi grosseira e amadorística, mas por muito tempo o PCI limitou-se a dizer "que se faça a luz" e, quando a luz se fez, ele não assumiu o complô para atacar a fundo e em conjunto o lado obscuro do regime. Com isso, abriu um fosso intransponível com o movimento estudantil e, pior, abriu mão de uma de suas armas clássicas, a mobilização democrática. Em vez de desacreditado, o movimento cresceu, mas duas certezas ficaram gravadas como nunca: as instituições estavam podres e dispostas a tudo; e o PCI, se não era um inimigo, era um adversário ou, em todo caso, um interlocutor não confiável. Parte do movimento convenceu-se de que, à violência do Estado, era necessário contrapor uma violência defensiva. A ideia de luta armada ainda estava longe, ou era objeto de puro palavreado, mas é verdade que, para o senso comum, qualquer manifestação que terminasse sem um confrontozinho que fosse com a polícia não passava de um "passeio". Isso me parecia burrice, mas quantas carreiras não tive de dar para ficar de fora, um pouco envergonhado? Era sabedoria ou moderantismo incurável?

Em dezembro de 1970, todos participaram de uma tentativa de golpe. Entre 7 e 8 de dezembro, quando o golpe já estava em andamento, com a ocupação dos principais ministérios por destacamentos militares, Borghese interrompeu a operação por motivos que até hoje não foram esclarecidos, mas provavelmente por intervenção dos Estados Unidos. (N. T.)

* O Banco Nacional da Agricultura localizava-se ali. (N. T.)

** Pietro Valpreda, acusado e condenado pelo atentado da praça Fontana. Antes dele, Giuseppe Pinelli, também anarquista, foi preso pela polícia por suspeita de participação no massacre de Milão; morreu durante o interrogatório, ao cair do quarto andar do prédio em que estava. Segundo as investigações, e por decisão dos juízes, a queda foi involuntária, provocada por um mal-estar de Pinelli. Contudo, as contradições na reconstituição dos fatos e o depoimento de outro anarquista, preso com Pinelli, contribuíram para reforçar a hipótese de homicídio. (N. T.)

A ocasião perdida foi oferecida pelo "outono quente" dos operários. A evidência dos fatos convenceu a massa de estudantes, e não apenas os que a esperavam havia muito tempo, que era necessário "ir junto com os operários" (da mesma forma que os *narodniki* iam junto com os camponeses) e construir com eles uma nova organização política, que faltava tanto a uns quanto aos outros. Essa mudança manifestava uma exigência real, não uma abusiva invenção ideológica. Se era verdade, como era de fato ou assim se considera, a ideia de que não se podia mudar a escola, e menos suas saídas, sem mudar toda a sociedade, era natural que os estudantes tentassem se unir aos operários, exatamente naquele momento "mágico" para ambos. E se era verdade que uns e outros já traziam em si aspirações e experiências que as forças tradicionais não podiam ou não queriam representar, era natural que se propusessem preencher juntos esse vazio. É claro que nem todos puseram em prática essa decisão, que era terrivelmente dura, porque comportava não a "alegria e revolução", mas sim um sacrifício de trabalho cotidiano, contínuo e incômodo, para superar um muro de desconfiança obstinada, encontrar uma linguagem comum, saber dizer alguma coisa sobre problemas não conhecidos e em um ambiente desconhecido. Mas o êxodo aconteceu. Milhares de jovens estudantes passaram mais de um ano nos portões das fábricas, nos bares frequentados pelos operários, imitando-os e fazendo-os sentir orgulho de si mesmos. Transmitiram-lhes algo mais do que seu entusiasmo, sua recusa a aceitar a autoridade constituída; conseguiram recrutar em coletivos políticos alguns milhares de operários desorganizados, atribuindo-lhes de imediato um papel dirigente e, em alguns casos, ajudaram a formar órgãos autônomos do sindicato (Pirelli, Mirafiori, Porto Marghera e Bolonha) e dos partidos, mas sem provocar um conflito aberto contra eles. Tachar essa experiência de veleidade irrelevante, quando não nociva, negando sobretudo seu valor ético e formativo, é estúpido e mesquinho, embora com frequência alguns dos que a viveram contribuam para isso. Por mais que se queira e se deva repensá-la criticamente – e efetivamente criticá-la –, ao menos nessa fase ela representou uma medalha e não uma cruz.

No entanto, quando voltamos a atenção para o modo concreto com que essa tentativa foi posta em prática, e para os resultados que se produziram, o juízo deve ser mais severo e, no meu caso, pelo pouco com que contribuí, autocrítico. Os estudantes iam às fábricas proclamando sinceramente que "a classe operária deve dirigir tudo". Mas, na realidade, sem querer, apresentavam-se para sugerir aos operários o que deviam fazer. E o que sugeriam estava muito equivocado. Equivocado, em primeiro lugar, porque negavam a utilidade concreta de uma luta sindical, que, por natureza, por mais avançada que seja, deve se concluir com um resultado sancionado por um acordo, do qual, sendo ele positivo, deve-se partir quando as relações de força o permitem ou, ao contrário, deve-se defender da melhor forma possível, caso se tente anulá-lo. A "revolução permanente", sempre aberta e sempre à frente, é uma tolice a que só pode se permitir quem pode abrir mão do emprego e não tem de sustentar filhos. Negar isso levava a um choque frontal com o sindicato, à negação da função do sindicato em si, no exato momento em que este se abria para os estímulos da base e garantia que as lutas mais avançadas não ficassem isoladas nos centros mais representativos do aparelho industrial. Equivocado, além disso, porque os estudantes equiparavam todas as organizações políticas existentes, toda a sua história passada, tornando totalmente abstrata a possibilidade de impor uma mudança política em tempos não bíblicos e deixando de se perguntar por que, apesar de tantas contestações de baixo, o PCI não só mantinha como ainda aumentava sua força entre essas mesmas classes populares. Continuar a dizer que o PCI estava do outro lado havia décadas e depois constatar que ele tinha amplo consenso entre os trabalhadores era como dizer que os operários eram tão estúpidos que não compreendiam o óbvio. Seja como for, era um modo de confirmar que qualquer objetivo intermediário, qualquer mudança parcial do poder e das condições de vida era veleidade.

No marco dessa experiência e dessa convicção já disseminada nasceram e inseriram-se, sobretudo no movimento estudantil, grupos políticos organizados, minoritários, mas não exíguos, apoiados por uma militância generosa e assídua, e liderados em geral por dirigentes de valor. Estes, porém, tendo assumido em si mesmos e confirmado pelo movimento uma visão tão deformada das coisas, avistando no horizonte uma ruptura revolucionária que não estava ao alcance das mãos, foram incapazes de tirar dessa experiência o estímulo para análises mais complexas e estratégias novas. De modo que, paradoxalmente, um movimento de massas, nascido da modernidade e de suas novas contradições, ansioso por propor ou antecipar uma linha ainda mais alternativa do que aquelas apresentadas e tentadas até então, procurava para si mesmo representação política e ideológica e formas organizativas no antigo arsenal da extrema esquerda: espontaneísmo, operaísmo, trotskismo, ou, ao contrário, assumia versões míticas de tentativas sugestivas, mas recém-derrotadas, como a teoria dos focos guerrilheiros ("um, dez, cem Vietnãs"), a Revolução Cultural fora do contexto maoista e assim por diante. Essas ideologias não se sustentavam, ainda mais que tinham de se escorar no sectarismo e, portanto, em conflitos crescentes entre um grupo e outro. Desse longo período de lutas sociais e tumulto cultural, o movimento estudantil, ao invés de se fortalecer, saía enfraquecido do ponto de vista de sua extensão e intensidade. O grande êxodo para a "terra santa" não deu certo. Nas universidades, as ocupações recomeçaram, mas não por toda a parte. As manifestações antifascistas ou pró-Vietnã contavam com a adesão de milhares de jovens. Os estudantes do ensino médio também se mobilizaram.

Iniciou-se então uma terceira fase (1970-1972), também significativa, porque, com atraso e sem nenhum sucesso, tentou novas experiências das quais podemos tirar alguns pontos de reflexão. Deixo de lado o episódio de uma estreita minoria que começou a se preparar para o confronto armado. Falarei dela mais adiante, quando lamentavelmente essa tendência ganhou um papel relevante. O grosso do movimento, inclusive "os grupos" que se integraram a ele, seguiu duas direções. Uma parte, sobretudo a organizada nos "grupos" ou recrutada por eles entre as classes populares dispersas, procurou reiniciar o conflito social, dessa vez fora das fábricas, com o tema das necessidades coletivas e, em primeiro lugar, a falta de moradias e o preço exorbitante dos aluguéis. A mesma tentativa foi feita pelas organizações sindicais, com métodos completamente diferentes, mas com os mesmos resultados frustrantes. A palavra de ordem era "tomar a cidade", a prática era ocupar imóveis vazios (às vezes ainda não completamente acabados) e fazer greve de aluguel. Vários edifícios nas grandes cidades (Milão, Roma, Turim) foram ocupados e mantidos por certo período, apesar das duras tentativas de desocupação por parte da polícia e, em alguns lugares, certo número de inquilinos deixou de pagar o aluguel da casa que já ocupavam. O ponto fraco dessas experiências não foi apenas que faltava força para torná-las mais do que exemplares, mas o fato de que se concentravam nas moradias populares, de propriedade municipal, das quais se esperava que o município ratificasse a ocupação e não promovesse o despejo. Desse modo, porém, suscitavam o legítimo protesto de outras famílias, igualmente necessitadas, mas que aguardavam na lista de espera para poder se instalar. Às vezes acontecia de alguém comercializar a ocupação abusiva, de modo que surgiam conflitos entre pobres e brigas entre os ocupantes. Por fim, a polícia intervinha para reestabelecer a ordem. Por outro lado, as lutas lideradas pelos sindicatos, sem grandes mobilizações, contra um governo cada vez mais conservador, conquistaram apenas migalhas e até uma variação da lei urbanística que limitava a rigidez dos planos reguladores e reiniciava a especulação imobiliária.

Outra parte do movimento, sobretudo em Milão, voltou para universidade com o projeto de "uso alternativo parcial da instituição". Partir novamente da universidade: não apenas para ocupá-la e protestar, mas para organizar seminários e cursos permanentes, ligados às diferentes faculdades, para redefinir os conteúdos do ensino, redirecionando-os para a análise da sociedade, para a crítica dos papéis e das profissões intelectuais, para formar também uma cultura política e manter abertos os cursos noturnos para os estudantes que trabalhavam. A tentativa não decolou de modo satisfatório e durou pouco; em muitos casos, rebaixou-se a reivindicações muito mais modestas e discutíveis: avaliação coletiva, nota garantida. Provavelmente porque começou com atraso, e já não contava mais com uma participação adequada, superada pela lógica do "grupo político".

Vale a pena refletir sobre isso, pois pode-se constatar que existiam condições favoráveis para que poderiam ter sido colhidos frutos se se tivesse começado antes, em maior escala e com mais convicção, e, sobretudo, para não apagar da memória o valor daquilo que acabei de definir como "condições favoráveis". Refiro-me à agitação que 1968 produziu no mundo intelectual, dentro e fora das universidades. Lutas operárias, lutas estudantis, lutas democráticas e internacionalistas tiveram influência sobre os estratos intelectuais e as instituições em que trabalhavam e se organizavam. Em substância, estava em curso, não marginal, uma reflexão crítica, individual e coletiva, sobre o papel que cada um era chamado a representar e a cultura com base na qual o representaria.

Dou alguns exemplos de um fenômeno mais vasto: a medicina democrática, dirigida por Maccacaro e focada na saúde nas fábricas e na importância prioritária de métodos preventivos, mas que falava do direito à saúde em geral a milhares de jovens médicos que ainda não estavam à procura de um rico nicho nas clínicas privadas; a psiquiatria democrática, liderada por Basaglia e pelo grupo de Trieste, que lutava contra a instituição manicomial e propunha uma reflexão sobre a relação entre doença e saúde no campo mental; as iniciativas "escandalosas" dos jovens juízes do trabalho, que depois prosseguiram com a magistratura democrática, contestando a rígida hierarquia das procuradorias e os limites opostos à independência do juiz; os comitês de redação dos jornalistas, que queriam mais liberdade com relação aos donos da imprensa (não tanto os editores, mas os grupos industriais) ou aos feudos da Democracia Cristã na televisão; a contestação dos cineastas ao uso comercial dos festivais, ou a discussão dos grandes cientistas sobre a mistificada neutralidade da ciência; e até a pressão da polícia a favor da própria desmilitarização e da formação de um sindicato, ou o "silencioso" agrupamento de uma esquerda no corpo diplomático. A tudo isso correspondia na universidade uma novidade que não existia no corpo acadêmico: não somente uma postura mais democrática dos docentes diante da contestação estudantil, mas também a disposição de muitos de participar da renovação das disciplinas e da própria relação entre elas. Em suma, havia recursos para dar à universidade um novo comitente para o desenvolvimento de seu papel formador e para a orientação da pesquisa, sem deixar de cumprir o papel reprodutivo das competências necessárias à sociedade e à economia.

Havia, e ainda há, muito a ser discutido sobre a ordem que se deve dar à escola para que ela possa cumprir esses novos papéis. Educação permanente, relação escola-trabalho, formação dos docentes, qualidade e quantidade de investimentos necessários. De resto, uma nova escola nunca nasce de leis e burocracia, mas de um grande movimento cultural, em conexão com as novas hegemonias presentes na sociedade. Hoje, depois de quase quarenta anos, temos enfim a escola projetada pela senhora Moratti*, uma importação atrasada da América, assim como foram os hambúrgueres, e agora em decadência também por lá. Nossos reformistas são gente séria, prática, que precisa de tempo para pensar, e de mais tempo ainda para agir.

Podemos ver todos os defeitos do mundo no movimento estudantil e, em geral, no 1968 italiano, como eu mesmo fiz. Também podemos jogar toda a responsabilidade e todos os erros em suas costas, embora eu me abstenha de fazer isso. Contudo, parece-me condenável e obtuso negar que ele tenha oferecido recursos extraordinários ou mesmo sugestões precursoras.

O concílio ecumênico

Para completar o quadro do 1968 italiano, é necessário ao menos acenar para outro evento, o Concílio Ecumênico Vaticano II. Digo ao menos acenar não por subestimar sua importância e complexidade, mas, ao contrário, por constituir uma passagem fundamental de uma "história paralela", a da Igreja e da religião em geral, de sua evolução e depois de sua involução. Uma questão que a política e a cultura laica acharam que poderiam considerar irrelevante, politicamente encerrada com a fórmula "Igreja livre em Estado livre", culturalmente destinada à marginalidade pela afirmação indiscutível da ciência e da tecnologia. E que, ao contrário, continuou a interagir com a história da Itália e do mundo, para o bem e para o mal, até os atuais conflitos entre os vários fundamentalismos. Do pontificado de Pio XII aos de João XXIII, Karol Wojtyla e Ratzinger (para não falar do islã ou da proliferação de novas seitas ou novas superstições), existe uma história específica: quem, como eu, não acredita que todas essas fases tenham sido ditadas pelo Espírito Santo ou, ao menos, imagina que suas sugestões levariam em conta a realidade em que a ação pastoral é realizada, não pode evitar de investigar esse nexo. Em particular a propósito da Itália, onde a questão religiosa teve e manteve um peso político direto por intermédio de um partido fundado no princípio da unidade dos católicos e por uma rede potente e vital de organizações de massas. E em especial a propósito da religião católica, que, entre as outras, sempre vinculou por natureza a fé e as obras, aspirando dar como fundamento às "obras" um "direito natural", ou seja, afirmar uma coerência entre fé e razão, ambas com uma história própria.

Por ora, limito-me a concentrar a atenção em algumas tendências que dizem respeito especificamente aos anos 1960 e a agitação de 1968. De fato, foram nesses anos que uma mudança profunda na orientação da Igreja – não só polí-

---

* Letizia Moratti foi ministra da Educação no governo Berlusconi (2001-2006). (N. T.)

tica, mas também religiosa – e um impulso igualmente profundo para a transformação da sociedade favoreceram o diálogo e até algumas convergências, mas depararam com um obstáculo que não souberam superar, por limites recíprocos. Na vertente da Igreja, uma primeira abertura parcial se deu pelas duas encíclicas de João XXIII (*Mater et Magistra* e, sobretudo, *Pacem in Terris*): a afirmação da paz como valor prioritário e a distinção entre erro e errante. Na vertente comunista, Togliatti respondeu com a redefinição da questão católica. Essa primeira abertura permitiu e estimulou uma mudança no comportamento, se não ainda na cultura, de amplos setores de duas grandes organizações sociais, a CISL e a Acli, que participaram, não sem incertezas, da retomada operária de 1960. Isso não impediu a Democracia Cristã, não por razões confessionais, mas por oportunismo político, de usar a abertura para os socialistas a fim de erguer uma barreira ainda mais explícita contra os comunistas, ou de reduzir tanto os propósitos reformistas que fez fracassar a operação inteira.

A verdadeira mudança aconteceu com a convocação do concílio, decidido e elaborado pelo próprio papa Roncalli e continuado, com mais prudência, por Paulo VI. Foi uma mudança radical no plano religioso, mais do que no político, mas não é preciso incomodar o Espírito Santo, porque pode ser lida com instrumentos profanos. O concílio foi inspirado e guiado pela incorporação de duas novidades históricas que impunham e permitiam à Igreja uma corajosa reforma. A primeira novidade, a mais evidente e iniludível, era a seguinte. A Igreja Católica sempre se considerou uma "Igreja universal", e durante muito tempo foi de fato, pela mediação (em geral atroz) do papel imperial que a Europa ocidental exerceu no mundo, como portadora da civilização. Essa pretensão de universalidade, evidente na Idade Média, foi profundamente abalada por cismas e heresias, mas sempre entre cristãos, irmãos separados de Roma e uns dos outros, e era contrariada pelo fato de que a Igreja estava presente em continentes ainda dominados por religiões diferentes, mas que ela podia e devia considerar "terra de missão". Mas essa universalidade, mais aparente do que real havia muito tempo, ruiu até como aparência quando os povos coloniais se libertaram ou começaram a se libertar do domínio colonial e reivindicaram uma autonomia histórica e cultural. Se a Igreja romana continuasse a se apresentar a esses povos como reflexo religioso da civilização que os dominava, ao invés de convencê-los, iria perdê-los. Mesmo nos lugares onde havia se enraizado, só conservaria sua posição se reconhecesse a autonomia e a identidade das Igrejas nacionais. Reconhecendo-as, era obrigada não apenas a moderar o caráter cada vez mais centralizador do primado papal, mas também a se confrontar com a realidade em que elas agiam, uma realidade dominada acima de tudo pelo problema da absoluta pobreza e das guerras locais.

A segunda novidade histórica, ainda parcialmente reconhecida, era a seguinte. Tanto nos países "cristãos" quanto nos países em que a Igreja havia mantido uma indiscutível hegemonia de massas ou até controlava o governo, tornava-se evidente uma dificuldade cada vez maior: as vocações diminuíam, assim como a participação assídua à prática religiosa, e crescia a separação entre fé declarada e estilos de vida. Esses fenômenos estavam ligados à transformação social (o desmoronamento do mundo camponês, a influência dos novos meios de comunicação de massas, as migrações, o declínio da família e de sua capacidade formativa e assim por diante). O próprio poder dominante, mesmo quando e onde continuava a se representar como partido católico, era católico mais por conveniência do que por convicção profunda; era católico porque conservador, e não conservador porque católico. O americanismo não era mais o discutível fiador da religião observante, mas o veículo da "secularização" de fato. Para resistir a esse declínio, não bastava mais o chamado a uma ortodoxia obsoleta: mesmo aqueles (muitos) que não sabiam ou não queriam levar em conta o fato de que era necessário confrontar-se agora não apenas com os comportamentos "desviantes", mas também com os processos objetivos que os originavam, e repensar os valores que deveriam ser propostos para distinguir o bem e o mal não podiam não concordar que era preciso priorizar o trabalho pastoral e mobilizar um grande número de laicos, em um novo esforço de evangelização.

Essas eram as bases e as finalidades do concílio, aquilo do qual nasceu uma séria tentativa de reforma: reforma da liturgia e de sua linguagem, autonomia das comunidades de base, nova relação entre laicos e hierarquia, prioridade de temas como a igualdade, a solidariedade, a não violência, o "povo de Deus", a crítica ao consumismo, ao hedonismo e ao ateísmo, não tanto como doutrina, mas como prática. Não por acaso, boa parte do concílio foi estimulada, em seus aspectos doutrinais, pelo cardeal Lercaro e, por intermédio dele, por Giuseppe Dossetti. Isso explica por que, ao menos por alguns anos, certos sindicalistas católicos foram os mais radicais nas novas lutas operárias, ou tantos católicos foram dirigentes em geral extremados do movimento estudantil, muitas igrejas locais tornaram-se alma do dissenso e a *Lettera a una professoressa* [Carta a uma professora], do padre Milani, provocou efeitos mais profundos do que os escritos de Marcuse.

No entanto, nessa grande e subestimada reforma, escondia-se uma contradição que não havia sido resolvida e depois pesou. Ou melhor, uma dupla contradição: uma entre o extremismo de 1968 e a inelimitável tendência de todo católico à moderação quando o extremismo assumia feições violentas e pretendia subverter o mundo, sem saber como, mudar o mundo antes de mudar as consciências; e outra quando a mudança do mundo abalava direta e radicalmente, como estava fazendo naquele momento, os pilares sobre os quais certa cultura católica viveu por séculos, isto é, o valor permanente da família, ainda que reformada e redefinida, a rejeição do libertismo e do permissivismo como conotações da liberdade. Contradições destinadas a explodir, ou melhor, a favorecer um neointegralismo, na ausência de uma cultura e de uma política capazes de superá-las. Mas, disso tudo, a cultura e a política da esquerda não estavam à altura, não se deram conta. O valor e os limites do Concílio Vaticano II quase não foram discutidos. Em todas as frentes: paradoxalmente, escorreram feito água no próprio partido que governava em nome dos católicos. Dossetti havia se afastado, dizendo que, para mudar a política, era necessário primeiro mudar um pouco a Igreja. Quando provisoriamente conseguiu, não encontrou nenhum interlocutor.

A própria amplitude e radicalidade desse quadro punham um problema extremamente difícil e urgente. Eu explico. O movimento de contestação cresceu na onda de uma rápida e destorcida fase de desenvolvimento econômico e de transformações sociais, denunciando tanto as velhas injustiças quanto as novas contradições, alienações e submissões que estavam sendo produzidas ou anunciadas. Essa contestação punha em crise o desenvolvimento que a gerou: criava desordem e incertezas em pontos vitais do aparelho produtivo, paralisava as universidades que deviam criar novos quadros e garantir o consenso, rachava ou tornava precário o funcionamento das instituições públicas. Punha em crise assim o desenvolvimento de que ainda tinha necessidade: para conseguir novas conquistas materiais, para tornar estável o que havia conquistado, para estendê-lo à grande parte dos que tinham o direito de reivindicá-lo e, por fim e principalmente, para alcançar ao menos alguns dos objetivos mais ambiciosos que o animavam.

Em sua fase espontânea e ascendente, o movimento ou removeu ou negou esse tipo de problema, por considerá-lo um entrave, uma brecha para o parlamentarismo e para a delegação, e tinha esperança de que a contestação se espalharia por contágio, até derrubar o sistema e criar um novo poder. Contudo, já em 1970, essa esperança estava desgastada, e não por acaso vários grupos se organizaram em seu interior, em consonância entre si, mas com a ambição de formar um partido e a convicção de que a ruptura revolucionária estava na ordem do dia. Essa convicção não tinha fundamento, porém o problema de uma mudança política forte, com programas avançados, era real, iniludível. Mantinha esse problema em aberto, tornando-o muito mais difícil de resolver, outro fator mais geral, que muitos demoraram em reconhecer e avaliar. No início dos anos 1970, começava a aflorar uma crise profunda e estrutural de toda a ordem capitalista (para a qual o movimento contribuía minimamente). A rápida e constante fase de expansão econômica estava se esgotando.

Como em todas as crises da história capitalista, essa também – ainda que mais gradual e de forma menos visível, mas não menos importante – teve duas faces e dois tempos. De um lado, expunha o sistema a um risco e a alguns conflitos, mas, de outro, obrigava-o a reestruturar-se nas novas tecnologias, na composição de classes, na hierarquia dos poderes. Isso podia ter dois possíveis resultados: um compromisso mais avançado ou uma restauração mais dura da matriz original. Dar uma solução política real ao movimento de 1968 significava mudar a rota em meio a um mar agitado e perigoso; não mudá-la, contudo, significava ser arrastado pelos novos ventos que começavam a soprar.

Neste ponto, acredito ter fornecido os elementos para poder retornar ao centro da minha reflexão: o Partido Comunista Italiano.

Lucio Magri com Enrico Berlinguer.

12. O PCI DIANTE DE 1968

A PARTICULARIDADE do longo 1968 italiano estava também no fato de que dentro e fora dele encontrava como estímulo, apoio ou condicionamento uma grande organização política, influente nas instituições, e mais ainda na sociedade, não em declínio, mas em ascensão, com mais de 1,5 milhão de filiados, operários em sua maioria, construída durante décadas por meio de grandes lutas vitoriosas, perseguições, instrutivas derrotas, presa à oposição porque era comunista e estava decidida a continuar a ser. Era fácil ignorar tudo isso no imaginário, difícil era tirá-lo de cena. Ainda mais importante era o fato de que essa força havia não só assumido como defendido e desenvolvido aos poucos uma identidade específica, que a diferenciava mesmo no interior do movimento mundial em que nasceu e de que ainda era parte.

Falei várias vezes dessa identidade com relação a múltiplas e atormentadas situações. Mas é útil resumir pela última vez, esquematicamente e com uma linguagem elementar, como se faria em qualquer sessão de partido, seus princípios constitutivos. Eis a lista.

1) O objetivo que propomos e julgamos alcançável é o de uma grande mudança na história humana. Ou seja, a superação da sociedade capitalista não somente para redistribuir a renda de maneira mais equitativa e melhorar as condições de vida das massas pobres, mas para socializar a propriedade privada dos grandes meios de produção e orientá-los para objetivos comuns. A partir disso, superar gradativamente o trabalho assalariado, a divisão da sociedade em classes, a contraposição permanente entre o trabalho manual, mesmo que puramente executivo, e o trabalho intelectual e criativo, a divisão entre governantes e governados. Criar assim uma comunidade de indivíduos livres e iguais, solidários entre si – um novo tipo humano. Por isso, somos um partido de classe,

mas de uma classe que quer e pode abolir as classes, inclusive a própria. Por isso, nossa meta é o socialismo, mas como fase de transição para uma sociedade superior. Nesse sentido, somos um partido revolucionário.

2) Nos países em que a dominação bloqueou o desenvolvimento, a revolução teve de assumir formas violentas e valer-se de instituições políticas autoritárias. Todavia, conquistou avanços econômicos, mais igualdade e mais cultura, e também ajudou a derrotar a barbárie fascista. Temos confiança de que isso lhes permitiu desenvolver uma democracia mais ampla, combater formas burocráticas, e é nisso que regiões mais avançadas, como a nossa, podem oferecer apoio e estímulo. A condição de tudo é a paz e a independência de todos os povos. Não existem modelos a ser imitados, existe uma solidariedade anti-imperialista e um confronto recíproco entre experiências diferentes e cada vez mais avançadas rumo ao socialismo.

3) No Ocidente, onde a sociedade é mais complexa e o desenvolvimento econômico é mais elevado, será mais fácil dar ao socialismo instituições pluralistas e liberdade sem limitações, mas a conquista do poder de Estado não pode e não deve ter o caráter de uma ruptura repentina e violenta; ela será o ponto de chegada de um longo processo de luta política e social, pelo qual a classe operária adquire progressivamente capacidade dirigente, subtrai casamatas do poder, realiza alianças e conquista, portanto, um consenso duradouro na maioria do povo. Para isso, são necessários objetivos intermediários e etapas progressivas. Reformas não significam reformismo, se existir um propósito claro que evidencie uma perspectiva, se a democracia não se identificar com o parlamentarismo, se a conquista de votos se misturar às lutas de massa e, por meio delas, garantir a todos condições materiais para se expressar de maneira livre e consciente e se a todo esse processo somar-se a construção de uma força política organizada e estável.

Esse conjunto de convicções, unidas por um nexo lógico, nascidas de experiências reais, cravadas como pregos na cabeça de milhões de homens, era mais do que uma afirmação de valores proclamados em um devaneio. Era o esqueleto de uma estratégia, de um pensamento coletivo que cimentava a unidade e suscitava esperanças solidárias. Continha muitas lacunas, problemas não resolvidos, e foi contrariado diversas vezes por decisões nem sempre justificáveis, por eventos que feriam essa confiança, por autocríticas tardias e parciais. Contudo, nos anos 1960, era o que havia de mais plausível em circulação e encontrava pontos de apoio na realidade. O longo 1968 negava-o e confirmava-o ao mesmo tempo.

A dificuldade era traduzir princípios gerais em uma política efetiva. Ou seja, tratava-se de inserir esses princípios em uma situação historicamente determinada, evitar aventuras, mas com coragem para assumir riscos e paciência para não recorrer a compromissos prematuros ou fazer alianças precárias. E, na situação que descrevi, havia mais possibilidade de erros do que oportunidades. Para o PCI, havia um problema de conteúdos, de organização e de tempos bem escolhidos.

O prólogo

Devemos dar um passo para trás e reconsiderar à luz dos eventos de 1968 o que aconteceu no PCI nos anos imediatamente precedentes. Em primeiro lugar, não é correto afirmar que o PCI era indiferente ao movimento, despreparado para enfrentar suas temáticas e, por isso, desprovido de autoridade para influenciá-lo ou capacidade para aprender o que de novo ele elaborava em termos de ideias e experiências. Sem dúvida, o outono quente, com aqueles traços tão avançados, não teria existido sem a retomada das lutas operárias nos primeiros anos da década de 1960. Basta compará-lo à grande ocupação das fábricas do Maio francês para se dar conta disto.

Talvez nem mesmo a contestação estudantil tivesse experimentado uma politização tão rápida e de esquerda, nem um interesse tão acentuado pelo marxismo sem a mobilização antifascista e sem as incessantes lutas anticolonialistas que aconteceram naqueles anos, e sem a gradativa retomada de um marxismo em geral heterodoxo, mas, de todo modo, não dogmático, importado em parte do exterior, e que no PCI encontrou uma ampla aceitação. Contudo, não podemos ignorar que essa longa semeadura e a influência que ela poderia gerar no e sobre o movimento foram em parte desperdiçadas e em parte desenraizadas, por escolha voluntária, simples incapacidade ou falta de sorte. Quando digo escolha voluntária, refiro-me à conclusão do XI Congresso, que reprimiu inutilmente o dissenso. Confesso que, quando ainda estava no PCI – não muito disciplinado, mas inofensivo – e mais ainda quando fui expulso, encarei muitas vezes a tentação da recriminação, que talvez tenha me levado a formular julgamentos muito incisivos, ou seja, a não ver também as razões daquilo que me parecia (e efetivamente era) errado. E, quando aos grandes triunfos sucedeu-se um lento declínio, pensava: "*Vous l'avez bien voulu, vous l'avez voulu, George Dandin...*"*.

---

* "Você bem quis, você quis, George Dandin". *George Dandin ou um casamento conveniente?* é uma comédia de Molière, de 1668. O protagonista, George Dandin, é um camponês rico que tenta ascender socialmente casando-se com uma mulher de origem aristocrática, cuja família está em decadência. No entanto, é obrigado a suportar uma série de humilhações que mostram a impossibilidade de fazer parte de um mundo que, mesmo decadente, realmente acreditava ter direito a certo *status* e privilégios por "concessão divina". (N. T.)

Hoje já não é mais tempo de recriminações, e suspeito que aquilo que eu recriminava não era tão importante como acreditava na época. Mas o fato permanece, e deve ser lembrado para entendermos como eram as coisas. Os partidários do ingraísmo foram acusados de dar importância demais ao valor político e sindical das novas lutas operárias, toldando a questão das alianças e os problemas de outros setores sociais. Três anos depois, em 1969, essa crítica pareceria absurda; nesse caso, o partido errou ao não expor sua opinião e não construir uma presença direta nas fábricas, respeitando a autonomia sindical. Por muito tempo, os ingraístas foram acusados também de abstração e presbiopia, de sair à caça de novas contradições do neocapitalismo, de procurar um modelo diferente de desenvolvimento, enquanto na Itália perduravam atrasos muito mais graves para combater, forças muito mais tradicionais para mobilizar e classes médias mais tradicionais das quais temer uma sublevação. Essas acusações, três anos depois, também eram desmentidas pelos fatos. O tema da reforma do partido foi o principal *casus belli*: ainda se podia pensar, em pleno 1968, que a forma partido teria crédito na nova geração, se permanecesse inalterada? Não me interessa estabelecer, melancolicamente, quem estava com a razão, talvez ninguém. O que me importa é que o partido se alijou de ideias, intuições e energias que poderiam ajudá-lo a estabelecer um diálogo com o novo movimento ou mesmo a desenvolver argumentos mais persuasivos para criticá-lo quando necessário. Talvez o exemplo mais claro seja o da Federação Juvenil, que tentou ir além, quiçá com erros, e por isso foi enquadrada e intimidada, justamente quando, nas assembleias estudantis, para intervir sem parecer estranha, ela tinha de ser jovem.

O que me impressionou na época, mais como indiferença do que hostilidade, foi um pequeno episódio. Quando estávamos ainda no nosso canto, sem protestar ou conspirar, Rossana e eu (ela ainda era parlamentar e tratava da educação), diante do Maio francês ou da ocupação das universidades italianas, corríamos para lá para acompanhar os fatos, interpretar. Trabalhamos meses e cada um publicou um livro: o dela, *L'anno degli studenti* [O ano dos estudantes], e o meu, *Considerazioni sui fatti di maggio* [Considerações sobre os acontecimentos de maio]. Ambos foram publicados imediatamente e venderam mais de 20 mil cópias; diversas cidades nos convidaram para discuti-los. Pois bem, nem um único dirigente do partido nos chamou para saber mais ou discutir o assunto.

O recurso não menos importante, ou melhor, mais importante para enfrentarmos 1968, mas amplamente inutilizado, foi aquele oferecido por Togliatti. O destino quis que ele morresse em um momento crucial, quando se tratava de corrigir a rota. Muito se discutiu sobre o papel da personalidade na história, às vezes exagerando-o, às vezes anulando-o, mas nunca se chegou a uma conclusão, porque, obviamente, esse papel muda conforme o momento e conforme a personalidade. No caso específico de que estamos tratando, acredito que teve um papel relevante: pelo fato de coincidir em Togliatti o grande intelectual com o grande político (uma coincidência cujos rastros se perderam); pelas experiências extraordinárias e mutáveis em que se formou e depois viveu (com Gramsci, o *Ordine Nuovo* e a sugestão da Revolução Russa e do leninismo ainda viva; o nascimento do regime fascista, o VII Congresso e a direção do Comintern, a Guerra Civil Espanhola, a época do terror, a grande vitória do antifascismo; o aperto do Cominform, a desestalinização, a dura luta para conquistar autonomia e afirmar uma "via italiana para o socialismo"). Por todos esses motivos, Togliatti tinha uma autoridade que lhe permitia manter o partido unido, mediando mas não suprimindo as muitas tensões que se produziam no seu interior. Só isso já seria suficiente para dar ao XI Congresso uma marca distinta. Mas havia mais. Não por acaso, antes de morrer, Togliatti pediu licença das funções operativas como secretário de partido, acredito que não por cansaço, mas pela exigência de pensar mais livremente e mais "grande". E começou a fazer isso. Em pouco mais de um ano, especificou uma agenda de problemas e propôs algumas medidas pelas quais orientar o partido. E deixou mensagens, por assim dizer, lançadas ao mar em uma garrafa, com a esperança de que chegassem e fossem recolhidas por seus sucessores. Já fiz referência a duas dessas mensagens: a necessidade de estabelecer algum tipo de acordo entre a União Soviética e a China e a necessidade de recuperar o pensamento de Gramsci naquilo em que ele "ia muito além".

Contudo, havia mais do que isso na garrafa imaginária. Em primeiro lugar, uma releitura da questão católica que era, ao mesmo tempo, uma redefinição da questão comunista. Essa redefinição teve um amadurecimento um pouco mais lento e surgiu de modo um tanto curioso, aparentemente casual, que talvez ninguém conheça. O tema sempre esteve presente na elaboração da estratégia comunista, em momentos e em versões diferentes. A questão católica como questão camponesa na época do congresso de Lyon; o acordo com a Democracia Cristã, pagando o preço do voto do Artigo 7, para obter a aprovação de uma constituição avançada e proteger seu caráter antifascista do violento anticomunismo vaticano que a ameaçava; a luta contra o clericalismo no momento mais duro da Guerra Fria; o reconhecimento estatutário do direito de militar no partido para quem não era marxista e ateu, mas aceitava seu programa político; a premente tentativa de estabelecer uma colaboração na questão da paz, no momento em que a guerra podia destruir a espécie humana.

Depois da eleição do papa Roncalli, de suas encíclicas e do início do concílio ecumênico, era possível ir um pouco mais adiante. E Togliatti escolheu ir muito mais adiante, a fim de elevar o nível do discurso. A ocasião se ofereceu com a proposta de uma emenda, resultado de um inocente complô promovido por mim. No X Congresso, Romano Ledda e eu fomos encarregados de realizar um trabalho beneditino: a habitual seleção, entre as centenas de pequenas emendas às teses que vinham de seções ou de simples camaradas, aquelas em que havia algum interesse de se enviar à assembleia. Era sabido que esse trabalho era inútil, porque não havia tempo para discutir todas as emendas e nada de importante acontecia. Em parte por acreditar, em parte para interromper o tédio desse trabalho inútil, enfiei no meio das outras uma emenda minha, assinando com um nome qualquer. Ela dizia: "Uma consciência religiosa sofrida pode contribuir para a revolução socialista". Sabendo que esse era um tema polêmico, procuramos Togliatti para perguntar se era oportuno incluir a emenda entre as que seriam discutidas. Ele pensou um pouco e disse: "Para não ficar discutindo, coloquem com as teses que serão aprovadas". Era uma maneira de fazê-la passar despercebida e, de fato, ela não chamou a atenção. Mas a intenção não era essa.

Poucos meses depois, quando Eliseo Milani e eu pedimos a ele que viesse a Bérgamo, como havia prometido várias vezes e até então não havia cumprido, ele aceitou e definiu sozinho o tema: "A nova questão católica". E, em um teatro superlotado, fez um discurso que ficou famoso, mas apenas como simples abertura de diálogo, e a consciência de seu legado foi escassa. Vale a pena reproduzir um trecho:

O destino do homem em uma sociedade capitalista desenvolvida, em que a uniformidade das técnicas cria uma uniformidade superficial da vida dos homens, avilta-os, torna-os estranhos a si mesmos, limita e suprime sua iniciativa, sua efetiva possibilidade de escolha e desenvolvimento. Carrega a solidão do homem moderno, que, mesmo quando pode dispor de todos os bens da terra, não consegue mais se comunicar com os outros homens, sente-se preso em uma prisão de que não pode sair.

A isso ligava:

a necessidade de uma sociedade socialista que, pela primeira vez, assuma uma feição nova, mais rica. O homem não está mais sozinho e a humanidade torna-se de fato uma comunidade vivente, apenas pelo multíplice desenvolvimento da pessoa, de todos os homens e de sua participação orgânica em uma obra comum [...]. Por isso, o mundo católico não pode ser insensível a essa nova dimensão dos problemas do mundo; e a aspiração a uma sociedade socialista não somente pode fazer caminho nos homens que possuem uma fé religiosa autêntica, como pode encontrar neles um estímulo, colocados diante dos dramáticos problemas do mundo contemporâneo. E isso se reflete na concepção do próprio socialismo, como sociedade que chama todos os homens a trabalhar juntos e chama todos a contribuir igualmente com sua obra para decidir juntos o destino de toda humanidade.

Estamos aqui diante de uma crítica da modernidade capitalista (e não de seu encalço), de uma contradição entre uma Igreja não clerical e o Ocidente capitalista, que surgiria no concílio vaticano, assim como dos temas mais radicais que emergiriam na contestação de 1968 (mas com a firme recusa da resposta anárquica e individualista que continha).

Uma última mensagem significativa e precursora de Togliatti diz respeito aos jovens. Sintética, mas surpreendente. Em 1964, antes da explosão das contestações em todo o mundo, Togliatti escreveu, sem hesitação, em uma mensagem enviada à FGCI:

> Hoje, as novas gerações devem ser consideradas por nós, no mundo inteiro, uma força revolucionária. Podemos falar, de fato, de geração nova quando se manifestam, na orientação ideológica e prática de homens e mulheres que iniciam suas vidas, elementos homogêneos acumulados; quando neles amadurecem novos problemas e novas experiências com relação a suas vidas de hoje e de amanhã, e respostas novas começam a ser formuladas; quando se inicia um processo de desenvolvimento que parte de determinadas posições fundamentais. Com isso devemos trabalhar para alcançar lutas de caráter fundamental.

A linguagem é análoga à usada diante do início espontâneo da luta *partigiana*, com a mesma vontade de participação e a mesma confiança de poder dirigi--la, conhecendo seus limites e perigos, mas sabendo quanto ela era o pilar necessário de uma operação política mais complexa e menos entusiasmante no curto prazo.

Em vez de reafirmar um cânone consolidado, cada uma dessas mensagens, assim como seu conjunto, perscrutava o futuro e sugeria estímulos para enfrentá-lo. Mas muito pouco chegou, menos ainda se compreendeu de seu valor e muito menos se aprofundou. Por todos. Assim, o PCI chegou a 1968 menos equipado do que poderia estar.

Praga está sozinha*

A primavera de Praga e a invasão da Tchecoslováquia pelas tropas do Pacto de Varsóvia foram as primeiras e mais espinhosas questões com que o PCI se deparou em 1968. Praga não era Budapeste, e Dubcek não era Gerő, muito menos Nagy. A tentativa de reforma foi decidida pela maioria do partido comunista e apoiado pela maioria dos militantes e do povo. Seu objetivo declarado

---

* O título é o mesmo de um famoso artigo de fundo que saiu no segundo número do periódico *Il Manifesto*, publicado em setembro de 1969. (N. T.)

não era subverter o sistema socialista, menos ainda romper alianças internacionais e vínculos com a União Soviética. O objetivo era dar ao socialismo uma forma politicamente menos intolerante com qualquer tipo de dissenso e menos centralizadora na gestão da economia (nas versões mais extremas, porém minoritárias, havia a ideia de abrir certo espaço para o mercado, sem abrir mão do planejamento, e ativar as trocas com o exterior, mas, na medida do possível, sem se tornar subalterno). Tratava-se de um recomeço da revolução? Com certeza, não. Apenas uma correção da versão imposta pelo Cominform em 1947, um reinício da "democracia popular" pensada por Dimitrov, com a tolerância do próprio Stalin, e que havia conseguido bons resultados. A Tchecoslováquia possuía a capacidade econômica e uma base de consenso político suficiente para tentar a experiência, sem ultrapassar os limites das intenções declaradas. Dubcek tinha bons argumentos para afirmar que seguia na direção apontada pelo XX Congresso. E, de fato, durante o encontro com Brejnev, tudo parecia se encaminhar para um acordo.

Havia riscos? É evidente que sim, sobretudo se a tentativa ficasse isolada ou contrariasse seus aliados. E foi justamente isto que levou a União Soviética de Brejnev e Suslov a uma repentina intervenção militar: não o temor de que fracassasse, mas o temor de que fosse vitoriosa e encorajasse outros países, e a própria União Soviética, a realizar, do modo e no ritmo mais adequados a cada um, as reformas prometidas e necessárias que haviam encalhado. Portanto, a invasão não foi um "erro" nem um limite à independência nacional, mas a clamorosa negação da "unidade na diversidade", da possibilidade de "diversas vias para o socialismo", em diálogo entre elas e alinhadas contra o imperialismo. Uma cruenta reafirmação do partido-guia e da "soberania limitada". Justamente por isso provocou, nos partidos comunistas de todo o mundo, reações completamente diferentes das provocadas pela crise húngara. Além dos que participaram da operação, aprovaram a intervenção os partidos comunistas da Síria, do Chile e, com alguma hesitação, de Cuba e do Vietnã, que não podiam abrir mão da ajuda soviética. Ao contrário, manifestaram um dissenso explícito, mais tarde atenuado, os partidos comunistas da França, da Suécia, da Noruega, da Finlândia, da Espanha, da Áustria, da Bélgica, da Romênia, da Índia, do Marrocos, da Austrália e, sobretudo, da Iugoslávia e da China.

O PCI de Longo foi o mais claro na condenação, o partido que a aliou mais abertamente ao apreço pela tentativa de Dubcek e reiterou-a na Conferência de Moscou, em 1969, abstendo-se de votar parte da moção final. Desde o início, porém, vários de seus mais eminentes dirigentes (Amendola, Pajetta) não estavam convencidos daquele voto. Para minimizar sua importância, introduziu-se pouco a pouco a "teoria" do erro corrigível e, sobretudo, reafirmou-se que aquele "erro" não devia enfraquecer a solidariedade à União Soviética e a confiança em seu futuro. Nós nos iludimos durante muito tempo, acreditando que a fratura entre dissidentes tchecoslovacos e Moscou logo se resolveria, que Dubcek não seria expulso e, em 1969, demos muito crédito às posições conciliadoras assumidas por Huśak. As coisas tomaram um rumo completamente diferente: o da restauração total. E não se fez muito caso.

Isso teria consequências muito relevantes. Em primeiro lugar, no plano internacional. Aquela era a última chance de intervir como força ativa no movimento comunista internacional, de não se resignar a manter distância, em vez de intervir na crise, iniciando um debate aberto, contínuo e urgente sobre os reais pontos de dissenso, para reconstruir uma "unidade na diversidade" que não fosse fundada apenas no inimigo comum.

Os norte-americanos estavam atolados em uma guerra que começavam a perder e já se preparavam para sofrer as consequências. Os chineses tinham dado um freio aos extremismos da Revolução Cultural, mas sem renegar seu valor, e estavam em plena discussão sobre o rumo que deveriam tomar (e assim ficariam durante anos): a liquidação de Lin Biao, a coabitação conflituosa entre o Bando dos Quatro e Zhou Enlai, a liquidação daqueles e a coabitação convergente deste com Hua Guofeng, e depois a gradativa recuperação de Deng.

A ilusão dos "focos guerrilheiros", depois da morte de Che, esmorecia na América Latina, mas sem nada em que apostar; enquanto isso, começavam os golpes militares preparados e apoiados pelos Estados Unidos. Em Cuba, a ajuda soviética era indispensável, mas o tipo de desenvolvimento econômico e formas políticas a adotar ainda estavam em discussão. Nasser ainda não havia morrido (envenenado?) e, depois da guerra do Kippur, vinha alimentando um nacionalismo árabe anticolonialista, mas não islamita. Mesmo na União Soviética, as coisas não estavam paradas, a glaciação estava incompleta, como se deduz pela discussão da Assembleia da Academia das Ciências (publicada), pelo debate promovido pelos economistas de Novosibirsk sobre as linhas gerais da planificação e pelas recorrentes dificuldades dos resultados econômicos. Tudo isso era sintoma de um mal-estar. Não era o momento de usar o efetivo prestígio de que gozava o PCI para iniciar um confronto de fundo, franco, sem rompimentos clamorosos, mas também sem reticências?

Na Itália, não tanto as reticências, mas a desclassificação do "caso Praga" teve consequências. Obviamente, o movimento juvenil não lhe dava muita atenção, justamente porque não tinha nenhuma confiança no "socialismo real" e havia caído no encanto da Revolução Cultural por causa de sua mensagem antiautoritária, separando-a da história concreta que a precedia e quando já estava terminando. O Psiup* solidarizou-se essencialmente com os tanques de

---

* Partito Socialista Italiano di Unità Proletaria (Partido Socialista Italiano de Unidade Proletária). (N. T.)

Moscou. Já os intelectuais, o mundo católico e os próprios socialistas, então envolvidos na ruína da união com Saragat, não eram insensíveis ao tema, e os democratas-cristãos, confusos, agarraram-se ao evento como álibi para seu obstinado anticomunismo. Entre os próprios militantes comunistas, tanto na cúpula quanto na base, o "meio-termo" em torno da questão de Praga satisfazia a todos, mas, no longo prazo e no fundo das consciências, estava destinado a criar um novo tipo de "duplicidade" entre o que se pensava e o que se dizia: depois de anos de esperança no "comunismo que vencia no mundo", continuávamos a acreditar que ele avançaria também na Itália, mas acreditávamos muito menos que vencia no mundo do modo como havíamos imaginado. Por sorte, o Vietnã e o 1968 encobriam essa duplicidade, mas, depois da vitória no Vietnã, a "velha toupeira" começaria a escavar no sentido contrário. Por isso, continuo a acreditar na importância singular dos eventos de Praga.

O partido e os movimentos

A segunda questão que o PCI teve de enfrentar é a da relação com os novos conflitos sociais. Essa questão foi dominante entre 1967 e 1970 e, aqui, análises e julgamentos devem ser mais articulados: não se pode equiparar o papel que ele teve na luta operária ao que teve na contestação estudantil.

No que diz respeito às lutas operárias, as críticas devem ser muito mais moderadas. Com certeza, não faltou no PCI quem demonstrasse ceticismo e preocupação. Amendola, por exemplo, chegou a negar a possibilidade de obter, e mais ainda de gerir, o direito de assembleia nas fábricas, quando esse direito já havia sido conquistado. E Di Giulio, na VII Conferência Operária, em Turim, apresentou um documento eficaz na denúncia, mas que poderia ter sido escrito dez anos antes. As duas contendas gerais a respeito da aposentadoria e das gaiolas salariais foram valorizadas, mas quase calaram o mísero acordo assinado pelas confederações, assim como as revoltas de base (inclusive no partido, que o bloqueou) e a greve promovida pela CGIL (que o superou). Embora as lutas de fábrica tenham se estendido e exacerbado muito antes daquele outono quente, o PCI não concentrou seus esforços e sua atenção para construir e mobilizar uma organização política própria nas fábricas, que, ao contrário, continuava a declinar. Outras preocupações ou prudências eram mais compreensíveis e mereciam uma legítima discussão. O próprio Trentin nutria dúvidas sobre o aumento igualitário e temia que o sistema de qualificações, excessivamente uniforme, pudesse ter efeitos perigosos com o tempo – com grande sabedoria, porém, aceitou o que o movimento solicitava. As resistências iniciais para substituir as comissões internas por eleições diretas, com listas abertas, de delegados de departamento que convergiam nos conselhos de fábrica, foram logo liquidadas.

Em conjunto, o PCI esteve presente e ativo nas lutas operárias por intermédio de seus militantes, sem pôr entraves à inventividade e dando-lhe força. Contudo, agiu em essência delegando tudo ao sindicato e lhe dando carta branca. De imediato, isso foi uma grande sorte, porque quem tomava a iniciativa eram as grandes fábricas e certas categorias, como os metalúrgicos, e, naquele momento, organizações como a FIM tinham um papel mais de estímulo do que de freio. Mas a delegação também tinha limites. Em primeiro lugar, porque quando se tratou de pôr em movimento as pequenas empresas e, sobretudo, de estender a luta a outros aspectos da condição operária (moradia, saúde), a mobilização direta do partido era necessária. Em segundo lugar, porque a delegação (não a autonomia) impedia o crescimento de uma subjetividade política em sentido próprio entre os operários. Discutiu-se longamente o pansindicalismo, mas o pansindicalismo supria exatamente a falta de engajamento direto da organização política. Desse modo, o partido era impelido a se ocupar principalmente de eleições e futuros governos, tendo amplo consenso na fábrica, mas não verdadeira hegemonia e fortes vínculos organizativos. Entretanto, entre os operários, um discurso que unia radicalidade e pragmatismo podia prevalecer melhor, e os próprios operários tinham uma autoridade natural para falar a todos os movimentos.

O preço de tudo isso foi calculado pelos sinais mais diversos: dificuldade para dar um marco de esquerda aos protestos sociais no Sul (Reggio Calabria, Áquila, Battipaglia); a escassa mobilização e os escassos resultados das lutas para as necessidades coletivas; a dificuldade para transformar a combatividade social das organizações católicas em novas escolhas nas eleições de 1972; a ambígua forma da unidade sindical nas confederações (um simples pacto de unidade de ação entre as cúpulas, hipotecado por um grupo dirigente paritário, em que as forças ainda ligadas aos partidos de governo prevaleciam claramente e os comunistas ou o Psiup representavam no total 20%). Mas isso não impediu que, do conflito social de 1968-1969, nascesse, mesmo com contradições e ambiguidades recorrentes, um sindicato entre os mais influentes e com o maior número de filiados em toda a Europa.

Diferente e bem menos satisfatório é o balanço que se deve fazer da relação do PCI com a contestação estudantil. Nesse terreno, o partido não foi só insuficiente e inseguro, mas falhou radicalmente na análise, na proposta e nos resultados. Perdeu uma ocasião que não hesito em definir como histórica.

Na fase inicial, ao contrário do PCF, não se mostrou hostil e não ignorou a importância do movimento. Longo encontrou-se com um grupo de estudantes romanos, após o conflito de Valle Giulia*, para entender suas orientações e es-

---

* Valle Giulia é a sede da Faculdade de Arquitetura de Roma. Ali, em 1º de março de 1968, aconteceu o primeiro choque entre estudantes e a polícia. O episódio, conhecido como "Bata-

creveu um longo artigo, do qual só percebi recentemente o valor, quando o reli à luz do que a escola se tornou hoje. De fato, nesse artigo Longo não se limitou a encorajar o movimento e a se mostrar disposto a entender suas razões, mas afirmou que o considerava um fenômeno positivo, para além de qualquer ponta extremista. Era positivo por seu significado político. Aliás, justamente por isso, inseriu no artigo uma espécie de autocrítica do XI Congresso, porque, diante de fenômenos tão novos, dizia ele, o partido deveria discutir e mudar, com coragem: "Acreditamos muitas vezes que nossas assembleias perderiam solenidade, se deixássemos transparecer contrastes e dissensos, mesmo ásperos, mas, ao contrário, eles são uma riqueza". Muitos ficaram surpresos com tanta audácia. Duas semanas depois, porém, primeiro Amendola e depois Bufalini expressaram um juízo e uma orientação muito diferentes, se não opostos. A substância era a seguinte: o movimento estudantil era certamente o produto de um mal-estar efetivo e expressava um impulso progressista, mas trazia com ele, em coerência com sua base social, uma ideologia rebelde, com elementos irracionalistas. Assim, era necessário distinguir a massa estudantil das perigosas vanguardas que haviam assumido sua direção e travar uma luta "em duas frentes": repropor nossa linha de modernização da escola, sustentada por financiamentos adequados, para permitir a participação dos estudantes na gestão, mas não flertar com posições que contestavam a instituição como tal e não fazer concessões a sua pretensão de assumir um papel propriamente político. Essa foi progressivamente, apesar de certa resistência, a posição que prevaleceu. Mas estava errada e era ineficaz (a FGCI caiu para 64 mil filiados).

A análise estava errada. Em primeiro lugar, porque o movimento surgiu de um mal-estar relativo a uma condição material, mas esse mal-estar não tinha nenhuma ligação com o atraso ou a insuficiência das estruturas disponíveis. Destinava-se a um objetivo bem mais ambicioso: a contestação da instituição escolar, sua relação com as saídas profissionais prometidas e não cumpridas nem em número nem em qualidade. Tanto é verdade que a contestação explodiu primeiro em países onde havia estrutura e as escolas eram modernas. Em segundo lugar, porque a radicalidade do movimento era um fenômeno de massa, espontâneo, não dominado por "grupelhos". Estendia-se assim à família, aos costumes, aos valores codificados, viajava pelo mundo e acolhia qualquer sugestão "rebelde". Pensar em contorná-la, sem entrar em acordo, era uma insensatez, significava apenas esperar que se esgotasse, depois de derrubar obstáculos e impor novos espaços de liberdade individual, e se dobrasse aos pequenos privi-

---

lha de Valle Giulia", registrou 596 feridos, dos quais 148 policiais e 448 estudantes. A polícia fichou 228 pessoas e prendeu 4. (N. T.)

légios que lhe estavam destinados. Mas, analisando bem e sabendo trabalhar com isso, havia um bem precioso na radicalidade. Porque somente assim se evitava o perigo de que um vasto grupo social, oriundo sobretudo da classe abastada e tradicionalista, assumisse um caráter corporativo, preocupado apenas em defender e melhorar seus privilégios, e transferia-se o mal-estar material e moral para uma crítica geral da sociedade, tentando ligá-lo às necessidades e às lutas das classes subalternas.

Talvez nisso residisse o recurso mais importante que esse movimento oferecia ao PCI. Porque, para um partido que se considerava revolucionário, mas entendia a revolução como um processo de longa duração, o problema não era apenas aproveitar a oportunidade contingente desse vento de contestação juvenil para agregar votos e recrutar militantes. O problema era dar a essa contestação um caráter permanente, o valor da "conquista de uma casamata" fundamental. Por sua natureza, os movimentos estudantis têm caráter provisório, e aqueles que os promovem e participam deles estão destinados a encontrar uma posição na sociedade e desempenhar, em vários níveis, o papel que sua origem de classe lhe garante. Para conservar e tornar permanente a parte mais valiosa desse patrimônio crítico, a colocação política que o vento de contestação havia gerado, era necessário transformar profundamente a instituição (métodos, conteúdos, finalidades), não só torná-la mais acessível, mas modernizá-la. Em suma, uma "reforma de estrutura", destinada a construir uma nova sociedade e constantemente capaz de passar para as novas gerações essa mesma inspiração, em níveis cada vez mais altos. Naquele momento, e talvez apenas nele, existiam condições favoráveis para isso. Porque operários e técnicos também exigiam mudanças na organização do trabalho e rejeitavam o gueto permanente das tarefas inferiores; muitos intelectuais reavaliavam seu papel; muitos jovens docentes estavam insatisfeitos com o que deviam ensinar. E porque o saber estava destinado a assumir uma importância cada vez maior tanto na produção quanto nos estilos de vida e no exercício da cidadania; a ciência caminhava para um novo salto adiante e, ao mesmo tempo, era cada vez menos neutra.

Quero dizer com isso que a radicalidade do movimento estudantil tinha de ser assumida e alimentada do modo como se apresentava, utilizada como aríete para uma ruptura revolucionária geral? Muito pelo contrário. Quero dizer que uma "revolução" na educação podia estar em efetiva sintonia com o nível da luta operária e envolver outros sujeitos. Entrelaçamento de estudo e trabalho, produção de uma cultura positivamente alternativa, educação permanente, tanto profissional quanto genérica, eram objetivos extraordinariamente antecipatórios, mas, ao mesmo tempo, experimentáveis na prática, subjetivamente maduros e materialmente sustentáveis.

Quanto a isso, o PCI possuía os recursos para sustentar uma competição dentro do próprio movimento e, paradoxalmente, podia se colocar à esquerda do movimento, propondo fatos e não apenas palavras. Togliatti talvez tenha intuído isso com alguns anos de antecedência, quando atribuiu um papel revolucionário não a "essa nova geração", mas às "novas gerações", que, acrescento eu, não poderiam transmitir experiências umas às outras sem uma base estrutural que as alimentasse. Mesmo sendo oposição no Parlamento, o PCI, se tivesse o apoio da base, podia realizar reformas estruturais, como aconteceu no caso do Estatuto dos Trabalhadores. Ele não podia tentar o mesmo em relação à escola?

Não querer e não saber, ou não tentar fazer isso, enquanto a contestação era de massas e estava à procura de um caminho próprio, impediu que o PCI tivesse um papel de destaque no movimento estudantil. E, quando o movimento entrou em decadência, criou-se subjetivamente um vazio profundo entre radicalidade e moderantismo predicatório. Nas assembleias, os comunistas quase não tinham direito à palavra, eram considerados uma força de oposição à qual se podia dar um voto, mas uma oposição de "sua majestade", à qual não se reconhecia nenhuma autoridade.

Assim, encontramos objetivamente uma escola mais fácil, mas não transformada, mais acessível, mas ainda menos capaz de oferecer saídas profissionais, menos autoritária e mais fragmentada, esvaziada de capacidades formativas. Não era uma "casamata" conquistada e defendida pelas novas tropas, mas uma casamata bombardeada, que seria restaurada de qualquer maneira.

Longo, Berlinguer

Antes de prosseguir e refletir sobre um novo ciclo, é necessário perguntar por que o PCI, no momento mais favorável, moveu-se com habilidade, mas com tanto atraso e incerteza.

Nem tudo estava escrito no passado, nem tudo estava predeterminado para o futuro. Houve atrasos naqueles anos que se podiam recuperar, erros que se podiam evitar, dificuldades reais que se podiam enfrentar melhor. Limito-me a dois exemplos interligados, talvez não particularmente determinantes, mas significativos, sobre os quais vale a pena refletir a distância, com informações mais completas, com mais serenidade e com mais disposição para a dúvida. Em primeiro lugar, a sucessão a Longo e a forma como se deu. Em um partido comunista, de massas, em um momento tumultuado, o problema de quem o dirigia era fundamental. O "secretário" era, na época, a expressão de uma história, dava a palavra final nas decisões importantes e só era substituído em caso de morte ou depois de um grande trauma. O PCI em particular sempre foi o partido de Togliatti, e ele deu ao partido uma marca indelével. No entanto, havia falecido recentemente, idoso, mas não esgotado: estava em uma fase de criatividade recuperada. Sua morte repentina foi um golpe duro para o partido. A eleição de Longo para o seu lugar não encontrou nenhuma dificuldade, não só porque ele ocupou desde sempre o cargo de vice-secretário, mas porque sua vida e sua capacidade de equilíbrio, firmeza e tolerância valeram-lhe grande popularidade e confiança geral. Não tinha a estatura de Togliatti nem pretendia tê-la. Por causa da idade, estava destinado a ser um secretário de transição, mas nem por isso tornou-se um gerente da administração ordinária. Ao contrário, era um "togliattiano" zeloso (assim como eram, em menor grau, Amendola e Ingrao). Sua trajetória biográfica marcou sua particularidade: esteve entre "os jovens" que, nos anos 1930, distinguiram-se e mais insistiram na necessidade do retorno dos exilados para organizar a luta clandestina, acabando presos por causa disso. Foi comandante das brigadas garibaldinas na Espanha e chefe de fato da guerra *partigiana*. Por isso, sua atenção, mesmo no quadro da "via democrática", concentrava-se mais no movimento de massa e menos nas sutilezas parlamentares; apoiava a política de amplas alianças, mas dava prioridade à unidade da esquerda. Não foi por acaso, portanto, que reagiu à contestação estudantil do modo que descrevi. E também não foi por acaso que em 1969, e até sua morte, mostrou sua contrariedade na direção do partido por ter de apressar operações de governo e dar crédito à Democracia Cristã como força progressiva.

Contudo, no fim de 1968, foi acometido de uma doença que o impedia de dirigir o partido, e isso o desaconselhava a assumir posições divergentes das que prevaleciam no grupo dirigente, e obrigava-o a resolver rapidamente o problema da sucessão. Na verdade, sua escolha já estava feita, tanto que fez um Berlinguer relutante entrar para o Parlamento para preparar sua investidura, quando chegasse o momento. Mas o momento chegou de repente e a escolha ainda não estava consolidada.

A imensa popularidade que Berlinguer conquistou depois convenceu a todos que era óbvio, desde o início, que fosse o secretário. Mas no início não foi bem assim, porque ele não tinha atrás dele um grande *cursus honorum*. Subiu muitas vezes na hierarquia e foi reconhecido, mas sempre retrocedia; havia perdido recentemente o posto de coordenador da secretaria, porque foi acusado de "conciliadorismo" e voltou a dirigir o Comitê Regional do Lácio. Foi substituído por Napolitano, homem mais próximo de Amendola.

Amendola, porém, revelou-se um político fino, era um impetuoso homem de poder, mas não vaidoso. E promoveu uma operação realista: renunciou imediatamente à própria candidatura – tirando do jogo toda a sua geração e renunciando a lançar a candidatura de Napolitano – e propôs: todos com Enrico, mas sem pôr em discussão o equilíbrio real produzido pelo XI Congresso. Com isso, trouxe para seu lado, como grupo dirigente real, Chiaromonte, Bufalini, Pajetta,

Napolitano e Di Giulio. Em parte, homens próximos dele ou a caminho de ser. Para mim, ainda é um mistério por que gente sinceramente próxima de Longo (Natta, Tortorella e muitos "ex-ingraístas"), então e depois, evitaram se fazer valer e escutar por quase uma década.

Nesse contexto, ainda que quisesse, Berlinguer teria pouco espaço para tentar fechar as feridas abertas com a esquerda do partido, ou corrigir a orientação dominante.

A expulsão do *Manifesto**

Honestamente, não se pode ignorar a atribuição de outra parte de responsabilidade. Que peso poderia ter, politicamente, uma esquerda comunista que, mesmo com ótimos argumentos, não tinha força nem vontade para se manifestar de modo incisivo?

Há pouco tempo, em suas memórias, entrevistas e intervenções, Pietro Ingrao foi pródigo em autocríticas sobre o passado. Muitas não me convenceram, como se percebe por este texto. Outras, acredito, eram pouco generosas com ele próprio, porque, somando-as, parece que, mesmo cheio de boas intenções, ele sempre esteve do lado errado, o que não é verdade. Uma dessas autocríticas me parece importante, contudo, e outra eu aprovo, embora me pareça mutilada. Essas autocríticas me permitem falar do nascimento do *Manifesto*, da expulsão de seus promotores e suas consequências. E falar sem reticências, manifestando até minhas dúvidas.

O mais importante que Ingrao afirma hoje é considerar que foi não só um ato de deslealdade, mas um erro político, ele ter interrompido de imediato, e por muitos anos, a batalha iniciada antes e durante o XI Congresso. Essa renúncia, a dele, foi grave para ele, para os muitos que o apoiavam e para todo o partido. Examinaremos então, em detalhes, seu desenvolvimento e suas consequências. Depois daquela dura derrota, Ingrao aceitou, pessoalmente, não se manifestar a respeito das injustas marginalizações (não me refiro de modo algum ao meu caso) e, politicamente, um longo silêncio sobre novas coisas que interferiram nele e podiam interrompê-lo. Os supostos "ingraístas" dispersaram-se. Apenas os sindicalistas, que, aliás, pouco se expuseram, tiveram a possibilidade de levar adiante ideias e experiências já iniciadas, na zona franca da autonomia sindical. Trentin, Garavini e Pugno, por exemplo, em sintonia com Foa e seus amigos, tiveram uma influência importante nas lutas operárias. Também conse-

---

* No original, "*La radiazione del* Manifesto". No estatuto do PCI, o termo "radiação" indicava um afastamento ou suspensão temporária de todas as atividades do partido e da militância; contudo, na esmagadora maioria dos casos, terminava em expulsão. (N. T.)

guiram construir um novo tipo de sindicato, em particular entre os metalúrgicos, e formar quadros valiosos em Turim, Bolonha, Bréscia e outras cidades.

Outros não tinham o mesmo espaço ou instrumentos, mas não haviam se rendido ou arrependido (penso em lugares como Puglia, Veneza, Bérgamo, Nápoles, Roma e em muitos intelectuais). No primeiro estímulo sério, e nas sedes legítimas, eles poderiam voltar a campo para discutir. Somente alguns – que se contavam nos dedos das duas mãos –, talvez por terem posições mais radicais e por isso terem sido mais duramente marginalizados, ou talvez marginalizados enquanto posições mais radicais, mantiveram relações amigáveis entre eles e consideravam a batalha suspensa, não acabada. Em particular Pintor, Rossanda, eu e alguns amigos nossos. Em todo caso, para todos, inclusive para Ingrao, a dispersão não havia deixado nem recriminação nem ódio: nós nos afastamos "assim, sem rancor".

Em agosto de 1967, indo de carro para Bari para passar uns dias na praia, Reichlin e eu fizemos um desvio por Scilla, onde Ingrao estava passando férias, para visitá-lo e sondar suas intenções futuras. Ele não parecia particularmente combativo. O que agitou a cena foram o Maio francês e as ocupações das universidades na Itália. Rossana e eu fomos para lá. Voltei depois a Paris e fiquei três meses para recolher experiências e informações para uma reflexão mais profunda, e Rossana percorreu as universidades mais ativas. Fomos estimulados, instigados, mas basta ler os livros que escrevemos para ver que o olhar era lúcido, sem nenhum arrebatamento revolucionário; os limites e as dificuldades das "revoluções proclamadas" eram claros, e não somente os erros do PCF. As bases para uma discussão construtiva no partido existiam. Por isso, no fim do verão, solicitei a Ingrao um encontro reservado, privado, mas coletivo. O encontro aconteceu na casa de Rossana. Participantes: Ingrao, Reichlin, Trentin, Garavini, Castellina, Pintor, Rossanda e eu. Aquela foi a primeira reunião de uma "facção" que nunca nasceu e se dissolveu antes de nascer. Porque, na verdade, tratava-se de verificar a disponibilidade para uma decisão simples e preliminar. A pergunta era a seguinte: "Com tudo que vem acontecendo ao nosso redor, não seria lógico retomar em termos novos, no XII Congresso agora iminente, uma discussão geral como a que foi sufocada prematuramente em 1966?". A resposta ficou imediatamente clara. Os mais influentes entre os presentes, os que poderiam dar peso à proposta, consideravam que esse tipo de iniciativa – mesmo se levada adiante individualmente, sem plataformas comuns vinculantes e com nuances escolhidas de modo autônomo – criaria tensões e suspeitas e, em vez de ajudar, acabaria sendo um obstáculo para os movimentos em ação e poderia torná-los ainda mais impopulares aos olhos do partido e de seus dirigentes. Outros, entre os quais eu, objetamos que um congresso do PCI plano e pouco inovador criaria uma distância entre o partido e o movimento e não forneceria ao partido forças, linguagem e análises necessárias para conquistar peso e autoridade sobre o movimento, ou mesmo para corrigir seus erros.

Obviamente, se o resultado desse encontro tivesse sido menos claro, o *Manifesto* não teria nascido e começaria uma discussão interessante no XII Congresso, ainda que não necessariamente polarizada. Talvez se pudesse ensaiar um meio-termo entre a "missa cantada" do monolitismo e o "fogo no quartel-general". A crítica que sinto poder fazer a Ingrao, ou a outros, é a de não ter tentado, mas sei também que, se tivessem tentado, os resultados seriam incertos e condicionariam aquilo que alguns de nós já pensavam, mas não ousavam dizer. Fracassada a tentativa de acordo, não havia alternativa a não ser manifestar um dissenso radical, mas muito minoritário. Se continuássemos aqueles quatro gatos-pingados que acreditávamos ser, é provável que concluíssemos que não valia a pena.

O que nos encorajou foi uma surpresa. Espontaneamente, sem nenhuma decisão prévia, surgiram da base, em diversos congressos provinciais, posições e perguntas que concordavam com as nossas e, em alguns casos, o dissenso chegou a representar uma porcentagem consistente (Cagliari, Bérgamo, Veneza, Roma, Nápoles). Com certeza, o sábio filtro do aparelho levaria ao congresso nacional apenas uma mínima parte daquela insatisfação, mas não poderia ignorá-la: um discreto número de ingraístas históricos confluiu para essa insatisfação, mas também jovens militantes e personalidades do partido que nunca se consideraram ingraístas (Natoli, Caprara), intelectuais dispersos, mas de nível (Luigi Nono, Luporini e outros). Os discursos de Natoli, Pintor e Rossanda no congresso nacional de Bolonha, ainda que realizados "de madrugada", como observou a imprensa, tiveram audiência, um pequeno sucesso e forte repercussão externa. Relendo hoje as atas do congresso, tenho a impressão de uma inadequação geral em relação à situação que ele tinha diante dele. Informe, debate e conclusões repetiram a si mesmos e aos congressos anteriores. O grupo dirigente foi mais coeso do que de costume. Elementos de dissenso estavam presentes apenas em nossas magras intervenções, e mesmo aqueles para os quais contribuí não me parecem apresentar o melhor do que éramos então capazes: intuições de análise interessantes, mas proposta política e programática resumida na afirmação de que estávamos diante de uma crise de sistema no Oeste, mas agora também no Leste, e essa crise deveria ser enfrentada com uma proposta alternativa de sistema. A resposta crítica contida nas conclusões de Berlinguer foi moderada no tom, mas não mostrou nenhum interesse em iniciar uma verdadeira discussão. Dirigia-se resposta em particular a Rossanda, com uma citação afiada de Maquiavel que ironizava "os que falam de reinos inexistentes", mas não levava em conta o fato de que ele mesmo, em particular quando falava da União Soviética, da China ou da revolta juvenil, evitava ajustar as contas com a realidade.

Depois do congresso, ficamos diante de uma escolha muito difícil. De qualquer modo, tínhamos manifestado um dissenso claro, e um grupo muito minoritário, mas coeso, havia se formado. Podíamos simplesmente nos calar, enquanto esperávamos ocasiões melhores, ou trabalhar na semiclandestinidade para formar uma pequena facção. Excluímos ambos os caminhos. O primeiro, porque era justamente naquele momento (ou pelo menos assim julgávamos) que as escolhas políticas eram urgentes e tanto o partido quanto os movimentos exigiam e permitiam um confronto aberto sobre problemas de fundo; o segundo, porque estávamos sinceramente convencidos de que minúsculas facções concorrem para a conquista de pequenos espaços de poder dentro do partido ou conduzem a pequenas cisões e, em ambos os casos, viciam o pensamento e causa prejuízo a todos. Nosso objetivo, talvez pretensioso, era contribuir, talvez mediante uma insubordinação aos códigos consolidados, para uma renovação de todo o PCI, da qual dependiam os desenvolvimentos do "caso italiano". Acreditamos que havíamos encontrado uma terceira via publicando uma revista que não queria organizar forças, mas produzir ideias, oferecer um canal de comunicação entre os movimentos insurgentes e uma tradição preciosa, raciocinando criticamente sobre as duas vertentes. Não por acaso, o projeto era inicialmente uma publicação mensal, destinada às livrarias, ou seja, uns poucos milhares de cópias. Procuramos um editor entre os mais prestigiados e próximos da esquerda (Einaudi, Feltrinelli, Laterza), que gentilmente recusaram a oferta para não prejudicar as relações com o PCI. Encontramos apenas um tipógrafo de Bari, disposto e criativo, que estava à procura de uma estreia no campo editorial, Coga. Paradoxalmente, ele foi o fundador do *Manifesto*, porque, com seu instinto de empresário, propôs um pacto leonino, mas original: nós lhe dávamos a revista completa, paginada e corrigida, grátis, composta por trabalho voluntário e com uma sede paga para recolher assinaturas, e ele a imprimia e distribuía, ficando com todo o lucro, e, ideia arriscada, mandava-a também para as bancas de jornal. Soube prever melhor que nós, porque, desde o primeiro número, que teve duas reedições, vendeu mais de 50 mil cópias.

O sucesso mudou o caráter da revista, um pouco como aconteceu com o aplauso da plateia no fim do discurso de Ingrao, no XI Congresso. Também por isso, *Il Manifesto* tornou-se um fato político, na Itália e fora dela, para além de suas intenções e, quem sabe, de seu próprio mérito. O grupo dirigente do partido, primeiro por meio de encontros privados, tentou nos convencer a desistir, mas depois proibiu o projeto em nome do regulamento, que não reconhecia a legitimidade das facções, e, posto que uma revista em si não era uma facção, acrescentou que colher assinaturas, definir um grupo de colaboradores permanentes e tratar de temas da atualidade política configuravam de fato uma facção. Para dar um peso à proibição, criaram-se dois comitês centrais. Naquele momento, conscientes de que corríamos o risco de ser expulsos, todos tivemos um momento de hesitação. O que nos impeliu a continuar não foi o orgulho nem a insensatez. Foi um fato de método e, depois, um fato de mérito. De método: a publicação na imprensa do partido de artigos autorizados (por exemplo, o de Bufalini) que não só denunciavam o perigo das facções ou criticavam artigos específicos, como também julgavam desdenhosamente tudo que escrevíamos pura bobagem, que nem valia a pena discutir. De mérito: veladamente, o verdadeiro ponto sobre o qual a mediação era considerada inviável foi esclarecido, ou seja, a questão de Praga e o julgamento sobre a União Soviética. Mas esses dois pontos eram justamente aqueles que *Il Manifesto* se propunha a discutir, não para mostrar que tinha razão, é claro, mas ao menos para estimular um confronto em que fossem reconhecidos como problemas reais. Assim, levamos adiante o projeto e chegamos rapidamente à expulsão do partido de Natoli, Pintor, Rossanda e a minha, como diretor da revista. O Comitê Central votou a favor da decisão com apenas dois votos contra e cinco abstenções. Logo depois, no nível da federação, Castellina, Caprara e Bronzuto foram publicamente suspensos e outros foram energicamente "aconselhados" a se afastar em silêncio (Parlato, Barra, Zandegiacomi, Milani). Evitamos pedir a outros que fizessem o mesmo, até porque não tínhamos clareza sobre que forma dar a nossa iniciativa.

Sobre a decisão de expulsão, tanto Ingrao quanto muitos dos que a votaram fizeram uma autocrítica e consideraram-na um erro, porque o PCI era perfeitamente capaz de neutralizar um pequeno grupo de dissidentes, sem ter de recorrer a medidas administrativas; aliás, evitando-a, mostraria melhor o próprio caráter de força democrática. Apreciei essas autocríticas tardias, porque tenho consciência de que não pretendíamos prejudicar o partido, dividindo-o, mas queríamos ajudá-lo a realizar uma reforma necessária. Todavia, depois de todos esses anos, elas parecem um tanto equivocadas. As consequências dessa suspensão para a imagem do PCI e para sua relação com os outros partidos e com a opinião pública foram curtas e limitadas, porque, livrando-se de um grupo de extrema esquerda, ainda que por meios reprováveis, o PCI mostrava-se tranquilizador. Os outros grupos da "nova esquerda" – rivais, ainda que "comunistas" – receberam nossa expulsão sem simpatia, porque viram a chegada de um possível concorrente a mais e de um equívoco a menos, do qual o PCI havia se valido até então. Para todos, fossem expulsos ou tolerados como uma reserva indígena, não fazia grande diferença. E assim era, de fato.

As consequências negativas foram outras também e merecem um mínimo de reflexão. Em primeiro lugar, depois dessa medida pesada, seguiu-se no PCI, além da intenção, uma campanha maciça para dificultar a vida dos que partilhavam algumas das coisas que dizíamos e mobilizar o aparelho na luta "em uma única frente". Na verdade, tratou-se de uma campanha longa e dura: durante um bom tempo, grande parte do grupo dirigente do PCI não nos cumprimentava mais, o diário *L'Unità* exibia títulos como: "Por quem eles são pagos?". E, como se fosse pouco apenas perguntar, também respondia: "A *Confindustria*", e chegou ao extremo da malícia de suspeitar até da "*Confagricoltura*", ou seja, aos olhos dos militantes mais simples, o pior do pior.

Esse cordão de hostilidade serviu de estímulo para elaborarmos um documento ambicioso que definisse por inteiro uma identidade menos contingente e uma análise coerente (as teses de *Il Manifesto*). Ele ocupou todo um número da revista, com distribuição de 75 mil cópias, e que, relido quarenta anos depois, impressiona pela clarividência. Mas também nos levou a escolhas políticas precipitadas e nocivas. Por exemplo, a proposta de uma rápida unificação dos diversos grupos da nova esquerda que, além de impraticável, nos arrastava a um extremismo ingênuo, que não nos pertencia, e a decisão de concorrer às eleições sem nenhuma chance de sucesso. Essas escolhas refletiam a mesma imagem deformada contra a qual o grupo dirigente do PCI polemizava.

Tentamos e pouco a pouco conseguimos recuperar nossa aspiração, que era a de articulação entre a esquerda tradicional e os movimentos. Mas não hesito em reconhecer, por lealdade, que eu mesmo, que tive um papel importante nessa iniciativa, participei desses erros e depois tentei vigorosamente corrigi-los. Mas carrego comigo a dúvida de que talvez Natoli tivesse razão, quando dizia para não cedermos à tentação de dar à revista uma projeção organizativa em pouco tempo. Naquele momento, eu tinha urgência em esclarecer que o impacto da expulsão, a razão por que era um erro relevante, não se devia apenas ou sobretudo a uma questão de tolerância com o dissenso, mas a uma questão mais substanciosa: se nosso dissenso expressava algo de útil e verdadeiro, valia a pena considerá-lo e usá-lo como contribuição à política do PCI. Só assim evitá-la teria servido para mudar um pouco as coisas e enfrentar melhor o dificílimo período dos anos 1970, no início tão generoso em sucessos e no fim tão cheio de amarguras. Mesmo apenas no plano da imagem, só poderia beneficiar o PCI ter e aceitar em seu interior um campo de dissenso de esquerda, culturalmente não dogmática e politicamente não ligada a Brejnev.

Redação de *Il Manifesto*. Da esquerda para a direita, Lucio Magri, Rossana Rossanda, Eliseo Milani e Luciana Castellina em 1971.

13. RUMO AO FIM DA PARTIDA

O MOMENTO mais delicado e trabalhoso em uma partida de xadrez é o meio-jogo, quando há uma aparente paridade de forças e muitas peças ainda estão no tabuleiro, em posições não preestabelecidas pela teoria, cada enxadrista tem um plano elaborado e o jogo aproxima-se da fase final. É nesse momento que um bom jogador deve ter audácia o suficiente para levar a cabo o ataque, mas também muita perspicácia para perceber os próprios pontos fracos, avaliar as forças do adversário e prever seus movimentos. Portanto, deve ter flexibilidade para ajustar suas intenções originais. Dei esse estranho título a este capítulo porque o problema de que tratarei aqui é a política do PCI nos anos 1970, uma década que começou rica de grandes sucessos, mas logo revelou as fragilidades e dificuldades que surgiriam ao longo do caminho para levá-los a um bom fim. O partido prosseguiu de cabeça baixa pela estrada que tomou e, três anos depois, sofreu uma dura derrota, tanto eleitoral quanto na relação com as massas, não apenas externa, mas também interna, não transitória, e sim duradoura. Em seu apogeu, quando tinha recursos para uma correção de rumo, não quis ou não soube reconhecê-la e adotá-la em tempo para reduzir os danos e se recuperar. Esse é um dos preços que se pagam pela falta de dialética interna.

Os fatos relevantes que traçaram a parábola inteira são conhecidos (ou ao menos acessíveis) a todos. Existe sobre cada um deles uma literatura abundante (historiografia, memorialística, diários), com detalhes e pormenores, mas faltava na época, como falta ainda hoje, uma visão geral, não demasiado facciosa, daquilo que aconteceu, certamente discutível, mas documentável e coerente. Faltam: 1) uma avaliação realista do peso que cada evento importante teve e da relação causa e efeito, unívoca ou recíproca, entre eles (por exemplo, não me parece plausível a opinião corrente de que o homicídio de Moro decretou o fim dos governos de unidade nacional); 2) a individuação precisa de uma causa principal a que outras tantas, menores, se uniram para produzir tanto os sucessos iniciais quanto o rápido fracasso daquela tentativa política (por exemplo, não me parece convincente que isso seja atribuível apenas aos erros de uma má gestão tática de uma política correta); 3) a consideração da repercussão que voltaram a ter, sob formas novas, o que acontecia no mundo, uma amputação que mistifica a realidade; 4) por último, e como consequência, a consciência plena de que a década de 1970 não foi um parêntese, mas, ao contrário, lançou os fundamentos de uma verdadeira ruptura histórica, que depois se cumpriu de fato.

Tudo isso não é discutido hoje, mas é necessária uma reflexão para entendermos não apenas o passado, como também o mundo em que vivemos – a globalização neoliberal e unipolar – e dar algumas sugestões sobre o futuro. Se é verdade, como é de fato, que o declínio e a dissolução do PCI não deixaram espaço para uma esquerda mais forte e inteligente, mas sim mais pobre e com menos ideias, e se é verdade que a Itália, como economia, como sociedade e como democracia participativa, está degradada, acredito que, exatamente durante aqueles anos, o caso italiano foi o mais interessante, mas, dessa vez, no mau sentido.

A crise econômica

Uma das grandes novidades dos anos 1970, mas não a única, foi a "crise" econômica que atingiu todo o capitalismo ocidental, de forma repentina, geral e duradoura, como foi o "milagre" do impetuoso desenvolvimento. Coloquei a palavra entre aspas porque podemos lhe atribuir diversos significados. Os economistas sabem disso e empregam diversos termos (conjuntura negativa, estagnação, recessão, depressão) e, quando usam a palavra "crise", é quase sempre em binômio com a palavra "reestruturação". Todavia, encontram muitas dificuldades na prática para escolher entre uma expressão e outra, ou hesitam longamente antes de se decidir. Na verdade, toda a história do capitalismo é marcada por um contínuo alternar de sucessos e dificuldades, entre os quais se manifestam momentos de crise. Todas têm causas, duração e conclusões diferentes, mas existe uma linha de demarcação entre dois tipos de crise.

Existem dificuldades conjunturais, geralmente de um ou alguns poucos países, mais ou menos agudas, que podem ser resolvidas rapidamente com medidas adequadas ou fases de estagnação mais longas que podem ser resolvidas com mais tempo e intervenções mais enérgicas, sem a necessidade de mexer nas estruturas fundamentais do sistema vigente. Nesse terreno, a elaboração teórica e a experiência política progrediram muito e encontraram soluções bastante satisfatórias. Nem sempre e nem em qualquer lugar, mas em particular quando a situação é favorável e no âmbito para que estão voltadas. Por exemplo: nos anos

1930, as políticas keynesianas ajudaram efetivamente a retomada norte-americana entre 1934 e 1938, mas fracassaram na França da Frente Popular, tiveram o maior êxito na Alemanha nazista, embora suspensas pela guerra, e, no segundo pós-guerra, triunfaram ao estabilizar e prolongar o desenvolvimento, enquanto na Inglaterra, ao invés de produzi-lo, impediram-no. Por isso, depois de escrever um livro genial sobre a necessidade de intervenção pública contra a tendência recorrente dos capitalistas de preferir a liquidez ao investimento, Keynes contrariou quem se inclinava a acreditar que havia encontrado na política constante da expansão da demanda um remédio milagroso, eternamente eficaz em qualquer circunstância e para todas as doenças.

Entretanto, ocorreram crises de tipo bem diferente em alcance e natureza. Na história do "capitalismo real", ao menos três são bem visíveis e notórias. A que depois de uma longa incubação (o colonialismo, o cercamento das terras, os duros conflitos sociais entre a burguesia e a aristocracia e as guerras napoleônicas) levou à grande indústria têxtil e ferroviária, ao livre comércio, à hegemonia inglesa no mundo. A que, de 1878 a 1890, estimulou e apoiou a irrupção da ciência na indústria (química, eletricidade), a integração entre indústria e bancos, a partilha definitiva do mundo, o nacionalismo, e abriu caminho para a Primeira Guerra Mundial. Por último, a Grande Depressão de 1929, provocada pela superprodução fordista e que se espalhou pelo mundo, contribuiu para o nascimento do fascismo e somente foi superada depois de outro conflito mundial. Situações diferentes, sequências diferentes e, principalmente, resultados diferentes: retomadas impetuosas, colapsos, marginalizações. Mas um traço comum: em cada caso, a crise econômica, além de grave e contagiosa, misturou-se e concluiu-se com profundas transformações da estrutura social, da hierarquia entre Estados e da divisão social do trabalho, com frequência por meio de guerras (travadas ou iminentes) e revoluções, derrotadas ou vitoriosas. O capitalismo saiu fortalecido algumas vezes, teve de aceitar compromissos em outras, mas, de toda maneira, precisou se transformar.

Os pensadores mais argutos dedicaram-se com paixão a esse tipo de crise, tentando desvendar seu segredo, porque nele se escondia uma tendência histórica. Nenhum teve sucesso, e todos tiveram a honestidade de reconhecê-lo. Marx, que mais do que todos se esforçou para encontrar linhas de tendência que sustentassem sua esperança revolucionária, toda vez que encontrava uma acrescentava que outros fatores podiam neutralizá-la; reafirmava sua confiança no futuro, mas não excluía a possibilidade de que pudéssemos terminar em uma ruína comum. Keynes, sem tentar explicar nem como nem por que, previa a eutanásia do capitalismo. Schumpeter, que era um grande conservador e atribuía às crises a missão de uma salutar destruição, acreditava que o capitalismo e o socialismo chegariam a um encontro positivo.

Certamente não sou eu que vou correr atrás desse segredo. Mas parece-me necessário dizer que, se na época não foi possível, hoje podemos afirmar com certeza que em 1970 começou uma crise desse tipo. E podemos acrescentar que, até 1982, a crise cumpriu seu papel específico de desorganizar e destruir aquilo que se contrapunha à reestruturação capitalista, e ao menos esse fato podia ser um pouco mais bem compreendido. Para usar, com outra intenção, uma expressão que deteste, era possível limitar o excesso de provincianismo e politicismo e decifrar algo do "plano do capital", algo do qual o próprio capital não tinha ideia, mas do qual o transcorrer da economia mundial já dava sinais e alguns se deram conta. Os pródromos da crise anunciaram-se já nos últimos anos da década de 1960 e por toda a parte: uma longa queda dos lucros e dos investimentos e uma desaceleração da produtividade por trabalhador. Governo e patrões não deram muita importância ao fato: em cada país, a coisa era atribuída a fatores diversos, mas a margem de tolerância ainda era bastante ampla e a recuperação não parecia difícil. Na França, onde não havia escala móvel, os aumentos salariais foram conseguidos e absorvidos em dois anos com uma pequena desvalorização; na Inglaterra, os trabalhistas reduziram um pouco os impostos e os gastos sociais; na Itália, os direitos conquistados pelos trabalhadores na organização do trabalho preocupavam mais do que os aumentos salariais e, quanto ao trabalho, pensava-se em repetir a manobra que havia obtido sucesso em 1964 (intensificação do trabalho, certa deflação, ameaça de ocupação). Ou seja, administração ordinária. As preocupações dos governos eram mais políticas do que econômicas.

O verdadeiro anúncio do início do baile aconteceu em 1971. Nixon comunicou de improviso que o valor do dólar não era mais vinculado e garantido pelo ouro. Essa era uma decisão de enorme importância, porque derrubava todo o edifício construído em Bretton Woods na tentativa de garantir uma estabilidade substancial do câmbio entre as moedas, mesmo diante de um rápido crescimento do comércio internacional. E era uma decisão reveladora, porque não havia sido tomada levianamente, mas partia de uma necessidade. Os Estados Unidos vinham sofrendo o peso esmagador da enorme despesa relativa à Guerra do Vietnã (que, ao contrário, beneficiou outros países, sobretudo o rampante Japão) e do déficit ligado à política da "grande sociedade", com a qual Johnson tentou recuperar o desagrado dos trabalhadores, das minorias sociais e dos jovens. Além disso, estavam enfrentando uma redução significativa da taxa de produtividade (de 4% para 3% e depois para 1%) e uma concorrência eficaz dos países cujo desenvolvimento, por razões políticas e econômicas, eles mesmos haviam apoiado durante um quarto de século.

A Itália não deu grande importância à novidade nem ao que ela revelava. Patrões e governo sentiram-se soltos de uma jaula e, portanto, mais livres para manobrar o valor de sua moeda conforme sua própria conveniência, pois, de todo modo, o dólar conservava o papel de moeda principal, a que se referiam as trocas, e a confiança na solidez da economia norte-americana era inabalável. Apenas alguns, isoladamente, deram ao fato o *status* de uma mudança na situação econômica; lembro-me com certo orgulho, por exemplo, de um editorial publicado no *Manifesto* com o título hemingwaiano "A breve vida feliz de lorde Keynes". Talvez o título fosse injusto, porque o próprio Keynes intuiu a fragilidade do acordo de Bretton Woods, mas em essência era correto, porque assinalava o fim do período áureo das políticas que haviam abusado de seu nome e da ilusão de crescimento permanente que haviam produzido.

Um segundo sinal de alarme soou logo em seguida, e dessa vez foi percebido por todos, embora com uma reação emocional exagerada em um primeiro momento – para depois ser esquecido. Em 1974, e depois novamente em 1979, os países produtores de petróleo, enfim de acordo e considerando que o equilíbrio internacional o permitia, aumentaram enormemente o preço do barril. O golpe foi duro para toda a economia capitalista, que naquele momento estava sedenta de petróleo e tanto havia se beneficiado dos baixíssimos preços na fonte. Mas o impacto não foi igual para todos. Foi particularmente doloroso para os países do Terceiro Mundo, que precisavam do petróleo e não tinham mais meios para pagá-lo; foi menos grave para os Estados Unidos, que produziam ao menos parte do que necessitavam e possuíam jazidas não exploradas, que os novos preços agora compensavam explorar. Em dois casos, no entanto, foi uma grande oportunidade: para a Inglaterra e, sobretudo, para a Noruega, que foram estimuladas a procurar recursos em suas águas territoriais e tiraram grande proveito disso. Com certeza, foi um golpe duro para países como a Itália, particularmente ligada às exportações e com uma indústria muito caracterizada pela química pesada, pelo plástico, pela produção e pelo consumo de automóveis. Contudo, o novo preço do petróleo iniciou outro processo não menos importante, mas talvez menos percebido. Os países produtores de petróleo não tinham capacidade para empregar de maneira eficaz o afluxo de capitais em seu desenvolvimento interno, ou não tinham vontade de usá-los para melhorar as condições de vida de sua população pobre, e tinham ainda menos capacidade e vontade de traduzi-los em investimentos produtivos nos países subdesenvolvidos. Por isso, transformaram a maior parte desses capitais em títulos financeiros, retransferidos para o Ocidente e investidos onde parecia mais seguro, como garantia de maior rendimento. Contudo, como os Estados Unidos ainda impunham limites e barreiras à movimentação do capital, formou-se uma gigantesca liquidez, apelidada de petrodólar, que não tinha pátria e fluía para a City, à procura de renda especulativa. Finalmente, para recuperar parte do controle sobre o dólar, os Estados Unidos tiveram de ceder e aceitar a livre circulação. Nesse momento começou a financeirização, que depois se integrou à economia real e assumiu sua direção, da qual medimos hoje os custos e os sucessos.

De imediato, isso teve dois efeitos nefastos. De um lado, parte desses capitais, não encontrando empregos produtivos em uma economia mundial avara de investimentos, lançou-se na especulação cambial, multiplicando os efeitos de cada variação decidida ou obrigada no valor de cada moeda. De outro, sob a tutela das grandes organizações mundiais (FMI, Banco Mundial), parte foi oferecida aos países subdesenvolvidos na forma de empréstimos a baixas taxas de juros, que depois cresceram. Dessa maneira, esses países foram constrangidos a transformar a indústria substitutiva de importações em indústria exportadora e, não tendo um sistema econômico e político capaz de acompanhar o ritmo da competição, acumularam uma dívida gigantesca, com juros que absorviam grande parte das exportações, entrando em um círculo vicioso que reproduzia subdesenvolvimento e extensão da pobreza. Um círculo vicioso semelhante foi gerado nos países do Leste Europeu e na União Soviética, que também tentaram suprir sua incapacidade de modernização autônoma com empréstimos e importações de instalações "pré-fabricadas".

Todos esses fatores, e outros que citarei adiante, provocaram em toda a zona capitalista não um colapso, mas uma sucessão de crises conjunturais, cada vez mais próximas umas das outras, com tendência ao decrescimento, criando uma situação sobretudo nova e não controlada, que ninguém sabia de que lado abordar: a chamada estagflação. Os governos capitalistas tentaram a deflação, ou as demissões, para combater uma inflação de dois dígitos já estável, para aumentar o nível dos lucros e baixar os salários. Contudo, logo constataram que a resistência operária era dura de vencer, o desemprego em um mercado de trabalho fragmentado, ou no caso de coberturas sociais dificilmente liquidáveis, não tinha grande efeito sobre os salários e aumentava os gastos assistenciais e, por último, e talvez principalmente, a deflação dentro de casa, em um mercado integrado, somava-se à dos outros e gerava depressão, em vez de retomada da economia. Tentaram então retomar os gastos públicos, o consenso e as facilidades para as empresas (um keynesianismo cauteloso), mas também constataram que, em um mercado aberto, o aumento da demanda era satisfeito pelas importações e produzia mais inflação do que novos investimentos. Em suma, um círculo vicioso em ambas as frentes e entre elas. Finalmente, as desvalorizações competitivas: por algum tempo, davam certo fôlego, que durava até outros países reagirem da mesma maneira, mas depois surgiam os efeitos inflacionistas com que a especulação internacional ganhava seu quinhão, em particular nos países em que os salários e os juros sobre a dívida pública eram indexados.

A crise econômica não foi igualmente grave e fora de controle em todos os países afetados: é útil levar esse dado em consideração, porque as diferenças se refletiram também na reestruturação. O Japão, por exemplo, tinha condições de conter as importações, sem recorrer a medidas protecionistas explícitas, e estimular as exportações por intermédio das filiais de suas empresas, que juntavam seus produtos aos produtos internos do mercado para o qual se destinavam (sobretudo os Estados Unidos). Ou ainda a Alemanha, que podia administrar melhor que outros a própria competitividade industrial, porque se baseava mais na qualidade do que no preço dos produtos ou podia se livrar com mais facilidade de um excedente de força de trabalho estrangeira, portanto era menos obrigada a variar sua moeda e, ao contrário, começava a exportar capitais. Inversamente, outras economias se iludiam, acreditando que podiam evitar a crise se aproveitassem a abundante oferta de empréstimos, que davam uma ilusão de riqueza, mas com isso endividavam-se e aceitavam vínculos que mais tarde as levariam a uma depressão ainda maior, além de uma inflação galopante.

No conjunto, todavia, o desemprego no fim da década alcançou níveis que lembravam os dos anos 1930, a dívida pública chegou a dimensões que se viam apenas em tempos de guerra, a taxa de desenvolvimento no Ocidente caiu pela metade e manteve-se oscilante, o salário real ficou estagnado e depois caiu, o Estado social tornou-se mais caro e sofreu os primeiros ataques. Como reflexo, pouco a pouco, mas com apoios importantes, a inesperada recuperação da hegemonia das teorias neoliberais afirmou-se na economia acadêmica, o poder das instituições financeiras internacionais, aparentemente autônomas, mas governadas de fato pelos Estados Unidos e pelo capital financeiro, aumentou e os governos (tanto os conservadores quanto os sociais-democratas) acabaram por se alinhar mais ou menos a essas posições. Houve apenas uma única exceção, a de dois pequenos países, Suécia e Áustria, onde dois líderes fortes (Palme e Kreisky) elaboraram e puseram em prática uma resposta diferente, que, além de abrandar a crise, evitou a implantação de um modelo alternativo, ou seja, reafirmou a prioridade da plena ocupação e aumentou a cobertura social. Mas foi uma exceção baseada em uma posição internacional neutra, em uma profunda confiança popular e em um Estado social que funcionava perfeitamente. E tratava-se de dois países pequenos e marginais.

A partir desse quadro, já podemos tirar algumas conclusões úteis para a compreensão e o julgamento dos acontecimentos italianos.

1) É claro que não se pode afirmar que uma grave perturbação econômica leva necessariamente a esquerda à derrota, nem que o capitalismo possui todos os instrumentos para enfrentá-la rapidamente, resolvê-la a seu favor ou impor uma reestruturação como bem quisesse. A crise de 1929 levou ao New Deal e garantiu três presidências a Roosevelt, mas também levou ao nazismo na Alemanha e à guerra e, afinal, a um compromisso positivo entre dois sistemas em competição. Mas é certo que esse tipo de crise impõe sempre, em um sentido

ou outro, decisões difíceis, programas alternativos coerentes e corajosos, uma forte e estável base de consenso na sociedade, lideranças de grande envergadura, capazes de enfrentar fortes embates ou construir compromissos reais, com capacidade de olhar para o futuro. É muito difícil ter ou conseguir tudo isso, sempre e para todos. No nosso caso, e com relação ao período de que estamos falando, era ainda mais difícil. A crise econômica afetava um conjunto de países a que estávamos ligados, tínhamos de enfrentá-la em um país relativamente pequeno, e a Europa era apenas um mercado comum, politicamente subalterna. Devíamos e queríamos agir dentro dos limites de uma democracia representativa e frágil, que funciona muito bem quando se trata de redistribuir a prosperidade ou mantê-la, mas não quando se trata de pagar no presente o preço de projetos futuros, desmantelar poderes estabelecidos e substituí-los por outros mais eficientes, construir compromissos convincentes e vantajosos para quem nos apoia e impô-los a quem não está disposto a compromissos, a não ser que se trate de compromissos mesquinhos e baseados apenas em palavras. E, acima de tudo, não tínhamos consciência da realidade em que nos movíamos nem conscientizamos as massas; portanto, não conhecíamos o nível mínimo que essa realidade nos obrigava a atingir para não capitular nem o máximo que poderíamos nos propor. Visto a distância, e usando a metáfora do xadrez que usei no início deste capítulo, não havia condições para uma passagem para o socialismo, que já não podia acontecer em âmbito nacional, mas reformas limitadas também não seriam adequadas. Tratava-se de evitar a derrota e usar uma força efetiva, já adquirida, para conseguir um "empate" que consolidasse o que já havia sido conquistado, deixar o caminho aberto, evitar o retrocesso, conservar e agitar a identidade necessária para enfrentar um combate longo e profundo. Em 1944, Togliatti conseguiu fazer isso, mas Berlinguer, nos anos 1970, não, e por erros que não foram apenas dele, dos quais tomou consciência em seguida, mas sobre os quais não podemos nos calar.

2) Contudo, ainda nessa fase de crise, como sempre, além do aspecto de "destruição" da ordem existente e do caos, começavam a surgir elementos de uma reestruturação. Na fase final, ou imediatamente após a guerra antifascista, por exemplo, já estavam maduras as condições para a futura Guerra Fria, a hegemonia norte-americana no Ocidente e a unificação do mercado europeu – em suma, uma nova ordem capitalista e um mundo bipolar. Togliatti também não teve clareza a respeito desse futuro (ao contrário de Gramsci). E, mais uma vez, começavam a surgir sinais de uma nova ordem: uma aceleração da globalização que integrava novos países, um salto tecnológico, uma composição de classes diferente e assim por diante. Antes que essa ordem tomasse forma, era necessário investigar intelectualmente essas tendências latentes para equipar-se e enfrentá-las a tempo.

Um casamento nunca consumado

O PCI encontrou-se, assim, diante de dois problemas muito difíceis. Dois problemas distintos, não exatamente contemporâneos, mas que rapidamente começaram a se entrelaçar, contrapondo-se cada vez mais. Ambos exigiam respostas rápidas e clareza de objetivos no longo prazo. Em primeiro lugar, oferecer uma saída política adequada para um conflito social para o qual o PCI havia contribuído de várias maneiras e do qual provinha grande parte de seus velhos e novos eleitores, mas evitando um colapso produtivo e uma contraofensiva reacionária vitoriosa. Em segundo, enfrentar uma recessão econômica e um caos financeiro de alcance internacional e de longa duração. A responsabilidade de lhes fazer frente cabia quase toda ao PCI, porque, por sua própria culpa, era o único com força para tentá-lo e atitude intelectual para propô-lo. Acusar o PCI, e em particular Berlinguer, de ter assumido e usado essa responsabilidade apenas para abrir caminho até o governo e livrar-se da questão prévia que por princípio o excluía é injusto e equivocado, a meu ver. Também me parece injusto ver em suas decisões a intenção inconfessável de se libertar de uma identidade comunista.

Mas isso não me impede de emitir, ou melhor, de tornar mais firme a crítica de sua política nos anos 1970, em conjunto e em quase todos os seus passos. Eu, por exemplo, reconheci desde o início que ela enfrentava questões reais e continha verdades parciais, mas sustentei que a resposta estava errada em suas raízes. Erros táticos ou de gestão, dificuldades imprevisíveis e sabotagens de outros sujeitos agravaram a situação, mas são também reveladores sinais de um erro e de uma fragilidade que estavam na base de um propósito perseguido com tenacidade por quase dez anos e o destinavam ao fracasso.

Os primeiros passos de uma política

A linha política que Berlinguer elaborou para responder a esses complicados problemas, aplicando-a por etapas, mas com afinco, tomou forma bem antes de assumir o nome de "compromisso histórico". Deu seus primeiros passos já em 1970, com prudência e em vários campos, mas é impossível não perceber de imediato um fio condutor e avaliar sua importância.

O fio condutor da primeira etapa estava implícito, mas era coerente em seu objetivo, que foi alcançado antes do previsto. O raciocínio era simples e tinha a seu favor a força do bom senso. Para impor uma mudança no governo do país, em um tempo razoavelmente curto, como exigia a situação, por vias democráticas e sem correr o risco de embates precipitados e perdedores, a premissa necessária, se não suficiente, era a conquista de tamanha força eleitoral que não fosse possível governar sem ou contra o PCI. Essa era a prioridade. Para conquistá-la, pensava Berlinguer, não bastava relançar o conflito social, ainda que com reivindicações legítimas e sentidas, mas que interessavam sobretudo às camadas populares e às vanguardas já deslocadas à esquerda. Era necessário atrair uma parte desfavorecida da classe média, agarrada a pequenos privilégios e ligada a uma ideologia tradicional, e neutralizar a hostilidade crescente da moderna burguesia, afetada pelas lutas operárias.

Isso foi discutido repetidas vezes, de forma aberta e enérgica, pela direção do partido. Como mostram as atas, finalmente úteis, Berlinguer propôs uma novidade que se expressava, preliminarmente, em uma avaliação muito mais preocupada da situação econômica e dos impulsos à direita que esta produzia na sociedade. Para contê-la, era necessário não promover, mas frear as reivindicações e as lutas pelo Estado social que o sindicato estava iniciando. E quando Lama disse que essas lutas não reivindicavam salário, mas direitos para todos, Berlinguer, para ser mais claro, replicou: "Mas, indiretamente, trata-se de salário". Não era oportuno comunicar ao partido uma decisão tão clara: ela suscitaria críticas nos sindicatos setoriais, ainda engajados na batalha dos contratos. Contudo, ecos certamente chegariam a ouvidos favoráveis. De fora, com um documento publicado no *Unità*, lançou-se um sinal mais genérico: o PCI era uma força nacional preparada para ajudar o país em dificuldade. E esse sinal foi recebido e apreciado por parte dos patrões. A *Confindustria* dividia-se entre uma parte obtusa, que detestava os sindicatos e levava os capitais para o estrangeiro, e grandes empresas conscientes da necessidade de manter o diálogo. Essa parte, a mais poderosa, fazia novos investimentos em tecnologia, como sempre para reduzir o número de empregados, mas, não podendo mais cortar salários graças apenas ao desemprego, dava início a uma nova estratégia, lenta no curto prazo, mas de futuro. Terceirizava partes da produção para setores da economia sem proteção social, ao mesmo tempo que diferenciava a própria utilização do capital assumindo a figura de *holding* financeira. Isso não era favorecido pelo confronto, precisava de margens políticas. Assim, os grandes jornais, tanto os de sua propriedade quanto os estrangeiros, começaram a falar do PCI como uma força "responsável".

Um segundo passo, sempre no sentido de atrair a opinião moderada, foi dado em 1971 e depois em 1972, a respeito das relações políticas e com o governo. Eu disse anteriormente que, naquele momento, isso era um campo de Agramante: o espaço para irromper e conquistar alguma coisa era mais amplo. Portanto, o PCI renunciou conscientemente a pressionar os socialistas, então indecisos, para que se decidissem a pôr fim aos governos de centro-esquerda; aliás, mostrou-se pronto a esperar e julgar seu desempenho caso a caso. Moderou as críticas contra o famoso decreto que, na verdade, era uma manobra deflacionista e de contenção dos gastos públicos. Em troca, obteve algumas medidas legislativas importantes, que reivindicava havia décadas: a atuação das regiões, já prevista na Constituição, o imposto progressivo sobre a renda, a destinação de 1 trilhão para a construção imediata de moradias populares nas áreas expropriadas a preços de terra agrícola. Isso não era pouco e podia ser apresentado como prova do sucesso da oposição. Contudo, examinando essas medidas com um pouco mais de atenção, logo se veria que "reformas" feitas pela metade, sem garantia de um poder político mudado, nas mãos de aparelhos estatais ineficientes e hostis, e com um texto intencionalmente pouco claro, só poderiam ficar no papel – ou ser uma cilada.

Por exemplo, o imposto progressivo sobre a renda, com aumento automático das alíquotas, independente da inflação, com a exclusão dos rendimentos financeiros e sem normas e estruturas para combater a evasão e as fraudes, acabava punindo o trabalho dependente, sobre o qual as empresas funcionavam como exatores; por outro lado, privilegiava as diversas formas de trabalho autônomo, os ganhos nas bolsas de valores, o trabalho ilegal e os profissionais liberais.

Outro exemplo: o surgimento das regiões – sem redução correlata dos aparelhos centrais, sem redefinição das competências recíprocas e sem autonomia e responsabilidade fiscal – podia repetir a experiência das regiões autônomas já instituídas, ou seja, oferecer novas ocasiões ao clientelismo e abrir um buraco negro nas contas públicas, como de fato aconteceu em muitos casos.

Todavia, antes que as pessoas se dessem conta de tudo isso, o efeito de imagem foi positivo e, quando percebemos o que estava acontecendo, era muito difícil reparar o dano (nós ainda o carregamos nas costas).

Um último exemplo: não ligado a uma lei, mas a uma importante diretriz do governo, que obrigava as empresas públicas a destinar 40% dos investimentos ao Sul do país. Isso deveria funcionar como um mecanismo de industrialização das regiões subdesenvolvidas. Mas, não existindo um plano de coordenação, esses investimentos foram gastos na criação de grandes fábricas isoladas da região, em setores já desenvolvidos. No curto prazo, elas geraram emprego no campo da construção civil, tornaram-se "arranha-céus no deserto" e produziram dívidas abismais nas empresas públicas e bolsões de parasitismo.

O terceiro passo na definição de uma política do PCI, mais por necessidade do que por escolha, mal administrado, mas com desfecho positivo: a longa odisseia da lei sobre o divórcio e o referendo para tentar revogá-la. No caso italiano, a questão do divórcio antecipava outra ainda mais delicada, a do aborto, ao mesmo tempo que irrompia um novo movimento, fruto tardio da agitação de 1968, minoritário, mas de valor extraordinário e difundido na sociedade: o novo feminismo, não mais ligado apenas à emancipação, mas à diferença de gênero, como valor a ser reconhecido e não como desigualdade a ser reparada.

Assim, surgia ocasião, favorecida pelo referendo, para uma daquelas grandes discussões de massa que definem o perfil de todo um povo. Uma discussão sobre a relação entre ética individual e coletiva. O ponto do qual o movimento feminista partia era explosivo e apenas aparentemente de método: "o pessoal é político". E, naquele momento histórico, era revolucionário. Porque o neocapitalismo começava a invadir e remodelar – ou melhor, era obrigado a remodelar – todas as dimensões da vida (cultura, formação da consciência e do estilo de vida e consumo, relações interpessoais, estrutura da família, estabilidade dos assentamentos territoriais) e, portanto, levava estruturas e instituições plurisseculares a uma crise. Se era verdade que o pessoal é político, era evidente que a política e, em particular, a economia podiam condicionar diretamente o pessoal. Como enfrentar essa crise, aceitando seus aspectos liberatórios das já insuportáveis hierarquias e dos vínculos impostos, e superá-la, integrando liberdade, solidariedade e responsabilidade?

Fugimos dessa discussão e hoje ela está de volta diante de nós, não apenas empobrecida, mas com formas dramáticas e degeneradas, ou seja, como fundamentalismos religiosos ou étnicos em confronto entre si, alimentados pela luta comum contra o suposto relativismo ético, a liberdade vazia de valores e a cultura do efêmero. Mas o discurso é muito complexo. Limito-me a considerar como o PCI enfrentou a batalha do divórcio, coisa por si só não desprovida de interesse. Togliatti sempre relutou em tocar no problema. No início dos anos 1960, as mulheres do partido e da UDI romperam o embargo, engajando-se em uma elaboração concisa do tema de uma reforma radical do direito de família, para eliminar qualquer elemento que ainda permanecesse escandalosamente na legislação e reafirmasse o poder absoluto do homem. Hoje, isso parece óbvio, mas na época era uma batalha corajosa e crucial. Basta assistir ao filme *Divórcio à italiana* ou evocar o episódio de Coppi e a "dama de branco"* para se dar conta de que o patriarcado não era apenas um resíduo inoperante de normas em desuso, mas continuava protegido pelo direito. Mais eloquente ainda é a frase solene de Pio XII, e nunca renegada, que renovava um ponto doutrinal: "Toda família é uma sociedade de vida, toda sociedade de vida bem ordenada requer um chefe, todo poder de um chefe emana de Deus. Portanto, a família fundada por vós tem um chefe que Deus investiu de autoridade". Essa

---

* Fausto Coppi, campeão de ciclismo nos anos 1950 e um dos maiores símbolos do esporte italiano, foi protagonista de um episódio que causou escândalo na época: ele teve uma relação extraconjugal com Giulia Occhini, que também era casada. A imprensa que se ocupou do caso apelidou-a de "a dama de branco". Ela foi acusada de adultério pelo marido e acabou sendo processada e presa; Coppi divorciou-se e teve seu passaporte revogado. (N. T.)

concepção não encontrava respaldo apenas no direito desigual que regulava e punia o comportamento sexual, mas estendia-se ao direito de propriedade, à escolha de residência, à educação dos filhos. Tratava-se, portanto, do primeiro bastião a ser derrubado. E, nesse sentido, o grupo dirigente do PCI apresentou uma nova proposta de lei, imediatamente contestada pela Democracia Cristã. Mas nesse projeto estava presente também uma proposta a favor do divórcio, e Togliatti foi o primeiro a vetá-lo. É óbvio que havia o temor de iniciar um confronto com o mundo católico, exatamente no momento em que findava o "*pacellismo*". Havia outra razão também, mais respeitável: o temor de esbarrar no dissenso das próprias mulheres ou, em todo caso, expô-las a um perigo, no sentido de que as relações de força e a condição material das mulheres (1 milhão de mulheres foram expulsas do mundo do trabalho e um número ainda maior trabalhava de forma "intermitente" e por salários mínimos) as tornassem o sujeito mais débil e exposto, de modo que o divórcio, em vez de afirmar a liberdade feminina, exporia as mulheres a um perigo e a uma chantagem ainda maiores.

Contudo, a sociedade estava mudando, e 1968 havia deixado marcas indeléveis no terreno dos costumes. A plena ocupação havia se estendido a muitas regiões, a escolarização de massa havia alcançado as mulheres. O tema do divórcio estava maduro e podia ser vitorioso. A bandeira dessa batalha foi empunhada por liberais e socialistas no Parlamento, agitada com notável eficácia por Pannella, o PCI não pôde se omitir e a nova lei foi aprovada. O Vaticano, porém, reagiu com intransigência, e Fanfani viu no referendo ab-rogativo uma arma para recuperar a unidade entre os democratas-cristãos e vencer em todo o país.

Diante do referendo, Berlinguer sabia que devia mobilizar o partido, mas estava convencido de que isso atrapalharia o diálogo com a Democracia Cristã e, sobretudo, estava convencido de que perderia. Por isso, esperava conseguir evitá-lo e tentou, por diversos caminhos e diversos interlocutores (o Vaticano, por intermédio de Bufalini, e a Democracia Cristã, por intermédio de Moro, Andreotti e, por último, Cossiga), algum tipo de acordo. Bufalini e Barca, seus homens de confiança, foram utilizados como enviados secretos. A negociação foi confusa, intermitente e, de qualquer maneira, estava fadada ao fracasso. Contudo, o PCI levou suas tropas compactas ao referendo e arrastou com ele os "católicos do dissenso". Felizmente, seus temores foram desmentidos pelos fatos e a vitória foi mais ampla do que se previa. O PCI recolheu sua parte dos frutos como coparticipante, mas também porque, mantendo-se em segundo plano, convenceu a contraparte de que era muito menos laicista do que os outros. O preço do sucesso, porém, não era pequeno. O modo como administrou a batalha a favor do divórcio deu a hegemonia aos liberais-democratas em uma luta em que a liberdade individual era predominante, e plantou em amplas camadas da opinião pública a ideia de que, quando o PCI falava de encontro com as massas populares católicas, considerava passagem obrigatória e interlocutores principais o Vaticano e a Democracia Cristã. Esse também foi o primeiro passo para um novo modo de fazer política, caracterizado por uma rede de contatos permanentes, não apenas de cúpula, mas pessoais e frequentemente secretos, como sempre foi a diplomacia entre Estados.

14. O COMPROMISSO HISTÓRICO COMO ESTRATÉGIA

ENCORAJADO por esses primeiros sucessos parciais, Berlinguer decidiu que podia e devia elaborar e oferecer ao partido e ao país uma proposta política orgânica e de longo alcance. Fez isso publicando na *Rinascita* um ensaio, em três partes, que equivalia a uma plataforma estratégica e, de fato, ateve-se a ele durante toda a década de 1970. Esse ensaio convenceu e empenhou todo o grupo dirigente do PCI, sem objeções, com exceção de Longo, e, depois de certo desconcerto, a base do partido assumiu-o e esforçou-se para apoiá-lo.

Mesmo aqueles que mais tarde manifestaram perplexidade diante das escolhas que o colocavam em prática (Ingrao e Natta, por exemplo) nunca o contestaram. E até anos depois, quando teve a coragem de constatar sua insustentabilidade e seus resultados ruins e encarregou-se de modificá-lo profundamente, Berlinguer encontrou não poucas resistências. Por isso, merece uma análise atenta.

Reli e refleti recentemente sobre esse ensaio, preparado e disposto a rever a crítica afiada que expressei na época, porém não encontrei razões para corrigi-la. Ao contrário, pareceu-me mais justificada do que nunca: o que aconteceu não foi produto do acaso, provocado por eventos imprevisíveis, derivado de erros táticos ou responsabilidades de sujeitos hostis; mais do que isso, contribuiu para acelerar e agravar tanto a derrota quanto suas consequências. A debilidade e as contradições desse projeto político são bem visíveis, hoje mais do que nunca, em sua formulação inicial. E me esforço para demonstrá-las.

A primeira parte do ensaio dedica-se quase inteiramente aos trágicos acontecimentos chilenos, que naquele momento turbavam o ânimo de todos os companheiros, e tira dali uma lição. A própria escolha dessa premissa já é discutível, e a reconstrução dos fatos dobra-se, conscientemente ou nem tanto, ao apoio inadequado de uma escolha política. Não duvida de que, no desastre chileno, as debilidades e as ingenuidades de Allende e de seus companheiros tiveram grande peso. Allende tornou-se presidente – e presidente queria dizer responsável pleno do governo chileno – de forma constitucionalmente inatacável, ou seja, com o voto popular, amplamente majoritário, mas com apenas 39% dos votos. Tinha diante dele um Parlamento em que dispunha de uma maioria ocasional e que, mais do que apoiá-lo, tolhia-o. É igualmente verdade que suas intenções e suas medidas não tinham um caráter revolucionário, concentravam-se contra poderes ávidos (monopólios estrangeiros impostos tempos atrás e ainda predatórios) e oligarquias agrárias insuportáveis. No entanto, por trás desses interesses fortes, existiam interesses internacionais mais fortes ainda e, acima de tudo, o Chile era parte do mundo semicolonial, em que todos os equilíbrios estavam ameaçados naquele momento. O Exército havia reafirmado sua fidelidade à Constituição, mas ainda era uma casta separada, formada nos Estados Unidos. Os riscos de um contra-ataque reacionário eram reais. É provável que Allende os tenha subestimado, até porque uma parte de seus partidários de esquerda pressionava-o para ir mais além e mais rápido. Mas também estava claro que não lhe faltava apoio popular, ao contrário, ele só crescia: intelectuais e técnicos chegavam de toda a América Latina para ajudá-lo, e os partidos de oposição estavam divididos, sem uma base de massa, ainda que, justamente por isso, grande parte da população fosse despolitizada e oscilante. E, de fato, Allende não foi derrubado por uma coligação parlamentar ou por uma mobilização popular. Desgastou-se primeiro com o caos econômico, organizado de propósito do exterior, e, depois, com *jacqueries* corporativas igualmente conduzidas de fora. E finalmente, como se não bastasse, sofreu um golpe de Estado militar, sugerido e financiado pelos Estados Unidos, que praticou uma gigantesca e sangrenta repressão e terminou em um governo despótico duradouro. O próprio Berlinguer reconhece essa dinâmica em seu ensaio com palavras duras: "As características do imperialismo, em particular do norte-americano, continuam a ser a subjugação, o espírito de agressão e conquista, a tendência a oprimir os povos toda vez que as circunstâncias assim sugerirem". Mas como poderia bastar para impedi-lo, como ele sugeria, "uma relação melhor" com uma parte da Democracia Cristã, impotente e em geral cúmplice? E, principalmente, existiam ou podiam-se criar condições para esse tipo de ameaça na Itália e na Europa, onde naquele exato momento as instituições democráticas eram reestabelecidas (Grécia e Portugal), ao menos formalmente, e os Estados Unidos estavam paralisados pela Guerra do Vietnã, que estavam perdendo? É evidente que a Itália também passava por uma crise econômica e política, mas de tipo completamente diferente e bem mais fácil de controlar. Tomar a experiência chilena como exemplo, assim como aconteceu com o caso grego, além de forçar a situação, era equivocado. Configurava um obstáculo para compreender tanto as outras dificuldades reais de que era necessário dar conta quanto a possibilidade de mudança que a situação oferecia. Sinal de insegurança na análise que se refletia na insegurança da resposta.

Na segunda parte do ensaio, em que enfrenta de uma só vez o tema da situação italiana e o objetivo de fase que o PCI se propunha, o próprio Berlinguer muda de tom e eleva a aposta. Aqui, e em boa parte do caminho, o raciocínio é coerente, bem argumentado, portanto podemos sintetizá-lo sem risco de alterá-lo. A Itália, dizia ele, atravessava uma fase de crise profunda e crucial: crise do sistema econômico, que após um longo período de expansão não era mais capaz de garanti-la; crise dos equilíbrios sociais, que, consequentemente, não podiam mais estender os benefícios nem redistribuí-los de modo mais equitativo por meio da pressão sindical; crise das instituições, paralisadas pelos corporativismos e com frequências pervertidas pela corrupção e pelos poderes ocultos; crise do sistema político, já desprovido de maiorias estáveis e capacidade de governar. Disso tudo emergiam velhos atrasos da sociedade italiana e manifestavam-se novas contradições, típicas do tipo de modernização do capitalismo italiano e do capitalismo em geral. Mas também era possível ver o resultado das grandes lutas, ofensivas e defensivas, que se opuseram a esse sistema, conquistaram novos direitos, afirmaram novos valores, novos sujeitos sociais e novos estados, em suma, novas relações de força na Itália e no mundo. Se uma crise desse tipo se fechasse em si mesma, se ficasse nas mãos de uma classe dirigente à procura de uma restauração, poria em risco a própria democracia. Para evitar isso, era necessário e possível fazer uma grande mudança no governo do país, em suas diretrizes programáticas, na configuração do poder. Para deixar claro o que entendia por mudança, Berlinguer acrescenta dois elementos. Em primeiro lugar, "são necessárias reformas estruturais orientadas para o socialismo": uma segunda etapa da democracia progressiva. Em segundo lugar (citando Togliatti e Longo), "é errado identificar a via democrática com o parlamentarismo: o Parlamento só pode cumprir seu papel se a iniciativa parlamentar dos partidos do movimento operário estiver vinculada às lutas de massas e ao crescimento de um poder democrático na sociedade e em todos os setores do Estado". E, quando ressalta a necessidade de unir, para apoiar a mudança, uma maioria da população – daí o encontro das massas comunistas, socialistas e católicas, cita nesta ordem: a unidade da classe operária, respeitando a diversidade dos papéis e das tradições culturais; a aliança com uma classe média não indiferenciada, ou seja, com sua parte progressista e livre do corporativismo; e, por fim, mulheres, jovens e intelectuais, ou seja, os novos sujeitos que surgiram durante a luta.

Até esse ponto, o discurso não apenas era coerente com a identidade histórica do comunismo italiano, como tinha um caráter mais claramente ofensivo.

A única crítica que se pode fazer – e que fiz na época – diz respeito ao laconismo da análise da crise e da situação internacional (em particular a situação do movimento comunista mundial), à ausência de julgamento sobre o estado real do movimento de massas e de cada prioridade programática concreta que servisse como discriminante para avaliar a mudança. Essa crítica não é irrelevante, porque essas lacunas deixaram as mãos livres demais no momento de estabelecer uma relação entre estratégia e tática, entre alianças e conteúdos.

Na terceira parte do ensaio, Berlinguer tenta completar a exposição de seu projeto, indicando, em termos mais definidos, como e por onde começar. Mas exatamente aqui surgem contradições que mudam o sentido do projeto, comprometendo tanto sua lógica quanto seu realismo. O eixo principal dessa última parte resume-se em uma frase que depois se tornou famosa: "Não se pode governar e transformar o país com uma maioria de 51%". Tomada em conjunto e lida à luz de tudo que a precedeu, essa afirmação é incontestável. De fato, não se pode "governar e transformar" um país social, territorial e culturalmente complexo, respeitando a Constituição, se não se conta no Parlamento com uma força suficiente para deliberar e administrar reformas profundas, que atingem interesses difusos e hábitos arraigados, e com um tempo suficientemente longo para que essas reformas produzam os efeitos desejados. Incontestável, porém ambígua. O que acontece e o que fazemos quando essa força não existe ainda, mas há um vazio de governo e ameaça de uma crise perigosa? Permanecemos na oposição, esperando que a própria crise produza as condições para uma verdadeira mudança e trabalhando para construí-las? Ou, ao contrário, separamos o binômio governo e transformação e, ao menos a princípio, aceitamos participar de uma maioria heterogênea, com um programa mínimo, sem saber se ele será realizado, adiando para um segundo momento a verdadeira mudança, na esperança de que a própria dinâmica da colaboração e os avanços produzidos por ela na consciência da massa permitam objetivos mais avançados, e conquistando, por ora, ao menos uma legitimação como força de governo? É evidente que não se tratava de uma escolha de princípio, mas também é evidente que não se tratava apenas de uma tática adaptável, passo a passo, conforme a necessidade. Tratava-se de uma escolha estratégica, que deveria ser feita com antecedência, com base em uma análise concreta, em uma fase historicamente determinada.

Por exemplo, Togliatti escolheu de antemão participar de governos de unidade nacional e aceitou talvez uma versão de governo até mais moderada do que o necessário. Fez essa escolha com base em uma avaliação das relações de força em um país que estava saindo do fascismo, havia perdido a guerra, estava ocupado pelas forças armadas ocidentais e talvez esperasse que a unidade dos grandes países vencedores durasse um pouco mais. Mas, sobretudo, fez essa escolha porque acreditava que a ação imediata de governo, para o qual, aliás, estavam disponíveis todas as forças da resistência, não era o essencial. O essencial era a conquista da República e, sobretudo, de uma Constituição avançada e compartilhada. E ele conseguiu isso, contando com a colaboração de Dossetti, Lazzati e La Pira. Houve um "compromisso histórico", e nós, ainda hoje, lutamos para defendê-lo do desmantelamento.

A situação dos anos 1970, no entanto, não era essa. Tanto a crise econômica quanto o conflito social não podiam encontrar uma solução "para a frente", separando o binômio "governo e transformação". E, de fato, Berlinguer havia acabado de escrever isso, ou melhor, propunha uma "mudança na sociedade e no Estado". Mas mesmo aceitando, como estava disposto a fazer, uma separação dos tempos, ou seja, a hipótese de uma fase de transição que abrisse caminho para objetivos mais ambiciosos, essa hipótese era possível, e em que condições? O tema central, nesse caso, era o das forças políticas e de sua disponibilidade e, para ele, deslocou-se a atenção da última parte do ensaio, que apresenta muitos traços daqueles "reinos imaginários" que o próprio Berlinguer detestava. "Imaginário" era, em primeiro lugar, dar como certa a unidade da esquerda, à qual fazia apenas um breve aceno. A unidade com o PSI estava rompida havia mais de dez anos no plano político e periclitou diversas vezes no sindicato e nas administrações locais. Poderia ter sido reatada na década de 1970, mas com um trabalho paciente e resultados incertos. E desde que não alimentasse, com uma relação preferencial com a Democracia Cristã, a suspeita de que quisesse relegar o PSI a um papel marginal e subalterno. Não menos imaginário era considerar que a extrema esquerda não tivesse influência e fosse controlável. Sem dúvida, ela estava desorientada e dispersa, mas justamente na crise aflorava certa disponibilidade para o confronto (cito como exemplo a interessante tentativa de nascimento do PDUP, o partido da unidade proletária, ou a reflexão da Vanguarda Operária ou do MLS, o movimento dos trabalhadores para o socialismo). Mas, sobretudo, ainda existia – desorganizado, porém extenso – um campo juvenil que se formou entre 1968 e 1970 e deu muitos votos ao PCI como única força parlamentar de oposição, que não havia se rendido e reagiria aos governos de amplas coligações e "perfil baixo" dos modos mais imprevisíveis, mas certamente não com simpatia.

A hipótese de uma maioria de governo que incluísse o PCI em prazos razoavelmente curtos fundava-se em essência em um pacto entre os dois maiores partidos, a Democracia Cristã e o PCI. Nesse contexto, o "imaginário" era mais do que predominante, mas era contradito por uma evidência. Um mês antes, a mesma *Rinascita* publicou um número especial do *Contemporaneo* dedicado à análise da Democracia Cristã. Colaboraram nele os dirigentes mais importantes, como Chiaromonte e Natta, além de especialistas como Chiarante e Accornero.

Ao relê-lo, uma coisa me impressionou: todos convergiram de vários ângulos em análises severas. A Democracia Cristã já era muito diferente da original, diziam. Menos clerical, mas também menos religiosa. Fortemente enraizada na sociedade, mas por canais clientelistas, de distribuição de proteções sociais, de exercício atento do poder, de apoio às empresas, a Democracia Cristã apresentava-se como garantia de estabilidade econômica e administradora experiente dos gastos públicos. Em suma, um partido-Estado construído durante trinta anos, capaz de mediações. Por isso, estava cronicamente dividida em diversas correntes organizadas, cada qual com relações orgânicas com determinados segmentos sociais, determinadas áreas, determinados setores do aparelho estatal e das empresas públicas, mas unida pela necessidade de afirmar sua supremacia. Sua força principal estava na expansão econômica, da qual podia vangloriar-se, já que havia contribuído para sua realização e havia distribuído os proveitos com sabedoria.

Isso não queria dizer que a Democracia Cristã fosse uma fortaleza inexpugnável e impenetrável. O declínio do desenvolvimento econômico, também para ela, estreitava as margens de mediação entre os interesses que ela representava. O ciclo de lutas operárias havia tido uma clara influência sobre as orientações e os comportamentos das grandes organizações sociais que lhe eram tradicionalmente próximas, como CISL e Acli (nem o mundo camponês, pressionado pela indústria alimentícia e pelos iníquos acordos impostos pelos grandes países europeus, escapou do controle total da Coldiretti e da Federconsorzi). A aliança parlamentar de centro estava dissolvida e as tentativas cada vez mais recorrentes de reatá-la com acordos provisórios e por de baixo do pano com a extrema direita criavam tensões internas, em vez de oferecer uma solução. Em particular a mudança assinalada pelo Concílio, ainda que parcialmente removida, agia nas experiências da Igreja de base e tinha algum reflexo entre intelectuais próximos da cúpula. Em uma convenção quase desconhecida, mas desafiadora (em Lucca, em 1967), Ardigò e Del Noce, de lados diferentes, perguntaram: "As pessoas simples se perguntam: 'Por que depois de décadas de governo de um partido católico a marca cristã na sociedade está em declínio?'". E, no entanto, a recusa de um verdadeiro acordo com o PCI, agora mais forte e considerado menos ameaçador, era imotivada e intransigente, exatamente porque essa força podia pôr em discussão o partido-Estado e ameaçar a supremacia no exercício do poder, que constituía seu verdadeiro cimento. De fato, esse acordo não se realizou. E nunca poderia se realizar sem passar por uma crise e uma ruptura na Democracia Cristã que libertassem as forças presas dentro dela.

No entanto, o grupo dirigente do PCI e Berlinguer recusaram-se a tomar conhecimento dessa evidência e, mesmo a sua maneira, tirar suas consequências. Ao contrário, convenceram-se de que somente um deslocamento global e gradativo da Democracia Cristã, por meio de uma experiência comum de governo, poderia produzir um encontro entre massas comunistas, socialistas e católicas. Berlinguer, no fim de seu ensaio, evita o problema com um sofisma. Escreve:

> A Democracia Cristã não é uma realidade metafísica, mas um sujeito histórico mutável, nasceu em oposição ao velho estado liberal e conservador, foi arrasada pelo fascismo, participou da guerra de libertação, contribuiu para a redação da Constituição, depois participou da Guerra Fria, do lado oposto ao nosso, comportando-se até das piores maneiras. Hoje, pode mudar de novo e nós podemos ajudá-la ou constrangê-la a mudar.

Conclui sua reflexão com uma proposta desafiadora e imediata para o governo do país: "um novo grande compromisso histórico", que teria como protagonistas naturais os dois maiores partidos. Em que consistia esse compromisso, e como poderia se tornar "histórico", era um mistério. Para mim não está claro o porquê daquele risco. Talvez ele acreditasse realmente ter encontrado um caminho para sair de uma situação grave e complicada. Talvez pensasse estar a salvo de perigos por um excesso de confiança na força propulsora e na solidez dos princípios de seu partido. Mais provavelmente, e uma coisa não exclui a outra, não calculava que teria diante de si, tão em breve, uma escolha imatura ou se depararia com ofertas tão mesquinhas por parte da Democracia Cristã. Além disso, superestimava a extraordinária habilidade de Moro, no dizer e no não dizer, no prometer e no adiar. De fato, mais do que encontrar uma saída, ele havia caído em uma armadilha, de que se livraria tarde demais.

Carteirinha do PCI de quando o partido ainda era clandestino.

15. DO APOGEU À DERROTA

ENTRE as leituras que fiz para realizar este trabalho, encontrei por acaso uma frase que pode sintetizar com amargor, mas também com argúcia, o que aconteceu com o PCI nos anos 1970. A frase é de Ramsey MacDonald, primeiro-ministro inglês que liderou um governo de coalizão nos anos 1930. No fim dessa experiência de governo nada brilhante, um jornalista norte-americano perguntou: "Em síntese, que lição o senhor aprendeu?". Cáustico, MacDonald respondeu: "Eu já tinha aprendido como é frustrante ser excluído anos do governo, mas agora entendi que existe coisa pior: estar no governo e se dar conta de que não pode fazer quase nada". À parte a argúcia, essa frase lapidar pode se aplicar a experiências parecidas que a esquerda viveu em outros países, entre os quais a Itália: desde o centro-esquerda dos anos 1960 até a situação atual. Com relação à experiência vivida pelo PCI em meados dos anos 1970, ela é mais pertinente ainda.

A experiência começou com a surpreendente vitória em junho de 1975, nas eleições regionais e municipais, que mudava radicalmente as relações de força políticas e parecia abrir ao PCI, depois de décadas de exclusão prejudicial, o caminho para governar o país. Os comunistas deram um salto para 33,5% dos votos, tornando-se preeminentes em novas regiões e em quase todas as grandes cidades (com exceção de Palermo e Bari). Três milhões de votos a mais em comparação com as eleições de 1972, sobretudo votos de jovens, nem todos dados com intenções coincidentes, mas com a vontade comum de mudar o estado de coisas. O PSI obteve 12% e parecia se orientar, ainda que de modo indeciso, a interromper a participação subalterna em governos dirigidos pela Democracia Cristã. O PDUP teve quase 2% dos votos, apesar de ter se apresentado em apenas dez das quinze regiões. A Democracia Cristã caiu para 35%, perdendo 2 milhões de votos, não a favor da direita e dos liberais, mas a favor da esquerda e dos partidos laicos de centro-esquerda. Como as eleições políticas se aproximavam, era evidente para todos que não seria mais possível governar o país sem a participação ou, ao menos, sem o consenso dos comunistas. Contudo, esse sucesso evidenciava problemas até então negligenciados ou voluntariamente evitados. Antes de tudo, e paradoxalmente, porque chegou rápido demais. O "compromisso histórico", eixo da política do PCI, sempre foi intencionalmente ambíguo sobre o tempo: indicava uma estratégia de longo ou ao menos de médio prazo (Berlinguer estava convencido disso e discutia com quem o desmentia) ou era uma proposta de governo imediato, necessária para enfrentar uma crise premente (como acreditavam muitos dirigentes, entre eles Amendola)? Esse nó tinha de ser desatado em poucos meses ou, no máximo, em um ano.

Daí nasceu outro problema. Em conjunto, a esquerda tinha 47% dos votos, o PSI recusava-se a continuar no governo com a Democracia Cristã e, de qualquer maneira, considerava necessário um acordo preliminar com os comunistas. Como interpretar essa novidade: como uma decisão precária, quiçá maliciosa, da qual desconfiar, ou como uma maneira de pressionar a Democracia Cristã e obrigá-la a uma mudança clara, talvez para a oposição?

A esse propósito, em um editorial do recém-lançado e já importante jornal *La Repubblica*, Eugenio Scalfari expôs sua opinião com particular brutalidade. Vale a pena citá-lo, porque ele expressava a orientação de ambientes intelectuais e sociais que não pertenciam à esquerda tradicional:

> O último congresso democrata-cristão demonstrou que a Democracia Cristã é agora uma expressão degradada de uma grande aliança de clientelas parasitárias. Enquanto não mudar sua natureza, ou seja, enquanto não se tornar o partido dos católicos democráticos, em vez de representação de arquiconfrarias de poder, qualquer hipótese de "compromisso histórico" é anacrônica. Portanto, deve-se chegar às próximas eleições com uma frente e um programa de governo de esquerda.

Pouco depois, De Martino, secretário do PSI, avançou a mesma proposta, tornando-a mais digerível para o PCI: podia-se e devia-se manter o diálogo com a Democracia Cristã, mas a partir da força e das ideias de uma esquerda unida. Nessa versão, a proposta não implicava mudanças ou renúncias. Mesmo aqueles que, como Berlinguer, estavam convencidos de que o objetivo estratégico continuava sendo o encontro com os católicos e considerava possível uma mudança na Democracia Cristã que o permitisse não tinham razões, ao menos em aparência, para não dar o primeiro passo usando a força de uma esquerda unida. Mas, a bem da verdade, havia razões para desconfiança. Para seguir por esse caminho, sem leviandade, era necessário superar dois obstáculos relevantes. O erro foi não ter conseguido identificá-los quando ainda havia o tempo suficiente para superá-los.

Em primeiro lugar, para reconstruir uma unidade política entre comunistas e socialistas bastante sólida e durável para resistir ao confronto, ainda que transitório, com a Democracia Cristã, não bastava apenas atrasar o relógio. Muita água havia rolado por baixo da ponte, tanto no plano ideológico quanto no enraizamento social. Era necessário, de um lado e de outro, ao menos uma correção parcial do juízo a respeito da União Soviética e de sua evolução, assim como da disciplina atlântica. Também era necessário, por parte de alguns, moderar a paixão por dispor sempre e de qualquer maneira de "um botão para apertar" na instância de governo e, por parte de outros, conter a pressa de obter uma legitimação visível como força de governo. Com relação a esses dois pontos, ofereciam-se espaços de inovação e novas dificuldades. Os dois blocos internacionais estavam em crise, e suas lideranças, enfraquecidas; exatamente por esse motivo, a política de coexistência pacífica estava em apuros e cada bloco estava preocupado em manter o controle interno.

Do mesmo modo, a nova configuração de poder local derivada dos resultados de 1975, ali onde existiam recursos e capacidade, ofereceu às forças de esquerda possibilidades de iniciativa e sucesso em muitas cidades; mas em outras zonas e em muitos centros periféricos produziu situações atraentes, mas ambíguas: levou à invenção de amplas convergências, sempre que possível e a qualquer custo, com o método da divisão partidária e à tolerância com os gastos públicos. Isso explica por que o PCI se precipitou e considerou uma armadilha ou, de qualquer modo, pouco confiável a proposta de relação privilegiada com a esquerda; e por que, depois, os partidários socialistas da alternativa de esquerda colaboraram para a liquidação de De Martino e sua substituição por Craxi, que não escondia que tinha intenções completamente diferentes.

Outro problema que veio à tona em 1975, e o mais importante, era a falta de programa. O tema de um novo governo e novas alianças tornou-se a ordem do dia no exato momento em que era mais difícil enfrentá-lo. A crise estrutural, que afetava havia tempos toda a economia internacional, agravou-se na Itália justamente em 1975. Não é obrigatório que situações de crise aguda tornem impossível uma mudança reformadora, às vezes acontece o contrário. Mas, para realizá-la, é necessário uma elaboração de ideias, uma capacidade de gestão, uma solidez de alianças no governo, uma compreensão e um consenso no país, sobretudo entre os que votaram a favor do partido e sabem que devem esperar até ver os resultados das reformas. Esse trabalho não foi feito e nem ao menos esboçado. Paradoxalmente, a bagagem programática com que se chegou ao centro-esquerda nos anos 1960 foi mais corajosa e concreta do que aquela com que a esquerda se apresentou em 1975. Preencher esse atraso programático e mobilizar um bloco social coerente era prioridade absoluta.

Quero citar um juízo sintético, corajoso e clarividente que Luigi Longo, já em desgraça, manifestou diante da direção do PCI justamente quando se discutiam os resultados das eleições: "Nossa proposta de 'compromisso histórico' é enigmática e ambígua. Essa ambiguidade de proposta provavelmente contribuiu para o nosso sucesso eleitoral, mas é impraticável e levará à nossa passividade".

O dilema de 1976

O que trouxe à tona todos os problemas, em 1976, foram as eleições antecipadas, provocadas pela busca de De Martino de "equilíbrios mais avançados", que já anunciava a saída do PSI do governo. Berlinguer definiu-a como uma armadilha. O juízo a respeito de suas intenções era mesquinho, mas a previsão estava correta. O resultado das eleições foi, de fato, duplamente surpreendente. Por um lado, marcou um novo avanço do PCI (de 33,5% para 34,4%), aparentemente moderado, mas na realidade mais consistente, porque dessa vez também haviam participado do pleito as regiões autônomas, que até então eram reserva de votos da Democracia Cristã. Mas, por outro lado, contra as previsões, a Democracia Cristã teve uma recuperação consistente, voltando aos 38,8%, em prejuízo de seus aliados menores.

Naquele momento, não existia mais maioria, mesmo em termos matemáticos, sem a participação do PCI. Um acordo direto e imediato entre democratas-cristãos e comunistas (ou seja, uma diarquia entre os maiores partidos) não era nem cogitado, tanto mais que a Democracia Cristã, durante a campanha eleitoral, procurou e obteve consensos moderados com o objetivo explícito de impedir que os comunistas entrassem no governo (Montanelli escreveu com sucesso "tampemos o nariz" e voltemos a votar na Democracia Cristã). A Democracia Cristã podia voltar atrás? Além disso, um "alto lá" chegou de uma reunião dos governos atlânticos, nos Estados Unidos, da qual Moro havia sido excluído, porque, embora representasse o governo italiano, não era considerado confiável. Por outro lado, não existiam números (48%) para um governo de esquerda nem vontade política, porque o PSI, que o anunciou, estava enfraquecido, a extrema esquerda era marginal, estava dividida e, em boa parte, relutava, ao passo que os sociais-democratas não aceitavam apoiá-lo. A decisão, portanto, tornou-se um dilema: ou voltar imediatamente às urnas, com frentes e programas alternativos, e repetir as eleições até que uma nova relação de força fosse estabelecida, ou montar um governo emergencial, apoiado por uma frente muito ampla e compósita que excluísse as alas extremas e atuasse para (e até) que os problemas mais urgentes do país se resolvessem e as relações entre os partidos mudassem.

A primeira alternativa – para a qual propendiam não poucos, inclusive eu – era provavelmente a correta, mas, além de improvável, era arriscada. Improvável, porque implicava uma mudança radical e improvisada na estratégia do PCI, que se considerava vitorioso. Arriscada, porque, como vimos, veio com atraso, sem ter construído a unidade da esquerda nem entre os partidos nem no país, sem ter definido um programa comum convincente e de fôlego, portanto podia provocar uma instabilidade permanente e sem perspectivas.

A segunda alternativa – a formação de um governo com o apoio de uma ampla aliança – era possível, mas como primeira fase de uma mudança mais profunda, e a participação dos maiores partidos de esquerda, explícita e com poderes efetivos proporcionais a seu peso, deveria ser o corolário lógico. Contudo, essa solução também era difícil e de resultado incerto. Difícil, porque a Democracia Cristã estava longe de aceitá-la abertamente, já que punha fim a sua supremacia e enfraquecia sua unidade, portanto era necessário impô-la com braço de ferro. De êxito incerto, porque, por natureza, um governo de coalizão e transitório é inadequado para enfrentar problemas reais, cujas origens eram longínquas e cuja solução tocava em interesses consistentes e exigia tempo.

Na incerteza, surgiu de improviso, e foi aceita sem resistências visíveis, uma solução bizarra em todos os sentidos: um governo de partido único, democrata--cristão, sem nenhum acordo programático vinculante, sem maioria parlamentar reconhecida, apoiado pela "não desconfiança" do PCI e do PSI.

A primeira bizarria era de princípio. Governos de minoria já haviam sido formados, raramente, em outros países de democracia parlamentar, mas sempre orientados por uma força prevalecente e próxima da maioria, com o apoio necessário de uma força minoritária afinada com ele. Um governo monopartidário com uma força de 38%, contra uma frente de 48%, e baseado na "não desconfiança", nunca tinha sido visto. Assim, esse governo, cuja primeira novidade deveria ser legitimar o PCI, legitimava, ao contrário, o direito quase monárquico da Democracia Cristã de governar, e governar sozinha, mesmo sem maioria. A segunda bizarria estava na existência de um "governo de emergência", sem "programa de emergência" e sem data precisa para acabar, formado por homens que estavam no poder havia muito tempo, graças às mais diferentes alianças. A terceira bizarria, não menos importante, estava no fato de que, qualquer programa que esse governo tivesse a bondade de apresentar às câmaras, jamais corresponderia a uma mudança nos centros extrainstitucionais de poder efetivo e na cúpula da burocracia, que deveria garantir sua aplicação. À esquerda oferecia-se um papel simbólico: a presidência de comissões parlamentares que, como todos sabem, sempre tiveram poder sobre uma ou outra "leizinha" ou podiam propor emendas marginais (poder real e direto, nada). Até hoje, nunca soube quem concebeu essa solução. Alguns dirigentes do PCI e da Democracia Cristã na época disseram-me com franqueza que a ideia nasceu em suas fileiras. E, de fato, a solução foi amplamente aceita. Disseram-me ainda que, para a esquerda, era uma "proposta para perder": assumir a responsabilidade do governo, mas com um papel fictício. Não um casamento de conveniências ou mesmo uma aliança, apenas um adultério ocasional.

Além dessa divisão de poderes, que já em si comportava dissensos frequentes, ou compromissos precários, e concedia à Democracia Cristã uma força esmagadora na função de governo, devemos levar em conta também os homens em carne e osso aos quais cabia cumprir esse papel. Em primeiro lugar, a escolha do presidente do conselho, que, em uma situação ainda pouco definida, tinha um valor ainda maior. O nome de Giulio Andreotti foi proposto por Moro e aceito com o argumento de que oferecia uma garantia e uma cobertura para uma direita democrata-cristã briguenta, forte na sociedade, e que a qualquer momento podia reivindicar coerência com a linha proclamada durante a campanha eleitoral e sancionada pela recuperação de milhões de votos. O argumento tinha peso, mas não era muito convincente. Andreotti não era um fantoche, tampouco um transformista. Por trás da flexibilidade e do extremo realismo, sua biografia política mostrava uma identidade e uma posição política coerente e coriácea, em nome da qual, mesmo sendo quase sempre membro do governo, preferiu muitas vezes organizar uma minoria no partido e discordar de sua política. Era um degasperiano de direita e, não por acaso, havia construído uma corrente na Sicília e no Lácio; sempre foi homem de confiança da parte mais tradicional da hierarquia eclesiástica e procurou repetidas vezes, no limite do possível, o apoio dos partidos de direita e de centro-direita, quando foi necessário. Estabeleceu relações de confiança com o conjunto do empresariado industrial e agrícola e com o mundo financeiro, inclusive com figuras ambíguas. Mas, em particular, graças à permanência no governo em cargos cruciais, era o homem de maior confiança de Washington, tinha um excelente conhecimento da administração pública e gozava da confiança da cúpula. Além disso, no governo da "não desconfiança", tinha o apoio, quando e onde era necessário, de expoentes de várias correntes, sobretudo a doroteia, com a qual tinha afinidades. A Democracia Cristã que tomava as rédeas do Estado era, portanto, uma Democracia Cristã mudada, mas, politicamente, não para melhor.

É verdade que, paralelamente, uma liderança política diversamente orientada dava seus primeiros passos: Moro e Berlinguer dialogavam. Não se tratava apenas de fachada, porque um importante elemento comum os unia: a exigência de olhar mais longe, de transformar pouco a pouco um entendimento provisório, imposto pela necessidade, em uma convergência duradoura e com mais substância. À parte o fato banal, embora não irrelevante, de que os dois não tinham competência nem interesse em influenciar de modo eficaz a ação efetiva do governo, esse diálogo produzia simpatia e confiança merecida entre eles, mas levava a procrastinações ou meios compromissos. Por duas razões impeditivas. A primeira devia-se ao fato de que as funções respectivas no partido eram fortemente assimétricas. Berlinguer gozava de confiança ilimitada no partido, o que lhe permitia decidir quando queria e também quando errava. Moro, ao contrário, era importante na Democracia Cristã, mas apenas como inspirador ou mediador. Dois episódios mostram bem essa assimetria: a declaração de Berlinguer de que se sentia mais seguro na aliança atlântica, que foi aceita sem censura, apesar de ambígua e gratuita; e o discurso de Moro no Parlamento em uma defesa arrogante e obrigada dos envolvidos no escândalo Lockheed. A segunda e mais importante razão do *stop and go* nesse diálogo estava no fato de que ambos olhavam mais longe, mas em direções diferentes. Para Moro, o período de colaboração tornaria possível uma nova ordem política, na qual a Democracia Cristã e o PCI representassem democraticamente dois projetos alternativos; para Berlinguer, ao contrário, abriria caminho para um compromisso que fosse uma mudança, uma aproximação de uma nova ordem social, com a contribuição dinâmica de comunistas e católicos. Eram perspectivas diferentes. Uma devia realizar passo a passo aquilo que o centro-esquerda não havia conseguido fazer e implicava que o PCI, força de longe majoritária da esquerda italiana, fosse muito além da autonomia de Moscou e do respeito à Constituição italiana, ou seja, que modificasse sua identidade de força comunista e aceitasse o pertencimento ao campo das democracias ocidentais. A outra reafirmava, ou melhor, queria tornar mais visível, mesmo que gradativamente, uma "via italiana para o socialismo" e uma superação dos blocos. Tanto para um quanto para outro não se tratava de palavras, mas de convicções profundas, enraizadas em uma história e compartilhadas por aqueles que representavam. Para dirimir o dissenso, obviamente não bastava uma operação política improvisada, movida por um estado de necessidade: a declaração de Moro, sincera mas genérica, sobre a necessidade de uma "terceira fase" ou as iniciativas mais comprometedoras de Berlinguer (por exemplo, o discurso sobre a "austeridade" ou a troca de cartas com monsenhor Bettazzi) caíam no vazio ou, pior, davam lugar a equívocos e contestações.

Quais eram então as forças reais de que a esquerda dispunha para condicionar a efetiva ação de um governo concebido de forma tão desequilibrada? Eram duas e relevantes: uma representação parlamentar de 48%, mas, de fato, posta à margem, e a pressão na sociedade de um sindicato que havia crescido muito e era unido pelo pacto federativo. Mas, antes mesmo da posse do governo Andreotti, ou logo depois, esses dois elementos de força mostraram fissuras e esse tipo de governo os enfraqueceu.

A unidade política recuperada entre socialistas e comunistas, que havia gerado a dissolução das câmaras, mesmo com muitas reservas, tornou-se precária de repente, assim como de repente pareceu renascer. A liquidação de De Martino e a eleição de Craxi foram pensadas e apresentadas como uma renovação necessária, após a derrota eleitoral sofrida pelo PSI, e como sinal de autonomia política para deter o poder excessivo dos dois maiores partidos, e não como uma mudança de linha política com relação à unidade da esquerda. Por isso, contribuiu para ambas grande parte dos lombardianos e dos próprios demartinianos. Mas Craxi, assim como Andreotti, não era um fantoche, era um político capaz e com ideias bem definidas. Nenniano desde sempre, e na versão que prevaleceu durante a experiência do centro-esquerda, a autonomia que mais lhe importava não era a da Democracia Cristã, mas a do PCI: estava profundamente convencido de que, para neutralizar a supremacia democrata-cristã, era prejudicial mudar as relações de força na esquerda, por isso o primeiro passo seria abandonar pouco a pouco a "grande coalizão". Fez isso aos poucos, e com prudência, à medida que seu poder se consolidava, mas sem titubeações ou dissimulações.

No sindicato, a situação também estava mudando, sua força organizativa havia crescido em todos os setores e resistia, ao contrário de sua vontade e de sua capacidade de luta. A crise econômica tornava mais difíceis as batalhas de baixo, que ainda assim prosseguiam, e mais magros seus resultados. Para não se limitar à simples resistência, e encontrar apoio no conjunto do mundo do trabalho, o sindicato tinha de conquistar um espaço de influência sobre a política econômica, assim como as empresas precisavam do consenso do sindicato para normalizar as relações na fábrica e de recursos públicos para se reestruturar. Mas para enfrentar esse novo tipo de contratação, que a essa altura era trilateral, o empresariado, mesmo dividido entre muitos interesses, dispunha de um recurso eficaz: uma afinidade comprovada com a classe política empossada no governo e na administração pública e a chantagem praticada pelos poderosos centros de poder internacionais. Ao sindicato, ao contrário, apresentava-se uma dificuldade particular. Quem assumiu o papel de liderança e arrasto não eram mais o sindicato "dos conselhos" e as grandes categorias industriais, mas, objetivamente, as confederações. Uma realidade notavelmente diferente. As confederações eram organizações profundamente arraigadas na base territorial, ao contrário daquelas de quase todos os outros países, e isso era um recurso precioso contra o corporativismo, de categoria ou de ofício, e para a união do mundo do trabalho em torno de objetivos comuns. Contudo, por um longo período, permaneceram rudemente divididas por causa da colateralidade de cada uma com partidos em conflito. A grande onda de lutas dos anos 1960 reaproximou-as, a ponto de levá-las a um pacto federativo cuja intenção era realizar de imediato uma unificação orgânica, como já havia acontecido entre os metalúrgicos. Mas a tendência logo se esgotou, porque as confederações não haviam sido envolvidas naquela dialética, entre aparelhos sindicais e autonomia operária, que havia mudado o modo de pensar e agir das maiores categorias da indústria. Elas tentaram reproduzi-la com os conselhos de zona e com grandes lutas em torno dos temas da saúde e da habitação; porém, por causa de resistências internas ou por desconfiança dos grandes partidos, não tiveram sucesso. Construíram então um grupo dirigente pelo alto, viciado pela paritariedade, que alterava a representação real. Traziam em si estratos sociais moderados e, em alguns casos, relações clientelistas e, entre eles, resquícios de conflitos ideológicos. Tudo isso refreava a pressão, quando se tratava de entrar em conflito com um "governo amigo". E, do outro lado, sua parte mais combativa e radical, depois de conquistar autonomia em relação aos partidos, desconfiava de todo tipo de contrato com a política institucional (o pansindicalismo).

Encontrando-se diante de um governo capaz de propor uma mudança reformadora, todos esses problemas poderiam talvez ser resolvidos, mas o "governo da não desconfiança", dividido em suas intenções, indeciso ou decepcionante quanto a programas e decisões, só podia agravar a situação. Em nome da unidade do sindicato, qualquer compromisso medíocre podia ser aprovado, assim como a mais variegada insatisfação podia se manifestar entre os trabalhadores.

Se considerarmos todos esses elementos em conjunto, parece-me evidente que o arcabouço político inventado como primeiro passo para obter da Democracia Cristã uma mudança à esquerda, entregando-lhe quase todas as chaves do poder, não apenas estava destinado desde o início a fracassar, como favoreceria a restauração.

"Buscar o levante pelo poente." Para Cristóvão Colombo, a ousada tentativa foi um verdadeiro êxito, para além de toda lógica, porque por sorte descobriu não uma nova rota marítima, mas um continente desconhecido, com poucos e hospitaleiros habitantes. Era absolutamente improvável que o milagre se repetisse naquele momento e na Itália, onde todos os continentes eram conhecidos e bem vigiados por pessoas que não se contentavam com bugigangas.

A grande coalizão e seu fracasso

A "grande coalizão" foi bastante breve, durou menos de três anos. Quase todos os dias apareciam razões para embates, resolvidos com compromissos precários e ambíguos, e surgiam sinais de mal-estar, às vezes de contestação e revolta no país. Obviamente, estando envolvidas, as maiores forças da esquerda italiana relutavam em tomar conhecimento deles, jogavam a responsabilidade umas para as outras, mas aos pouco se convenciam de que "assim não se podia continuar".

Surpreende, ao contrário, é como e quanto, entre elas e em cada uma, na época e depois do fim da coalizão, não tenha havido um debate e uma reflexão sobre a experiência. Cada uma tomou um caminho, por sua própria conta, e preferiu omitir o passado. Contudo, na memória histórica, em particular no que diz respeito a períodos tão tempestuosos, e às vezes dramáticos para todos, o vazio não resiste muito tempo.

Em uma primeira e longa fase, o vazio foi preenchido por uma abundante produção de depoimentos e revelações partidárias, polêmicas contingentes, cheias de omissões, e com frequência versões convenientes não apenas dos julgamentos, mas também dos fatos e de sua ordem temporal. Depois, como sempre, a memória dos vencedores prevaleceu e, recentemente, assumiu o caráter de um discurso coerente, arraigado no senso comum e na própria intelectualidade. Um discurso fácil, que se pode resumir em poucas linhas, porque em cada aniversário, em cada comemoração que dê ocasião, é repetido e considerado cada vez mais estabelecido. Nesse discurso, a "grande coalizão" dos anos 1970 é integrada, domesticada e valorizada. Essa breve experiência, como se diz, nasceu de uma necessidade, não foi bem administrada, porque não estava madura e, portanto, teve muitos mal-entendidos e concessões generosas demais à Democracia Cristã, mas também deu resultados positivos, porque amparou as instituições democráticas em um momento de perigo e realizou reformas importantes. Interrompeu-se depois por causa do terrorismo e do trágico e inesperado assassinato de Moro, que talvez pudesse ser evitado com uma maior flexibilidade nas negociações. Teria durado mais e dado frutos maiores – porque a inspiração era boa e se apoiava em um processo histórico em andamento –, se Berlinguer não tivesse lhe dado um fim intempestivo e tivesse retomado a linha sugerida por Craxi, em vez de reafirmar a identidade comunista do partido e teimado em seu moralismo. Assim, teríamos chegado mais rápido e melhor a uma democracia de alternância, ao governo entre direita e esquerda, ambas no âmbito da sociedade capitalista e da aliança atlântica. Não devemos falar de derrota, portanto, mas de um primeiro passo adiante, ainda insuficiente, mas propositivo para a esquerda e para todos. O discurso flui e, naturalmente, faz cada vez mais sucesso, porque oferece um antecedente histórico às atuais conveniências políticas. O ponto fraco, sobretudo quando aplicado aos acontecimentos de trinta anos atrás, está no fato de que, como se lê em geral no início de um filme, "qualquer referência a pessoas ou fatos conhecidos é mera coincidência".

Para duvidar dele, basta reconstituir os momentos crucias do triênio, colocá-los em ordem lógica e cronológica, acrescentar aquilo que se desconhecia na época e se revelou somente depois, ou o que pude recolher das confidências dos protagonistas ou dos arquivos. E, sobretudo, fazer isso com espírito de verdade e, nesse caso, separando o joio do trigo. Reconheço que eu também, na época e depois, descuidei das análises pormenorizadas. De fato, tendo dito de imediato que a estratégia do compromisso histórico estava errada em suas raízes e, sobretudo depois de 1976, tendo previsto seu fracasso, dei por certo seu destino, portanto não dediquei uma reflexão apropriada à feição específica que ele assumiu na experiência de governo, quando tomou uma forma concreta. Tentarei fazer isso agora.

Omissões, reticências, mentiras

O primeiro passo – modesto, mas útil – consiste em eliminar da memória coletiva os erros grosseiros que estão presentes na crônica dos fatos. Eis os mais importantes.

1) Evidentemente é falso que milhões de homens, que com suas lutas e seu voto tornaram o PCI um partido necessário para o governo do país, tivessem a simples intenção de criar condições para uma possível alternância futura. De fato, aqueles que estavam convencidos da pertinência do projeto de Berlinguer não apenas esperavam, como queriam, uma mudança profunda na política econômica e social, na posição internacional, no modo de governar, na distribuição do poder. Talvez um compromisso, mas não uma coabitação subalterna. A parte mais jovem e combativa, menos acostumada com a disciplina e a delegação, exigia participar das decisões e ver resultados em pouco tempo. O simples fato de estar diante de um governo monopartidário da Democracia Cristã transformava entusiasmo e esperanças em desconfiança e vigilante espera. Uma parte minoritária dos eleitores, mais moderada, decidiu votar à esquerda, pela primeira vez, com a ideia de que o PCI ajudaria a restabelecer a ordem e a honestidade, mas, a seu modo, também queria um governo novo, capaz de decidir, e não as sutilezas do dito e do não dito. A desilusão se espalhou desde o início: já na festa do *Unità*, em setembro, quando Berlinguer tentou valorizar o governo, o gelo tomou a praça.

2) Não é de todo falsa, mas é viciada pela omissão, a tese de que o "governo da não desconfiança" tenha sido imposto por um estado de necessidade sem alternativa. A omissão está no fato de que esse estado de necessidade, real, pressionava tanto a Democracia Cristã quanto a esquerda, porque a reserva de votos da direita conservadora já havia sido saqueada em 20 de junho, e a direita reacionária, também desgastada, não estava mais disposta a prestar socorro de graça. Quem impedia a esquerda, unida por alguns instantes, de dizer: se a emergência impõe uma grande coalizão temporária, então estamos todos dentro ou estamos todos fora? Reconheço que a Democracia Cristã dificilmente aceitaria uma solução desse tipo e até que, se aceitasse, naquele estado de coisas, o resultado seria duvidoso, mas, se recusasse e pedisse novas eleições, a responsabilidade pelo impasse seria dela. Pode-se objetar, como se objetou no PCI, que os socialistas se eximiriam do acordo, mas isso não é verdade, porque, logo depois de 20 de junho, essa era

a proposta de De Martino, ainda secretário do partido, Lombardi a apoiava e Nenni não tinha propostas alternativas, a não ser um humilhante retorno a um centro-esquerda já fracassado. De fato, a mudança na linha do PSI e a eleição de Craxi aconteceram depois, em exata correlação com o nascimento do governo monopartidário democrata-cristão e pelo temor de um duopólio sufocante.

3) O "estado de necessidade" tinha outra justificação: o veto norte-americano. Esse é um argumento sério, porque, em outros momentos, antes e depois, esse veto foi uma ameaça iminente, mas não em 1976. Os norte-americanos tinham seus próprios problemas para cuidar, políticos e econômicos: a derrota no Vietnã, o *impeachment* de Nixon, a instabilidade na América Latina e no Oriente Médio, a crise do petróleo e do dólar. Na Europa, a revolução portuguesa, o colapso dos coronéis na Grécia, a forte concorrência com as economias emergentes e a surpreendente recuperação da social-democracia francesa com Mitterrand, que assinou um "programa comum" com o PCF. Esses motivos certamente não diminuíam o interesse da cúpula norte-americana pela situação italiana, assim como não diminuíam sua contrariedade com o ingresso do PCI no governo. É óbvio que os Estados Unidos faziam pressões oficiais e, sobretudo, encorajavam os complôs, mas não era crível que pudessem planejar uma intervenção mais pesada, e a "estratégia da tensão" havia se mostrado contraproducente.

4) De modo algum se pode afirmar que, na fase de formação e decolagem, o governo tenha dado sinais animadores a seus generosos aliados; a verdade é o contrário. Em primeiro lugar, no que diz respeito ao método: Andreotti como presidente e a atribuição dos principais ministérios, mais do que um governo monopartidário, indicavam uma coalizão entre Andreotti e a corrente doroteia. E não só: as decisões, não podendo se ancorar em um programa explicitamente acordado nem em uma aliança explícita, eram tomadas no dia a dia, em mesas diferentes e, na maioria das vezes, em mesa nenhuma, apenas em encontros pessoais e reservados, com mediadores delegados (Chiaromonte, Barca, Di Giulio, Evangelisti e Galloni), com mandado incerto, para definir um programa que não chegava nunca. Esse era e continuaria a ser o método predominante, em vez de um confronto aberto diante da opinião pública, uma diplomacia secreta e vazia. No que diz respeito ao conteúdo, a primeira decisão foi uma substanciosa desvalorização da moeda, talvez inevitável, que provocou um brusco aumento dos preços. E, não por acaso, Andreotti deu um golpe de mão, que não foi planejado com ninguém: um decreto-lei suspendia todas as negociações sindicais, congelava parte da escala móvel e aumentava tarifas que interessavam diretamente os trabalhadores. Os partidos de esquerda e os sindicatos se opuseram a essas medidas. O governo recuou, mas não por completo, e, de todo modo, o alarme soou nas fábricas: houve algumas greves espontâneas já nos meses seguintes e, depois, greves regionais demonstrativas.

5) Logo depois, em fevereiro de 1977, explodiu um movimento de revolta juvenil, breve e intenso, que ainda hoje se discute com ideias opostas e, a meu ver, igualmente equivocadas. Não é verdade que teve as características de uma retomada de 1968, assim como não é verdade que representou a epifania de um fenômeno que encontramos mais tarde nos movimentos pacifistas, antiliberais ou ambientalistas. Diversos elementos concretos contribuem para marcar as diferenças. O movimento foi predominantemente estudantil e radicalmente contestatório, movido mais pela desilusão e pela raiva, em uma fase de refluxo geral, do que por uma esperança descomedida de um mundo novo. Foi um movimento de massas, ainda que tenha se concentrado em algumas regiões metropolitanas do país, mas não em todas (em particular em Roma, Bolonha, Florença e Turim), e, embora tenha durado apenas poucos meses, deixou marcas profundas. As universidades e as praças foram seu hábitat, mas sua base social era nova e não homogênea: em torno dos estudantes, agregaram-se, ou tentaram se agregar, grupos de marginalizados (jovens desempregados, sindicalismo de base no setor ferroviário e da saúde, graduados sem emprego), enquanto os operários não só eram poucos, como já não eram o sujeito a quem o movimento se dirigia; além disso, participava do movimento, mas com objetivos, cultura e práticas políticas completamente distintas, quando não opostas, um grande protagonista que permaneceu vivo: o novo feminismo radical. No que diz respeito às formas de luta, o espontaneísmo absoluto alternava-se com impulsos organizativos de tipo quase militar. Tratava-se de um movimento não apenas plural, mas também amplo e divergente, que estava destinado a se dissolver, mas também a formar convicções duradouras em milhares de jovens. Voltarei a falar dos muitos temas e sujeitos novos que afloraram pela primeira vez nesse movimento e sobreviveram a ele (o feminismo, o ambientalismo, a crise da política, a crítica das ideologias dogmáticas e dos aparelhos burocráticos); por ora, quero esclarecer quais foram suas origens, a dinâmica que prevaleceu em sua evolução e, em particular, o impacto que teve na situação política geral. Mais uma vez, basta a simples cronologia dos fatos, desde que se vá além da crônica jornalística (concentrada nos episódios mais vistosos) e se filtre a memória emocionada daqueles que os viveram diretamente. Uma verdadeira revolta, como fenômeno de massas, explodiu de forma repentina e aparentemente casual, em um dia e em um lugar precisos: o ataque furibundo ao palanque de onde Lama tentava falar, sem nenhuma combinação prévia, na universidade de Roma ocupada. Mas possuía duas premissas fundamentais, que a explicam e assinalam. De um lado, a formação do governo Andreotti e o papel subalterno que o PCI havia assumido, aceitando tal solução. Para uma geração que se formou no "longo 1968" e, apesar do refluxo, prolongou-o em outras lutas (pela moradia, contra o desemprego, contra as tramas obscuras do "duplo Estado" e contra os escândalos re-

correntes e impunes), essa solução política era não um compromisso, mas uma provocação, uma troca ilícita. Tal sentimento e tal convicção não eram o produto nem davam a medida da força dos extremistas dispostos a pegar em armas; ao contrário, eram compartilhados pela grande maioria dos que participariam, de modo e com finalidades diferentes, do movimento de 1977. A isso entrelaçava-se outro processo, ao qual não foi dado a devida importância: a crise da "nova esquerda". Não é verdade que as formações políticas extraparlamentares do início da década de 1970 fossem grupúsculos de exaltados, fadados a desaparecer, produzindo apenas irracionalidade dispersa. Entre 1969 e 1972, algumas organizações assumiram um papel relevante entre os estudantes, em fábricas importantes e entre os intelectuais. Formaram quadros, possuíam periódicos, influenciavam o debate intelectual. Na fase de refluxo, depararam com uma grande dificuldade, porque perdia força a esperança fundamental que, de formas diferentes, as animava todas: a revolução iminente. Isso provocou o desaparecimento dos grupos menores ou mais dogmáticos, enquanto os maiores não só sobreviveram, como tentaram acertar as contas com a política. E, de fato, não se recusaram a participar das eleições com uma legenda da qual a Luta Continua* insistiu em participar. Apesar de precária, a legenda era unida pela palavra de ordem "governo das esquerdas", em claro dissenso com o "compromisso histórico"; contudo, não era hostil à busca de uma margem institucional.

O fracasso dessa tentativa provocou uma divisão irredutível na Luta Continua entre feministas e defensores da luta armada, e o grupo dirigente decidiu dissolver a organização. Outras organizações (O Manifesto/PDUP, Vanguarda Operária, MLS) continuaram em campo, tentando impedir que a revolta de 1977 se dividisse e naufragasse numa estéril contraposição entre uma proposta política alternativa, já desmentida pelos fatos, e a ilusão de uma revolta extremista cada vez mais seduzida pela violência. Que não se tratava de pura veleidade é demonstrado pelo fato de que, em grande parte do país, a competição entre linhas diferentes, às vezes dura, foi real. A deriva extremista não estava de modo algum prevista e, em diversas situações, foi barrada, porque a Federação Juvenil Comunista aceitou dialogar. Mas isso era pouco. A cúpula do PCI também fez das dele: mais uma vez, não mostrou nenhuma disposição para levar em consideração a revolta juvenil, distinguir os perigos reais e as críticas fundamentadas, corrigir sua própria política; ao contrário, pôs tudo no mesmo saco e fez uma condenação grosseira de tudo que existia a sua esquerda: "Desgraçados, fascistas, conluiados com a reação". Depois do ataque a Lama, houve uma grande manifes-

---

* A Luta Continua (LC) surgiu em 1969, após a cisão do Movimento dos Operários Estudantes de Turim. Foi um dos maiores grupos políticos da esquerda, de orientação comunista e revolucionária. (N. E.)

tação em Roma em que, agora sem nenhum freio, a ala mais extremista, chamada genericamente de Autonomia, além de pregar a luta armada, tomou o comando e assaltou dois arsenais. A polícia, ou os "serviços desviados" internamente, procurava ocasião para o confronto direto.

Em Bolonha, no mês de setembro, a revolta planejava comemorar sua afirmação com a tese de que a Itália havia se tornado um regime autoritário, administrado pelo binômio PCI-Democracia Cristã, o que justificava um confronto entre o proletariado jovem e o Estado em via de fascistização. Alguns intelectuais, na Itália e na França, foram seduzidos por essa tese. Todavia, em Bolonha, comemoraram-se, precisamente sobre a questão das formas de luta e violência, a impotência e a ruptura do movimento. De fato, o movimento logo se dissolveu. Mas não sem consequências. Uma ruptura insanável entre o PCI e o sindicato, de um lado, e aquela parte da juventude que se opunha a eles, de outro. Uma rachadura nas forças que haviam tentado escapar dessa polarização (crise da Vanguarda Operária, separação do PDUP, "da esquerda", do setor então dirigido por Vittorio Foa, e, por fim, separação entre o PDUP e o jornal do qual nasceu, *Il Manifesto*). A consequência foi a permanência de um setor composto por companheiros e simpatizantes, indecisos e tentados pela luta armada ou pelo abandono da luta política. Um substrato potencial para o terrorismo incipiente.

6) Não é verdade que a classe operária permaneceu firme em sua confiança no partido, no sindicato e no governo apoiado por eles. A verdade é o contrário e, justamente por isso, era motivo de preocupação. Não falo de revolta, mas certamente de um mal-estar e de um descontentamento crescente. Em 24 de janeiro de 1978, o jornal *La Repubblica* publicou uma longa entrevista em que Lama oferecia ao governo três anos de trégua nas reivindicações sindicais, um congelamento parcial da escala móvel e o direito de demitir as "dezenas de milhares de trabalhadores que são de fato um excedente com relação às necessidades das fábricas". Berlinguer não tinha conhecimento de nada disso (os trabalhadores, evidentemente, menos ainda) e, a portas fechadas, protestou. Lama enviou um desmentido ao jornal, mas isso não mudava a substância. O próprio Moro se disse surpreso e considerou a oferta de Lama um obstáculo para conseguir consenso no partido para uma virada política. Todavia, em 14 de fevereiro, houve uma assembleia geral do sindicato no EUR*. A palavra "assembleia" é um eufemismo, porque, na realidade, tratava-se de uma reunião dos conselhos diretores das confederações, aberta a um certo número de operários convidados pelos próprios conselhos. As ofertas ao governo eram as mesmas propostas por

---

* EUR (Exposição Universal de Roma) é um bairro residencial e de negócios de Roma. Foi planejado para abrigar uma exposição universal que comemoraria os vinte anos da Marcha sobre Roma em 1942.

Lama, edulcoradas pela linguagem (mobilidade, em vez de demissão). A esquerda sindical (Trentin, Carniti), relutante no início, alinhou-se e obteve, em contrapartida, o compromisso dos partidos e do Parlamento de elaborar planos setoriais para a reestruturação industrial que garantissem o emprego em geral e o apoio ao Sul em particular. Trocou o certo pelo incerto. Basta ver o resultado desses planos setoriais. Contudo, os operários deram uma última mostra de confiança: luta de setor em apoio a uma reestruturação industrial que oferecesse postos de trabalho e investimentos que não fossem financiados predominantemente por seu sacrifício. Conseguiram alguma coisa: canais de irrigação em algumas regiões do Sul. O resto ficou no papel. Assim, quando o contrato nacional dos metalúrgicos deu a ocasião, uma grande manifestação em Roma passou diante da Botteghe Oscure não apenas para saudar, mas para protestar.

7) Berlinguer tinha consciência de tudo isso, e não podia não ter. Enviou, portanto, diretamente e por escrito, uma carta a Moro (e para conhecimento de Andreotti) com uma mensagem clara e inequívoca: "Assim não dá para continuar. O 'governo da não desconfiança' deve ser superado. É necessário passar para uma verdadeira coalizão de governo, do qual o PCI seja parte explícita, com um programa bem definido. Sobre isso, é necessário um esclarecimento e uma escolha". Como sempre, a mensagem foi acolhida apenas em parte. Todos aceitaram que se discutisse um programa e que isso fosse levado a público. Essa discussão se arrastou semanas e chegou a uma conclusão que não contentava ninguém, porque era vaga. Mas, *obtorto collo*, todos a assinaram. O verdadeiro obstáculo, porém, estava em aceitar ou não que um programa comum fosse acompanhado da participação de todos no governo que deveria colocá-lo em prática. Essa era ou não uma condição dirimente? Dar uma resposta precisa à pergunta não é simples, porque naquele momento a incerteza era real em ambas as partes. Na direção do PCI, muitos se opuseram a um esclarecimento com caráter de ultimato e, por ora, Berlinguer aceitou um compromisso, dizendo: "Por enquanto, endureceremos a crítica ao governo". Ele mesmo fez isso no Parlamento, e com uma dureza que obrigou Andreotti a se demitir, sem saber que outro tipo de governo poderia se formar. Em colóquio direto e reservado (mas também em um discurso público, em Mântua), Moro disse que, pessoalmente, considerava o PCI uma força democrática, digna de governar; porém, naquele momento, não estava em condições de impor à Democracia Cristã sua participação direta no governo. O colóquio concluiu-se, portanto, adiando a decisão definitiva para quando Andreotti se apresentasse no Parlamento com seus ministros. E, sobre esse posto, existe uma zona sombria que eu, ao menos, não tenho como esclarecer. De um lado, é fato notório e testemunhado por muitos que Moro enfrentou três dias de duro debate para convencer o Conselho Nacional da Democracia Cristã a aceitar, ao menos, a formalização da existência

de uma maioria e de um programa comum; mas, de outro, Chiaromonte, que acompanhou o debate, revelou em suas memórias que sabia com certeza que o próprio Moro disse à parte a Andreotti para que fosse feito o contrário (ou seja, que se formasse um governo que não agradasse ao PCI), porque, com o caso Lockheed em curso, o grande perigo era provocar uma revolta interna na Democracia Cristã. O fato é que o novo governo era pior do que o precedente, e o grupo dirigente do PCI, quando viu a lista dos ministros, já estava orientado em não apoiá-lo. Insisti nesses detalhes para que fique claro que naquela manhã fatal de 16 de março de 1978, dia do sequestro de Moro, a "grande coalizão" já se encontrava em uma crise irreversível.

8) Trata-se, portanto, de uma autêntica e consciente mentira afirmar que o caminho – duro, mas fecundo – para chegar a um acordo foi interrompido pelo sequestro e homicídio de Aldo Moro. A verdade é o contrário. Esse ato desventurado deu fôlego ao governo já agonizante da "grande coalizão" por quase um ano, período em que se construíram as condições políticas para uma nova edição do centro-esquerda.

A evidência desses fatos é tal que tornaria inútil entrar no atoleiro das confissões, depoimentos, atas processuais e investigações parlamentares que floresceram em torno desse dramático acontecimento. Por escrúpulo, li grande parte desse material e cheguei a algumas conclusões. Dos próprios fatos averiguados emergem alguns problemas negligenciados, mas importantes para avaliar o evento e esclarecer seus aspectos mais obscuros. Apresento alguns aqui. Por que houve o sequestro e, sobretudo, o assassinato, quando já estava claro para todos que a "grande coalizão" havia fracassado e enfrentava uma crise definitiva? Que interesse em favorecê-lo e provocá-lo teriam as eventuais "forças obscuras" que se opunham à participação dos comunistas no governo, já nem mais cogitada? Por que as Brigadas Vermelhas, que tinham como objetivo a desestabilização geral do sistema e a ampliação de sua base de consenso, depois de ter conseguido de Moro, com uma longa e perigosa segregação, declarações inflamadas e revelações verossímeis (a escolha mais desestabilizadora e a vitória mais visível), mataram-no e ocultaram ou destruíram a parte mais impactante das atas dos interrogatórios? Como explicar o descuido e a ineficiência com que os aparelhos de Estado vinham enfrentando o terrorismo e depois enfrentaram sua ação mais perigosa? Por que a decisão de "firmeza" exibida por todos os partidos de governo, em vez de levar a uma maior unidade, provocou divisões e suspeitas? Não tenho a pretensão de dar respostas exaustivas a essas perguntas e penso que ninguém poderá dá-las até que muitos esqueletos saiam do armário. Contudo, algumas coisas podem ser ditas e provadas. Em primeiro lugar, sobre a natureza real das Brigadas Vermelhas, esclarecendo equívocos arraigados. É absurda a ideia de que as Brigadas Vermelhas fossem fachada e instrumento de um grande complô de outras forças reacionárias que as controlavam. Dezenas, ou melhor, centenas de pessoas – se considerarmos os presos e os novos recrutas – não matam outras centenas (muitas vezes inocentes) nem se dispõem a morrer ou a passar a vida na prisão sem o apoio de uma identidade ideológica forte; e não podiam se manter durante anos em uma organização estruturada como uma comunidade sem perceber que estavam sendo usadas para outros fins completamente diferentes. Igualmente infundada e equivocada é a tese de que as Brigadas Vermelhas nasceram e se degeneraram como parte de um "álbum de família" – e essa família era o PCI – e já sabemos tudo sobre elas. Podemos fazer muitas acusações ao PCI e a sua longa história a propósito da insurreição armada como parte integrante de um processo revolucionário, mas nunca, em qualquer fase ou país, de condescendência com o terrorismo, ou seja, com uma ação cruenta, fora do contexto de uma guerra do povo e sem o apoio de amplas massas. E, de fato, o grupo promotor das Brigadas Vermelhas, em toda sua evolução, nunca teve dirigentes ou militantes formados nessa história: em sua grande maioria, pertenciam a gerações sem passado político e, muito frequentemente, vinham do movimento católico. Qual era então a origem desse grupo, qual foi e continuou a ser seu elemento de fundação? Já sabemos tudo sobre isso. A organização nasceu com atraso em relação aos verdadeiros conflitos sociais dos anos 1960, dos quais logo se afastou e aos quais deu pouca atenção. Sua ideologia foi e continua a ser a ideologia sul-americana do "foco guerrilheiro" (quando já havia sido enterrada por Castro, e Guevara, na tentativa de ressuscitá-la, morreu isolado). Contudo, o elemento que contribuiu para congelar e reproduzir essa ideologia de forma cada vez mais delirante foi a decisão organizativa tomada em 1970: a clandestinidade. Não é verdade que a organização é sempre o produto da ideologia; às vezes pode acontecer o contrário, e aconteceu. Basta ler as autobiografias – ainda que com frequência discordantes – de Franceschini, Curcio e Moretti para se convencer disso. A clandestinidade, em particular em um pequeno grupo isolado, forma as mentes: uma vida separada, a necessidade do segredo, o perigo constante, a necessidade do armamento e do ato exemplar para transmitir uma mensagem ao povo, a necessidade de escolher alvos que são medidos mais por sua própria força do que por sua culpa, intensificar pouco a pouco a ação para ser notado e recrutar novos militantes para suprir as perdas sofridas, tudo isso leva a uma visão extremista do "foco guerrilheiro" e torna a organização autorreferencial. A análise da realidade torna-se deformada e instrumental. Assim se explica muito do sequestro de Moro: para as Brigadas Vermelhas, não importava muito desestabilizar o poder estatal e político (que, para eles, já era fatal na realidade), mas fazer uma demonstração de força que possibilitasse agregar boa parte daqueles militantes que, depois de 1977, estavam indecisos e, assim, iniciar um processo que convencesse finalmente as massas da utilidade da luta armada. Algo nesse gênero aconteceu depois do sequestro de Moro: novos grupos armados improvisados, homicídios casuais. Por isso, um compromisso verdadeiro, que sancionasse não seu reconhecimento, mas sua credibilidade operativa, era particularmente perigoso e poderia provocar uma espiral brutal. Nada disso exclui a hipótese de infiltração e contaminação, apenas reduz e fornece uma chave de leitura parcial, mas convincente. Nenhum grupo clandestino é impermeável à penetração. Isso foi demonstrado no caso do PCI, do antifascismo, dos anarquistas e dos carbonários. No caso das Brigadas Vermelhas, havia indícios patentes nesse sentido, é questão de identificar e decifrar os mais evidentes.

O primeiro é dado pela prisão de seus principais líderes, Curcio e Franceschini, em Pinerolo, em 1974. Um telefonema anônimo, plausível, alertou alguém das Brigadas Vermelhas, com 24 horas de antecedência, da armadilha preparada para eles, mas o aviso não chegou. Isso demonstra diversas coisas: é fato que elas eram penetráveis, não por um James Bond, mas por um personagem ambíguo e esquálido como o frei Mitra*, e não possuíam canais de proteção e comunicação interna que as garantisse em caso de emergência; é provável que existissem conspiradores dentro delas e os aparelhos de Estado tivessem no início a orientação não de acabar com o fenômeno terrorista, mas de congelá-lo e selecionar as prisões, a fim de fazê-lo assumir um caráter militarizado e privá-lo de uma direção estável. Foi o que aconteceu até o homicídio de Moro.

O segundo indício de conluio, muito mais importante, porém mais difícil de decifrar, diz respeito especificamente ao caso Moro. Deixemos de lado a forma do sequestro, ou seja, o fato de que, em plena fase terrorista, a proteção do homem político mais importante do país tenha sido tão ineficaz: todas as manhãs, nos mesmos horários, os mesmos trajetos, sem nenhuma observação à distância do ambiente circundante. O nó da história é outro. Do ponto de vista das Brigadas Vermelhas: a colocação da base organizativa ao alcance do Sismi**, a descoberta "fortuita" e inútil do refúgio na via Gradoli, a decisão atormentada e incerta da execução final, quando Moro já havia "falado", e uma tentativa de

---

* Frei Mitra era o nome com que era conhecido Silvano Girotto, membro da ordem franciscana e guerrilheiro. Foi para a Bolívia como missionário e, em 1971, participou da guerrilha que tentou resistir ao golpe de Estado que derrubou Juan José Torres. Dali transferiu-se para o Chile, onde assistiu ao golpe contra Salvador Allende, em 1973, e finalmente para a Itália, onde serviu aos *carabinieri* (em uma entrevista, afirmou que decidiu colaborar por considerar completamente equivocada e nociva a ação das Brigadas Vermelhas no contexto italiano). Entrou em contato com as Brigadas Vermelhas e, por sua experiência na guerrilha latino-americana, encarregou-se do treino militar dos militantes. Foi responsável pela prisão de Curcio e Franceschini. (N. T.)

** Servizio per le Informazioni e la Sicurezza Militare (Serviço de Informação e Segurança Militar) era a agência de inteligência militar italiana. (N. T.)

mediação dividia o governo e, sobretudo, o adiamento *sine die* de tornar públicas as revelações que haviam sido arrancadas dele. Do ponto de vista do Estado: infiltrados de repente mudos ou desaparecidos, a encenação do lago da Duquesa*, a *intelligence* de férias, o fato de os taquigramas dos interrogatórios terem permanecido anos na via Montenevoso para depois serem sequestrados e censurados pela polícia, e mantidos secretos, em vez de serem transmitidos à magistratura. Mesmo entre suspeitas incertas, uma conclusão é certa. No caso Moro, houve convergência, mais ou menos consciente, de duas tendências: a das Brigadas Vermelhas – que, não por acaso, acabaram se dividindo e dissolvendo, depois de desesperadas e insensatas execuções feitas ao acaso – de preferir a busca de um resultado retumbante à racionalidade política, e a necessidade do Estado não de mandar sequestrar Moro, é claro, mas de evitar as consequências do que ele já havia dito ou, caso fosse libertado, do que pudesse dizer ou fazer (Andreotti, em conversas privadas, reconheceu honestamente que, libertado, Moro poderia causar um grande problema). À margem, Craxi, sem nunca assumir a responsabilidade de uma proposta séria e viável, usou um discurso "humanitário" para pôr em dúvida a "firmeza" do PCI e afirmar o caráter libertário do novo PSI. Agora podemos entender melhor por que esse evento não apenas confirmou o fim de uma aliança já em andamento, mas caiu sobre os ombros do PCI e contribuiu para a formação de uma nova ordem política. Em suma, podemos avaliar a gravidade do fato de ele nunca ter enfrentado a fundo a questão do "duplo Estado", antes de assumir um papel de governo.

Por isso, não é falso, mas absolutamente inexato, afirmar que a ruptura formal da "grande aliança" foi decidida pelo PCI de modo precipitado e drástico. Se prestarmos atenção às datas e consultarmos os arquivos, parece verdadeiro justamente o contrário e, mesmo a contragosto, devo reconhecê-lo. Em 7 de janeiro de 1979, Berlinguer fez um balanço e propôs à direção do partido interromper a experiência da grande coalizão. Pertini tentou remediar a situação, encarregando La Malfa de formar um novo governo. A tentativa fracassou, porque ninguém acreditava mais nessa possibilidade. Formou-se então um governo composto pela Democracia Cristã, pelo PSDI e pelo PSI, mas não obteve maioria no Parlamento e levou a novas eleições. Em 30 de março, realizou-se o XV Congresso, no qual Berlinguer afirmou finalmente que "o PCI será oposição a qualquer governo que o exclua", mas confirmou o "amplo entendimento"

---

* Em 18 de abril, um falso comunicado informava o "suicídio" de Moro, indicando o lago da Duquesa, em Rieti, como a localização do corpo. Sobre esse comunicado, sabe-se apenas que foi enviado por Toni Chicchiarelli, membro de uma conhecida organização criminosa de Roma ("Banda della Magliana"), mas até hoje não se sabe quem o encomendou. (N. T.)

como perspectiva pela qual lutar. Com essa linha, o partido chegou às eleições de 3 de junho de 1979 e pagou sozinho o preço do fracasso comum. Perdeu 4% dos votos, em particular nas regiões operárias e entre os jovens. O resultado eleitoral não indicou, porém, em si e em conjunto, um deslocamento à direita do país: a Democracia Cristã, o PSI e a extrema direita não ganharam quase nada; as perdas do PCI beneficiaram a extrema esquerda, dividida em várias legendas, em particular os radicais e o PDUP (que, depois da cisão, ficou isolado e sem jornal e foi considerado morto). A verdadeira derrota do PCI foi mais política do que eleitoral e veio à tona nos meses seguintes. O partido socialista craxiano não se limitou a acentuar sua distância do PCI, mas tornou explícita sua mudança ideológica (ruptura com o marxismo mais clara do que a realizada por outras sociais-democracias, porque foi realizada em nome de um improvável Proudhon, para estabelecer uma distinção em relação a toda a história passada do socialismo italiano) e uma mudança radical de estratégia política (aliança de governo competitiva, mas permanente, com a Democracia Cristã). O congresso da Democracia Cristã, por sua vez, derrubou Zaccagnini, confiando-se a Piccoli e Forlani, e aprovou um documento de compromisso em cujo preâmbulo excluía em princípio um acordo de governo com o PCI. Donat-Cattin foi partícipe, ou melhor, organizador dessa mudança. Registro esse dado porque ele manteve uma relação particular com a CISL e com as Acli e, portanto, abria caminho para um racha cada vez maior entre as confederações sindicais. Somente em 1980, Berlinguer impôs uma real e radical mudança, encontrando grande consenso na base do partido e uma forte resistência na cúpula, uma resistência que, como de hábito, Amendola foi o primeiro a tornar nítida com um artigo na *Rinascita* que teve grande repercussão. Porque se tratava de um panfleto contra "todas as concessões feitas, de 1968 em diante, a favor do extremismo".

16. O QUE SE TRAMAVA NA ITÁLIA

DEDIQUEI muito espaço aos anos 1970 e à política protagonizada pelo PCI, mas, concentrando-me nos eventos que dominaram o cenário político, dei pouca atenção ou até me esquivei dos fenômenos e tendências que, latentes e oscilantes, já nesse período davam seus primeiros passos e só mais tarde tiveram importância decisiva.

Milagre para baixo

Uma primeira tendência em incubação era a forma específica que a crise econômica geral assumiu na economia italiana e, portanto, o papel que o poder capitalista desenvolveu pouco a pouco. Em primeiro lugar, é necessário evitar alguns equívocos que embaçam tanto a trajetória dos eventos quanto seu ponto efetivo de chegada e suas consequências no longo prazo.

Quando falamos da crise econômica no caso italiano, não falamos de recessão permanente nem de imobilismo estrutural, desprovido de alternativas. A renda nacional já diz algo a esse respeito. Nos anos 1970, continuou a crescer, entre altas e baixas, a uma média anual de 3,7%: quase metade do que cresceu nos anos 1960, mas, ainda assim, mais do que os grandes países europeus (a França cresceu 2,8%, e a Inglaterra, 1,8%). Por outro lado, não devemos ignorar o fato de que, de início, a Itália, mesmo sendo globalmente menos avançada e muito mais desequilibrada internamente, dispunha de recursos consideráveis, ainda não explorados, e as regiões atrasadas, se recebessem investimentos, poderiam se transformar em recurso.

Dou alguns exemplos. A pressão fiscal era ainda inferior a 30% do produto interno bruto (de 10% a 15% inferior à dos países avançados) e, portanto, permitia um aumento na receita. Além disso, mesmo sendo um país medianamente pobre, a poupança líquida das famílias correspondia a 20% (menor do que a do Japão, porém maior do que a dos países avançados). Tratava-se de decidir a quem pedir esses recursos e como aplicá-los. A grande indústria, tanto a privada quanto a pública, havia adquirido capacidade, conhecimentos e, sobretudo, potencialidade para acompanhar o novo salto tecnológico, que já se prenunciava no mundo. Em diversos setores: eletrônica, desde bens de consumo até informática (Olivetti); química, desde produtos de base até química fina e produtos farmacêuticos (Eni e Montedison); energético, desde energia fóssil até alternativa (Enea); e talvez siderúrgico de qualidade e construção naval. Até mesmo a agricultura, menos fragmentada e já mecanizada, poderia fornecer uma moderna indústria alimentícia de qualidade; o patrimônio artístico e ambiental, bem dirigido, oferecia as bases para um afluxo turístico organizado; o setor da construção, liberado pela renda, permitia novos empregos e reorganização urbana; o transporte ferroviário era conveniente tanto para os trabalhadores utentes quanto para as empresas.

Nada disso, portanto, estava "fora de alcance", embora demandasse reformas estruturais corajosas, um planejamento coerente, uma administração estatal eficiente e uma classe patronal de visão. Contudo, o caminho que se tomou, desde o início, foi completamente diferente, por falta de mudança política e por obtusidade do patronato.

O primeiro passo do patronato, como medida de sua mediocridade, foi dado em 1970, antes mesmo que a crise internacional se apresentasse em cena. Na leitura e nas respostas às lutas de 1969 prevaleceu a ideia de que a causa do bloqueio do desenvolvimento, o obstáculo que precisava ser rapidamente removido, eram apenas os aumentos salariais conquistados pelos operários. Eu não estava entre aqueles da extrema esquerda que consideravam a crise incipiente pura invenção dos patrões e, menos ainda, entre aqueles do PCI que se preocupavam em particular com a classe média, que ficou de fora do butim. O aumento do custo do trabalho nas grandes empresas havia sido consistente (19%), e as lutas ainda em andamento o estendiam para outras empresas, causa evidente de uma redução do autofinanciamento. Mas a importância que se atribuía a ele e as respostas que se ofereciam eram falsas, parciais e pretensiosas. Falsas, porque esse aumento inusitado era apenas consequência de uma longa e insuportável compressão que já durava décadas e, apesar dele, o custo do trabalho ainda era menor na Itália do que nos países concorrentes. Parciais, porque o legado de 1969 não consistia tanto em aumento salarial quanto em contestação das condições de trabalho e do despotismo patronal nas fábricas, e porque os salários se mantinham baixos pela necessidade de atender às novas necessidades essenciais (moradia, transporte, saúde) que o poder público não garantia. Pretensiosas, porque a força acumulada pelos sindicatos e pelos conselhos de fábrica, apoiados pelo Estatuto dos Trabalhadores, não permitia cortes salariais ou intensificações brutais dos ritmos de trabalho. De fato, entre 1970 e 1973, as horas de greve ainda estavam próximas do nível dos anos precedentes e, quando as greves não eram suficientes ou eram reprimidas, o absenteísmo aumentava. Portanto, o choque frontal, ao contrário daquele de 1964 a 1965, causava ainda mais prejuízos aos patrões do que aos operários.

O governo, pressionado pelo crescimento da direita nas eleições, procurou ajudar o extremismo patronal (com o "maxidecreto", que aumentava as tarifas e possibilitava o crescimento da inflação), mas não obteve resultados, até porque a produção industrial, apesar de tudo, e graças aos investimentos anteriores, continuava a crescer em 1970. Em 1971, porém, o vento começou a mudar, enquanto a capacidade das instalações produtivas diminuía.

Devemos reconhecer que, nesse aperto incipiente, o sindicato, ou melhor, seus setores mais avançados mostraram mais visão do que o governo, os partidos e os patrões. Sem se curvar ao *diktat* nem endurecer as posições defensivas, propuseram um novo tipo de luta e novas prioridades nas plataformas reivindicativas. Com duas diretrizes: na fábrica, concentravam as reivindicações não em uma *surenchère* [sobrelanço] salarial, mas nos problemas normativos (contrato único de trabalho, negociações para o reconhecimento das qualificações profissionais, 150 horas para a formação escolar dos trabalhadores); fora da fábrica, propuseram novas formas organizativas (os comitês de zona), que visavam obter satisfação de necessidades sociais que uniam as várias categorias, Norte e Sul, empregados e desempregados, e interessavam também as partes não parasitárias da classe média. As confederações aceitaram essa linha, embora sem convicção e com pouca competência, e toparam com desconfiança dos partidos, inclusive do PCI, que via nela uma invasão de campo. Todos falavam de "um pacto dos produtores", mas o sindicato não tinha força suficiente para impô-lo, o patronato não estava disposto a conceder nada, nem de seus interesses nem de suas alianças políticas (a Democracia Cristã) ou sociais (a renda de que ela mesma participava).

Começou nesse momento uma segunda fase, cuja importância escapou a todos. Depois que o dólar abandonou o padrão-ouro e as moedas começaram a oscilar, e sobretudo depois que o preço do petróleo subiu, o governo, ou seja, a Democracia Cristã, compreendeu que o imobilismo e o choque frontal não eram suficientes para superar uma crise que era muito mais geral e complexa. Com o governo Colombo, que contava com o apoio socialista, iniciou-se uma nova fase, que também fracassou, mas não sem deixar rastros de um "reformismo bastardo". Um traço que caracterizou toda a gestão da economia da década: nenhum "compromisso histórico", mas diversos compromissos, em geral com a cauda envenenada. Uma parte do patronato o aceitou, impondo-lhe limites muito precisos, enquanto a outra o sabotou com fuga de capitais e greve de novos investimentos ("Cavalo não bebe", dizia-se na época).

Que reformas e com que resultados? Subestimá-las seria um erro. Algumas reformas foram substanciosas, sobretudo as que não mexiam diretamente no sistema econômico, mas ofereciam contrapartidas no plano institucional à oposição, em troca de um maior moderantismo. A instituição de regiões em todo o território nacional, a lei do referendo, a instituição do ensino fundamental único e obrigatório para todos até os quatorzes anos, a Corte Constitucional, o compromisso de todos os municípios de definir planos reguladores, a reforma fiscal. Tudo isso era imposto pela Constituição, mas foi deixado em suspenso; conseguir que fosse aplicado não era uma coisa de nada, mas a premissa para uma democracia ampla e participativa, da qual uma nova política econômica também pode se beneficiar. Mas nem tudo estava claro nesse âmbito. Cito como exemplo as duas reformas mais importantes. A instituição das regiões não foi acompanhada nem de uma descentralização dos poderes ministeriais, nem de uma definição precisa de suas competências, nem de responsabilidade direta na gestão do orçamento; assim, enquanto algumas regiões procuravam imitar os *Länder* alemães, outras, mais numerosas, eram levadas a seguir o "caminho siciliano" (ou seja, grandes recursos tirados do Estado para uma gestão assistencial e divisão do poder clientelista). A reforma tributária, por sua vez, punha fim a um sistema fiscal centrado nos impostos indiretos e deslocava-se para os impostos pessoais, com uma escala de alíquotas decididamente progressiva. Mas a análise da renda e a cobrança eram atribuídas às empresas, ou seja, incidiam diretamente sobre o trabalho assalariado, enquanto os outros podiam facilmente sonegar os impostos, aliás, muitas vezes podiam fazer isso dentro da lei, porque o rendimento financeiro gozava de uma alíquota fixa e, portanto, muitos podiam gozar de alíquotas privilegiadas. Desse modo, a arrecadação total continuou baixa e a intenção redistributiva redundou em seu contrário (os trabalhadores pagavam mais impostos do que os patrões).

O pior aspecto do "reformismo bastardo" é ainda mais evidente em outras medidas da política econômico-social. A extensão, para além de qualquer limite, de subsídios para as indústrias estatais ou de créditos subsidiados para as empresas privadas, sem nenhum objetivo ou compromisso que não fosse salvar empresas falidas (a socialização das perdas) ou iniciar a implantação de grandes instalações para oferecer ocupação temporária em regiões deprimidas, que depois não tinham mercado e não produziam um efeito multiplicador na economia circundante. Para isso, surgiam instituições específicas (Gepi, Efim e, por último, Egam). Todas essas empresas ou consórcios eram dirigidos por pessoas escolhidas pelo governo e pelos partidos que o apoiavam, mas com frequência oscilavam entre o público e o privado (Cefis foi o caso típico). Foi o triunfo daquilo que um brilhante livrinho* definiu como a "raça dos patrões": conluio perverso entre o público e o privado em postos estratégicos da economia.

No curto prazo, essa política econômica funcionou como estímulo à demanda e à produção, e também como instrumento parcial de salvaguarda do emprego e do salário. No médio prazo, porém, levou não apenas a um déficit público crescente, como a uma degeneração daquele setor público da economia que no passado havia cumprido o papel de motor. Em suma, um keynesianismo manco e perverso: o paradoxo de Keynes (gasto público deficitário para reativar a expansão, mesmo que seja escavando buracos para tampá-los depois) foi assumido plenamente, sem a garantia de que essa despesa e essa ocupação transitória seriam seguidas de uma fase de desenvolvimento capaz de reabsorver o déficit e estabilizar o emprego. O patronato não só tolerou essa política, como a utilizou ativamente a seu favor, como poço do qual beber e como instrumento para o conluio orgânico entre o público e o privado. No curto prazo, as consequências perversas dessa política – inflação e desvalorização da moeda – convinham à parte mais poderosa, ou seja, à grande indústria: facilitavam as exportações, reduziam o salário real, facilitavam as demissões e baixavam o valor real do endividamento pregresso.

Mas essa política não podia durar. Entre 1974 e 1975, a inflação superou os 20%, a desvalorização da lira teve de saltar de repente para 16%. A escala móvel era um escudo muito fraco para os trabalhadores, mas a classe média (sobretudo o funcionalismo, que havia crescido muito) também sofria. A demanda interna se contraía, e as empresas sofriam o contragolpe. A crise ganhava a forma de uma recessão. Essa situação se refletia também no equilíbrio político, como mostraram os resultados das eleições de 1975.

No breve interlúdio que separa o governo de centro-esquerda já agonizante do governo da não desconfiança, houve duas tentativas sérias de compromisso direto entre as partes sociais: o acordo entre Lama e Agnelli sobre a escala móvel integral e o ponto único de contingência**, e o acordo, aceito pelo governo, de uso mais amplo da caixa de integração***. Em essência, e nas intenções anunciadas, eram dois compromissos sérios e corretamente orientados (e, de fato, Agnelli,

---

* *Razza padrona: storia della borghesia di stato* (Milão, Feltrinelli, 1974) foi escrito por dois jornalistas, Eugenio Scalfari e Giuseppe Turani. (N. T.)

** Empresas e sindicatos estabeleceram que, para cada ponto porcentual de aumento do custo da vida, haveria um aumento correspondente dos salários. (N. T.)

***A caixa de integração de ganhos (*"cassa integrazione guadagni"*) era um auxílio concedido aos trabalhadores que estavam temporariamente desocupados ou cuja jornada de trabalho havia sido reduzida. (N. T.)

presidente de Confindustria, foi então e depois duramente criticado em suas fileiras). Mas, olhando mais de perto, percebe-se também sua ambiguidade. O acordo sobre a escala móvel protegia os assalariados, em particular sua parte mais fraca, mas continha uma grave omissão para o presente e um perigo para o futuro. A omissão estava no fato de que a nova escala móvel desconsiderava os efeitos do desconto fiscal sobre o salário. O perigo era que o ponto único de contingência, em um contexto de inflação galopante, levava a um achatamento excessivo dos salários que, aos poucos, dava espaço aos patrões para aumentos individuais, com contrapartidas no comportamento daqueles que os aceitavam, e, portanto, com o tempo, abria uma rachadura no operariado e favorecia o ataque contra a escala móvel em geral. Por outro lado, o uso da caixa de integração era uma boa ideia: protegia os operários excedentes nos períodos de reestruturação de tecnologias ou produtos, mas não interrompia a relação de trabalho e terminava com a reintegração do trabalhador. Contudo, tinha de estar realmente vinculada a uma reestruturação que não cortasse pessoal e, exatamente por isso, fosse "rotativa". Mas essas condições não foram impostas por quem pagava, ou seja, o Estado. Assim, os períodos de dispensa foram prolongados, não se falava de rotatividade e a caixa de integração tornou-se, de fato, um auxílio-desemprego, sobretudo em um período em que os trabalhadores beneficiados estavam dispostos a aceitar trabalho em outros lugares, por salários menores ou no mercado negro. Portanto, esses dois compromissos podiam funcionar como um modo de o capital dar continuidade à política passada e uma premissa para uma reestruturação da qual se beneficiava à custa do Estado, ou como uma premissa para uma efetiva mudança da política econômica.

Chegou-se assim a um nó, depois de desperdiçar muitos recursos. Não bastavam mais medidas anticonjunturais ou simples políticas anticíclicas. Era necessário olhar mais longe, definir uma nova ordem de poder e um novo modelo de desenvolvimento. Os grandes países capitalistas tinham consciência do problema e moviam-se para resolvê-lo. Estados Unidos, Japão, Alemanha, França, Suécia (e, mais lentamente, Inglaterra). Cada qual por caminhos diferentes, ou até divergentes, em relação às orientações das classes que assumiam o comando, e com resultados mais ou menos rápidos. Mas todos com um elemento comum: uma sinergia virtuosa, imposta ou promovida, entre intervenção pública e poderes fortes da economia. A ideia de que a "globalização neoliberal" nasceu espontaneamente das leis do mercado é lenda urbana.

Na Itália, mais do que em outros lugares, a crise econômica exigia reformas estruturais, uma nova ordem institucional, um novo projeto para governá-la e não sair "por baixo". Contudo, isso não foi nem tentado. Já falei do atraso e das carências que o "compromisso histórico" comportava no plano programático, assim como do muro que a Democracia Cristã ergueu contra as verdadeiras reformas. Devo acrescentar, porém, como ocorre com frequência na história, uma boa dose de acaso, e o acaso quis que a vitória eleitoral que tornava impossível governar sem os comunistas e a breve unidade da esquerda coincidissem com o momento mais grave da crise econômica, o que tornava as escolhas mais urgentes e difíceis. Mas também devo acrescentar nesse momento a pesada responsabilidade do patronato pelas velhas obtusidades e pelos novos interesses corporativos. Na verdade, do outro lado também existia um laivo de consciência da necessidade de escolher entre continuidade e inovações arriscadas. Isso me faz pensar em um curioso episódio, confidencial até tempos recentes e ausente das atas. No início dos governos de unidade nacional, Guido Carli, novo presidente de Confindustria, solicitou uma conversa direta com Luigi Longo, do qual conhecia a autoridade e a autonomia de juízo. O que surpreende nessa conversa é o fato de que Carli não pediu ao PCI que avalizasse novos sacrifícios dos operários ou uma redução genérica do gasto social, mas disse: "As medidas conjunturais ou assistenciais não são mais suficientes; ou vocês, comunistas, moralizam o gasto público e a administração, impõem uma política econômica rigorosa e eficiente para sanear a renda, ou não há motivo para que uma parte do país aceite a participação de vocês no governo". É claro que aquilo que ele entendia por moralização e eficiência era diferente do sentido que a esquerda atribuía a essas palavras, mas a importância do problema era reconhecida: era necessário sair do pântano, romper a continuidade com o passado. Mas se, como diz o diário de Luciano Barca, Longo escutava tudo com um "olhar irônico", era por outro motivo: o que Carli dizia era completamente contradito pelo que o patronato dizia e fazia todos os dias. Os sinais eram evidentes. Pela primeira vez, a própria família Agnelli engajou-se diretamente na política (Umberto na lista democrata-cristã, em uma campanha eleitoral que tinha como objetivo principal manter os comunistas fora do governo; Susanna na lista republicana, no mesmo momento em que La Malfa se empenhava em legitimar os financiamentos ocultos dos petroleiros). Os grandes jornais pediam, assim como Montanelli, para "tampar o nariz e votar na Democracia Cristã". O patronato manteve a sobriedade ao falar do caso Sindona, do Banco Ambrosiano e, mais tarde, da P2, com a qual muitos estavam comprometidos. Durante toda a legislatura, resistiu a uma verdadeira reforma urbanística, polemizou contra a indústria pública deficitária, mas não contra o crédito facilitado, concedido de maneira indiscriminada, nem contra os "arranha-céus no deserto", dos quais participava; não fez nenhuma campanha a favor da pesquisa científica, substituída pela fuga de cérebros e pela compra de patentes estrangeiras, e a reorganização da grande finança privada seguia o modelo das caixas chinesas e das "boas relações", às quais tinham acesso os notáveis da "raça dos patrões". Scalfari pregava uma coisa, a grande burguesia italiana fazia outra. E, de fato, no período da unidade nacional, a política econômica continuou sem mudanças significativas: generosos financiamentos públicos deficitários para sustentar as empresas falidas e reduzir o impacto social das que tinham capacidade de se reestruturar.

Vejamos alguns aspectos para não pôr tudo no mesmo saco. Um novo projeto, socialmente equitativo, economicamente plausível, devia se pautar por três questões. Em primeiro lugar, no curto prazo, a distribuição da renda: quem deveria suportar o peso das dívidas já acumuladas, onde encontrar os recursos para um desenvolvimento novo e ao mesmo tempo dinâmico? Berlinguer fez a esse respeito um discurso importante e corajoso: falou de "austeridade", gerando desconfiança e ironia tanto à esquerda quanto à direita. Eu não estava entre aqueles que negavam o valor desse discurso, aliás, eu mesmo usei essa palavra, a minha maneira, pelo valor que tinha em perspectiva, como crítica ao consumo induzido e puro símbolo de status, e porque indicava um problema real. Deslocar a renda, naquele momento, para o consumo coletivo, para as necessidades primárias e para a ampliação do sistema produtivo, sem comprimir a demanda global, era a condição necessária para um futuro bem-estar e civilização. No entanto, não por acaso, o discurso de Berlinguer era evasivo, evitava definir a quem exatamente a austeridade deveria ser imposta. Todo o país indiferentemente (como sustentou Amendola), para mostrar o senso de responsabilidade da classe operária diante do interesse nacional? Ou, ao contrário, com um critério seletivo e rigoroso: garantia do salário real e do emprego, auxílios mais generosos em dinheiro e serviços aos mais pobres; impostos mais pesados e proporcionais sobre as rendas privilegiadas e sobre o consumo opulento? Política de renda? Sim, política de renda, mas não por meio de um vínculo com a contratação e sim com um sistema fiscal efetivo e a autodeterminação do sindicato (que na Itália, assim como na Suécia, não era corporativo). Contra essa hipótese, a Democracia Cristã, junto com os patrões, ergueu um muro. Mas o PCI, com exceção de Trentin e da FLM, também hesitava. Seja para não romper o acordo político que mal havia se fechado, seja porque era perigoso distinguir, no vasto arquipélago dos privilégios, os sacrossantos direitos dos mais pobres, a posição da pequena e da grande renda, a evasão fiscal no mundo das pequenas empresas, até os grandes patrimônios e os capitais prestes a fugir. A administração pública, por ineficiência e cumplicidade, não dispunha de meios para garantir o respeito às medidas fiscais contra a evasão e a erosão. Assim, em substância, não se fez quase nada.

O segundo nó que era preciso desatar era o mais importante e difícil. Que destino dar aos recursos ainda encontráveis, de acordo com um plano coerente? Que perspectiva crível oferecer em troca de eventuais sacrifícios para torná-los aceitáveis? A dificuldade mais séria e evidente estava ligada à questão do planejamento. O poder público na Itália era muito vasto: desde a grande indústria até os bancos. No passado, havia conseguido estimular e orientar a decolagem de uma economia desastrada. Deveria ser possível assumi-lo, abstratamente, como viga mestra de um plano em que os investimentos necessários eram imponentes e de renda diferida, mas também para sustentar a economia privada, com pesquisa e subsídios negociados, para explorar plenamente competências e experiências nas áreas do futuro. Na realidade, muita água lamacenta havia rolado por baixo da ponte. A indústria pública estava mergulhada em dívidas (11 mil liras de dívida contra mil liras de faturamento) por causa das operações de resgate que teve de realizar para salvar as grandes instalações construídas sem nenhum discernimento, e porque a nova geração de dirigentes estava acostumada a obedecer calada. Com frequência os bancos concediam empréstimos com subsídios públicos a empresas que já estavam endividadas e apresentavam risco de insolvência. Não era crível nem sério, portanto, falar de planejamento quando faltavam vontade e poder para revolucionar o sistema. O beneplácito da Democracia Cristã ao saneamento de seu santuário era improvável; os patrões tinham todo o interesse em usá-lo como parque de manutenção. Em nome do emprego, os sindicatos eram obrigados a ser flexíveis.

A bem ver, a programação encontrava outros entraves naquele momento, e não apenas na Itália. O mercado internacional ainda não fazia previsões seguras para o futuro, pelas quais se pudessem orientar investimentos importantes. Mais do que isso: uma vez superado o patamar das necessidades primárias, e adquirida pela produção a capacidade de orientar ela mesma o consumo, estabelecer uma escala de prioridades para orientar pesquisas e investimentos tornava-se uma escolha mais livre e complexa, em que se expressava uma cultura ou outra, uma civilização ou outra, sobre o que produzir e como produzir. Esse problema era ainda mais complexo se fosse considerada a enorme diferença entre as condições materiais e os diversos valores presentes e ativos no mundo, ou as novas questões por resolver ou deixar sem solução, como, por exemplo, a questão ambiental. Não se pode dizer honestamente que o tema do planejamento tenha sido omitido no confronto político do fim da década de 1970. Mesmo que de modo muito redutivo, e com pobreza de ideias, o PCI tentou pô-lo no centro de uma nova política econômica. Muitas vezes surgiam hipóteses diferentes sobre os instrumentos e os objetivos no interior do grupo dirigente: havia quem continuasse a confiar na intervenção pública e na possibilidade de utilizá-la melhor (o pessoal mais próximo de Amendola) e quem julgasse necessário lhe dar limites mais rigorosos e iludia-se achando que podia influenciar indiretamente a qualidade do desenvolvimento, com pacotes de demanda social (a turma orientada por Franco Rodano e com influência sobre Berlinguer). Dessa discussão, que permaneceu bastante genérica e limitada à cúpula, não saiu nenhum projeto orgânico, e o confronto com a Democracia Cristã e o governo se arrastou sem muito proveito. No entanto, conseguiu um compromisso que, em 1977, concretizou-se em uma lei aprovada pelo Parlamento: ela destinava fundos para financiar planos de reestruturação setorial. Esses planos, contudo, não eram coordenados entre eles nem definidos com precisão. A tarefa de defini-los foi atribuída a um comitê de ministros e sua aplicação foi entregue aos aparelhos administrativos. Os sindicatos acreditaram na lei e abriram várias frentes de luta, até com mobilizações e greves, mas os resultados foram decepcionantes: um plano executivo para a construção de centrais nucleares (iniciado, interrompido e inoperante por oposição da população). Além do mais, os recursos disponíveis não foram utilizados ou foram distribuídos de maneira indiscriminada: o planejamento foi globalmente uma veleidade.

Menos unívoco deve ser o julgamento do terceiro aspecto daquilo que deveria representar uma mudança reformadora, ou seja, a construção de um moderno "Estado social". Era uma questão urgente, seja para oferecer aos trabalhadores uma contrapartida visível à moderação salarial, seja para oferecer novas ocupações não parasitárias e apoio geral à produção. Podemos dizer que uma única tentativa se concretizou, no fim da legislatura, com uma lei orgânica e inovadora. Um novo sistema de saúde, entre os mais avançados da Europa, público e universal, deveria garantir a todos, gratuitamente, tratamento e prevenção de doenças. Levá-lo a cabo, porém, não era coisa fácil, não apenas pela despesa que representava, mas também pela realidade com que deparava. Na época, o sistema de saúde representava duas Itálias. No Norte, desde os tempos do sistema "mutualista", prevalecia um sistema público parcial, com funcionamento discreto, em que se inseriu uma geração de médicos que acreditavam na instituição e não perseguiam grandes salários. No Centro-Sul, ao contrário, existia um sistema de saúde privado intocável, orientado em geral por lógicas especulativas, que deixava para o Estado as tarefas mais caras e difíceis e encarregava-se das mais rentáveis, reembolsadas mediante "prestação de contas". Se acrescentarmos a existência de um sistema de partilha na administração regional, o uso hipertrófico das internações, a falta de um planejamento sanitário nacional, a inflação do consumo de fármacos inúteis, as crescentes e onerosas parcelas da profissão privada, é fácil identificarmos as raízes das futuras ineficiências. De qualquer forma, um princípio geral havia sido reconhecido e continuava válido.

Do ponto de vista da crise econômica, porém, a saúde não era o aspecto mais relevante na tentativa de construção de um novo *welfare*. No curto prazo, outros aspectos eram ou podiam ser mais contundentes e, não por acaso, fracassaram. Refiro-me em particular à questão da habitação. Em geral, a moradia era superabundante onde não tinha serventia ou rara onde a migração a tornava necessária. O nível dos aluguéis era o encargo mais pesado do orçamento familiar da massa. A construção privada, onerada pela renda fundiária, quando construía novas moradias, cobrava preços exorbitantes por elas. A construção pública e popular, que, apesar de tudo, havia construído 361 mil unidades habitacionais por ano entre 1962 a 1967, desceu para 198 mil por ano entre 1972 e 1974 e apenas 140 mil em 1977. Retomá-la era um problema social agudo, mas era também um problema produtivo decisivo, com muitas ramificações.

Aparentemente, o governo tomou medidas importantes. Destinou grandes recursos para a construção pública, estimulou-a com o direito de comprar a preço agrícola as áreas destinadas a ela e, assim, cobrir despesas com urbanização e serviços. Mas bastaram normas cheias de armadilhas e obstáculos, uma hostilidade contumaz do aparelho administrativo central e local e a resistência passiva dos empresários para sabotar o projeto e virar sua intenção do avesso: apenas 24 milhões do 1 bilhão destinado à moradia popular foram corretamente empregados; o restante foi usado na compra de habitações privadas ou em falsas cooperativas, como sempre aconteceu e continuaria a acontecer. Isso provocou uma distorção não apenas social, mas também econômica. Porque afastava a moradia do trabalho, superdimensionava a moradia em vista de futuros filhos ou conveniências patrimoniais ou alimentava o fenômeno das pequenas construções ilegais. Enfim, um fracasso. Ainda sobre a questão habitacional, houve outra reforma malograda: impôs-se sobre as locações um "aluguel equitativo", que deveria ser acessível e garantir a mobilidade, atraindo para o mercado um grande número de moradias deterioradas ou inacessíveis porque o valor do aluguel estava congelado desde o fim da guerra. Todavia, como não havia na lei uma regra que estabelecesse justas causas para o despejo no fim do contrato, e com a carência cada vez mais grave de construções públicas, o resultado do "aluguel equitativo" foi na prática o contrário da intenção inicial: muitas moradias mantidas vazias pelos donos, para que pudessem ser vendidas assim que se apresentasse a ocasião, ou contratos ilegais, que escapavam completamente do controle fiscal.

Sobre o ensino e a pesquisa científica, que deveriam ter um papel essencial em uma nova perspectiva de desenvolvimento, não direi nada, porque não há nada para ser dito. Apenas constato que a escola de massa, sem novos métodos e programas e com poucos investimentos, levou a uma "escola fácil", a uma deterioração da formação cultural e profissional, a um novo tipo de diferenciação de classe, à indiferença de professores mal pagos e em geral precários. Além disso, o descuido e a escassez de investimentos públicos no campo da pesquisa científica e tecnológica não foram acompanhados de um crescimento na pesquisa privada, mas da importação de patentes, da exportação de cérebros, da compra das empresas e dos mercados mais promissores por grandes multinacionais.

Nesse vazio de mudanças políticas reformadoras, para o qual contribuiu e o qual explorou, o capitalismo italiano encontrou enfim o modo e a possibilidade de definir e impor seu caminho para sair da crise. Não era um projeto lúcido, com o objetivo ambicioso de realizar um novo milagre econômico e participar com um papel de primeiro plano de uma nova ordem mundial; ao contrário, era uma adaptação pragmática para não ficar completamente de fora. Uma adaptação para a qual dispunha de condições reais e que havia construído ao longo da década, procurando e encontrando os apoios necessários. Por isso, e dentro de limites precisos, recuso os termos restauração e imobilismo e recorro à expressão paradoxal de "milagre para baixo". Houve uma reestruturação à moda italiana, e o patronato, de forma descontinuada, mas lúcida, à medida que os governos de unidade nacional fracassavam, assumiu o papel de protagonista.

Essa reestruturação econômica avançava em duas frentes e por meio de duas iniciativas paralelas. A grande e média indústria moderna, já madura, encontrou os meios e a possibilidade de enfrentar a crise e ao mesmo tempo de se modernizar, reduzindo seus quadros (um terço em média), sem reduzir sua produção global. Conseguiu isso não tanto e não apenas com a ferramenta clássica da demissão e da intensificação do ritmo de trabalho, tampouco com subsídios a juros baixos, mas com a caixa de integração permanente e, sobretudo, com a terceirização de partes do processo produtivo, entregues a uma rede difusa de pequenas ou médias empresas, formalmente autônomas, mas substancialmente dependentes, em que a produção era mais flexível, os salários eram mais baixos e os direitos eram pouco garantidos. Paralelamente, introduziu novas formas de organização do trabalho, inventadas e testadas no Japão e na Suécia, para aumentar a produtividade, reduzir a cadeia de comando e tornar os trabalhadores mais diretamente responsáveis pela qualidade do produto final; o aparelho comercial também se tornava mais autônomo. Por fim, as primeiras e mais vistosas deslocalizações para a Polônia e o Brasil, onde o custo do trabalho era menor ou se podia esperar novos mercados (a Fiat é o exemplo mais claro dessa estratégia empresarial). Desde então, a ocupação na grande indústria se manteve descendente, independentemente da conjuntura. O motor dos novos superávits era a redução dos custos e, em parte, esses superávits se transferiram para atividades estranhas ao *core business*, em particular para as finanças. O outro lado negativo dessa reestruturação não foi apenas a diminuição do emprego, que se tornava em parte desemprego e em parte emprego com remuneração e garantias menores, mas o progressivo sacrifício de empresas e setores que podiam ser a vanguarda do progresso tecnológico, mas exigiam grandes investimentos, com rendimento diferido. Exemplos típicos: informática e química (Olivetti, Montedison, as grandes empresas farmacêuticas, a indústria alimentícia).

A segunda frente da reestruturação industrial colocou-se na vertente oposta: crescimento exponencial das micro e pequenas empresas, que já tinham tido um papel relevante no milagre italiano, somado à emigração estável e de proximidade, sobretudo na zona rural, que possuía uma capacidade empresarial latente. Nos anos de desenvolvimento, empresas desse tipo cresceram e se diferenciaram. Ao menos parte delas, com a ajuda de um ambiente social favorável e com o apoio das administrações locais, além de se consolidar, descobriram, por assim dizer, os benefícios da especialização territorial, que um grande economista do início do século XX, Alfred Marshall, tinha compreendido na teoria. Em alguns casos, essas empresas dispunham de tecnologias avançadas e encontravam ligação direta com o mercado internacional. A base comum eram os baixos salários e a evasão fiscal, mas também a alta capacidade profissional e o empreendedorismo. Nos anos 1970, a crise, a nova divisão internacional do trabalho e os novos consumos individuais permitiram a expansão desse modelo a várias regiões, diferenciando-se posteriormente pela dimensão e pelo tipo de especialização. Essas empresas encontraram uma grande oportunidade nos espaços intersticiais do mercado que a reestruturação dos países mais avançados havia abandonado e os novos países em desenvolvimento ainda não estavam em condições de conquistar. Foram chamados de distritos industriais e vistos com interesse em todo o mundo, ainda que ao redor deles, ou em outras zonas, pululem pequenas empresas semiclandestinas que exploravam o trabalho ilegal. Essa era a "arma secreta" do capitalismo italiano.

Isso não impede que, em seu conjunto, esse tipo de reestruturação tenha gerado custos sociais, políticos e debilidades econômicas que não foram mais recuperadas. A lista é fácil, porque, sob diversos aspectos, ainda estão diante dos nossos olhos. Fraturas cada vez maiores no mundo do trabalho assalariado e, portanto, mutação objetiva nas relações de força entre as classes (diferenciações salariais, trabalho precário ou ilegal, cooptação dos quadros mais ativos e inteligentes da classe média empresarial e do mundo fragmentado dos serviços). Decadência dos setores mais novos e avançados da indústria, aqueles que definiriam e comandariam o futuro. Reprodução de desequilíbrios territoriais em novas formas, base para outras novidades mais degeneradas: interpenetração de criminalidade e economia, colusão de criminalidade e política. Estabilização quase estrutural da evasão fiscal e ampla cumplicidade entre dinheiro, tolerância fiscal e consenso eleitoral. Como resultado, um abismo na dívida pública consolidada: de 20% a 25% do PIB nos anos 1960, 41% em 1972, 60% em 1975, 80% em 1979 e mais de 100% em 1998.

Não é legítimo falar de "milagre para baixo"?

17. O QUE SE TRAMAVA NO MUNDO

A última Guerra Fria

A AUSÊNCIA mais importante, a mais evidente nesse período, diz respeito à evolução da situação internacional. Como já havia acontecido em 1946, o PCI, mas também seus críticos de esquerda, não se deu conta de que, já na época, estava começando uma nova fase da Guerra Fria, nem de que era necessário preparar-se para enfrentá-la, intervir o mais rápido possível, enquanto ela ainda dava seus primeiros passos. Estávamos todos nas ruas para apoiar a luta dos vietnamitas, nos entusiasmar com seu sucesso ou denunciar a repressão contra o legítimo governo chileno. Contudo, enxergávamos nas duas coisas a confirmação de um impulso revolucionário em ato e de um imperialismo em crise, obrigado a se opor com o puro recurso à força. Estávamos divididos entre aqueles que afirmavam a necessidade de prudência, e a possibilidade de construir amplas alianças, e aqueles que, ao contrário, sugeriam acelerar o passo para apoiar esse impulso mundial e dar a ele a contribuição ativa do Ocidente, que ainda estava faltando. Todavia, o quadro global e realista da situação, do novo trem que se punha em marcha no mundo, escapava a nossa compreensão. E, de fato, quando surgiu o tema da mudança de governo na Itália, a questão de uma nova e ativa política externa passou a último item da agenda.

A primeira coisa a dizer é que, desde o início, a última fase da Guerra Fria apresentou-se como competição entre duas potências em crise, internamente e no próprio sistema de alianças: crise econômica, crise geopolítica, crise de hegemonia (sempre, porém, protegida pelo equilíbrio do terror atômico). Acrescento aqui duas considerações sobre os temas da crise econômica.

A primeira é que a classe dirigente das maiores nações ocidentais teve a capacidade de logo perceber seu alcance. Seus governos não eram sólidos. Nixon venceu as eleições presidenciais, mas já nas primeiras semanas declarou: "Este país está uma anarquia" e, em certa medida, isso era verdade, porque os Estados Unidos estavam atolados em uma guerra que, além de custosa, estava destinada à derrota; a revolta juvenil e o movimento antirracista haviam abalado a confiança popular; na Europa, as sociais-democracias, que chegaram ao governo na onda da expansão econômica e da ampliação do *welfare*, encontraram-se em dificuldade no momento em que a expansão começou a declinar. Mas encontraram, em 1973 e sobretudo em 1975, uma sede informal – inventada por Kissinger e denominada Comissão Trilateral – em que políticos poderosos, grandes empresários e acadêmicos renomados reuniam-se para definir uma análise e acertar uma linha imediata para não cair na desordem. O nome era pouco exato, porque os Estados Unidos e o Japão participavam da comissão como potências reais, enquanto a Europa era e seria, ainda por muito tempo, apenas um mercado comum e um sujeito político não autônomo. Mas, seja como for, a Comissão Trilateral deu resultados importantes.

Em primeiro lugar, afastou a ideia fácil de que a crise era resultado sobretudo do aumento do preço do petróleo e excluiu enfrentá-la com protecionismos e defesa das moedas nacionais (experiências infelizes realizadas nos anos 1930). Em segundo lugar, empenhou todos a buscar dois objetivos preliminares no curto prazo: redução do salário real e da desordem nas fábricas e contenção dos gastos sociais, que já havia ultrapassado os níveis de atenção. De fato, de modos e em medidas diferentes, esses dois objetivos foram perseguidos, e em parte alcançados, com a alternância de inflação e deflação e o desgaste dos sindicatos. A Comissão Trilateral deu mais dois conselhos: concertação livre, mas permanente, entre as políticas econômicas dos vários Estados e a construção gradual de órgãos reguladores da economia mundial, mais supranacionais do que internacionais. Esses conselhos não foram postos em prática de imediato, ao contrário, os países recorreram em diversas ocasiões à desvalorização de suas moedas para enfrentar situações de emergência e facilitar temporariamente as exportações. Todavia, no longo prazo, órgãos poderosos formaram-se ou se fortaleceram sob a direção reconhecida dos norte-americanos, como o FMI e o Banco Mundial, que estimulavam e protegiam o desenvolvimento de uma finança privada mundial e a multiplicação de grandes empresas transnacionais. Por fim, sem anúncio prévio, mas de modo organizado e financiado, houve uma contraofensiva teórica que desse fim à hegemonia indiscutível do pensamento econômico keynesiano. A princípio, esse objetivo foi perseguido de maneira desordenada: escolas de pensamento floresceram (a de Chicago foi apenas uma de muitas) para logo serem rechaçadas e substituídas (os argutos e irônicos livros de Paul Krugman são uma resenha dessa confusão e dos meios usados para alimentá-la), mas o sedimento que restou foi o da supremacia de uma orientação neoliberal genérica nos governos, nas universidades e na mídia.

Uma segunda observação, banal, mas desconsiderada, deve ser acrescentada para evidenciar a prolongada precariedade do processo real em curso no campo econômico. Em quase todos os grandes países ocidentais, dos dois lados do Atlântico, a estagnação – ainda que sem precipitá-los na recessão, ou apenas raramente – durou um longo período: a taxa de crescimento do PIB na Europa nos anos 1980, e depois deles, foi em média menor do que a dos anos 1970. Também naqueles países em que o programa neoliberal pôde ser aplicado mais rápido e radicalmente (Inglaterra e Estados Unidos), os resultados foram decepcionantes e, nos primeiros anos, alarmantes (a crise de 1982). No mesmo período, a inflação chegou ao auge, foi controlada, mas não superada. As desigualdades sociais cresceram visivelmente, e o desemprego alcançou níveis que lembravam os anos 1930, ou foi compensado com empregos de baixo salário ou precários. Em substância, tornou-se logo evidente que o capitalismo não sairia da crise apenas espremendo mais os trabalhadores em proveito do lucro. Necessitava de uma reestruturação mais profunda, que lhe permitisse recuperar uma taxa maior de incremento da produtividade geral, e de mercados mais amplos, que lhe oferecessem uma saída. Problemas nada fáceis de resolver.

No pós-guerra, a solução desses problemas foi relativamente simples. O motor já existia: a consumação da industrialização fordista, voltada para o consumo dos novos bens individuais de massa, e sua exportação para os países derrotados ou semidestruídos, mas com capacidade de participação, politicamente integrados e economicamente abertos a um mercado comum (Europa ocidental e Japão). Mas agora a situação era mais complicada. O poder do sindicato, mesmo enfraquecido, tornava menos eficaz o efeito do desemprego sobre o custo do trabalho. Contudo, mesmo quando e onde era obtido, havia ainda muito que fazer. O problema de um novo salto tecnológico não estava resolvido nem pronto para ser imitado, porque concernia à economia dominante, agora pressionada por países para cuja modernização ela mesma havia contribuído. Ela dispunha de uma reserva para enfrentar o problema: o papel do dólar como moeda mundial e, sobretudo, o patrimônio do conhecimento e do capital humano, acumulado por décadas com o sistema militar-industrial. Mas para fazer isso, como já havia começado a fazer (com a produção e o uso de computadores), eram necessários tempo e capacidade para estender essa reserva da maneira mais conveniente ao conjunto do aparelho produtivo (aliás, na fase inicial, ela custava mais do que rendia). Sobretudo a indústria, em que a produtividade podia crescer com mais facilidade, já havia reduzido seu peso, ao passo que o setor dos serviços, em que o incremento de produtividade era mais lento e menos rentável, ampliava-se. A finança e a deslocalização contribuíam para isso, mas era preciso encontrar uma nova divisão internacional do trabalho e integrar no desenvolvimento uma nova e grande parte do mundo. Essa parte existia, mas era economicamente atrasada e politicamente pouco confiável.

Eis o motivo por que, no início dos anos 1970, a meu ver, o principal problema, também para a economia capitalista, era geopolítico. Quem e como poderia organizar uma nova ordem mundial, imprimindo-lhe a própria marca? O mundo ainda estava dividido em dois campos, organizados em torno de duas grandes potências, e, fora deles, havia um grande campo recentemente libertado do domínio colonial, subjetivamente incerto e objetivamente inadequado para definir seu futuro. Esse era o jogo disputado naquele momento, um jogo do qual a esquerda europeia não tinha consciência e no qual carecia de iniciativa. O resultado foi determinado menos pela força do capitalismo do que pela dissolução daqueles que até então haviam se proposto opor-se a ele, com algum sucesso.

Crise no Leste

O principal fator dessa dissolução foi a crise da União Soviética e a total incapacidade de seu grupo dirigente, ou melhor, sua intransigente aversão a agir ou apenas procurar algum tipo de inovação na economia, nas instituições políticas, na ideologia, na organização do partido, nas alianças internacionais. Afinal, tratava-se de algo mais do que uma crise econômica, que, aliás, por muitos anos, demorou a se manifestar: era uma crise de todo um sistema. Mas ninguém – na Itália e em outros países – deu-se conta ou ao menos discutiu seriamente a natureza, as dimensões e as consequências dessa crise.

O grupo dirigente do PCI – e também não poucos militantes – estava convencido de que a União Soviética já pouco tinha a ver com o socialismo, mas continuava a confiar em sua capacidade como grande potência. Tornava mais evidente seu dissenso com relação a esse tipo de sociedade, mas abstinha-se de contribuir para sua evolução, mantendo com ela uma relação diplomática. As sociais-democracias europeias, por sua vez, encontravam uma confirmação de sua convicção habitual a respeito do caráter irrevogavelmente autoritário do regime, mas também uma razão mais apaziguadora para conviver com ele. Mesmo aqueles que, como eu e todo o grupo do *Manifesto*, haviam afirmado sem reticências, desde os acontecimentos de Praga, em 1968, que a União Soviética não podia mais se considerar um país socialista por sua estrutura de classe, ou por suas instituições políticas, e não apostavam em sua capacidade de autorreforma contínua, nunca imaginaram um colapso no curto prazo ou pararam para refletir sobre suas eventuais consequências. Contentavam-se com a palavra de ordem: "Do stalinismo sai-se pela esquerda", sem se questionar como, quando, com que forças, em que etapas isso poderia acontecer.

Hoje, ao contrário, sabemos que, em menos de vinte anos, essa crise levaria ao colapso desse Estado, dessa sociedade, dessa potência, sem guerras e sem herdeiros. Como e por que concretamente tudo isso aconteceu, e com que consequências, é um problema de grande complexidade (como e mais ainda o desmoronamento da Segunda Internacional diante da Primeira Guerra Mundial). Contudo, é útil e possível antecipar algo do que já estava acontecendo nos anos 1970 e que lhe deu início.

A longa "glaciação brejneviana", cujo nefasto papel foi muito pouco discutido, não era imobilismo, ou era apenas em aparência. Quando um para, enquanto a realidade corre, porque não tem energia para acompanhar o ritmo, primeiro fica para trás, depois se esforça para recuperar o atraso, por fim desanima e desiste. Foi exatamente isso que aconteceu. No plano estritamente econômico, nos anos 1970 a União Soviética parecia mediocremente bem com relação à crise do Ocidente. A estabilidade política e o retorno ao planejamento centralizado (depois das tentativas improvisadas de reforma e descentralização realizadas por Kruschev, deixadas pela metade e com frequência fracassadas) garantiram por alguns anos uma taxa de desenvolvimento respeitável, superior à dos países ocidentais. Mas esse desenvolvimento já estava doente: como sempre, concentrava-se na indústria pesada e militar, sem se preocupar muito com a produtividade; setores industriais inovadores (químico, petroquímico, eletrônico, para os quais existiam matérias-primas abundantes, competências científicas sofisticadas e técnicos competentes) foram negligenciados; o sistema de preços continuava arbitrário; a indústria leve, de bens de consumo de massa, era ainda a gata-borralheira, ou produzia bens de péssima qualidade. A agricultura melhorava, depois de um longo período de estagnação, por causa da ampliação das terras cultiváveis e da maior autonomia concedida aos camponeses (fruto de iniciativas precedentes de Kruschev), mas quando esses espaços foram reduzidos, em vez de ampliados, por carência de fertilizantes (produzidos por uma indústria química estagnada) e de uma mecanização adaptada às necessidades, a agricultura voltou a declinar. O sistema de transporte, lento e falho, tornava aleatórias as remessas entre as indústrias e, mais ainda, o abastecimento das cidades.

A lista poderia continuar, mas isso é suficiente para mostrar o impasse estrutural. O planejamento centralizado conseguiu resultados extraordinários, quando se tratou de construir e ampliar as bases da industrialização ou atender às necessidades primárias, mas não podia mais funcionar em uma economia complexa, em que as necessidades, individuais e coletivas, podiam ser dirigidas, mas não impostas, e ainda menos quando se tratava de estabelecer relações de troca com países amigos e a questão da produtividade do trabalho e da qualidade do produto se tornava essencial. Paralelamente, a estatização de todas as atividades produtivas fazia sentido para evitar a rápida formação de diversas classes sociais (quando o uso eficaz do sistema fiscal ainda era impossível), e funcionou enquanto uma extraordinária mobilização política e ideológica estimulou o trabalho mesmo sem grandes e difusos incentivos materiais. Mas não funcionou mais quando lentamente começaram a crescer as minúsculas atividades de serviços e a revolução se tornou uma lembrança distante, quando o perigo da guerra diminuiu e os grupos dirigentes colaboraram para a despolitização das massas a fim de garantir a estabilidade do poder. Criou-se assim um perverso compromisso entre disciplina política e apatia social.

Esse impasse do sistema econômico se transferiu imediatamente para o plano geopolítico. O ciclo de lutas de libertação nacional estava terminando e os novos Estados precisavam não apenas de apoio militar e armas, mas de apoio técnico, organizativo e mesmo ideológico para fugir das tentações e dos interesses que o neocolonialismo lhe oferecia por intermédio de uma burguesia "compradora" preexistente ou recrutada no próprio movimento de libertação. Brejnev foi o verdadeiro coveiro da Revolução Russa, exatamente no momento em que se ofereciam outros caminhos para percorrer.

Kissinger, genial e perverso

Foi justamente na vertente geopolítica que se disputou com antecedência, e foi perdido em grande parte pelos comunistas, já nos anos 1970, o jogo da nova ordem mundial. Se é verdade que a crise econômica do capitalismo e sua reestruturação necessitavam de um novo e grande espaço de integração, então é importante compreender que esse espaço lhe foi oferecido de antemão por uma crise do campo adversário e reconhecer que a ocasião foi agarrada com inteligência e com uma intuição política rara.

A situação geopolítica no início da década de 1970 era tão difícil para os Estados Unidos quanto a econômica. Sei que, hoje, falar mal de Kennedy é como falar mal de Garibaldi. Mas Garibaldi, mesmo derrotado, deixou atrás dele a unidade italiana. Kennedy, ao contrário, apresentou-se como um novo Roosevelt, mas não foi. As reformas sociais (a Grande Sociedade) foram um compromisso efetivo – realizado diante do impulso do movimento antirracista, da revolta juvenil e das vítimas do Vietnã –, mas foram concebidas e feitas por um presidente conservador, Johnson, que substituiu Kennedy depois de seu assassinato. No campo da política externa, ele foi inconcludente e, sob alguns aspectos, condenável. Diante do Muro de Berlim, que era péssimo em si, mas era a última *ratio* para deter o desmoronamento da República Democrática Alemã, reagiu com uma retomada do clima da Guerra Fria, ao invés de recorrer, como permitia o plano Rapacki, a uma negociação razoável para a reunificação da Alemanha como Estado neutro e sem armas atômicas. Diante da Revolução Cubana, que de início não era comunista nem era um apêndice da política de Moscou, respondeu com o desembarque na Baía dos Porcos e, quando Kruschev, com insensatez análoga, enviou mísseis para Cuba, nas fronteiras dos Estados Unidos (na verdade, como havia muito tempo mísseis norte-americanos estavam nas fronteiras da União Soviética), ameaçou iniciar uma guerra quente (Kruschev resolveu o problema retirando os mísseis, mas obteve garantias contra um futuro ataque militar, sem a aprovação de Castro, que não queria compromissos). Sobretudo, foi Kennedy que iniciou o conflito vietnamita, rompendo os acordos de Genebra para a reunificação do país e enviando os "boinas-verdes" para manter um governo que se recusava a negociar. E Johnson, logo depois da morte de Kennedy, continuou no mesmo caminho: primeiro incitou e financiou o cruento golpe militar no Brasil, um grande país latino-americano, contra o legítimo governo de Goulart e depois, mesmo convencido, como McNamara, de que se tratava de uma trágica insensatez, comandou a escalada no Vietnã. E, em 1965, o golpe de estado na Indonésia provocou o massacre de cerca de 800 mil comunistas.

De qualquer maneira, em 1970, isso não era suficiente para controlar o mundo, ao contrário, desgastava ainda mais o prestígio norte-americano: no Vietnã, a situação piorou; na América Latina, Allende ganhou as eleições, as guerrilhas eram endêmicas e Cuba estabeleceu laços mais estreitos com a União Soviética. A mistura de repressão e inteligência política real começou logo depois – desagrada-me dizer – com Nixon e seu cérebro, Kissinger.

Kissinger não era mais escrupuloso que seus predecessores no uso do arbítrio e da força, pelo contrário. Mas sabia analisar e usar diversos instrumentos. Na América Latina, onde o equilíbrio entre as potências não impunha um vínculo concreto, o primeiro passo para a reconquista não teve limites: restabelecer a ordem por qualquer meio que fosse. Daí a série rápida e impressionante de golpes de Estado, sem medir mortes e torturas, posta em marcha pelos militares, pessoa interposta, mas fiel: Chile, Uruguai, Peru e Argentina. Reação dos governos europeus? Nenhuma. Pouca gente nas ruas para protestar, e expressões rituais de solidariedade com as Mães de Praça de Maio, comoção com as canções dos Inti-Illimani ou pedidos póstumos de punição dos culpados, dos locais e já decrépitos, é claro, e não dos do Departamento de Estado, respeitável aliado.

Repetição de velhos cenários? Não exatamente. Havia uma novidade que não percebemos. Os golpes de Estado militares dos anos 1970 tinham novos protagonistas e objetivos menos grosseiros. Os militares não eram o simples braço armado e bem pago, ideologicamente parafascista, que agia para restabelecer o poder de uma oligarquia de proprietários absenteístas. Muito menos populistas não confiáveis ao estilo de Perón. Eram formados em academias militares dos

Estados Unidos, treinados com técnicas modernas para a guerra contra a subversão e para a repressão interna, e seus consulentes econômicos haviam estudado em universidades norte-americanas. Com violência inaudita, conquistaram o poder e administraram-no eles próprios, não para restabelecer a velha ordem, mas para comandar uma nova elite empresarial e construir uma nova linha econômica, substituindo o velho por um tipo novo de industrialização dependente, ou seja, não mais destinada a substituir as importações, mas a alimentar as exportações. Não era fácil alcançar esse objetivo de um salto, eram necessários financiamentos (que o mercado mundial forneceu), apoio das multinacionais e uma classe dominante que reinvestisse seu dinheiro, em vez de gastá-lo com o ócio ou depositá-lo nos bancos norte-americanos. Nos primeiros anos da década de 1980, ao desenvolvimento sucedeu-se imediatamente a crise da dívida, mas o Fundo Monetário e Tesouro dos Estados Unidos intervieram em seu oneroso resgate, obtendo em troca o direito de ditar seus próprios domínios nas políticas econômicas.

Um segundo e mais sutil tipo de reconquista ocorreu no contexto mais difícil do Oriente Médio. A aposta era alta: o petróleo. Mas o controle político era mais difícil. Apesar da derrota militar contra Israel em 1967, do fracasso do Estado confederado Egito-Síria, da ambiguidade do partido Baath iraquiano, das mudanças e as cisões dentro da Frente de Libertação Nacional argelina e da guerra civil no Líbano, o nacionalismo árabe laico e progressista ainda era forte. Nasser estava solidamente no poder e mantinha uma aliança com a União Soviética, que, em troca, havia lhe concebido a dissolução do Partido Comunista Egípcio, pequeno, mas dotado de quadros bastante qualificados. A Arábia Saudita era o único aliado sólido dos norte-americanos no mundo árabe, graças à rede de interesses financeiros. No que diz respeito a Israel, mesmo garantindo apoio militar, os Estados Unidos ainda se mostravam hesitantes em assumi-lo como representante direito, com medo de perder mais ainda as simpatias do mundo árabe. Alguns anos depois, seu maior parceiro na região, o xá da Pérsia, seria derrubado pelo fundamentalismo islâmico, que, embora não fosse violento, era vivamente hostil ao Ocidente.

A ocasião que se ofereceu aos norte-americanos foi a (suspeita) morte de Nasser, em 1970. Ele não deixou um sucessor designado: Sadat era formalmente o vice-presidente, mas era apenas o décimo na hierarquia real. Contudo, ele soube aproveitar seu papel provisório para dar um semigolpe de Estado, ou seja, mandou prender seus concorrentes. Como possuía uma base frágil no partido nasseriano, e pouco consenso de massa para perseguir os irmãos muçulmanos, procurou apoio político e financeiro externo e mandou os militares soviéticos de volta para casa, por julgá-los mais comprometedores do que úteis. Kissinger lhe ofereceu uma aliança cada vez maior, que, depois de algumas discordâncias sobre a questão do Sinai, concluiu-se com o reconhecimento de Israel e um entendimento substancial com ele. O processo teve influência sobre jordanianos e iraquianos, que mais tarde foram arrastados pelos norte-americanos para uma guerra de uma década contra o Irã. Nessa altura, a relação dos Estados Unidos com Israel pôde ser mais explícita e substancial, uma espécie de mandado fiduciário. Outro tanto do Terceiro Mundo, que nunca havia se aquietado, estava assim sob seu controle. O Paquistão, sempre à beira de uma guerra com a Índia, era parte integrante do Seato, uma organização de defesa da Ásia Sul-Oriental, ainda que passasse com frequência por várias mãos. A Indonésia havia se tornado um Estado militar e um aliado confiável.

O Extremo Oriente, porém, ainda era decisivo. Taiwan e Coreia, para conseguir um consenso de base, haviam sido obrigados a realizar uma reforma agrária (o contrário de um imperialismo estúpido) e, com a ajuda econômica que recebiam como base para a guerra no Vietnã, tornaram-se pequenos países "rampantes". O Japão era um aliado confiável, mas, no plano econômico, era um concorrente que exportava muito e importava pouco, e certamente não era uma região onde era possível se expandir.

O verdadeiro problema, aquele que apresentava riscos para uma nova ordem mundial, era a China: um gigantesco mercado para o futuro, um adversário temível por suas dimensões e pela revolução comunista que havia realizado, construindo um Estado e iniciando seu desenvolvimento. Até aquele momento, os norte-americanos recusavam-se a reconhecê-la e vetavam o ingresso na ONU de um país de 1 bilhão de habitantes. Os chineses, por sua vez, consideravam os norte-americanos seus principais inimigos, e criticavam os soviéticos justamente por aceitar uma coexistência pacífica.

Como sabemos, as relações entre chineses e soviéticos nunca foram fáceis. Desde o início, o problema principal, que vez ou outra provocava tensão entre eles, estava no fato de que a Revolução Chinesa, assim como a iugoslava, era comunista e, por isso, sentia-se irmã da russa, via-a como referência ideológica e viga mestra de uma ação comum no mundo. Mas era também uma revolução nacional, realizada com as próprias forças, e reivindicava um espaço de autonomia: mesmo nos anos de colaboração mais próxima (a Guerra da Coreia, os primeiros passos para a industrialização), a cooperação não era um dever para os chineses, mas o resultado de uma escolha e de uma convergência. O primeiro sinal de divergência manifestou-se já em 1956, em torno do julgamento a respeito de Stalin, mas depois, durante a crise húngara, isso foi deixado de lado e, por um breve momento, a relação entre China e União Soviética assumiu quase um caráter de parceria. As divergências surgiram de novo no início dos anos 1960, em uma forma mais grave, como uma crítica que trazia em si a negação do princípio de "Estado-guia" e da gestão demasiado conciliadora nas relações com os Estados

Unidos. Nesse ponto, Kruschev cometeu o maior erro de sua vida: decidiu suspender qualquer tipo de ajuda econômica e militar à China e retirar os técnicos de que a China necessitava. Essa decisão foi fatal, não só porque criou para a China dificuldades nunca mais esquecidas, mas porque transformou uma dura discussão ideológica e política em uma ruptura entre Estados. Era o que Togliatti temia desesperadamente, mesmo antes da Revolução Cultural.

Com relação à Revolução Cultural, por ora basta sublinhar que seu aspecto mais nocivo não foi o fato de ter feito uma crítica radical do modelo político e social emergente na União Soviética, mas de tê-la assumido como principal inimigo na disputa mundial. Se ao jdanovismo Zhou Enlai e Tito responderam com a Conferência de Bandung (ou seja, com uma política externa defensiva e autônoma, mas eficaz), à ruptura entre União Soviética e China (que de repente pôs fim à maior novidade no equilíbrio geopolítico da segunda metade do século XX), a China da Revolução Cultural não podia opor uma política externa. A estratégia dos "três mundos", elaborada por Lin Biao, não possuía base real e não foi praticada de fato nem nos tempos mais impetuosos da revolução. Não tinha meios nem propostas para enviar ao Terceiro Mundo, apenas os aforismos do Livro Vermelho. De fato, a política externa com relação a Estados ou partidos foi de extrema circunspeção. A China desconfiava dos vários movimentos guerrilheiros espalhados pelo mundo e os condenava; desconfiava de Cuba, quando esta ainda não dependia inteiramente de Moscou; dispunha-se a fazer acordos econômicos favoráveis com governos de direita; era céptica com relação à construção de novos partidos comunistas, porque temia que isso acarretasse mais problemas do que benefícios. A única coisa justa e eficaz que podia fazer para contribuir para a luta anti-imperialista era oferecer ajuda concreta aos vietnamitas em guerra. E fez isso, paradoxalmente ao lado da União Soviética, mas sem olhá-la nos olhos.

A esse propósito, tenho uma lembrança irrelevante em si, mas reveladora. Em 1970, logo depois da expulsão do PCI, eu e meus companheiros do *Manifesto* pedimos um encontro com o Partido Comunista Chinês para entender e para nos fazer entender. O encontro não só foi aceito, como nos pediram que fôssemos a Paris, onde se encontrava um alto dirigente chinês. Isso nos pareceu um bom sinal, porque nós certamente não éramos ortodoxos com relação a ninguém. A discussão nos pareceu interessante. Fomos recebidos com muita cortesia e simpatia, mas, quando passamos à discussão, os chineses foram muito formais e reticentes sobre sua experiência, sua situação e seus projetos. Por outro lado, fizeram muitas e bem informadas perguntas sobre Fanfani, o centro-esquerda italiano e sua previsível política externa; fizeram menos sobre o PCI e as razões de nossa expulsão e, menos ainda, sobre nossas intenções e nossas capacidades; não fizeram quase nenhuma pergunta sobre os movimentos de massas na Itália e no Ocidente e absolutamente nenhuma sobre os pequenos grupos marxistas-leninistas que se apresentavam na Itália como representantes da China. Voltamos de Paris bastante decepcionados, salvo pelo delicioso jantar. Porque das duas uma: ou a China atravessava uma situação tão incerta e complexa que os chineses não podiam falar com franqueza a respeito, ou eles estavam convencidos de que uma "revolução cultural", um apelo à rebelião, não poderia acontecer sem uma liderança carismática, capaz de provocá-la realmente e depois governá-la, e sem um poder já conquistado, que se poderia transformar, mas não derrubar. Estavam convencidos, em suma, de que deviam "contar com as próprias forças". Na verdade, ambas as coisas eram verdadeiras. Pessoalmente, voltei com a ideia de que havia alguma coisa em nosso discurso que deveríamos reavaliar, não sobre a China em particular, mas sobre a situação mundial.

Todavia, uma prova de apelo, no que diz respeito à relação entre a União Soviética e a China, ainda existia, aliás, oferecia-se de novo. Na União Soviética, Kruschev, autor principal do crime, havia sido deposto, e o novo grupo dirigente tinha grandes recursos materiais a oferecer e interesse em trocá-los pela enorme disponibilidade de mão de obra qualificada e cheia de boa vontade. Existia ali um grande mercado, um aparelho industrial que dava ainda seus primeiros passos e um potencial grande aliado. A China ainda estava ameaçada pelos Estados Unidos, estava excluída da ONU e precisava de recursos naturais e competências primárias. Quanto à Revolução Cultural, já em 1968 Mao havia decidido frear seu radicalismo, mas sem renegá-la ou liquidá-la. Não se tratava de uma ocasião momentânea. A economia soviética tinha ainda um desenvolvimento residual. Na China, por quase dez anos, tanto Mao quanto Zhou Enlai tentaram garantir e legar um equilíbrio entre o radicalismo dos princípios e o realismo da política. A guerra no Vietnã estava entrando em sua fase mais aguda, mas também mostrava a possibilidade de se tornar um triunfo.

Muitos partidos comunistas, e não apenas o PCI, relutavam contra a disciplina de campo, compartilhavam a ideia de Togliatti de manter intacta a solidariedade internacional, mas sem anular diferenças e autonomias. O PCI, como grande partido do Ocidente, e pela influência que tinha sobre diversos outros países, não podia impor nada, apenas tomar a iniciativa. Não deveria ser evidente a necessidade e a possibilidade de costurar a convergência entre a China e a União Soviética, útil para todos? O caminho tomado foi o oposto: de um lado, a invasão de Praga e a conexa teoria da "soberania limitada" e, de outro, a liquidação de Lin Biao, com a acusação de ele ser cúmplice da União Soviética, mostraram essa cegueira total.

Aqui se insere e se pesa a inteligência política de Henry Kissinger – não somente pelo mérito da escolha, mas pela velocidade com que a aplicou –, que não tentou usar grosseiramente as divisões do adversário, mas empregou-as para alavancar uma nova e envolvente estratégia. Em plena guerra no Vietná, oscilando entre abertura e endurecimento com a União Soviética, em 1972, um presidente norte-americano procurou e obteve um encontro com Zhou Enlai e Mao Tsé-tung, ou seja, com o inimigo mais irredutível. Não era uma simples oferta de distensão, mas uma mudança histórica. Em pouco mais de um quinquênio, houve enormes novidades. O reconhecimento da China pelos Estados Unidos. Seu ingresso na ONU, ou melhor, no Conselho de Segurança da ONU (sem dar ouvidos à gritaria de Formosa e da Coreia). Por parte dos chineses, a partir de 1978, a definição de zonas especiais onde empresas podiam funcionar em *joint-venture* e operar no mercado internacional (e, sobretudo, exportar seus produtos para os Estados Unidos), movendo toda a economia do país, e cujo único vínculo era a não convertibilidade do câmbio. Com cautela, porque a propriedade estatal das indústrias manteve-se intacta, assim como a posse da terra dos camponeses habilitados, individualmente ou em cooperativas, para vender suas colheitas. As etapas seguintes do processo aconteceram mais tarde, mas é tão indiscutível quanto pouco conhecido o fato de que se tratava da mudança de todo um sistema. Uma mudança que, antes de tomar plena forma econômica, foi antecipada e decidida por uma mudança geopolítica, já nos primeiros anos da década de 1970.

Deng foi o engenheiro desse processo, quando assumiu gradativamente o papel de dirigente, e não hesitou em sintetizá-lo em uma frase: "Não importa a cor do gato, o essencial é que ele pegue os ratos". Mas a escolha da direção foi feita antes, na presença de Mao. Recentemente, uma espécie de crônica de seu encontro com Nixon foi publicada nos Estados Unidos. A autenticidade do texto me parece duvidosa, mas uma frase de Mao foi relatada por Nixon e nunca desmentida: "Se eu tivesse de votar nos Estados Unidos, votaria no senhor, porque, no Ocidente, os homens de direita fazem o que dizem, enquanto os de esquerda dizem uma coisa e fazem outra". Essa frase, de maneira provocadora e espirituosa, revelava que Mao não estava praticando uma hábil diplomacia, mas fazendo uma escolha comprometedora e perigosa para todos. A resistência que ele opôs a uma brusca agitação no interior do grupo dirigente chinês e a confiança que declarou até o fim nos resultados da Revolução Cultural dão a entender que considerava possível pôr fim à reestruturação capitalista, que, a seu ver, já estava em andamento na União Soviética e ainda era possível na China, assim como entendia que o jogo ainda estava aberto e era impossível vencê-lo com o imobilismo. A curta vida que lhe restava e a tendência a considerar a história em sua *longue durée*, confiada à luta de classes, impediram-lhe de definir os limites e os mecanismos adequados para "transformar um mal em um bem" (ou "fazer da necessidade uma virtude") e, sobretudo, prever o cariz que os acontecimentos tomariam. Mas tinha consciência e concordava que sua China estava fazendo uma escolha histórica e arriscada. O verdadeiro freio, que sobreviveu a sua morte e se mantém até hoje, ainda que com efeitos discutíveis, foi paradoxalmente a solidez de um poder exclusivo e piramidal do partido.

Cito-o apenas como tema de discussão. O certo é que a globalização neoliberal, em que vivemos hoje, já era tramada nos anos 1970. Talvez se pudesse contê-la e condicioná-la quando dava ainda seus primeiros passos. A esquerda europeia ignorava completamente a questão. Se empreguei a expressão "dissolução do campo socialista", é porque levei em conta as consequências imediatas que a ruptura definitiva entre a União Soviética e a China e os caminhos diferentes que um e outro tomaram provocaram até em outras situações periféricas, mas essenciais no terreno político e ideológico: as dificuldades do Vietnã depois da vitória, os problemas econômicos de Cuba e o isolamento dos palestinos.

Os novos ventos do Oeste

Em 1980, quando uma longa fase do conflito se concluía sem produzir uma nova ordem, surgiu de maneira repentina e inesperada, em uma parte do Ocidente, uma nova liderança política, que se impôs pouco a pouco e não por acaso, e à qual se opôs, sempre no Ocidente, uma tentativa de orientação completamente diferente, que, também não por acaso, fracassou e foi abandonada.

1) O primeiro fato, e o mais importante, foi a ascensão ao poder, quase ao mesmo tempo, de uma nova direita na Inglaterra e, sobretudo, nos Estados Unidos. Durante décadas, acostumamo-nos a considerar que a alternância no governo entre conservadores e sociais-democratas nos países ocidentais não introduzia mudanças importantes e permanentes. A política econômica e internacional podia mudar, mas não era substancialmente determinada pelo fato de que um partido ou outro estivesse no governo. Entre conservadores moderados e socialistas liberais, a distância era limitada e as escolhas essenciais (fidelidade atlântica, coexistência pacífica e *welfare state* na medida do possível) definiam um compromisso aceito havia muito tempo, uma trilha que ninguém queria ou podia abandonar. Os conflitos deslocavam-se para áreas periféricas do mundo e voltavam recompostos ou circunscritos. Isso era o resultado de uma cultura hegemônica e de uma relação de força. A nova direita de Reagan ultrapassava essa fronteira e propunha, sem disfarces, o fim desse compromisso. Nós nos concentraremos por ora nos objetivos políticos declarados e postos em prática. O primeiro objetivo explícito de Reagan era liberar o mercado dos compromissos e dos custos que criavam cada vez mais obstáculos à força expansiva e à eficiência: ir além do compromisso social e dos procedimentos que o garantiam, da rigidez do mercado do trabalho, transferir recursos da remuneração para a acumulação por intermédio do sistema fiscal e do orçamento, e livrar-se de empresas pouco

rentáveis ou prestes a sê-lo. Reagan realizou rapidamente, e segundo modalidades permanentes, essa primeira parte (*destruens*) do programa: redução dos salários, desemprego maciço ou deslocamento dos trabalhadores para papéis inferiores e para áreas em que o sindicato não tinha raízes, aumento da jornada de trabalho ou recrutamento de trabalho feminino ou de imigrantes ilegais, redução das despesas e das prestações assistenciais, à frente de uma redução de impostos para as classes mais abastadas, sanções para as greves em diversos setores e desmantelamento das organizações sindicais. Mas isso não era suficiente para garantir a retomada da economia ou mesmo da supremacia norte-americana; ao contrário, ameaçava uma depressão. Era necessário ampliar o mercado dentro e fora de novos limites e aumentar a produtividade, que estava estagnada; era necessário, portanto, um salto tecnológico, que derrotasse os concorrentes internacionais, e sujeitos empreendedores capazes de utilizá-lo. Eram necessários instrumentos eficazes para obter o consenso da maioria da população, cuja segurança havia sido afetada. O primeiro passo nessa direção foi dar apoio aos novos setores produtivos (informática e biotecnologia), às grandes empresas multinacionais, à financeirização e à conquista do monopólio da indústria cultural de massa para orientar o senso comum, exportando patentes e importando cérebros. Esse primeiro passo não produziu resultados imediatos e requeria um motor que o alimentasse. O verdadeiro motor foi encontrado em um segundo objetivo: uma retomada, planejada e exibida, da Guerra Fria, iniciada desde o governo Carter de várias formas, mas em particular por meio de uma corrida rearmamentista de novo tipo, simbolizado por projetos ameaçadores e ostentados: a bomba de nêutrons, o escudo antimísseis, a "guerra nas estrelas". Essa escolha era fundamental em duas frentes: por um lado, o complexo militar-industrial financiado com recursos públicos, gerenciado por empresas privadas, tinha a função e a capacidade de acelerar o salto tecnológico, que não gerava lucros no curto prazo; por outro, obrigava a União Soviética, caso quisesse manter um equilíbrio, a se empenhar em gastos militares, que a levariam definitivamente à crise. Globalmente, nos Estados Unidos, essa escolha recuperava o mito da "missão norte-americana" de reunificação do mundo e, fora deles, projetava mais uma vez a ideia de sua supremacia, à qual se confiavam as decisões políticas essenciais. No plano econômico, garantia aos Estados Unidos o papel de refúgio dos capitais de que precisavam para reequilibrar seu *déficit* nascente. Em suma, a nova direita estava ideologicamente convencida de que, além de possível, era necessário reverter a grande mudança produzida pela Segunda Guerra Mundial e pelo New Deal de Roosevelt. Falta compreendermos por que um propósito tão explícito não encontrou nenhum obstáculo, mesmo quando, na prática, oferecia aos cidadãos norte-americanos mais dor do que esperança e, em particular, punha em discussão o modelo consolidado nos países europeus. A resposta é óbvia: a Europa, que só ela tinha recursos para se opor ou corrigir essa estratégia, não era um sujeito político uno, e a esquerda europeia carecia de ideias, força e vontade para propor uma alternativa.

2) Os acontecimentos quase simultâneos na França comprovam concretamente a opinião de que o vento estava soprando do Oeste. Naquele momento, a França era o único país que, por dimensão e orientação política, podia promover na Europa uma resistência à nova direita anglo-saxã. Tinha atrás dela vinte anos de governo gaullista, que com certeza não era de esquerda, mas era, mais do que qualquer outro, autônomo em relação à disciplina atlântica e possuía um aparelho estatal centralizado, mas eficiente, orientado para intervir no terreno da economia e dotado de instrumentos para isso. Nas décadas precedentes, a esquerda havia se dividido duramente: de um lado, um partido comunista forte (25% dos votos), mas isolado por seu dogmatismo ideológico e por sua submissão à política soviética; de outro, um partido socialista que havia sido forte, mas comprometeu-se a tal ponto com os governos da Quarta República e com a guerra colonialista na Argélia que quase desapareceu. Além do mais, uma lei eleitoral majoritária presidencialista tornava impossível aspirar ao governo sem recompor esse conflito. Em 1971, surpreendentemente, nessa mesma França pareceu surgir um novo curso. A iniciativa partiu de Mitterrand, líder de prestígio e capaz, ainda que carente de forças organizadas e com um passado político não muito cristalino. Ele tirou o partido socialista da falência – sem mudar seu nome – e propôs-se a refundá-lo, reunindo grupos de intelectuais ou de sindicalistas sem partido. A tentativa teve certo sucesso, e seu promotor teve a inteligência de propor um acordo duradouro ao PCF para conquistar a presidência da República. Os comunistas, por sua vez, tiveram a inteligência não só de aceitar a proposta, como de sugerir uma forma mais vinculante, elaborando e assinando um "programa comum". Para conseguir isso, reduziram muito seu dogmatismo e sua ligação com Moscou e aceitaram a candidatura de Mitterrand para a presidência da República. O programa comum era um pouco antiquado, mas rigoroso e substancioso. Havia em seu centro a ideia de um "keynesianismo de esquerda": aumento de salário, ampliação do gasto social e da intervenção pública para promover um desenvolvimento que saneasse o déficit inicial, privatizações limitadas. O exato contrário do programa de Reagan. Os socialistas acrescentaram ao programa, de modo genérico, a perspectiva da autogestão. Em poucos anos, a esquerda unida francesa, única na Europa, conquistou assim muitos votos. O sucesso era promissor, mas provocou um racha político. Os eleitores que voltaram para a esquerda, depois da deserção a favor do gaullismo, eram mais próximos do partido socialista, que havia recuperado sua força tradicional na classe média, assim como entre os "camaradas" (que caíram de 25% para 20% dos votos). Nesse momento, o PCF cometeu um grave erro. Não suportou a eventual perda de primazia e pensou que a evitaria se recuperasse parte de sua imagem tradicional. Mitterrand aproveitou para deixar

um pouco de lado o "programa comum". Nem um nem outro se empenharam para preencher as lacunas do programa: pouca mobilização da luta sindical, poucas ideias para adequar o projeto à época e envolver novos sujeitos sociais e, sobretudo, indiferença às questões internacionais e à "questão europeia". Em 1981, todavia, Mitterrand venceu as eleições presidenciais, os comunistas caíram para 15% dos votos, mas o programa foi aplicado com lealdade e o PCF participou do governo. Contudo, bastaram poucos meses para que se dessem conta das dificuldades de uma política reformadora, sobretudo em um momento de crise econômica. O poder não é feito apenas de votos, mas da solidez de quem o exerce, da mobilização de massas que suscita e que o sustenta, das relações de força internacionais em que se insere. Aos aumentos de salário, os patrões responderam com demissões maciças e fuga de capital; o franco tornou-se o alvo conveniente de uma finança mundial à procura de lucros especulativos e teve de ser desvalorizado duas vezes; os sindicatos estavam divididos ou indecisos; os líderes de 1968 haviam se transformado em *nouveaux philosophes*, chantres do Ocidente e de um novo anticomunismo. Em pouco tempo, os socialistas mudaram a política econômica para um ultraliberalismo; Mitterrand construiu um "eixo de ferro" entre a França e a Alemanha (onde os democratas-cristãos estavam de novo no poder com Kohl). A política para o Terceiro Mundo degenerou em colaboração, com frequência turva, com os governos corruptos das ex-colônias africanas. Poucos anos depois, Chirac ganhou as eleições para presidente. Os comunistas foram pacientes, mas acabaram abandonando a aliança. Não foi um caso isolado: Craxi e Gonzáles caminhavam na mesma direção de Mitterrand. Os laboristas ingleses, que tentavam resistir ao governo Thatcher com lutas duras e perdedoras, dividiram-se e só voltaram a governar doze anos depois. A alternativa europeia ao reaganismo fracassou antes de nascer. A realidade mostrava duas coisas. De um lado, mostrava que a aplicação do keynesianismo em um único país, inserido em um mercado internacional desregulamentado, produzia mais inflação, desemprego e déficit comercial do que novos investimentos e novos empregos. Sendo revisado com inteligência, talvez pudesse funcionar, se fosse escolha de toda a Europa e se o consenso popular estivesse disposto a aguentá-lo no médio prazo e a aceitar reformas essenciais, mas não custosas. Essas condições, todavia, não existiam e ninguém tentou construí-las. De outro lado, a realidade mostrava que, quando obrigadas a abrir mão de sua inspiração inicial, as esquerdas não ficavam paradas no meio do caminho, ou seja, na clássica social-democracia. Viam-se em uma encruzilhada: isolar-se em uma resistência sem projeto, aceitando um longo declínio, ou, como aconteceu em geral, deslocar-se bem mais para a direita, na direção de uma liberal-democracia, e limitar-se a aceitar o modelo norte-americano, tentando conter algum excesso ou obter alguma vantagem. A desordem mundial ainda era grande, mas a situação não era nada boa.

18. OS FATAIS ANOS 1980

DEVO confessar que, neste ponto do meu trabalho, fiquei bloqueado durante semanas e meses por causa de uma dúvida profunda.

Depois de tudo que aconteceu, estava acontecendo e aconteceria em poucos anos na Itália e no mundo, nos planos político, econômico-social e cultural, ainda existia para o PCI uma possibilidade efetiva de influir no desdobramento posterior das coisas ou, quando muito, conservar grande parte de suas forças e o essencial de sua identidade original no futuro? Tratava-se de uma dúvida legítima, mas a escolha que derivaria dessa dúvida era bastante penosa, porque, implicitamente, levaria a julgar fantasiosa e irrelevante a tentativa de Berlinguer de imprimir uma mudança em 1980 e legitimar a decisão posterior de Occhetto de ratificar o fim do PCI em 1989. Assim, vasculhei tanto minha memória pessoal quanto a historiografia e a memorialística que prevaleceram. E cheguei à conclusão de que a história dos anos 1980 foi muito menos linear e óbvia do que se pensa. Duas "surpresas", por assim dizer, convenceram-me disso.

Primeira surpresa: não apenas o número e a importância dos eventos que se concentraram nessa década, mas também o fato de que, na maioria dos casos, quase ninguém os previu nem se esforçou para analisar sua dinâmica e suas consequências imediatas. O fato de que, em pouco tempo, houve uma mudança tão ampla e radical, sem uma grande guerra ou uma catástrofe econômica, significa que ela foi resultado de tendências que já estavam em andamento havia muito tempo; por isso, é interessante ver como afinal essas tendências surgiram, desenvolveram-se e somaram-se. Por outro lado, se tantos eventos novos ocorreram de modo inesperado, e se por muito longo tempo não foram discutidos, isso que dizer que não eram obviedades, mas, ao contrário, eram fruto de tentativas complexas, bem-sucedidas ou fracassadas, nas quais intervieram decisões políticas certas, erradas ou suicidas dos vários protagonistas ainda em campo.

Aqui surge a segunda e mais importante "surpresa": quanto do resultado já havia sido definido com antecedência e em todos os seus aspectos e quanto poderia se desenvolver de modo diverso e levar a saídas diferentes em relação à história específica de cada país, aos recursos materiais e humanos de que dispunham, às estratégias políticas com as quais administravam a crise? Colocar tudo junto sob a rubrica genérica de "morte do comunismo" não corresponde aos fatos.

Que fique claro: é incontestável que nos anos 1980 a história do comunismo como movimento mundial, inspirado na Revolução de Outubro, esgotou-se. Também é incontestável que isso se refletiu gravemente sobre todas as forças que participaram dessa história, inclusive das que realizaram experiências autônomas e elaboraram tradições culturais autônomas. Nesse sentido, portanto, não houve nenhuma surpresa: a década de 1980 conduziu para onde era fatal que conduzisse: uma crise geral do comunismo do século XX. Mas é igualmente verdade que uma crise, quando envolve grandes e radicais forças, pode ser enfrentada de diversas maneiras, pode produzir resultados diversos, liquidar todo o passado ou salvar parte dele como recurso para o futuro. Basta pensar na Revolução Francesa em longo prazo para perceber essa evidência. E, dentro de tais limites, encontrei nos eventos dos anos 1980 diversos elementos para uma reflexão que não é nada óbvia.

Dou alguns exemplos. Não era presumível nem previsível que Gorbachev chegasse a dirigir a União Soviética, nem sua tentativa extrema e radical de reformar o sistema, nem seu rápido fracasso, nem que esse fracasso abrisse caminho para a dissolução do Estado e da sociedade no conturbado regime de Iéltsin. Da mesma forma, não era presumível nem previsível que na China – uma vez paralisada a revolução maoista, mas não renegada, e com uma cautelosa continuidade política do poder – se consolidasse um Estado-continente e explodisse um desenvolvimento que deveria transformá-la em um pilar da nova economia mundial. Não era previsível que, com o estímulo europeu, a extraordinária experiência iugoslava se transformasse em um feroz conflito étnico, nem que a situação no Oriente Médio, com a intervenção ativa de Israel e dos Estados Unidos, degeneraria tragicamente com o nascimento do fundamentalismo religioso. Também não era previsível que a Europa, em vez de pegar o caminho sugerido por Delors no plano econômico e por Brandt no plano político, aceitasse passivamente a lógica de Reagan ou que se resignasse a sua impotência política, dotando-se de instituições separadas da soberania popular.

Nesse contexto – em que a "crise do comunismo" já dominava a cena, mas as possíveis variantes de sua trajetória ainda não haviam sido anuladas –, tornou a emergir, para o bem e para o mal, a originalidade do comunismo italiano, em nova forma, com muitos contrastes, em fases sucessivas e distintas.

O segundo Berlinguer

Às vésperas dos anos 1980, o PCI, já por sua própria conta, encontrava-se em sérias dificuldades. O resultado das eleições políticas de 1979 não era em si aquele drama que a imprensa descrevia. O partido conservou 30% do eleitorado, dois pontos a mais do que em 1972; em outras palavras, com relação ao máximo que já havia obtido, perdeu menos do que os maiores partidos social-democratas europeus haviam perdido no mesmo período; e quem se beneficiou de boa parte dos votos perdidos não foi a direita, mas a extrema esquerda. Um sinal mais preocupante talvez pudesse ser percebido por meio da análise do voto: a deserção ocorreu nas áreas metropolitanas e no eleitorado operário e juvenil, que havia sido determinantes para os sucessos anteriores. O grande problema, porém, era outro: o deslocamento político dos dois grandes interlocutores com os quais o PCI havia construído seu projeto, a Democracia Cristã e o PSI, que estavam unidos em mais uma coalizão de governo, competitiva internamente, mas explícita e firmemente decidida a excluir os comunistas. Assim, o PCI carecia não apenas de deputados importantes no Parlamento, mas de uma perspectiva política crível.

Em um primeiro momento, o grupo dirigente recusou-se a reconhecer o problema. Isso se explica, de um lado, pela relutância em realizar uma autocrítica explícita sobre o passado recente e, de outro, porque estava convencido de que o novo centro-esquerda estava dividido e seria incapaz de governar um país que continuava em crise e, portanto, era transitório. Era necessário persegui-lo e pressioná-lo até que a necessidade de uma grande coalizão, depurada de seus limites, se reapresentasse.

Internamente, todavia, iniciou-se um conflito, mais tático do que estratégico, de caráter reservado, mas muito duro. O objeto principal era a avaliação da evolução do PSI e do "novo curso" iniciado por Craxi. Dirigentes importantes acreditavam que, com amplas alianças no sindicato, nas cooperativas e nas entidades locais (e fechando os olhos para a questão moral), a mudança seria reversível e a recolocação governamental do PSI seria útil para acabar com a supremacia democrata-cristã, tirar dela o consenso da classe média mais moderna, construir uma nova unidade à esquerda e estabelecer um canal de comunicação com a esquerda europeia. Outros dirigentes, próximos de Berlinguer, julgavam o craxismo de modo muito mais severo, quase como um grande perigo, como laboratório de um novo tipo de anticomunismo e como sintoma de uma redistribuição voraz do poder, e alimentavam certa esperança nas contradições sociais e políticas do mundo católico que ainda perturbavam a democracia cristã.

Ambas as posições careciam de fundamento. Porque a mudança, seja do PSI, seja da democracia cristã, não era ditada apenas pela necessidade ou por pura conveniência de poder, mas expressava tendências mais profundas da sociedade e convicções mais arraigadas. Reinserir no jogo do governo um PCI ainda forte, e ligado à ideia de reformas importantes, implicava concessões às quais a classe dominante, mesmo a mais moderna, opunha-se, e um governo com os comunistas encontraria hostilidade tanto por parte dos governos atlânticos, já deslocados mais para a direita, quanto do Vaticano, firmemente dirigido pelo papa polonês. De qualquer maneira, para todos eles, era um risco inútil socorrer o PCI quando este finalmente parecia em dificuldade. O diálogo somente poderia ser reiniciado depois que ele perdesse força e mudasse sua identidade.

O que contribuiu para revelar a situação real e dar fôlego ao debate foi, em 1980, uma mudança proposta por Enrico Berlinguer. Na época, e mesmo depois, faltou uma verdadeira discussão sobre essa mudança, seus conteúdos, a forma como foi aplicada na prática, seu valor e seus limites, seus sucessos inicias e seu substancial fracasso final. Ao contrário, acumularam-se tantos equívocos que os fatos acabaram sendo abafados, deformando-se os julgamentos. Pior: de modo mais ou menos consciente, por meio de um curioso mecanismo, ela foi apagada da memória.

A morte súbita e comovente de Berlinguer transformou-o rapidamente em um mito. O mito merecido e positivo de um homem integérrimo, modesto, tenaz, leal defensor da Constituição democrática de que a Itália tanto necessitou e ainda necessita. Por esse motivo, sua obra política era assumida em bloco. Seus defensores consideraram uma ofensa pôr em evidência aquilo que distingue, em Berlinguer, a ideia de "compromisso histórico" da tentativa extrema, realizada nos últimos anos de sua vida, de rever sua implantação. Seus críticos também se valeram dessa distinção para reconhecer suas virtudes pessoais, mas, sobretudo, para afirmar que essas mesmas virtudes o conduziram, em seus últimos anos, a uma rigidez ideológica e a um furor moralista que o impediram de desempenhar um papel político verdadeiramente contundente. Para uns e para outros, nunca houve uma verdadeira mudança no PCI ou do PCI: um "segundo Berlinguer" nunca existiu. Por isso os livros de história pouco falam disso, ou falam de modo não edificante.

Minha avaliação é certamente diferente e mais problemática. Acredito de fato e espero poder demonstrar que:

1. Nos primeiros anos da década de 1980, Berlinguer tentou realizar uma verdadeira mudança, estratégica e não apenas tática, cultural e não apenas política.

2. A inspiração dessa mudança não era apenas e sobretudo recuperar a identidade do passado, mas tentar renová-la profundamente, para dar conta de uma realidade em rápida e perigosa transformação.

3. Essa mudança não se reduziu a uma denúncia ou a boas intenções, mas tornou-se em grande parte ação política concreta e, por anos, deu resultados importantes.

4. Foi obstaculizada e por fim malograda não só por fatores objetivos irrefutáveis, dos quais já falei, ou pela oposição de seus adversários, mas também pela resistência e pelo dissenso interno que o próprio Berlinguer havia criado.

5. Nunca tomou uma forma orgânica e acabada, mas nem por isso foi menos radical; emergiu antes de uma série de escolhas eloquentes.

6. Foi uma proposta animada e imposta com frequência pelo próprio Berlinguer, com base em uma reflexão pessoal, em um poder carismático que estava em sintonia com o sentimento popular, e aproveitando as ocasiões que a situação lhe oferecia.

7. Por isso, penso que é legítimo usar a expressão "um segundo Berlinguer", sem considerá-lo um ícone, mas também sem reduzi-lo a um sonhador de "reinos imaginários".

A recuperação do conflito de classe

Onde encontrar os primeiros sinais de mudança?

A vulgata periodista, assim como a historiografia posterior, identifica-os em dois momentos: o XIV Congresso de 1979, que sancionou a decisão do PCI de não apoiar mais governos que o excluíssem, e a reunião extraordinária da direção após o terremoto da Irpinia*, em 1980, quando se avançou a proposta de um "governo dos honestos", centrado no PCI. Essas duas decisões foram interpretadas pela opinião pública como o fim de um ciclo político. Contudo, essa datação me parece incorreta e enganosa. De fato, a decisão tomada no congresso não excluía uma rápida reedição dos "amplos entendimentos", sob certas condições. E a proposta posterior de um "governo dos honestos" não tinha nenhuma chance de se realizar: quem eram os "honestos" e quantos estavam dispostos a parti-

---

* Em 23 de novembro de 1980, a região da Irpinia, uma das mais pobres da Itália, sofreu um terremoto devastador. Além do escândalo suscitado pelo atraso e pelas graves falhas nas operações de resgate (imediata e firmemente denunciados pelo presidente da República, Sandro Pertini), o fato tornou-se um símbolo da corrupção e dos ilícitos que envolviam o mundo da política, dos negócios e das finanças. O governo destinou mais de 50 bilhões de liras para auxílio imediato e sucessiva reconstrução, mas grande parte dessa verba, ao invés de ser aplicada no socorro da população, perdeu-se entre regalias e especulação financeira. Ainda hoje, algumas áreas continuam à espera da conclusão das obras de reconstrução. (N. T.)

cipar de um governo dirigido pelo PCI? Em suma, o que se via não era uma nova política, mas apenas um esforço para manter algumas portas abertas.

A mudança efetiva começou a se manifestar por certas ações concretas. Em primeiro lugar, a oposição vencedora do PCI à decisão do novo governo de cortar uma pequena cota dos salários para financiar novos investimentos, que os sindicatos aceitaram, mas os trabalhadores rechaçaram. Logo em seguida, e muito mais comprometida, a presença de Berlinguer naquilo que podemos definir provavelmente como o mais importante conflito sindical de que se tem memória.

No verão de 1980, a Fiat enviou a 15 mil funcionários 15 mil cartas de demissão. Os operários se rebelaram em massa, interrompendo a produção e fechando os portões da fábrica durante 35 dias. Tiveram o apoio do restante da categoria, que, para demonstrar sua solidariedade, também entrou em greve. Estava claro para todos que se tratava de um ensaio geral e, ao mesmo tempo, do anúncio de uma contraofensiva dos patrões para recuperar o que foram obrigados a conceder ou a tolerar em 1969. No plano sindical, era evidente desde o início que o embate não terminaria bem para os trabalhadores. Por uma série de razões. A Fiat estava realmente em dificuldade. Não por causa de uma crise conjuntural de mercado ou de produtividade, real mas superável, e sim porque ela própria havia criado um excedente de mão de obra, construindo uma rede de empresas às quais entregava funções produtivas que eram realizadas com trabalho precário ou mal pago. Essas 15 mil demissões não visavam apenas afastar as lideranças, mas trabalhadores que, dentro da fábrica, não tinham mais serventia; elas eram a ratificação de um fato consumado e de um plano de reestruturação que ameaçava milhares de outros trabalhadores, e estes, de fato, sofreram o mesmo destino. Os sindicatos, sobretudo as confederações, em parte não queriam e em parte não podiam generalizar o conflito tanto quanto fosse necessário para impor outro tipo de reestruturação. Além disso, entre os funcionários das fábricas, havia surgido uma categoria de empregados de escritório e técnicos que havia sido solidária com os operários em 1969, apesar da reivindicação de aumento salarial igual para todos, mas que agora se sentia insegura, porque estava ameaçada, mesmo não estando diretamente envolvida, e porque havia pago duramente o custo da inflação galopante vinculada ao ponto único da escala móvel. Na cidade vizinha, a simples eventualidade de falência da Fiat, que foi sempre a mais bela flor da região, influenciava a orientação da opinião pública silenciosa, mas não indiferente.

Em certo momento, com o consenso do governo, surgiu a proposta de um acordo fajuto, mas eficaz. As demissões foram anuladas e substituídas – ou melhor, substancialmente estendidas – pela proposta de caixa de integração para 23 mil funcionários. Por que "fajuto"? Porque essa colossal caixa de integração não previa nenhum compromisso da empresa com o governo, que deveria financiá-la, de readmitir a maior parte dos trabalhadores suspensos. Aliás, em vez de "rotação", estabeleceu-se uma "zero hora"*, tornando-se assim uma pré-demissão, com renda parcialmente garantida pelo Estado, enquanto o trabalhador não encontrava emprego em outro lugar e em piores condições. Foi sobre essa base que surgiu, organizada e ao mesmo tempo espontânea, a "marcha dos 40 mil"**, realizada no centro de Turim para exigir a retomada do trabalho. Mesmo sabendo que seria uma derrota, e apesar da ampla discordância dos operários, a FLM também assinou ou, podemos dizer, impôs o acordo.

Reconstituí em detalhes os acontecimentos para extrair deles uma pergunta essencial. Por que, em um conflito tão comprometedor, Berlinguer foi até o portão da fábrica para apoiar incondicionalmente os operários? Por que, depois de ter tido dúvidas e se afastado de lutas vitoriosas, engajou-se em um embate que provavelmente seria perdedor, provocando um entusiasmo operário emocionante, mas abrindo um fosso (como afirmou Romiti) com o patronato mais moderno e poderoso? Basta ler o que ele disse na porta da fábrica para entendê-lo, sem deturpá-lo. O que a imprensa publicou é falso. Berlinguer não incitou os operários a ocupar a Fiat. O que lhes disse foi: "Cabe a vocês decidir a forma de sua luta, cabe a vocês e a seus sindicatos julgar se os acordos são aceitáveis. Mas saibam que o Partido Comunista estará do seu lado, nos momentos bons e nos momentos ruins". Havia anos que não se ouvia uma linguagem desse tipo. A afirmação renovada do caráter do partido, nacional e de classe. E não se tratava de palavras de circunstância. Elas expressavam uma decisão refletida e convicta, implicitamente autocrítica. Qualquer que fosse a evolução da situação política, ou qualquer que fosse o caminho tomado pelo PCI, a premissa necessária era reconstruir uma relação de confiança recíproca com os trabalhadores, contar com sua combatividade, sem prejudicar a autonomia sindical, mas sem abrir mão da presença direta do partido nas lutas de massas.

A decisão foi confirmada com ainda mais clareza nos anos seguintes, dessa vez com mais sucesso: a batalha da escala móvel, que dominou os primeiros anos da década de 1980.

Por um breve momento, a situação econômica, ajudada pela redução do preço do petróleo, pareceu se abrandar, mas a ilusão de uma retomada do crescimento se desfez rapidamente. A inflação continuava em dois dígitos, o aperto deflacionista dos Estados Unidos e a crise da dívida nos países em desenvolvi-

---

* Trata-se de uma modalidade da caixa de integração que prevê a suspensão total do trabalho, diferentemente do sistema parcial, que estabelece um pequeno número de horas de trabalho por semana. (N. T.)

** A passeata foi convocada logo após o fim de uma assembleia de lideranças e diretores da Fiat, em 14 de outubro de 1980, e conseguiu envolver e mobilizar os colarinhos-brancos. (N. T.)

mento tornavam mais dura a concorrência no mercado internacional. Por isso, a derrota dos operários na Fiat foi vista e assumida por todo o patronato italiano como um exemplo e, pelos trabalhadores, como uma dura chantagem. O espaço para a contratação diminuía também onde a produtividade estava crescendo, mas reduzia o emprego onde não crescia, e a concorrência concentrava-se nos preços. A evasão fiscal no já extenso mundo do trabalho autônomo e a pressão incontrolável da dívida pública faziam com que os impostos pagos pelo trabalhador assalariado subissem. A questão salarial voltava ao primeiro plano, e o desemprego – que atingia sobretudo os jovens – e o trabalho ilegal não só enfraqueciam o poder sindical, como transferiam seus efeitos para a renda familiar. Um único anteparo protegia em parte a condição operária: o acordo assinado poucos anos antes entre Agnelli e Lama sobre a escala móvel. Iniciou-se assim, a partir de 1981, uma campanha midiática de "persuasão" para estabelecer o consenso, ao menos de uma parte do sindicato e da intelectualidade democrática. Não se pedia a anulação total da escala móvel, mas uma correção de seus aspectos mais perversos, sobretudo o excessivo arrocho salarial que provocava e o fato de que protegia apenas uma parte dos trabalhadores e excluía os outros, e renovava-se o pedido de uma "política de renda".

Esses argumentos, mesmo apontando problemas reais, não tinham solidez e deixavam transparecer intenções bem mais radicais. Não é verdade que a escala móvel protegia apenas uma parte privilegiada de operários; ao contrário, protegia um pouco a massa crescente de trabalhadores das pequenas empresas que não possuíam nenhum poder contratual. Não é verdade que o arrocho salarial punia em particular as competências, porque as "bonificações", que premiavam a fidelidade e a não adesão às greves, já era uma prática difundida. Mas é verdade que a escala móvel não existia em outros países europeus e era compensada por outros instrumentos de proteção (salário mínimo por lei, auxílio desemprego digno, que incluía também os jovens desempregados, bolsas de estudo etc.). Não era verdade, sobretudo, que o salário real na Itália estava crescendo; ao contrário, ele declinava por causa dos ônus indiretos.

Mas a grande mistificação nessa campanha contra a escala móvel era outra: o refrão fácil sobre a "política de renda", usado mais uma vez como o toureiro usa sua capa vermelha. Em uma situação de "estagflação" persistente, uma "política de renda" era uma necessidade e já estava em ação, imposta em parte pelo novo mercado do trabalho e em parte pelo poder público. Apoio ideológico e material ao consumo relativamente supérfluo, resgate de empresas em profunda crise e subsídios indiscriminados e sem compromissos para as grandes empresas exportadoras, tolerância com uma gigantesca evasão fiscal, transferências de dinheiro com fins clientelistas, proteção e privilégios concedidos a várias formas de renda, tudo isso à margem de qualquer plano de desenvolvimento, portanto revertendo-se em grande parte em dívida pública e provocando uma oscilação das taxas de juros, que, por sua vez, contribuíam para o crescimento da inflação. O desmantelamento da escala móvel e, com ela, o enfraquecimento de um poder contratual do sindicato eram o preço para a economia não afundar e, ao mesmo tempo, proteger outros interesses.

A campanha de "persuasão" penetrou em determinados setores do sindicato (a CISL e a corrente socialista da CGIL) e em uma parte da classe média, mas não a ponto de obter o consenso da classe operária e da intelectualidade democrática, mais perspicaz. Em 1982, a *Confindustria* resolveu aumentar a pressão, ameaçando abandonar unilateralmente o acordo de 1975. E do Palácio Chigi* veio a desventurada resposta. Em 1983, Bettino Craxi, recém-nomeado presidente do conselho, deu ao governo o direito de resolver a questão, conquistando para ele próprio o título de "decisionista" e para o PSI um papel muito superior aos míseros 11% de votos que havia conquistado. De fato, Craxi emitiu um decreto que cortava *ope legis* alguns pontos da escala móvel. Os trabalhadores compreenderam que não se tratava apenas de uns trocados, mas da faculdade concedida ao poder político de governar diretamente a dinâmica salarial, ou seja, o fim da escala móvel como direito regulado por acordos entre partes sociais. Uma onda de greves espontâneas atravessou a Itália, e os conselhos de fábrica convocaram uma mobilização nacional em Roma. Berlinguer não só compartilhou e solicitou esses protestos, como também denunciou a não constitucionalidade do decreto. A CGIL, mesmo correndo o risco de uma cisão, decidiu assumir a paternidade da manifestação, que de fato foi imponente e contou com a adesão das organizações locais da CISL. O PCI levou a questão ao Parlamento, recorrendo ao instrumento do obstrucionismo (usado apenas duas vezes por ele no passado, contra a "lei trapaça" e contra o Pacto Atlântico) e anunciando um eventual recurso ao referendo.

Não se pode negar honestamente que essa luta intransigente marcou uma mudança de método e de mérito. Não se pode afirmar honestamente que produziu um isolamento em relação às grandes massas e reduziu, ao invés de ampliar, a área de oposição do país. Se podemos – e devemos – identificar um ponto de fraqueza, este reside no fato de que essa batalha não foi acompanhada de um esforço adequado para propor uma política econômica alternativa convincente.

A questão moral

Pouco depois, um segundo elemento caracterizou a mudança de Berlinguer. A "chamada" questão moral abrangia uma parte mais extensa do país, mas da

---

* O Palácio Chigi é a sede do governo italiano. (N. T.)

mesma forma radical e intencionalmente "escandalosa". Acrescentei a palavra "chamada" com dupla intenção: polêmica e, ao mesmo tempo, pessoalmente autocrítica. Polêmica com relação aos muitos que a partir dela construíram a lenda de um Berlinguer moralista e, por isso, incapaz de formular uma verdadeira política e inclinado apenas a denúncias e sermões. Autocrítica porque, na época, não entendi o valor político dessa sua escolha, tampouco as possibilidades que ela oferecia para um novo desenvolvimento da reflexão comunista sobre o tema da democracia, mais no sentido de Marx e Gramsci do que no de Togliatti. Aliás, ela me parecia próxima demais das invectivas de Salvemini, de Dorso e até de Silvio Spaventa contra Depretis ou Giolitti, e eu temia o perigo de um afastamento do tema central do conflito de classe. Mas não era nada disso.

Para compreendê-la, basta reler o texto da longa entrevista que Berlinguer concedeu a Scalfari em 1981:

> Os partidos degeneraram e isso deu origem aos problemas na Itália. Hoje, os partidos são, sobretudo, máquinas de poder e clientelismo: conhecimento escasso ou mistificador da vida e dos problemas das pessoas, poucos e vagos ideais e programas, sentimentos e paixão civil, zero. Administram interesses em geral contraditórios e com frequência escusos, de todo modo sem relação com as necessidades humanas emergentes. Sem desmantelar essa máquina política, qualquer saneamento econômico, qualquer reforma social, de progresso moral e cultural, está impedido de antemão.

Moralismo? Ele fez uma crítica radical de todo o sistema político. Portanto, uma inversão, em um momento decisivo, da análise que havia originado a proposta de compromisso histórico e, sobretudo, a experiência dos governos de unidade nacional. Mas fez também uma correção do julgamento feito por Togliatti, em uma época em que era plausível, sobre os grandes partidos de massas que participaram do antifascismo e se uniram na redação da Constituição, exatamente por seu caráter de massa e pelas tradições ideológicas que ainda os permeavam. Uma inversão totalmente realista e, portanto, facilmente compreensível pela maioria da opinião pública, naquele momento em particular.

De fato, naqueles anos passaram, ou mal haviam passado, diante dos olhos de todos, em uma rápida sequência, eventos clamorosos e indiscutíveis. A descoberta de financiamentos ocultos aos partidos do governo por parte das grandes empresas ou do mundo financeiro em troca de favores. A obscura gestão dos recursos destinados às vítimas dos terremotos em Belice e mais tarde na Irpinia. As construções ilegais e a manipulação dos planos diretores. A prática difundida de troca de voto por recomendação pessoal ou auxílios, concedidos de maneira indiscriminada. O costume cada vez mais sistemático das marmeladas eleitorais acadêmicas ou do loteamento das unidades de saúde e da televisão pública. As malversações nos governos municipais e regionais, como no caso de Turim e Gênova. E isso ainda eram miudezas a que as pessoas se acostumaram ou resignaram. Depois começaram os grandes escândalos que atingiam a cúpula. O caso Lockheed envolveu diversos membros do governo, e não só na Itália, e quase chegou ao Quirinal. As assombrosas comissões sobre as importações de petróleo, mediadas pelo ENI, acabaram nas mãos dos socialistas, principalmente. Os casos Sindona e Banco Ambrosiano revelaram o conluio entre máfia, finanças e política e terminaram com dois assassinatos. (Recentemente, uma testemunha ocular de um encontro entre a comissão parlamentar de investigação e Sindona, no cárcere, contou-me que, a uma pergunta de um membro da Democracia Cristã, o banqueiro respondeu gelidamente: "Não respondo ao senhor, porque sabe como fui generoso com vocês".)

Por fim, e mais explosiva do que qualquer outra que se possa imaginar, a descoberta da P2. Quase por acaso, dois jovens juízes descobriram a existência de uma loja maçônica secreta que não tratava apenas de negócios, mas propunha-se revisar a Constituição. E encontraram parte da lista de filiados. E ainda hoje sua leitura causa tremor: 45 parlamentares de todos os partidos (com exceção do PCI, é evidente, já que era seu alvo), dos quais dois ministros, todo o grupo dirigente de três serviços de inteligência, 195 altos oficiais das Forças Armadas, dos quais doze generais dos *carabinieri* e cinco generais da polícia fiscal, donos ou dirigentes de jornais e canais de televisão, a cúpula da magistratura, concentrada em tribunais e instituições com poder de suspender investigações e processos.

Criticar Berlinguer por ter levantado a questão moral e por ter lhe atribuído peso demais é uma insensatez. Contudo, podemos fazer a crítica oposta: por ter levantado a questão moral com atraso, ou seja, quando muitos já haviam se acostumado à degeneração e tiravam proveito pessoal dela, e o sistema já havia construído redes de proteção. Além disso, por não ter compreendido que a tendência à corrupção não era uma anomalia, tampouco uma particularidade italiana. A história passada, assim como os processos em curso no mundo inteiro, demonstrava que essa tendência não só se apresentava como se acentuava, por razões estruturais, na evolução do sistema capitalista, da mesma maneira que burocracia e autoritarismo político progrediam no sistema socialista por causa de uma compressão demasiado prolongada do pluralismo político e das liberdades individuais. De qualquer modo, essa batalha deu frutos, seja no plano eleitoral, seja por assinalar a "diferença" do PCI. Poderia ter sido mais proveitosa, se tivesse durado mais, se tivesse se estendido a todos os níveis e se tivesse sido mais profunda.

O racha

Um terceiro elemento distintivo da mudança de Berlinguer diz respeito ao posicionamento internacional do PCI e sua relação com a União Soviética.

A ocasião se apresentou – ou foi imposta, é mais correto dizer – com as duas decisões com que Brejnev acreditou que poderia reagir à nova política externa de Reagan (cujo objetivo declarado era tirar da União Soviética o papel de grande potência), caçando-o em seu próprio terreno. A primeira, em dezembro de 1979, foi a entrada do Exército Vermelho no Afeganistão para apoiar um "governo amigo" que não conseguia debelar uma revolta; a segunda, em 1981, foi a ameaça de uma intervenção análoga na Polônia, a fim de obrigar o general Jaruzelski a decretar estado de sítio e, consequentemente, sufocar um impetuoso protesto operário.

Consideradas em si, nenhuma dessas duas intervenções obrigava o PCI a um rompimento. A intervenção no Afeganistão foi feita em defesa de um governo de legitimidade duvidosa, mas que havia ampliado os direitos das mulheres e laicizado o Estado e a escola, e lutava contra uma guerrilha fundamentalista (os talibãs), organizada pelo Paquistão e financiada pelos Estados Unidos. De fato, Amendola era contra a sua condenação; já Berlinguer percebeu que o controle estratégico da Ásia Central era o que realmente estava em jogo e convenceu a direção do partido não só a condenar a intervenção, mas a introduzir na condenação o repúdio geral de qualquer política de poderio. A repressão na Polônia era mais séria, porque a ameaça de intervenção armada dirigia-se contra um protesto operário apoiado pela Igreja em nome da liberdade religiosa. Mas, decretando estado de sítio, Jaruzelski evitou uma intervenção externa com um incruento estado de emergência e com a intenção de encontrar um compromisso. A invasão da Tchecoslováquia de Dubcek foi muito mais grave.

A novidade que levou Berlinguer a ir além da simples condenação era outra: a repetição dessas decisões expressava e media a realidade de um sistema incapaz de reconhecer e enfrentar sua própria crise, a não ser pelas armas. Dois dias depois, a direção do partido fez uma dura crítica, mas Berlinguer foi à televisão e fez uma declaração bem mais explosiva. Sem consultar ninguém e assumindo pessoalmente a responsabilidade. Obviamente, não me refiro à avaliação dos acontecimentos na Polônia, reafirmada de maneira mais clara e vista como sinal de uma dificuldade geral das democracias populares. Refiro-me a uma frase de teor muito diferente, pronunciada diante de milhões de pessoas: "O impulso propulsor que se manifestou por longos períodos e teve seu início na Revolução de Outubro, o maior evento revolucionário de nossa época, esgotou-se. Hoje chegamos a um ponto em que essa fase terminou". Pelo mérito, e pelo método, essa declaração gerou um desconcerto e uma resistência nos militantes e no grupo dirigente, mas Berlinguer não a corrigiu e conseguiu o consenso da direção com um único voto contrário, o de Armando Cossutta. E Cossutta tornou público seu desacordo de maneira drástica, ou seja, afirmando que não se tratava de uma correção, mas de um verdadeiro racha na história do PCI. Mesmo aqueles que, como eu, consideravam essa decisão urgente e fecunda não podiam negar que se tratava de um racha.

Um racha flagrante nunca é agradável, mas pode ser enfrentado de diversos modos e com diversas consequências. Dou um exemplo banal, mas muito frequente e, nesse caso, pertinente: o de uma jaqueta de ótimo corte e bom tecido, ainda em bom estado, à qual somos apegados, mas cujos cotovelos estão puídos e tememos rasgar. Quando um dos cotovelos rasga, podemos fazer várias coisas. Se não for muito visível, podemos ignorar o rasgo ou dar um ponto provisório, porque consideramos que a jaqueta não durará muito ou saiu de moda. Podemos consertá-lo até comprar outra jaqueta, que já vimos em uma vitrine, mas talvez de qualidade inferior e não exatamente do nosso gosto. Ou então podemos mandar fazer um remendo de couro, que a torne mais resistente e, quem sabe, mais bonita. Essa era a situação do PCI após o "racha" de 1981, e Berlinguer escolheu a terceira opção: o rasgo não podia mais ser escondido, mas podia ser uma boa ocasião para uma reforma radical.

A tarefa, porém, era árdua. Impunha, antes de tudo, uma resposta a perguntas complexas no campo histórico e teórico.

Reconhecimento do passado. O impulso propulsor da Revolução de Outubro existiu, produziu resultados importantes, que poderiam ser aproveitados, ou foi apenas uma ilusão breve e generosa, corrompida pela matriz leninista e naufragada no stalinismo? Em todo caso, quando e por que ele se esgotou e suas tentativas de autorreforma fracassaram? Por consequência, o vínculo que o PCI manteve com essa experiência, mesmo sem assumi-la como modelo, devia ser rompido, como um erro do qual devia se arrepender, ou devia ser considerado de maneira crítica, em suas diversas fases, e por tê-lo mantido por tempo demais?

Análise do presente e da perspectiva futura. O que o esgotamento do impulso propulsor deixava para trás? Um capitalismo vitorioso, a que não se podia e não se devia contrapor um sistema alternativo? Ou, ao contrário, novas contradições, forças, necessidades, finalidades para construir um novo tipo de sociedade? Consequentemente, a crítica à União Soviética podia se limitar à falta de pluralismo e à estatização integral da economia, ou devia se estender à progressiva renúncia da ambição original de buscar a transição para um novo modelo de civilização que merecesse o nome de comunista ou ao menos lhe desse um sentido? A simples enumeração desses questionamentos põe em evidência o fato de que, para o PCI, o "racha" era apenas o ponto de partida de um trabalho de reelaboração cultural refundadora, sem o qual a "diversidade comunista" estava destinada a empalidecer.

O PCI tinha recursos a seu alcance para isso: aquela parte do pensamento de Marx sobre o comunismo como objetivo final, que ele mesmo se recusou a aprofundar para não bancar o "confeiteiro do futuro", e as revoluções do século XX não estavam historicamente em condições de assumir; aquela parte do pensamento de Gramsci sobre a revolução no Ocidente, que o próprio Togliatti reconhecia que não havia sido utilizada, um marxismo antidogmático que havia ressurgido nos anos 1960 dentro e fora do partido; os melhores estímulos que haviam florescido durante a experiência do longo 1968 italiano, antes que refluísse; uma tradição original do socialismo italiano e o verdadeiro sofrimento que o neocapitalismo havia feito surgir no mundo católico, atropelado pela secularização. Era, de qualquer modo, um trabalho contra a corrente, que exigia tempo, cérebros poderosos, grande e unívoca determinação e muita franqueza para penetrar no senso comum.

Berlinguer não tinha a genialidade de Gramsci nem a estatura de Togliatti. Contudo, tinha consciência do problema e reconheceu-o em dois escritos. De um lado, tentou estabelecer um limite ao "novismo" liquidacionista: "Não pode haver invenção, fantasia, criação do novo se começa sepultando a si mesmo, à própria história e à própria realidade". De outro, esclareceu o caráter inovador da pesquisa a que era necessário se dedicar: "É necessária para nós uma revolução copernicana: a inclusão de novos sujeitos até agora excluídos por nossa política, como as mulheres, os jovens e os pacifistas, deve mudar seus termos e seus modos". "Vasto programa", poderia comentar cinicamente, como de costume, o general De Gaulle.

O racha, porém, colocava outro problema, que exigia uma resposta e uma iniciativa de curto prazo. Se a fase propulsora da União Soviética estava esgotada, era lógico que seu papel de grande potência também declinasse. Portanto, faltaria aquele equilíbrio bipolar que havia governado o mundo, sem que existisse outro para substituí-lo, sem que se desse um passo adiante no desarmamento ou sem que a ONU tivesse mais autoridade. Reagan, ao contrário, contava justamente com a retomada da corrida armamentista para impor a seu adversário um gasto militar que ele não tinha como sustentar – ou seja, uma maneira eficaz de transformar o declínio da União Soviética em ruína. O problema da paz e da guerra voltava ao primeiro plano. Todos sabem que a hegemonia de uma potência ou de uma civilização sobre outras não se impõe sempre e apenas por meio da guerra, ainda que em geral comece e termine com uma guerra. E todos sabem que a supremacia dos Estados Unidos possuía diversos modos e instrumentos para se afirmar, mas deveriam saber que, naquele momento, ambas as potências em conflito, já desiguais, tinham poder para arrastar o mundo para um holocausto.

Considero o maior mérito político e intelectual de Berlinguer nos últimos vinte anos de sua vida o fato de ter assinalado esse perigo e ter efetivamente tentado esconjurá-lo. A força de um partido de oposição em um país de segundo escalão não permitia grandes resultados, mas essa tentativa não era pretensiosa nem inútil. O resultado que obteve deve-se ao fato de ter sido conduzida com um caráter de mudança: desde a simples pregação de uma coexistência pacífica, e mais ainda desde o morno atlantismo de 1975, até uma linha de pacifismo ativo e uma proposta de desarmamento bilateral. Berlinguer deu o primeiro passo concreto nessa direção, com uma turnê para se encontrar com os maiores expoentes da esquerda no Terceiro Mundo: na China, que, depois de tanta polêmica, recebeu-o como um chefe de Estado; em Cuba, onde teve uma longa conversa com Fidel; na Nicarágua, já agredida pelos Contras – além de repetidas intervenções de apoio aos palestinos massacrados no Líbano. Esses contatos serviram não só para reatar uma relação de amizade comprometida, mas para avaliar a influência e o prestígio que o PCI ainda mantinha em partidos e Estados diferentes dele e entre si, mas unidos pela vontade de ressuscitar a inspiração de Bandung. Foi um sucesso inesperado, mas obtido pela própria proposta política que oferecia.

Recepção completamente diferente teve a tentativa de convergência a respeito da questão da paz e do desarmamento entre as esquerdas europeias. Berlinguer encontrou a simpatia de líderes europeus de pequenos países, de pouca influência (Palme, Brandt, Benn e Kreiski), mas não dos partidos mais importantes dos grandes países. A desculpa era clara e concreta, relacionada diretamente à questão dos mísseis "teatrais", fato que foi gravado na memória manipulado, amputado e, por fim, apagado.

O Conselho Atlântico decidiu, como orientação geral, instalar mísseis de médio alcance na fronteira com a União Soviética, portanto capazes de atingi-la em poucos minutos para evitar uma resposta fácil. Tosco como de costume, Brejnev replicou de imediato, instalando mísseis atômicos equivalentes. O Pacto Atlântico, por sua vez, iniciou a instalação dos mísseis na Alemanha e na Itália (na França e na Inglaterra, tinham sido instalados havia muito tempo, e construídos lá mesmo). Portanto, a situação se agravava, porque por trás dessas decisões havia o problema do "primeiro ataque". Por sorte, duas novidades lhes deram um freio. Brejnev morreu e foi substituído por Andropov, que tinha outra linha e outra inteligência. Ele apresentou uma proposta que mudava completamente o jogo: a redução bilateral e controlada dos mísseis de teatro até que fossem eliminados. Para apoiar essa proposta, primeiro passo para um desarmamento gradual, mas bilateral, nasceu de baixo, de um movimento de massa mais amplo e incisivo desde 1968, em quase toda a Europa. Na Itália, partindo de início de baixo, um movimento promovido pelo PDUP e por grupos católicos teve de imediato uma adesão ampla e visível: uma manifestação em Roma e o bloqueio da base de Comiso, reprimido pela polícia a poder de cacetadas. Berlinguer enviou um telegrama de solidariedade e, a partir daí, o PCI mobilizou toda a sua força na Sicília, por empenho de Pio La Torre (que foi assassinado pela máfia pouco tempo depois), e em Roma, com uma nova manifestação, dessa vez uma e realmente imponente. A proposta de Andropov foi abandonada, porque Inglaterra e França não aceitaram que suas armas atômicas fossem consideradas parte de um acordo de desarmamento, mas o movimento serviu para aliviar a tensão durante alguns anos e estimulou um acordo solene de desarmamento (Helsinki 1985) – que o Congresso dos Estados Unidos se recusou a ratificar.

Podemos negar honestamente que o PCI de Berlinguer assumiu naqueles anos um novo papel internacional, conseguiu resultados e contribuiu ativamente para assentar as bases de um novo tipo de pacifismo? E que outros o sabotaram?

Um balanço provisório

A análise dos discursos, das intenções e das escolhas que prevaleceram entre 1980 e 1985 mostra que, nesse período, o PCI tentou de fato uma mudança profunda, cultural e política, que não se limitava a anunciar boas intenções, mas encontrava um modo de traduzi-las em iniciativas políticas concretas, ou seja, produzir lutas de massa e oposição incisiva ao governo, no Parlamento e no país, e cuja marca dominante não era uma volta ao passado ou uma denúncia do presente, mas uma pesquisa inovadora.

A dúvida nasce, e mais do que legítima, em outro plano. No da eficácia. Avaliar uma nova política, baseando-se nas intenções que a animam, no projeto que propõe, na recepção que teve ou em seus sucessos iniciais é sempre um risco. E mais ainda no caso da tentativa de Berlinguer.

Muitas das inovações estratégicas apresentavam-se mais na forma de orientações ou princípios do que de uma plataforma clara, sustentada por uma análise adequada e por uma autocrítica explícita. Algumas das mais duras lutas engajadas tinham bases fortes e, por isso, tiveram resultados incontestáveis, mas o êxito ainda parecia incerto. A linha política tinha uma diretriz coerente, mas não dava conta de questões que, embora fossem premonitórias na época, eram fundamentais, como por exemplo a educação, a televisão privada, a indústria cultural e a degradação ambiental, ou seja, o tema da cultura sobre a qual a nova direita prepararia sua decolagem. O motor da virada era Berlinguer, fortalecido por amplo consenso e autoridade tanto no partido quanto fora dele, mas a convicção do grupo dirigente era fraca, assim como era fraca a capacidade do partido de traduzi-la em iniciativas. Todos esses nós poderiam ser desatados com tempo e determinação, mas em 1984 Berlinguer morreu.

Daí surgem questionamentos importantes. Quanto daquilo que a tentativa de Berlinguer se propunha a fazer foi alcançado ou podia ser alcançado? Tentar responder a essa pergunta com base nos dados disponíveis ou nas experiências realizadas em 1985 não seria sério; menos sério ainda seria fazer uma previsão para os anos seguintes a partir dessa base limitada. O que podemos e devemos fazer é atualizar a situação real do PCI cinco anos depois da mudança de 1980, procurar identificar os elementos de força recuperados e promissores e as dificuldades que surgiram, em suma, definir a herança que Berlinguer deixou a seus sucessores. Dedicarei a isso uma breve reflexão, concentrada naquilo que pode ser decentemente comprovado.

Para identificar esses elementos de força, é oportuno partir de uma avaliação correta dos resultados eleitorais. Nasceu naquele momento – e hoje todos concordam com isso – a ideia de que, a partir de 1979, o PCI entrou em uma fase de contínuo declínio eleitoral, como todos os partidos comunistas passavam pela mesma coisa. Essa ideia é falsa, em particular se considerarmos os anos do "segundo Berlinguer", e despreza a eficácia da mudança que ele realizou. De fato, nas eleições de 1983 o PCI conquistou 30% dos votos, um resultado superior ao de 1972; na Europa, o PCF passou de 25% a 15% dos votos e os maiores partidos social-democratas perderam muitos votos; na Itália, a Democracia Cristã desmoronou (33%) e o PSI, apesar do poder que conquistou participando do governo, permaneceu com 11% dos votos. O resultado mais surpreendente ocorreu em 1984: o PCI alcançou 33,3% dos votos e tornou-se o maior partido italiano.

Disse-se e repetiu-se que esse sucesso foi aparente, porque foi condicionado pela emoção, pelo sentimento e pelo respeito gerados por uma morte inesperada e transmitida "ao vivo". Evidentemente, isso é verdade, mas é uma explicação que, por sua vez, deve ser explicada. O sentimento pode arrastar um povo de militantes, e o respeito pode se expressar de diversas maneiras, mas isso não garante a conquista de um eleitorado mais amplo, que se manifesta por meio do voto a favor de uma determinada política – sobretudo no momento em que essa política assumia uma feição mais clara e era contestada de todos os lados. Isso só acontece se a emoção se junta a correntes de consenso, talvez não iguais, mas bastante amplas.

De resto, mais do que pelos números, o consenso mede-se pela intensidade. Por isso, aconselho que o leitor se recorde ou assista pela primeira vez ao documentário sobre o funeral de Berlinguer*, que prova com as imagens não apenas uma participação colossal, múltipla, comovida, mas também um povo de pé. Um povo a que confluíam: uma relação de confiança renovada com a classe operária; a denúncia da corrupção política; a abertura do diálogo com o novo feminismo; a autonomia, finalmente inequívoca, com relação à disciplina dos blocos internacionais; e a retomada do pacifismo, unidas pela vontade de não abandonar o objetivo de uma transformação geral do sistema social. Em cada um desses elementos permaneciam em aberto muitos problemas e apresentavam-se grandes obstáculos, que não escondi nem esconderei. Mas representar o PCI de 1984 enfraquecido e em rápido declínio, politicamente isolado e separado do país, imóvel em pensamento e iniciativa, parece-me abusivo. Ao contrário, navegando contra a corrente, o partido havia conquistado ou ao menos consolidado sua força e aberto uma nova brecha. Em suma, a "mudança" não foi desprovida de resultados concretos, ainda que continuasse uma aposta.

Quais eram os elementos de debilidade que durante esse mesmo período, em vez de eliminados, tornaram-se ainda mais evidentes e hipotecaram o futuro? Obviamente, em primeiro lugar e acima de tudo, a relação de força global que havia se afirmado nos anos precedentes nos planos econômico, social e cultural, não apenas na Itália, mas no mundo, e continuava a avançar. Eu poderia acrescentar simplesmente que a mudança ocorrida na política do PCI nos anos 1980 teria conseguido recursos muito diferentes e resultados muito maiores se tivesse sido feita, como era possível fazer, dez anos antes, quando a situação era muito mais aberta e as forças com que o partido podia contar eram mais amplas e incisivas. Limito-me a considerar o estado real das coisas: a maior dificuldade que a mudança de Berlinguer encontrou, hesitou em reconhecer, ou talvez não tivesse força para enfrentar, foi a questão do partido.

Também aqui é útil começar pelos números e por sua análise. Segundo a lógica, uma nova política – mais claramente de oposição, destinada sobretudo a estimular uma mobilização social e cultural, enfim atenta às transformações em ação, com ideias inovadoras, mas sem renunciar aos ideais – deveria conquistar mais militantes do que eleitores ocasionais, mais participação do que simpatia, mais entre jovens do que entre velhos, mais nas regiões geográficas em que o conflito social e cultural, mesmo em declínio, era duro, e suscitar dúvidas naquelas regiões em que a simpatia pela União Soviética era antiga.

---

* *L'addio a Enrico Berlinguer* foi filmado pelos principais cineastas italianos (Bernardo Bertolucci, Gillo Pontecorvo, Ettore Scola, Carlo Lizzani e outros) durante a cerimônia fúnebre. Calcula-se que 1,5 milhão de pessoas estiveram presentes. Pela dimensão que assumiu e pela comoção que gerou no país, a cerimônia foi transmitida ao vivo pela RAI e tornou-se um dos primeiros acontecimentos midiáticos italianos. (N. T.)

Mas os dados não respeitam a lógica. O consenso eleitoral manteve-se e cresceu por um certo período, mas os filiados diminuíam pouco a pouco: a composição social, o nível e a qualidade da participação, as faixas etárias, os lugares de enraizamento não correspondiam a uma mudança política que precisava de um instrumento adequado para superar o muro do monopólio midiático e a rede clientelista do adversário.

Assim, para muitos e para o próprio Berlinguer, era evidente o problema dos bolsões de resistência, de incompreensão ou de passividade que limitavam a eficácia de sua tentativa de inovação. Mas ele estava convencido, com razão, de que podia contar com uma popularidade e uma sintonia na base do partido que lhe permitiriam não apenas agir, mas agir com discursos e decisões muito claras, com poucas mediações, pronto a pagar o preço ou se afastar. Também estava convencido de que, somando-se e concretizando-se as experiências, o partido mudaria sem dilacerações. *L'intendance suivra* [a intendência virá atrás] não era apenas uma invenção napoleônica; ela refloresceu diversas vezes na prática dos partidos comunistas, com resultados efetivos, para o bem ou para o mal.

Mas, dessa vez, havia outra face da realidade na questão do partido que lhe escapava. A peculiaridade do PCI, que Togliatti havia usado como alavanca, era a de ser "um partido de massas" que "fazia política" e agia no país, mas também se instalava nas instituições e as usava para conseguir resultados e construir alianças. Ele era um elemento constitutivo de uma via democrática. Uma medalha que, no entanto, tinha um reverso. Não me refiro apenas ou sobretudo às tentações do parlamentarismo, à obsessão de chegar a todo custo ao governo, mas a um processo mais lento. No decorrer das décadas, e em particular em uma fase de grande transformação social e cultural, um partido de massas é mais do que necessário, assim como sua capacidade de se colocar problemas de governo. Mas, por essa mesma transformação, ele é molecularmente modificado em sua própria composição material. Por exemplo: a formação de novas gerações, mesmo entre as classes subalternas, ocorria sobretudo na escola de massas e mais ainda por intermédio da indústria cultural; os estilos de vida e os consumos envolviam toda a sociedade, inclusive os que não tinham acesso a eles, mas alimentavam a esperança de tê-lo; as "casamatas" do poder político cresciam em importância, mas descentralizavam-se e favoreciam aqueles que ocupavam as sedes; a classe política, mesmo quando permanecia na oposição e incorrupta, à medida que a histeria anticomunista diminuía, criava relações cotidianas de amizade, amálgama, hábitos e linguagem com a classe dirigente. Todos fenômenos positivos, porque uma via democrática beneficia-se de níveis mais altos de instrução geral, de uma individualidade mais livre de constrangimentos impostos pela pobreza ou pelas superstições, de uma multiplicação de sedes do poder público. Mas também de mecanismos de integração e homologação.

O próprio 1968 injetou elementos libertários e antagonistas na sociedade, mas também disseminou a ideia de que é possível mudar um sistema social sem um projeto, uma organização e um poder alternativo, apenas com movimentos espontâneos, intermitentes e contestatórios. A experiência do compromisso histórico, por razões simétricas, acelerou o processo de homologação na construção material do partido. Qual era, portanto, o PCI sobre o qual Berlinguer tentava construir uma nova política? A massa de militantes aprovava sua nova linha, acreditava nela, mas tinha dificuldade para entendê-la e praticá-la. As seções não estavam mais acostumadas a funcionar como sede de trabalho das massas, de formação cotidiana de quadros; eram extraordinariamente ativas apenas na organização das festas do *Unità*, e mais ainda nos períodos de eleição nacional e local; as células nos locais de trabalho eram poucas e delegavam quase tudo ao sindicato. Nos grupos dirigentes, a distribuição dos papéis havia mudado muito: o maior peso e a seleção dos melhores haviam se transferido das funções políticas para as funções administrativas (municípios, regiões e organizações paralelas, como as cooperativas). Portanto, mais competência e menos paixão política, mais pragmatismo e horizonte político mais limitado. Os intelectuais sentiam-se estimulados para o debate, mas sua participação na organização política havia declinado e o próprio debate entre eles era frequentemente eclético. A exceção era o setor feminino, em que um vínculo direto entre cúpula e base criava uma agitação fecunda.

É óbvio que o declínio do partido de massas, ideologicamente definido, ligado a uma base social precisa e alimentado por ela, não afetava apenas ao PCI. Outros partidos verdadeiros, como foi por algum tempo a Democracia Cristã, haviam perdido essas características muito tempo antes e degeneraram quase por escolha própria, ou seja, por perseguirem o poder a todo custo. Mas isso não impedia que o PCI estivesse ameaçado pelo distanciamento entre o que pensava e o que era.

Seja como for, ao menos até os escalões intermediários do partido, a tentativa de Berlinguer de reafirmar a diversidade nos anos 1980 contava com um consenso majoritário, ainda que nem sempre total ou ativo. Outro discurso merece a cúpula do partido. E deve ser feito, sem esquematizações, para o bem e para o mal. O grupo dirigente real, cujo peso ia além dos cargos, não era formado por *parvenus*. Contava ainda com quadros de notável valor, formados nos tempos da clandestinidade, e, em sua maioria, representava a geração que havia participado da luta *partigiana* e organizado as grandes lutas de resistência nos anos mais duros da Guerra Fria. Foi selecionado no VIII Congresso. O XI Congresso marginalizou uma minoria, mas as nomeações de Longo e de Berlinguer para secretário foram feitas com a intenção de garantir certo equilíbrio entre orientações diferentes, embora não reorganizassem a esquerda, já dispersa. Não se pode dizer honestamente que, na longa e derrotada fase do compromisso histórico, o novo secretário encontrou uma oposição (salvo, paradoxalmente, no próprio Longo). As únicas críticas intermitentes foram feitas por Giorgio Amendola, mas não produziram dilacerações, porque foram acolhidas em parte. E, de fato, Berlinguer evitou mudanças no grupo dirigente e, quando as fez, foi a conta-gotas e sem lhes dar uma conotação política.

O quadro muda profundamente, contudo, diante da mudança de 1980: dessa vez, a unidade do grupo dirigente não era mais real. Seja as decisões que tomava frequentemente na solidão, seja a linha geral que em seu conjunto essas decisões deixavam transparecer, encontraram dissensos explícitos na cúpula, às vezes duros. Berlinguer não desistia e desafiava seus críticos a contestá-lo publicamente, e estes julgavam não ter a força necessária para fazê-lo. Mas como esses dissensos se entrelaçavam com dúvidas e reticências dos quadros intermediários (ainda esperançosos de que fosse possível reatar o fio partido dos amplos acordos e, sobretudo, reconciliar-se com Craxi), isso impedia que o partido realizasse um choque esclarecedor, sem o qual o recrutamento de novas forças se tornava muito difícil. O modo de pensar e trabalhar do PCI não tornava claros seus propósitos nem convidava à participação. Criava-se assim um círculo vicioso. Tenho razão em acreditar (uso essa expressão porque não é correto atribuir intenções comprometedoras a quem não pode mais desmenti-las) que, nos últimos meses de sua vida, Berlinguer estava decidido a romper esse círculo vicioso, ou seja, estava convencido da necessidade de iniciar uma verdadeira batalha política no partido e sobre a forma partido. Se tivesse vivido mais alguns anos, muitas coisas teriam sido diferentes.

Resta esclarecer um ponto delicado. Não está claro em que sentido ele podia contar plenamente com o apoio da grande maioria do grupo dirigente para se opor à chamada "direita". Entre aqueles que o apoiavam, havia alguns nostálgicos do compromisso histórico, e não poucos que consideravam necessário, em tempos difíceis, manter a imagem de uma unidade que não existia. Seus opositores não se limitavam mais aos partidários de Amendola, que agora se chamavam de "melhoristas"*, mas estendiam-se aos que sempre foram considerados centristas, fiéis a Longo: personagens de destaque, como Bufalini, Lama, Pajetta, Di Giulio, Perna e, em determinados aspectos, o próprio Cossutta. A velha nova esquerda (Ingrao e Trentin, por exemplo), que também apoiava a mudança, ainda conservava certo rancor compreensível contra seu promotor.

Colocando em um balanço provisório a situação do PCI em 1985, os sucessos que alcançou e os obstáculos enfrentados naqueles cinco anos, sinceramente

---

* O "melhorismo" (*migliorismo*) foi teorizado pelo filósofo Salvatore Veca e postulava a possibilidade de "melhorar" o capitalismo, sem necessariamente visar sua superação, por meio de reformas gradativas, substancialmente na perspectiva da social-democracia. (N. T.)

não encontro um quadro coerente e definido, ou uma tendência prevalecente que permita uma avaliação segura. Contudo, encontrei elementos para formular uma hipótese que não se apoia no vazio e permite comparar e explicar os eventos dos anos seguintes. É a seguinte.

A mudança tentada por Berlinguer era explicitamente movida por um ambicioso objetivo de médio prazo: contribuir para um efetivo passo adiante na via democrática rumo ao socialismo, na Itália e na Europa. Essa ambição, por razões objetivas e por imaturidades subjetivas, não resistiu à prova dos fatos, o objetivo era inalcançável; todavia, a força que conseguiu conservar, as novas escolhas e as novas ideias que a permeavam permitiram que o PCI resistisse e não fosse derrubado pela crise da União Soviética, evitasse a dissolução e a abjuração e, portanto, permanecesse de pé e fundasse uma esquerda de inspiração comunista, significativa e vital. Esse objetivo também era difícil, mas não impossível. Se essa esquerda estivesse de pé no momento da dissolução da Primeira República, a evolução não só da história do PCI, mas da história italiana, teria assumido feições diferentes das que vemos hoje.

19. NATTA, O CONCILIADOR

É INDISCUTÍVEL que os últimos anos da década de 1980 estabeleceram uma linha de demarcação entre duas épocas.

Poderíamos considerar concluída a fase pluridecenal em que a história do mundo evoluiu fundamentalmente dentro de uma ordem bipolar: a competição entre dois sistemas econômicos e duas ideologias (com centenas de milhões de homens animados por ideias comuns e engajados em grandes lutas) havia assumido o caráter de um desafio entre Estados, unidos em blocos, que representavam um ponto de referência para outros Estados existentes ou em formação. A competição era exercida com diversos objetivos, de diversos modos, em diversas regiões, mas era estimulada, freada e garantida pelo equilíbrio entre duas grandes potências. Agora, ao contrário, surgia uma nova ordem, um mundo unificado e desigual, entregue à espontaneidade do mercado, governado, na realidade, pelo poder de fato de uma potência dominante, com base em sua força armada, mas também em sua supremacia financeira, em sua vantagem tecnológica e em seu monopólio midiático: os norte-americanos. É indiscutível também que uma mudança tão grande, sem uma grande guerra, não podia ser improvisada ou realizada por vontade das cúpulas políticas, mas tinha de ocorrer por etapas e se basear em tendências e processos múltiplos, enraizados na sociedade. Mas o verdadeiro salto de qualidade na ordem mundial aconteceu somente no fim da década, com uma precipitação que ninguém previu, produzida não por um sucesso irresistível da reestruturação capitalista (que encontrava dificuldades e pouco podia oferecer ou prometer), mas pelo colapso de seu antagonista de sempre e pela passividade complacente da esquerda europeia. De uma devastação tão grande e, por fim, tão precipitada, o PCI não podia sair incólume, nem tinha forças para se manter assim. Resta ainda o questionamento habitual: na segunda metade dos anos 1980, quando a crise do comunismo em geral acelerava e o predomínio de uma nova hegemonia se tornava mais visível, o PCI não podia tomar outro rumo para manter viva, ainda que com uma base reduzida, uma força consistente, de inspiração comunista, e ao mesmo tempo para influir na situação internacional?

A morte de Berlinguer estava destinada a ter, e teve, um peso relevante. Encontrar um sucessor não seria fácil. O grupo que tinha ideias e conexões para ambicionar uma nova liderança era a chamada "direita", e esta, de fato, reuniu-se reservadamente para propor como secretário Napolitano ou Lama, que, em diversas ocasiões, haviam manifestado uma linha diferente da de Berlinguer. Essa escolha não podia contar com uma maioria, e mesmo os indecisos a consideravam arriscada, tanto que a reunião terminou com a decisão de nem tentar propô-la.

Do outro lado, os partidários de Berlinguer, mesmo tendo número para se impor, não eram homogêneos e não tinham uma candidatura a que atribuir um significado político reconhecível. Portanto, decidiram realizar uma consulta ampla, confiada a Pecchioli e Tortorella. O método já implicava a decisão: prevaleceu, com grande maioria, um homem de grandes virtudes (cultura, retidão, experiência, autonomia), mas também de grande prudência no manifestar ou provocar dissensos, não por conformismo, mas porque se preocupava, em primeiro lugar, com a unidade do partido e com os reflexos que as divergências poderiam ter sobre a opinião pública. Esse homem era Alessandro Natta. Ele estava afastado do partido havia muito tempo, não tinha ambição de ser secretário, gozava de grande respeito, mas de popularidade limitada. Escolheu como braço direito Aldo Tortorella, homem de ideias apaixonadas, mas de igual prudência.

Se quisermos sintetizar em poucas palavras, e de modo um pouco espirituoso, a inspiração dos breves anos de secretaria de Natta, podemos dizer que ele queria levar adiante a política de Berlinguer, mas limitando suas asperezas e, quando possível, com o consenso de Giorgio Napolitano. Em tempos normais, quando existe unidade de fundo, esse tipo de esforço conciliador, que não exclui diferenças táticas, pode ser bem-sucedido. Mas os tempos não eram normais.

O primeiro sinal de dificuldade surgiu de repente, no referendo sobre a escala móvel e na avaliação de seu resultado, em 1985. A decisão de convocar um referendo havia sido tomada por Berlinguer e contestada pela direita do partido. E, de fato, era uma decisão muito arriscada, embora na época eu a tenha apoiado.

Em um referendo ab-rogativo de uma lei, todo o corpo eleitoral é chamado a decidir e, nesse caso, não havia uma maioria cujos interesses fossem diretamente prejudicados, ao contrário, parte da população seria beneficiada. Todos os partidos e jornais defendiam e apresentavam a lei como uma necessidade imposta pela crise econômica; por isso, ganhar nesse terreno, apesar da grande mobilização dos trabalhadores e de seu valor democrático, era extremamente difícil. Tanto mais que aquele que havia promovido o referendo não estava mais presente e a desconfiança se insinuava também entre aqueles que deveriam apoiá-lo. Natta aceitou a prova, sobretudo para honrar o compromisso assumido por Berlinguer, mas não soube promover uma mobilização forte do partido e não quis impô-la aos que não estavam convencidos: parte do sindicato e das organizações dos comerciantes e as regiões vermelhas. Assim, o resultado negativo não foi uma surpresa nem de todo inocente. Surpresa foi o fato de que, sozinho contra todos e sem coesão, o PCI tivesse obtido 46% dos votos: isso demonstrava uma grande força e não comportava recriminações. Contudo, foi lido e vivido por quem só esperava mais uma boa ocasião como a prova de que o último Berlinguer, com sua mudança, havia exagerado e precisava de correções. Assim se expressou a direita do partido e não foi contestada. Se alguém precisar se convencer disso, que leia todo o entediante número de 1985 da *Critica Marxista*, que reuniu uma série de ensaios sobre Berlinguer escritos por quase todos os grandes dirigentes. Com exceção do artigo de Garavini, e com nuances diferentes, é fácil perceber o esforço comum para estabelecer uma continuidade substancial entre a linha do compromisso histórico e a mudança dos anos 1980. Esse quadro idílico, justificado pela ocasião comemorativa, não teve grande peso e passou despercebido. Contudo, embora bastante prudente, não passou despercebido no Comitê Central um pedido de correção em sentido moderado da linha política recente, apoiado por grande parte do secretariado. De fato, esse pedido foi a base de um congresso antecipado do partido que se realizou em Florença, em 1986. Mais do que um compromisso, houve uma reconciliação que, naquele momento, silenciava os dissensos e, quanto ao futuro, corrigia a mudança, sem dizê-lo explicitamente.

Não acredito que exagero nessa crítica, e não teria o direito de fazê-lo. Na verdade, também fui partícipe e silente: em parte porque havia acabado de voltar ao partido e não queria me arrogar um direito que não tinha; em parte porque não entendia o mecanismo que se estava em movimento. Hoje, relendo o difícil volume das atas do congresso, estou convencido de que a crítica não pode e não deve ser silenciada.

A primeira coisa que chamou a minha atenção foi a insuficiência, se não a remoção proposital, da análise da realidade (aquilo que Togliatti considerava a base essencial para uma política correta). Como exemplo, limito-me a indicar alguns pontos importantes sobre os quais a análise era falha ou equivocada: a natureza e a duração do reaganismo, o evidente deslocamento à direita dos países europeus e dos maiores partidos social-democratas, a crise do bloco comunista e, ao menos no início, a importância da tentativa de reformas radicais de Gorbachev na União Soviética e de Deng na China.

Nos planos econômico e social, as novidades não eram menores. Mas não se tratava apenas da introdução de novas tecnologias (o pós-fordismo na indústria) ou de uma redistribuição de renda que excluía "um terço da sociedade". Tratava-se de "financeirização" do capital e da unificação mundial dos mercados sob o comando e os interesses das multinacionais.

No plano cultural, naqueles mesmos anos a ofensiva do individualismo e do consumismo estendeu-se e aprofundou-se até se tornar senso comum; paralelamente, o poder da televisão comercial e a desqualificação da escola ampliaram-se a fim de homologar a tão proclamada liberdade. Muitos desses temas já haviam brotado na reflexão de Berlinguer, e outros iam muito além dela. Em conjunto, ofereciam um quadro da situação menos favorável, mas também algumas possibilidades. No congresso de Florença, e mesmo depois, foram muito pouco discutidos ou nem sequer abordados.

Tanta "parcimônia" na análise não se devia à insipiência ou à vontade de subestimar as novidades que estavam surgindo, mas antes ao fato de que, tanto no PCI como em qualquer outro lugar, a superabundante retórica do novo começava a representar o papel do véu que encobre a substância. Mais ou menos conscientemente, essa era uma maneira funcional de tornar plausível e aceitável uma correção da linha e da prática política.

O objetivo principal assumido pelo PCI, justamente a partir do Congresso de Florença, era mais uma vez a rápida formação de uma nova maioria de governo, chamada de "governo de alternativa democrática", para enfrentar a crise do país. Um objetivo que fosse promovido por uma unidade reatada com o PSI, mas não excluísse uma aliança ainda mais ampla. Aparentemente, não era uma grande novidade; tratava-se, em substância, de uma retomada do discurso iniciado dez anos antes, depurado do moderantismo pragmático e dos erros de subalternidade e reinserido nos limites de um governo de emergência, também chamado de governo de programa. De resto, não foi o próprio Berlinguer o primeiro a falar de "alternativa democrática"? O defeito desse objetivo, porém, era que ele já não tinha nenhuma base na situação real e, por isso, só poderia censurá-la. Como é fácil demonstrar, mesmo limitando-me à situação italiana.

No que diz respeito às relações políticas, o PSI, a Democracia Cristã e os partidos laicos – ainda que em competição – haviam se deslocado para a direita, sob pressão política e ideológica dos ventos neoliberais, que já sopravam em grande parte da Europa. Por esse motivo, a *conventio ad excludendum* dos comunistas do governo, ao invés de enfraquecer, fortalecia-se. Mais do que isso: como essa exclusão aparecia cada vez mais injustificada e a situação econômico-social continuava extremamente crítica (desemprego em 14%, dívida pública superior ao PIB), a base de consenso eleitoral dos partidos de governo estava estagnada e, em alguns casos, recuava. Portanto, esses partidos foram obrigados a se fechar e apelar cada vez mais para os instrumentos de um clientelismo capilar e sistemático, a introduzir novas doses de gasto público e tolerância com a evasão fiscal e, por fim, acobertar tudo isso com uma operação de falsificação da imagem. Craxi foi um mestre habilíssimo ("la barca va", "a personalidade do líder é que ganha o consenso político", "o uso que ele pode fazer das mídias", com o grupo daqueles que o próprio Formica definiu como "anões e bailarinas"*). Nessa situação, como se poderia cogitar, ao menos como fidedigno, um "governo de alternativa" a partir novamente de um acordo entre partidos, com quais partidos? E em que programa comum deveria se apoiar um "governo de programa"?

E isso não é tudo. Durante quatro anos, Berlinguer tentou uma política e colocou-a em prática com escolhas que, em certos aspectos, eram diruptivas: a "questão moral", a luta pela escala móvel, o diálogo com os jovens, a partir da experiência do pacifismo e da crítica do consumismo, e com o novo feminismo, que investia contra a concepção de família e as formas da política, e o racha da União Soviética e a abertura para a social-democracia, associados a uma proposta de política externa autônoma de ambos os blocos e de desarmamento bilateral.

A base e a consequência de todas essas escolhas de Berlinguer era uma dúplice convicção: a necessidade de uma política profundamente nova para o país, gradual, mas estrutural, e, portanto, a necessidade conexa de construir as condições para isso na sociedade e na cultura, e mais do que com manobras políticas. Sem extremismos, e com o esforço de estabelecer alianças, mas igualmente com uma clara oposição e movimentos de massas reais. Isso dava sentido à expressão "governo de alternativa democrática", que, não por acaso, era acompanhada da expressão "fundamentado no Partido Comunista" ou "nova etapa da via italiana para o socialismo".

Não hesito em repetir que, depois do que aconteceu e estava acontecendo na situação concreta do fim dos anos 1980, essa tentativa berlingueriana pecava por excesso de otimismo, padecia de abstrações e mostrava pontos de fraqueza. Devia ser aprofundada, completada e apoiada por um partido que ainda não existia, mas ao menos reconhecia a situação e procurava intervir para modificá-la.

Diversamente, a tentativa que trazia para o primeiro plano o tema de um acordo de governo entre os partidos marginalizava os novos terrenos do conflito social e político, e não só era mais abstrata, como comportava um custo maior. Por exemplo, renunciava a usar a força daqueles 46% que haviam votado "sim"

---

* Rino Formica, expoente do PSI, usou esta expressão, com evidente conotação negativa, para descrever a deterioração do PSI, para denunciar o ambiente "cortesão" que se criou no interno do partido nos anos 1980, uma corte em que se misturavam personagens da televisão, homens de negócios, dirigentes de empresas estatais, que circundavam e entretinham o líder obsequiosa e complacentemente para o proveito pessoal. (N. T.)

no referendo sobre a escala móvel; renunciava a conquistar a direção do movimento pacifista, que ainda não estava extinto, ou reforçar os vínculos com o movimento feminista, que havia perdido seu caráter de massa (em um momento em que a crise afetava sobretudo suas condições materiais); renunciava a liderar o novo movimento ambientalista, trazendo mil incertezas para a questão energética e deixando espaço para um partido verde; renunciava por último, e sobretudo, a iniciar um amplo debate no e sobre o partido, que continuou sufocado pelo "conciliadorismo" predominante na cúpula.

Nessa análise obstinada, talvez excessivamente crítica, da direção de Natta – a que posso me permitir porque fui corresponsável por não tê-la contestado –, deixei intencionalmente de lado uma novidade sancionada por unanimidade no congresso de Florença. Refiro-me à frase: "O PCI é parte integrante da esquerda europeia". Tratava-se de uma frase importante, porque ambicionava definir a posição internacional do partido em um momento em que os equilíbrios mundiais estavam em rápida redefinição. Contudo, era tão genérica que chegava a ser ambígua. Ela indicava a necessidade urgente de um diálogo entre as diversas famílias da esquerda, para além das antigas demarcações, para que a Europa pudesse desenvolver seu papel de terceira força na superação da ordem bipolar, um diálogo para o qual o PCI poderia contribuir com sua tradição e sua renovação, e também com a influência ainda relevante que mantinha sobre os países emergentes? Ou indicava uma disponibilidade para aderir à Internacional Socialista, qualquer que fosse o resultado do vivo debate que naquele exato momento a agitava? No primeiro caso, significava um desdobramento das iniciativas mais recentes de Berlinguer (desarmamento, multipolarismo, crítica do hegemonismo das grandes potências). No segundo caso, iniciava uma nova escolha de campo e a gradual liquidação de uma diversidade comunista (ao menos o suficiente para obter o *placet* de Craxi na nova filiação).

A escolha a essa altura ainda não estava definida. De qualquer modo, é evidente o sentido geral do congresso de Florença; uma correção parcial e explícita da linha berlingueriana, cujo intuito era moderar sua rigidez e sua ambição estratégica. O balanço pôde ser feito em pouco tempo: em 1987, quando o PCI sofreu sua segunda derrota eleitoral, passando dos 30% de 1983 e dos excepcionais 35,3% de 1984 para 26,6% dos votos. Esse resultado era uma derrota inesperada e indiscutível para o PCI, mas ainda não era uma ruptura. Os votos perdidos não fortaleceram os partidos de governo, mas distribuíram-se em uma constelação de forças minoritárias e instáveis a sua esquerda.

Mas havia outros sinais preocupantes. Em diversas eleições locais, o recuo era mais acentuado, as experiências administrativas lideradas pela esquerda unida deterioravam-se ou desapareciam. A crise do sindicato aprofundava-se com as divisões internas e as dificuldades no mercado do trabalho. No mundo católico, tendências e organizações neointegralistas consolidavam-se. O peso de uma dívida pública fora de controle limitava as possibilidades e ameaçava qualquer proposta de uma política econômica progressista. Como causa e efeito de tudo isso, a coalizão de governo de centro-esquerda assumia o caráter de um pacto de poder selado entre as correntes mais conservadoras dos vários partidos que a compunham (o chamado CAF: Craxi, Andreotti e Forlani). Assim, a perspectiva de uma "alternativa democrática", já inconsistente na origem, desaparecia cada dia mais. No partido, as coisas pioravam no que diz respeito ao número de filiados e, em particular, a sua composição etária. Não faltavam razões, temas e estímulos para que o PCI iniciasse uma corajosa discussão política e estratégica, mas, com o concurso de várias responsabilidades, ele a evitou. A transformação que a situação exigia reduziu-se a uma mudança de geração. A ocasião se ofereceu com a doença cardíaca, de pouca gravidade, que atingiu Natta. Ele foi gentilmente convidado a se retirar e, sendo o cavalheiro que era, aceitou o convite sem manifestar a amargura que depois se tornou explícita. Achille Occhetto tornou-se secretário e, em torno dele, formou-se um grupo dirigente heterogêneo por formação, salvo por um ponto: a retórica do "novismo". Não uso esse termo com ironia ou desprezo, mas porque antecipa uma ideologia, uma linha política, um método, um tipo de organização que afinal prevaleceriam e levariam à dissolução do PCI.

Antes de tratar desses desdobramentos, acredito que seja necessário abrir um parêntese para falar do evento de maior relevância na história mundial daqueles anos, um evento ainda mais relevante para a história do comunismo italiano. Refiro-me ao que aconteceu entre 1985 e 1990 na União Soviética.

Da esquerda para a direita, Pietro Ingrao, Luciana Castellina, Aldo Tortorella, Lucio Magri, Grazia Zuffa, Gavino Angius, Giuseppe Chiarante e Alessandro Natta.

20. ANDROPOV, GORBACHEV, IÉLTSIN

EM 11 DE MARÇO DE 1985, Mikhail Gorbachev foi eleito secretário do PCUS. Foi uma grande surpresa para o mundo inteiro, e uma grande esperança para a esquerda. A surpresa era compreensível, mas exagerada; a esperança tinha fundamentos reais, mas frágeis.

A mudança começou logo depois da morte de Brejnev, por uma questão de necessidade (o despontar de uma crise econômica e de um descontentamento geral) e pela ascensão de Yuri Andropov. Mas não era evidente no início. A crise econômica ainda era ocultada pelas estatísticas oficiais e pelo fato de que a taxa real de desenvolvimento, medida quantitativamente, continuava a não ser inferior à do Ocidente (o mal-estar social nascia não dos cortes nos salários e das condições sociais, mas da péssima qualidade dos produtos, dos privilégios das nomenclaturas e do crescimento do trabalho ilegal e da criminalidade). Quanto a Andropov, o que aparecia à primeira vista, e tornava qualquer julgamento incerto, era o fato de que ele havia sido chefe da KGB durante muito tempo e, como tal, podia anunciar um arrocho autoritário. Sua idade avançada e sua saúde precária também pareciam excluir a possibilidade de ele se tornar promotor de uma renovação.

E, no entanto, aconteceu o contrário. Seria interessante — mas para mim impossível — reconstruir sua biografia para explicá-lo. O que é certo, porém, é que justamente sua longa experiência como chefe dos serviços de inteligência permitiu que ele tivesse um conhecimento profundo do estado real das coisas e previsse os perigos mortais que ameaçavam a União Soviética, caso não se realizasse uma transformação profunda e estrutural. E foi ele que a iniciou. Duas decisões imediatas comprovam isso. As novas propostas de política externa, como, por exemplo, o desmantelamento bilateral dos mísseis de teatro na Europa e a formação de um governo de unidade nacional no Afeganistão, acompanhado da retirada de todas as forças armadas estrangeiras. Ou ainda, na política interna, a escolha de Gorbachev, jovem dirigente de segundo plano, com pouca experiência e pouco conhecido, mas crítico e inteligente, para ser seu braço direito e, futuramente, seu delfim.

Mas, se quisermos compreender a radicalidade e o sentido concreto das intenções de Andropov, é útil ler um longo artigo publicado por ocasião do centenário de Marx. Em primeiro lugar, porque, pela primeira vez, a cúpula soviética apresentava uma análise verdadeira da situação, acertando as contas com o passado e comprometendo-se com o futuro. A análise de Andropov era crua; segundo ele, o socialismo na União Soviética não havia se realizado:

> Apesar da socialização dos meios de produção, os trabalhadores não são os verdadeiros patrões da propriedade estatal. Conseguiram o direito de ser patrões, mas nunca o foram de fato. Então quem são os patrões na União Soviética? Todos que, tendo uma concepção privatista camuflada, recusam-se a transformar o meu em nosso e desejam viver à custa dos outros, à custa da sociedade.

É difícil imaginar uma crítica mais contundente contra a burocracia e o parasitismo, contra o corporativismo ávido de privilégios e a economia ilegal, que se aproveitava da ineficiência pública para adquirir ganhos imerecidos. O compromisso que derivava dessa análise, dirigido sobretudo às massas, era não demagógico:

> Para sair de uma estagnação econômica, é necessário um desenvolvimento não só quantitativo, mas qualitativo, que melhore a qualidade do trabalho e ofereça aos consumidores o que eles realmente necessitam. Por isso, é preciso discutir não o planejamento em si, mas o planejamento baseado no comando administrativo, indiferente ao desenvolvimento tecnológico, à qualidade dos bens produzidos e incapaz de avaliar os resultados dos investimentos. Chega de "decretação comunista" com que as direções das empresas constroem suas carreiras, distribuindo parte delas a seus subordinados diretos.

Isso era apenas o início, mas mostrava a vontade de reafirmar a identidade socialista, no mesmo momento em que criticava sua forma desviada de aplicação, e atribuir mais uma vez à luta de classes o papel central. A doença e a morte não permitiram que Andropov fizesse mais, e a eleição de Chernenko mostrou como era forte a resistência de quem defendia o *status quo*. No entanto, a estagnação econômica perdurava. A gerontocracia tornou-se insuportável para todos e, finalmente, surgiu a candidatura de Gorbachev para a direção do PCUS. De início minoritário no Politburo, Gorbachev tornou-se secretário por uma intervenção decidida de Gromyko, a figura mais conhecida e importante da velha-guarda, que conhecia o mundo o suficiente para entender que, se a União Soviética não "desse uma mexida", poderia sucumbir em breve. O novo secretário, além de governar um país em crise, era condicionado por diversos lados. Teve, porém, a valentia de anunciar uma "Perestroika" ao país.

A Perestroika

No vocabulário russo, essa palavra é bastante genérica, pode indicar tanto um modesto ajuste quanto uma meia revolução. Por isso, todos a aceitaram e usaram, mas nem todos lhe davam o mesmo significado.

Gorbachev (como mais tarde revelou Shevardnadze) estava convencido desde 1978 de que o sistema estava definitivamente "podre". E empunhou essa palavra como uma bandeira, à qual foi fiel nos longos anos de duras batalhas políticas para indicar a necessidade de uma "grande reforma", que deveria transformar o sistema, sem renegar seus traços fundadores. O capitalismo ocidental havia conseguido um feito similar, em meados do século XX, para enfrentar a grande crise econômica e o alastramento do fascismo na Europa e dar uma nova ordem a si mesmo e ao mundo, mas – não devemos esquecer – passando por uma guerra mundial, no transcorrer de algumas décadas e usando como estímulo e barreira o surgimento de novos antagonistas. A União Soviética conseguiria o mesmo resultado em um contexto muito mais difícil, tanto internamente quanto no equilíbrio mundial? Ao menos para salvar sua sobrevivência como Estado?

Potencialmente, a União Soviética dispunha ainda de recursos consideráveis para lidar com a modernidade, sem ser atropelada. Cito apenas alguns. Grande reserva de matérias-primas (petróleo, gás, metais raros), para usar ou exportar sem grandes dificuldades. Terras abundantes, em comparação com a densidade demográfica, que poderiam garantir plena autonomia alimentar. Um aparelho industrial poderoso, mas tecnologicamente ultrapassado e, sobretudo, incongruente com as novas necessidades dos consumidores e negligente com a produtividade. Mas também conhecimentos e capacidades científicas para recuperar os atrasos remanescentes, e um nível médio de instrução que permitia tanto formar novos quadros técnicos quanto penetrar nos setores de vanguarda. Uma experiência de planejamento cada vez mais estratificada, mas que, no passado, quando foi necessário, havia demonstrado capacidade de perseguir tempestivamente objetivos prioritários e de longo alcance. Um povo desiludido e desmotivado, porque insatisfeito em suas necessidades e induzido à passividade política, mas não ávido de conquistar um bem-estar aparente.

Tudo isso já estava disponível na época do XX Congresso, perdurou ainda nos anos 1980 e agora se oferecia como uma nova oportunidade. Em toda a sua história, a União Soviética teve de suportar o peso econômico (e, de quebra, a rigidez ideológica) da corrida armamentista, em um primeiro momento para enfrentar as ameaças externas e em seguida para garantir um equilíbrio bipolar. A despesa militar era absolutamente desproporcional à renda. No período da "coexistência pacífica", essa pressão diminuiu um pouco, mas a insensata política da "soberania limitada" e a custosa e inútil aventura no Afeganistão e no Chifre da África foram um convite a Reagan. Com seu faraônico projeto de supremacia militar definitiva, baseada nas novas tecnologias (bomba de nêutron, escudo antimísseis, guerra nas estrelas), ele contava sobretudo impor à União Soviética um esforço econômico que a levasse à falência. Mas dessa vez a ameaça militar era um blefe. O Vietnã e o Afeganistão haviam mostrado que armas sofisticadas não eram suficientes para debelar uma guerrilha difusa. Mais absurda ainda era uma agressão atômica preventiva contra um país das dimensões da União Soviética, dotado de um aparelho bélico como aquele que ela já possuía. Assim, por um longo período, renunciando a inúteis aventuras imperiais, a segurança da União Soviética não estava em perigo e o Estado podia conter os gastos militares e deslocar recursos humanos e materiais para outros setores.

Entretanto, observando mais de perto e na prática, percebe-se que cada um daqueles recursos que citei, para ser bem desfrutado, implicava reformas estruturais, e o sucesso em um campo implicava passos adiante em outros. Se a crise era crise de um sistema podre, para enfrentá-la, era necessário realizar uma reforma global do sistema. Tudo isso ajuda a explicar por que Gorbachev chegou ao poder, por que sua tentativa teve resultados visíveis e amplo consenso de início, mas encontrou obstáculos crescentes que a desgastaram, e, finalmente, por que sofreu uma derrota que contribuiu para o colapso do país.

Uma "grande reforma" – como ensinam diversos exemplos históricos – não é mais fácil do que uma revolução. Requer audácia e força para remover o que já está "podre" e degenerado. No entanto, também requer um extremo realismo para reconhecer a situação efetiva e, portanto, ideias claras sobre o que, paralelamente, deve substituir o que aos poucos é eliminado, para que um novo sistema funcione: os objetivos possíveis, os tempos necessários para realizá-los, as forças motoras que sustentam um longo processo.

Não faltou ousadia a Gorbachev. O primeiro objetivo que propôs era aquele, necessário, de livrar a sociedade e o partido das proibições, do conformismo, do silêncio e da omissão que haviam crescido nos vinte anos de governo de Brejnev e tinham raízes profundas no gigantesco aparelho burocrático (16 milhões de pessoas). O objetivo foi alcançado de maneira muito mais simples, isto é, concedendo de fato e estimulando a liberdade de palavra e de imprensa. Em poucos meses, iniciou-se um debate entre os intelectuais em todos os campos, multiplicaram-se espontaneamente novos órgãos críticos de imprensa, premiados com extraordinárias vendas, a televisão pôde dizer a verdade e, às vezes, transmitir ao vivo os animados debates na cúpula do partido. Houve uma verdadeira reforma estrutural, premissa para todas as outras. E encontrou um amplo consenso. Os que não estavam convencidos não tinham nem coragem nem argumentos para se opor e, quando tentavam, acendiam ainda mais a discussão. Contudo, já surgiam problemas nessa novidade. A discussão envolveu sobretudo os intelectuais, de todos os setores da sociedade, que expressavam posições políticas as mais diversas, e pouco conciliáveis, e estavam muito longe de constituir uma nova classe dirigente. As massas não estavam interessadas, mas desconfiavam. Em Moscou, começou a circular entre as pessoas comuns uma frase dura: "Jornais leio muitos, mas as lojas continuam vazias".

O desmantelamento de um sistema ancilosado havia sido iniciado e era irreprimível. Contudo, era urgente que se construísse um sistema diferente, como perspectiva capaz de mobilizar dezenas de milhões de pessoas e conseguir resultados imediatos para melhorar as condições de vida cotidiana e, com isso, consolidar um amplo consenso, estimular a participação e iniciar o saneamento das instituições.

Não se pode dizer que Gorbachev não tentou. Por ocasião do XXVII Congresso, no fim de 1986, propôs um ambicioso e articulado projeto de reformas, concentrado sobretudo nas questões econômicas. Sua proposta tocava em problemas reais, mas, em quase todos os pontos, anunciava uma escolha radical e incompleta. Em particular, não indicava os instrumentos de aplicação, os sujeitos a quem atribuir as responsabilidades, os prazos necessários. Nesse aspecto, percebe-se de imediato a diferença com relação a Deng.

Dou apenas dois exemplos, entre tantos possíveis. Para aumentar a produtividade do trabalho, renovar a tecnologia, deslocar os investimentos para a indústria leve e melhorar a qualidade dos bens de consumo, bastava conceder cada vez mais autonomia às empresas, sem prever um sistema fiscal que premiasse e redistribuísse os resultados e sem um plano vinculante que orientasse as decisões? Ou desse modo obtinha-se, ao contrário, a concessão de uma vantagem ulterior às grandes empresas oligopolistas, levando-as a produzir as coisas de sempre, na forma de sempre, em novas instalações inúteis e com aumento de preços? Ou bastava tolerar o surgimento de uma iniciativa privada ou cooperativa indefinida, na falta tanto de empresários quanto de mercado, sem impor nem limites, nem transparência nos balanços, nem garantias contratuais, para impedir que se transformasse em uma economia submersa e especulativa?

Essa evidente carência de um programa econômico inicial não permitia uma aplicação fácil nem prometia resultados rápidos e visíveis. Todavia, o programa era estimulante e corrigível. A melhor parte – e não exígua – dos chefes de empresa era favorável à ideia de assumir mais responsabilidades e, ao mesmo tempo, tinha consciência do risco de desorganização que poderia resultar de uma liquidação precipitada do planejamento. No outro extremo, a maioria dos trabalhadores pedia apenas uma maior disponibilidade de bens de consumo básicos, mas de boa qualidade, a redução dos privilégios concedidos à nomenclatura, a luta contra a criminalidade e a especulação. Eram metas alcançáveis, desde que o poder político as realizasse, antes de qualquer outra coisa. E, de fato, no XXVII Congresso do PCUS, Gorbachev obteve um grande sucesso, embora muitos aguardassem a comprovação dos fatos.

Menos de dois anos depois, quando se constatou que os resultados tardavam e o consenso popular havia declinado, quase todos – entre eles Gorbachev – não demoraram a explicar corretamente as razões, mas atribuíram-nas à incapacidade dos responsáveis e das instituições políticas vigentes. Daí nasceu a ideia de antepor a reforma política a qualquer outra. Em minha opinião, essa era uma decisão correta e, ao mesmo tempo, imprudente. Correta porque uma grande reforma política era impossível sem uma mudança da classe dirigente, sem a participação das grandes massas, de novas instituições, de um novo modo de pensar e atuar. Imprudente por razões igualmente evidentes, mas subestimadas e opostas.

Durante setenta anos, a União Soviética apoiou-se em um poder político cujo único motor e gerenciador era o partido (o Estado era apenas um instrumento, um braço secular). Tratava-se, porém, de uma forma peculiar de partido, que garantia a própria unidade até com a repressão do dissenso, mas era capaz de organizar e movimentar milhões de pessoas dentro e fora de suas fronteiras, difundia e impunha uma visão de mundo, uma ideologia compartilhada, conseguia uma mobilização quase permanente de todo um povo para enfrentar grandes emergências (a defesa patriótica) ou atingir grandes objetivos (industrialização rápida, alfabetização, proteção social para todos, ascensão a grande potência, luta contra o colonialismo). Nas últimas décadas, porém, o partido, sendo único e autoritário, havia mudado aos poucos seu papel e sua natureza. Por trás da mudança de nome, que parecia reconhecer uma pluralidade de ideias e interesses ("partido de todo o povo"), formava-se uma camada dominante que soldava em um único bloco nomenclatura política e tecnocracia, reduzia a ideologia a um catecismo em que poucos acreditavam, encorajava a passividade das massas, oferecendo-lhes em troca tolerância com absenteísmo e consequentemente com trabalho ilegal. Para superar esse muro, portanto, pouco adiantava separar o partido do Estado, limitando seu poder, se antes ou ao mesmo tempo não se conseguisse fazer ressurgir uma identidade ideológica e reconstruir uma relação com as massas desfavorecidas. Pouco adiantava conceder espaços parciais a candidaturas plurais, micropartidos de base local ou demagogos que depois convergiam para coalizões unidas apenas pelo objetivo de enfraquecer o PCUS. Isso serviria apenas para segmentar a política e criar um vazio de poder; a ambição de uma grande reforma exigia uma direção política unida e determinada, ao menos durante a fase de transição. Em substância, a refundação política, ao contrário de qualquer outra, demandava muito tempo e muito trabalho. Mas a reforma política, além de improvisada, foi feita aos pedaços, sem projeto ou coerência, como soma de fatos cumpridos, expressão de iniciativas locais, interesses e posições contraditórias, às vezes casuais. De um sistema autoritário e ultracentralizado para uma diáspora cujos efeitos se transferiram para todos os problemas: economia, unidade nacional, política internacional.

O colapso

É legítimo falar de um naufrágio da Perestroika, quando começou e por que aconteceu? Nas ponderações da época, e na memória ainda dominante, prevaleceu uma versão aproximada e edificante.

Gorbachev é visto apenas, ou sobretudo, como artífice da extensão da democracia a uma grande parte do mundo (da qual a queda do muro de Berlim foi o símbolo) e promotor de uma reconstrução do mercado mundial. O desmoronamento da União Soviética enquanto Estado, a ascensão ao poder, ou àquilo que restou dele, de uma nova oligarquia corrupta (fruto não de empresas saudáveis, mas da maior rapina da história), a ruína da produção, as desigualdades escandalosas, a longa tragédia de dezenas de milhões de pessoas jogadas de novo na pobreza e sem proteção social, a redução da expectativa de vida, a explosão de conflitos étnicos sangrentos e até hoje sem solução, tudo isso é considerado "efeito colateral", transitório e inevitável, de uma grande empresa civilizadora, o último fruto envenenado do remoto 1917.

Penso que essa avaliação, assim como essa análise dos fatos, é falsa. O período feliz da Perestroika durou apenas três anos; logo depois, começou seu fracasso, cada vez mais patente e rápido. A tentativa não teria nem começado se Gorbachev não tivesse sido nomeado secretário do PCUS. Essa nomeação lhe deu forças para "abrir a jaula", impor liberdade de palavra e de imprensa e promover a ideia de uma "grande reforma". Ele tinha por trás dele um partido que organizava quase vinte milhões de pessoas, de todas as camadas, em todas as regiões, e exercia o poder em todos os centros nevrálgicos da sociedade e do Estado, habituado à disciplina e à unidade. Gostemos ou não, esse foi o motor de extraordinárias e bem-sucedidas mobilizações de todo um inteiro povo. Mas naquele momento, já nas primeiras experiências, era evidente que, para funcionar, a reforma tinha de ter um conteúdo preciso, e o partido, cujo secretário era

Gorbachev, era necessário, mas inadequado. Exatamente por isso, convocou-se um congresso antecipado, com o objetivo de mudar o partido, limitando suas responsabilidades gerenciais, mas reanimando sua cultura e sua tensão ideológica sobre novas bases.

Entre 1988 e 1989, as coisas tomaram outro rumo. Já antes de 1988, a situação piorou. O primeiro choque de Gorbachev suscitou, sobretudo entre os jovens, uma esperança de renovação que, sem uma experiência e uma linha já elaborada, movia-se em todas as direções e manifestava-se pelo nascimento de inúmeros micropartidos (que não chegavam a 5 mil militantes) e, mais ainda, pelo florescimento de milhares de associações políticas improváveis, que atuavam nos terrenos mais heterogêneos. O partido desconfiava e fechava-se, consequentemente sofria pequenas e repetidas cisões e um número crescente de deserções. Mas os danos mais graves aconteceram durante o congresso. Não me refiro ao ressurgimento de uma oposição dos nostálgicos do passado, sempre latente, mas que pela primeira vez se manifestava explicitamente. Refiro-me a dois fatos bem mais importantes.

Em primeiro lugar, a divergência entre aqueles que haviam compartilhado a Perestroika e apoiado Gorbachev. Uma divergência séria, porque não se limitava a temas imediatos, a problemas específicos, a questões organizativas ou organogramas, mas atravessava a cúpula e atropelava a estratégia. Não se pode nem fundar nem refundar um partido sem um grupo dirigente relativamente coeso, sem uma visão do passado e do presente, sem finalidades comuns, apoiadas pela maioria dos militantes; ao contrário, quanto mais se quer permitir e estimular uma discussão livre em seu interior, mais se deve ter um sentir comum.

Os homens de Gorbachev, ou muitos deles, descobriram-se divididos exatamente sobre isso, em dois campos. De um lado, havia aqueles que tinham convicção de que, mesmo com reformas profundas, não podiam abrir mão do caráter socialista do sistema, não podiam condenar em bloco a história passada ou conceder ao mercado e à propriedade privada um papel preeminente. Não apenas por uma questão de fidelidade aos princípios, mas para impedir uma desorganização econômica e política do país. Do outro lado, haviam aqueles que estavam convencidos de que era necessário agir às pressas e profundamente, ou seja, fechar o parêntese aberto pela Revolução de Outubro e construir um novo sistema coerente, segundo o modelo das democracias ocidentais, enfim acessíveis à União Soviética; em outras palavras, amplo espaço ao mercado, pluripartidarismo parlamentar e abertura econômica e cultural para o mundo. Sem isso, as reformas permaneceriam no papel, ficariam sujeitas à sabotagem das poderosas forças conservadoras e não chegariam a resultados efetivos. Esse segundo campo era minoritário no partido e no país. Gorbachev contribuiu para criticá-lo e, por algum tempo, eles abaixaram a cabeça. No entanto, o primeiro campo também não tinha muito com que se regozijar, já que levar a cabo uma reforma profunda e global e ao mesmo tempo salvar o sistema socialista era uma tarefa extremamente árdua. Culturalmente, era necessário inventar um sistema socialista absolutamente novo; na prática, era necessário não apenas o consenso, mas também a participação ativa de milhões de pessoas, sobretudo das classes populares, e ainda a neutralização dos que sempre juraram pelo socialismo, mas no socialismo cultivaram privilégios ou abandonaram os compromissos. Uma batalha, em suma.

Outro aspecto emergiu no congresso de 1988. Muitos delegados se mantiveram fora do confronto direto, passivos e desconfiados, em parte pelo temor corporativo de arriscar o papel conquistado, em parte por uma razão mais profunda: eles não sabiam o que dizer. Tomo como exemplo a avaliação do passado. Até quando se tratava de escolher entre a saudade de Stalin e o fim de Lenin e de sua revolução, era fácil suscitar uma discussão ou mesmo uma rixa. Mas quando se tratava de distinguir o bem do mal, em uma história longa e complexa, a discussão se tornava impossível, por uma razão bem simples: os quadros médios do partido não conheciam a história real; estudaram durante o texto elaborado e imposto por Stalin e depois o informe secreto de Kruschev, mas seus conhecimentos terminavam aí. E Gorbachev nem tentou preencher essa lacuna, falava apenas de uma volta a Lenin, mas como se Lenin fosse redutível à invenção da NEP.

As consequências desses fatos foram pesadas. O fracasso de uma revitalização do partido conjugava-se com a ruptura de seu grupo dirigente. Mas nem por isso o partido desapareceu, simplesmente perdeu força e procurou se perpetuar na periferia, na forma de grupos de pressão cada vez mais distantes e indiferentes à direção central, premissa inconsciente das futuras cisões.

Gorbachev tentou reagir mudando a agenda da Perestroika, ou seja, incluindo a reforma do poder político em uma nova prioridade, a democratização do Estado (mais poder aos sovietes das repúblicas eleitas por voto popular e pluralidade efetiva de candidatos). Também nesse caso as intenções eram ótimas, mas os resultados foram péssimos. As eleições foram uma derrota para o PCUS, mal dissimulada pela lei eleitoral. Sobretudo nas metrópoles, formaram-se nos sovietes coalizões entre pequenos partidos ou demagogos isolados, unidos em particular pelo objetivo de marginalizar o PCUS.

Mais importante foi a fusão de toda a Rússia em uma única união; por suas próprias dimensões, ela se tornou a contraparte do governo central. O poder político já estava completamente dividido, não apenas horizontalmente (ou seja, em diversos feudos regionais), mas também verticalmente (sovietes com capacidade legislativa em seus respectivos territórios, em permanente disputa pela divisão dos recursos estatais; sovietes da Federação Russa, muito mais influentes do que todos os outros; governo central quase desautorizado; 37 ministérios que não sabiam a quem pedir ordens e de bom grado as dispensavam). Cada um desses centros e níveis pretendia que suas próprias leis, no interior de suas fronteiras, prevalecessem sobre as outras. A democratização apressada tornava-se confusão. Dois anos depois, tudo isso aceleraria e multiplicaria os conflitos étnicos e religiosos que levaram ao fim da União Soviética e possibilitaram a ascensão ao poder – ou àquilo que restava do poder – de Boris Iéltsin, inventor e regente de um novo populismo que, em nome da liberdade, bombardeou o Parlamento e, em nome do povo, rapinou o patrimônio público para dividi-lo em seguida com oligarcas corruptos e, em muitos casos, com mafiosos. O que me interessa, no entanto, é constatar que o colapso já estava em andamento em 1990: a economia desorganizada precipitou o país na recessão, aquilo que era produzido encontrava dificuldade para ser distribuído, a criminalidade e a especulação cresciam, já não existia mais um verdadeiro Estado. Gorbachev perdia cada vez mais a autoridade efetiva, o único poder que lhe restava estava na política externa. Mas esta merece um discurso um tanto particular, porque mostra de maneira muito clara tanto os melhores aspectos da Perestroika quanto a grande responsabilidade da Europa (e, em particular, da esquerda europeia) por não tê-los aproveitado em seu próprio interesse e, ao contrário, por tê-los sabotado, e também as ilusões que deixaram o próprio Gorbachev inseguro para administrá-los.

Em 1985, a União Soviética adotou uma ideia absolutamente nova a respeito das relações internacionais: desarmamento atômico gradual, mas averiguável por ambos os lados; autodeterminação de todos os Estados; conciliação das controvérsias sob a responsabilidade da ONU; democratização da ONU e das outras grandes instituições; dissolução progressiva dos blocos. Para tornar crível essa proposta, Gorbachev procurou estabelecer acordos imediatos, que às vezes surpreendiam até os próprios norte-americanos por causa das concessões que faziam. E, mais do que isso, depois de certa hesitação ele retirou o Exército Vermelho do Afeganistão e reduziu unilateralmente os gastos militares, assim como mostrou interesse em aumentar as trocas comerciais. A contraparte mostrava-se satisfeita, mas fazia ouvidos de mercador: o plano de modernização do armamento norte-americano avançava, assim como a ofensiva dos talibãs no Afeganistão, e a terrível guerra entre Iraque e Irã continuava sangrenta, com o consenso político e financeiro do Ocidente. A questão palestina continuava sem que ninguém, mesmo depois dos massacres no Líbano e na Jordânia, tentasse impor a Israel o respeito das resoluções repetidamente votadas pela ONU. A proposta de paz começava a se tornar uma rendição servil. E sem contrapartidas.

Foi exatamente isso que aconteceu entre 1989 e 1990. Gorbachev não se esforçou para condicionar politicamente a plena e justa independência dos países do Leste Europeu, mas tentou impedir que passassem de um bloco para o outro e regular as relações econômicas entre eles e a União Soviética. Sobre a queda do Muro de Berlim, que imediatamente se tornou um mito, o fim da proibição de livre trânsito não pode deixar de ser apreciado, mas é mais do que sensato questionar a oportunidade de reunificação das duas Alemanhas na forma de uma anexação pura e imediata de uma pela outra (que o próprio Partido Social-Democrata alemão não queria).

Igualmente clamorosa foi a ausência de uma iniciativa soviética diante da guerra no Kuwait. Nesse caso, também não havia nada a objetar com relação à decisão, avalizada pela ONU, de restaurar as fronteiras de um Estado independente. Já mais duvidosa era a necessidade de conseguir isso com a intervenção de um grande exército e bombardeios intensos. Mas, sobretudo, há muito que objetar ao fato de que se fizesse uma guerra, e depois um bloqueio desumano, para respeitar a legalidade internacional no Kuwait sem impor nada com relação ao destino dos palestinos ou da altura do Golan. Acusar Saddam de possuir armas fabulosas e inexistentes e consentir que Israel tivesse armas atômicas. Sobre essas arbitrariedades, uma posição dura e límpida da União Soviética poderia ter pesado na ONU e no campo de confronto, mas ela faltou.

O que mais me surpreende nisso tudo é que a Europa não tenha se dado conta da conveniência de encontrar um interlocutor econômico e político no Leste, para não se limitar a um papel subalterno diante do novo império norte--americano, e que, do outro lado, Gorbachev tenha acreditado, como ele mesmo disse, que poderia converter Reagan à linha de Roosevelt com bons exemplos. Enfim, ele percebeu tarde demais que a democracia não era a lâmpada de Aladim.

Lucio Magri com o líder palestino Yasser Arafat, na década de 1980.

21. O FIM DO PCI

CHEGO à última etapa do meu trabalho: o fim do PCI.

Chego em péssimas condições. Em primeiro lugar, e sobretudo, porque depois de um breve intervalo retomo a caneta no momento em que vivo um profundo drama pessoal. Minha amada companheira, Mara, faleceu. Não só uma dor, mas uma amputação de mim mesmo, que não cicatrizará, tornam opaca a inteligência e fraca a vontade. No próprio leito de morte, ela me fez prometer que continuaria a viver sem ela, pelo menos até terminar o trabalho que comecei nos anos de seu sofrimento. E sei que, se o interrompesse agora, não seria mais capaz de manter minha promessa.

Em segundo lugar, por uma casualidade, enfrento o tema complexo e dolorido do fim do PCI, no exato momento em que não só o PCI mas toda a esquerda parecem desaparecer ou se encontram em estado de total confusão, e o adversário que os derrotou enfrenta mais uma vez uma séria crise e, portanto, eles seriam mais necessários do que nunca. E a Itália, que por décadas foi um laboratório de debates político-culturais e lutas sociais interessantes para todo o mundo, rebaixou-se à categoria de um país menor e, às vezes, até indecente. Parece improvável, portanto, que, no caos de uma crise mundial, possa se iniciar um novo ciclo histórico; é provável, ao contrário, que daqui só amadureça o pior. No longo prazo, se a atual crise do sistema se revelar duradoura, podem surgir novas oportunidades, mas, no curto prazo, é difícil identificar até um simples ponto de partida: o caminho para a reconstrução de uma verdadeira esquerda é longo, um problema para muitas gerações.

Mas essa constatação talvez nos leve a perguntar se o PCI não possuía um patrimônio de ideias e de forças para tornar seu próprio fim menos precipitado e estéril.

Quero tentar responder a essa pergunta. Mas antes faço duas advertências. Daqui por diante serei obrigado a recorrer a minha memória pessoal para preencher as lacunas dos arquivos, inclusive da historiografia recente, com todos os perigos que isso envolve. Em alguns casos, também terei de inserir referências autobiográficas, pois tive um papel e uma responsabilidade não irrelevantes nesses acontecimentos.

A operação Occhetto

Tenho certeza – porque fiz a experiência – de que, se perguntasse também a pessoas competentes quando começou o fim do PCI, receberia muitas e diferentes respostas: em 1979, após o fracasso do compromisso histórico no qual se empenhou tanto e por tanto tempo; em 1984, quando Berlinguer, seu único líder de nível, morreu e levou com ele a tentativa de opor uma resistência eficaz aos novos ventos que sopravam; em 1989, é claro, com a aventura de Bolognina*, que deveria iniciar o renascimento do partido e, em pouco tempo, levou-o ao desastre; em 1991, com uma cisão que se revelou mais substanciosa do que se previa e empurrou muita gente indecisa a abandonar a militância política.

Reconheço algum elemento de verdade em cada uma dessas respostas, porque todos esses acontecimentos contribuíram, em sequência, para o decurso de uma doença mal diagnosticada e mal curada. Mas se quisermos, como eu quero, estabelecer qual foi o elemento desencadeador da verdadeira fase terminal, salta aos olhos a decisão de Occhetto em Bolognina, desde que integrada àquilo que imediatamente a precedeu e tornou possível, e àquilo que se seguiu nos dois anos sucessivos.

A "operação Occhetto" começou no XVIII Congresso, com muita audácia e ideias pouco claras, como foi a Perestroika de Gorbachev, e, como esta, percorreu a mesma parábola: um rápido início, com amplo consenso, seguido de dificuldades e duras disputas, e enfim, três anos depois, o fracasso.

O início dessa virada não foi expresso (como no caso de Togliatti e Berlinguer, em sua época) por decisões concretas e arriscadas, que aos poucos deram origem a uma nova estratégia, mas por uma revisão ideológica alardeada.

Essa revisão não era muito discutida, mas era radical. Atacava em primeiro lugar a visão do próprio passado. Em uma entrevista, Occhetto disse: "O PCI se sente filho da Revolução Francesa (precisando: a de 1789, mas sem os infaustos jacobinos) e não, como sempre se disse, da Revolução de Outubro". Pouco

---

*   Bolognina é um bairro de Bolonha onde se deu, em 1944, uma batalha entre o Grupo de Ação Patriótica (uma das organizações militares da Resistência) e os nazifascistas. Em novembro de 1989, por ocasião do 45º aniversário dessa batalha, Achille Occhetto anunciou a mudança do nome e do símbolo do partido diante de uma plateia de ex-combatentes. Desde então, *Bolognina* indica o processo de dissolução do PCI. (N. T.)

tempo depois, em um discurso, atacou Togliatti e definiu-o como um "cúmplice inocente de Stalin". E, finalmente, sobre Berlinguer: "Uma terceira via não existe, nós não pretendemos inventar outro mundo. Esta é a sociedade em que vivemos e, nesta sociedade, queremos trabalhar para transformá-la". A luta de classes também deixava de ter o papel principal, "porque as principais contradições da nossa época dizem respeito ao conjunto da humanidade". Em suma, "superava-se" a via democrática para o socialismo, o socialismo como formação social distinta e antagônica do capitalismo.

Toda essa fúria iconoclasta chamou a atenção e preocupou até um velho e respeitável liberal como Bobbio, que escreveu na *Stampa*:

> Me pergunto se o que está acontecendo no PCI não é uma inversão de rumo. Tenho a impressão de que existe muita confusão. A precipitação com que estão jogando a velha carga no mar me parece suspeita. Eles permanecem à flor da água, mas o porão está vazio. É uma ilusão acreditar que se pode encontrar facilmente novas mercadorias em qualquer porto. Cuidado, há muita mercadoria estragada em circulação, muito material fora de uso que se passa por novo.

Não se poderia dizer melhor, mas escapou a Bobbio um elemento importante. Por trás dessa revisão ideológica iconoclasta existia um projeto político extremamente elementar. Desmantelando a "diversidade" comunista, Occhetto, e não apenas ele, convenceu-se de que a *conventio ad excludendum* poderia cair finalmente e o caminho para um governo que incluísse o PCI, bem melhor do que o existente, se abriria. Mas exatamente aqui emergia seu ponto mais fraco.

Para cultivar essa esperança e torná-la crível, era necessário não apenas abandonar a realidade, mas construir uma de fantasia. Ou seja, era necessário ignorar que: a ordem bipolar do mundo iria pelos ares, como de fato foi, mas não daria lugar a um sistema multipolar e sim a um mundo dominado por uma única potência; essa potência seguia havia muito tempo uma linha neoliberal e uma restauração de classe e, quando não conseguia isso de modo pacífico, possuía armas para impô-lo; o novo capitalismo financeirizado e globalizado não premiava, mas, ao contrário, excluía a maioria dos povos e das pessoas do bem-estar; em particular na Itália, delineavam-se uma bancarrota e, portanto, um conflito social, e o sindicato estava dividido e enfraquecido; os partidos de governo resistiam à ideia de incluir os comunistas no governo não por dissensos ideológicos, mas para defender interesses e modos de governar sobre os quais sempre se apoiou seu poder. E assim por diante.

Por isso, no XVIII Congresso, quando se tratava de discutir e decidir programas, ou alianças, ou ainda a real situação internacional, encontrava-se no "projeto Occhetto" um vácuo.

A surpreendente unanimidade

Apesar de tudo isso – a drástica liquidação de uma tradição teórica frequentemente revista, mas ainda arraigada, o vácuo analítico das novidades emergentes e a ausência de uma proposta política, da qual nada se sabia, além do fato de que deveria ser nova –, o "novo curso" de Occhetto obteve um consenso quase unânime no XVIII Congresso.

Antes de continuar, é oportuno esclarecer as razões dessa surpreendente unanimidade, pois ela explica muitos dos acontecimentos imediatamente posteriores. Seria mesquinho e enganoso afirmar que Occhetto obteve a unanimidade porque era secretário de um partido em que o secretário, em questões essenciais e em fase congressual, não podia ser desmentido para não pôr em risco a unidade. A unanimidade foi conquistada também com inteligência política e uma lúcida leitura do partido que ele devia governar, o que lhe permitia avaliar, em cada setor, aquilo que podia prometer para ganhar um *placet* e aquilo que devia negar para não se tornar prisioneiro.

Os "melhoristas" não apreciavam sua retórica movimentista, tampouco suas imprudências repentinas e solitárias (tanto que votaram contra ele quando foi eleito vice-secretário), mas Occhetto lhes oferecia o fim da "diversidade comunista" berlingueriana e a adesão à Internacional Social-Democrata; não garantia, porém, um cessar-fogo contra a política de Craxi, que suscitaria reação em amplos setores do PCI.

Occhetto sabia que podia contar com a benevolência de Natta e Tortorella, porque o fizeram secretário do partido. Conhecendo o vínculo afetivo que tinham com Togliatti e Berlinguer, moderou o tom das críticas diretas e compensou-o com uma repetida e genérica valorização do que haviam feito para se distinguir do campo soviético (a afirmação da democracia como valor universal). Tratava-se de compromissos conduzidos no fio da navalha, mas que funcionavam.

Muito mais difícil é explicar o consenso ou, ao menos, a não beligerância da ala esquerda do partido contra o "novo curso de Occhetto". Depois do XI Congresso, o ingraísmo se desfez, permaneceu quase em silêncio no período do compromisso histórico, não explorou plenamente a ocasião oferecida pelo último Berlinguer e, em 1985, encontrou uma modesta ajuda na convergência do PDUP; em condições normais, porém, não poderia ser considerado um componente ativo e reconhecido do PCI. Entretanto, a virada de Occhetto, sancionada pelo XVIII Congresso, não entrava na normalidade. Estabelecia um racha: um racha que, se tivesse sido contestado, teria encontrado seguidores e rompido a unanimidade.

Não falo de uma eventualidade abstrata, mas de uma tentativa já em ação, da qual ninguém sabe nada e que hoje sinto o dever de revelar.

Antes do congresso, a fisionomia do "novo curso" já era bem clara, e um grupo de camaradas de certa notoriedade e respeitáveis, com ou sem razão, decidiu se opor "pela esquerda", não em nome da conservação, mas de uma renovação muito diversa, e para isso fez o esboço de uma moção alternativa (acompanhada de um documento mais amplo para fundamentá-la). Ingrao, Garavini, um pouco menos decidido Bassolino e eu, que por esse motivo fui enviado à comissão restrita para redigir as teses congressuais. A essa altura, Occhetto teve o cuidado de não apelar para o centralismo democrático e agiu com inegável habilidade. Chamou Ingrao para um encontro e generosamente lhe perguntou: "O que vocês querem que eu introduza no meu discurso para renunciar à moção alternativa?". Ingrao respondeu mais ou menos o seguinte: "Um forte realce da questão ambiental e, consequentemente, uma forte denúncia das multinacionais que controlam as grandes decisões da economia". Occhetto prometeu e, de fato, honrou o compromisso, a sua maneira, com frases pomposas, mas genéricas, entre as quais causou celeuma à que se referia à Amazônia. De sua parte, Ingrao sentiu-se obrigado, e o documento alternativo voltou para a gaveta em poucas horas. O único que contestava Occhetto era Cossutta, e isso lhe era útil. Devo acrescentar que a plateia ficou bastante satisfeita, porque teve a impressão de que o novo curso havia unido o partido e o caminho estava aberto para uma iniciativa dinâmica e resultados relevantes. Eu, e talvez não apenas eu, estava convencido do contrário, mas conformei-me com um silêncio anuente – e, recordando minha vida política, penso que, entre os inúmeros erros que cometi, esse foi o único caso em que o erro se misturou à covardia. Mas, em um ponto, Occhetto tinha razão: o PCI não podia sobreviver em uma linha de continuidade. Para se opor, eram necessárias uma análise e uma linha absolutamente diferentes, mas orgânicas e igualmente inovadoras; era necessário, portanto, correr o risco de uma contraposição frontal.

Mas a realidade é menos manipulável do que as palavras. Nos meses seguintes ao congresso, surgiram duas novidades inquietantes. Em primeiro lugar, como eu disse, a crise econômica, a desordem institucional e os impulsos de cisão já anunciavam o fracasso da Perestroika e a dissolução da União Soviética (e de sua área de influência), não apenas como regime, mas também como Estado. Em segundo lugar, na Itália, o "novo curso" de Occhetto recebeu simpatia e encorajamentos, mas não mudou as alianças nem a política de forças no governo. Occhetto, assim como Gorbachev, estava em uma encruzilhada: mudar a linha ou apressar o passo e torná-la mais visível com atos políticos clamorosos e arriscados. Essa é a base racional de Bolognina, a chave para compreender a época, o modo e o conteúdo de um ato que, do contrário, parece uma aventura de demiurgo.

Bolognina, o sim e o não

A época. Occhetto apresentou sua proposta explosiva logo após a queda do Muro de Berlim, porque, mais ou menos lucidamente, sabia que esse evento era, ao menos no plano simbólico, a última ocasião para apresentar a dissolução do PCI como parte de um grande progresso democrático, que legitimava sua história e sua função, e não como parte e reconhecimento de uma rendição geral.

O modo. Se a proposta tivesse seguido o rito normal, ou seja, legítimo (discussão na direção, depois no Comitê Central e, por fim, nas seções), não apenas o processo seria mais demorado, como a própria proposta corria o risco de não passar. Portanto, era preciso colocar o partido diante do fato consumado e irreversível, com o risco de liquidar quem a havia apresentado.

O conteúdo. Duas decisões conclusivas se somavam. O início da fase constituinte de um novo partido de esquerda, para o qual o PCI estava pronto a confluir, e a mudança do atributo comunista como estímulo e consequência lógica da constituinte. A mudança de nome já havia sido teorizada por alguém, mas foi explicitamente excluída, sobretudo para evitar que fosse vista como consequência de uma derrota semelhante a que outros partidos comunistas sofreram, e não como o reconhecimento da especificidade do comunismo italiano e a premissa para uma merecida retomada. Entretanto, segundo Occhetto, uma vez esclarecido o equívoco, a escolha de um novo nome poderia favorecer a construção de uma nova grande força reformadora, que aglutinasse diversos componentes sociais e culturais e finalmente destravasse o sistema político italiano.

Na manhã de 12 de novembro de 1989, Occhetto apresentou-se inesperadamente a uma pequena assembleia de veteranos da Resistência em um bairro de Bolonha. Tomou a palavra sem mencionar o nome, mas reafirmou que, naquele momento, a queda do Muro de Berlim mostrava que o mundo estava mudando rapidamente e o PCI precisava se renovar para não ficar para trás. Também estava presente, como convidado, um jovem jornalista do *Unità*, que no fim da reunião perguntou não inocentemente: "Renunciaremos também ao nome de comunista?", e o infeliz respondeu: "Tudo é possível". Em poucas horas, a imprensa foi informada e não tardou a decifrar a frase. No dia seguinte, anunciou em manchete, com ou sem ponto de interrogação: "O PCI muda de nome". Fiquei espantado e, ao entrar no Montecitorio*, esbarrei em Natta e perguntei: "Você sabia?". Ele, levantando tristemente os braços, respondeu: "Não".

Vinte anos depois, apesar de repetidos interrogatórios, não consegui saber quem sabia de alguma coisa e quanto sabia. Formei a seguinte ideia: os amigos mais confiáveis do secretário estavam plenamente a par da iniciativa (Petruccioli,

---

* O Palácio Montecitorio é a sede da Câmara dos Deputados. (N. E.)

Mussi e a família Rodano), alguns poucos foram consultados a título de hipótese, mas a maioria, inclusive os dirigentes mais importantes, sabia tanto quanto eu, ou seja, nada.

No mesmo dia, Occhetto convocou a secretaria e, com um informe sucinto, pediu a adesão de todos. Notando certo mal-estar e algumas lágrimas, mostrou uma folha em branco, que seria usada para sua demissão, caso a decisão fosse rechaçada. E, de fato, ele a obteve, ainda que, nos termos do estatuto do partido, a secretaria estava habilitada apenas a exercer funções executivas e não a tomar decisões de linha política (tudo devia ser renovado, salvo os costumes da Botteghe Oscure). No dia seguinte, a questão foi apresentada à direção, à qual foi oferecida uma argumentação mais ampla, mas sem nenhuma variante. Fui um dos primeiros a subir à tribuna para dizer um "não" seco, seja à renúncia da palavra comunista (que era injustificada no caso do comunismo italiano e se enriqueceria com as novidades que estavam acontecendo no mundo), seja à constituição de um novo partido (para o qual não havia aportes significativos e, portanto, ao invés de criar um partido maior, corríamos o risco de desagregar o que existia). No primeiro dia, meu "não" foi o único, e *L'Unità* publicou em manchete: "Só Magri é contra". Nos dois dias seguintes, somaram-se ao meu mais dois votos contrários (Castellina e Cazzaniga) e duas abstenções (Chiarante e Santostasi); alguns (Natta e Tortorella) evitaram votar, embora tenham feito reservas. Ingrao estava na Espanha, mas voltou às pressas e manifestou seu desacordo, dando mais consistência e visibilidade a uma oposição tão exígua. O térreo do partido estava lotado de jornalistas e a notícia se espalhou pelo país desde as primeiras horas, suscitando pela primeira vez uma intervenção ativa e pública da base comunista: discussões inflamadas nos comitês federais, assembleias de seção com altíssima participação, algumas autoconvocações, alguns protestos barulhentos na Botteghe Oscure, declarações contrastantes entre intelectuais. Todos queriam dar sua opinião, e alguns faziam isso sem muita cortesia.

Em 20 de novembro, o Comitê Central fez uma reunião que durou três dias. Clima tenso, centenas de intervenções. O secretário queria um pronunciamento claro de cada um e apresentou uma pauta resumidíssima: sim ou não ao conjunto da proposta, mediante voto. Seguiu-se a convocação de um congresso. Alguém tentou evitar o congresso com o louvável receio de que as posições se endurecessem: sábia preocupação, embora a proposta fosse uma veleidade. Mais tarde, alguém disse que Pietro Ingrao impôs o congresso. Não é verdade. O congresso era inevitável, por uma razão de legitimidade: o Comitê Central é eleito por um partido que existe e não tem o direito de criar outro partido. E por uma razão de bom senso: não se aquieta um povo em ebulição deixando-o discutir, mas não decidir.

Obviamente, tanto o debate do Comitê Central quanto o do XIX Congresso, convocado às pressas, foram participativos e agitados, mas, para dizer a verdade, pouco interessantes ou criativos: muitas coisas já ditas e maquiadas foram apresentadas como novas, mas tinham pouca substância. Evitarei, portanto, deter-me nisso. Contudo, duas novidades tiveram grande peso, tanto nos eventos imediatos quanto nos de longo prazo.

Em primeiro lugar, o campo do dissenso era bem mais amplo e obstinado do que se imaginava. Os números são prova disso. Na direção nacional, os "não" claros foram três (quatro, quando Ingrao se apresentou), mais duas abstenções expressas e um que escolheu não votar. No Comitê Central, ao contrário, dos 326 presentes, o "sim" recebeu 219 votos, e o "não", 73; houve 34 abstenções. No congresso de Bolonha, os delegados do "não" representavam 33% dos filiados, ou seja, um terço. Por outro lado, os números não diziam tudo. Diversos outros elementos me permitem afirmar que, naquele momento, o dissenso era ainda mais amplo. A excepcional mobilização dos aparelhos da federação e dos administradores locais a favor do secretário, forçando algumas vezes o regulamento congressual. A acentuada disparidade dos votos nas regiões: maioria esmagadora de "sim" nas regiões vermelhas, que constituíam mais de um terço do partido, e uma ampla e, em certos casos, majoritária oposição em cidades importantes. Pressão unânime da imprensa do partido e dos periódicos independentes, ao passo que faltavam ao dissenso instrumentos organizativos e órgãos de informação. Duas pesquisas de opinião (tanto quanto possa valer uma pesquisa de opinião em casos como esse) realizadas entre os eleitores registraram 73% de votos a favor do "não". Por fim, mas não por último, a relevante tendência ao êxodo silencioso: entre 1989 e 1990, o partido perdeu quase 400 mil filiados.

A segunda novidade que surgiu da batalha em campo jogava contra os opositores e contribuía para um mal-estar geral. A frente do "não", além de improvisada, era política e culturalmente heterogênea. Uniu-se contra a proposta de Occhetto, mas não elaborou e não tinha vontade de elaborar uma proposta alternativa comum e convincente. Faltava uma reflexão sobre o passado (não liquidacionista, mas crítica), uma análise do presente (não confortável, mas consciente das novidades que estavam surgindo na sociedade e no mundo). Assim, a oposição aparecia mais como resistência ou entrave do que como projeto inovador sério e ambicioso, construído com o melhor patrimônio do PCI.

Essa situação colocava todos diante de um problema político delicado e complexo. O congresso aprovou a proposta de Occhetto, que, portanto, tinha todo o direito de colocá-la em prática e pedir ao partido que fizesse o mesmo, sem consultas e dissociações ulteriores ou novas verificações. No entanto, politicamente o perigo era grande: construir um novo partido mais amplo, começando com a perda de um terço do antigo e uma agitação permanente. Do outro lado, os opositores precisavam de tempo para definir melhor sua proposta e formar um grupo dirigente próprio, central e periférico, e, sobretudo, para resolver o que fazer no futuro. Por isso, prevaleceu o compromisso de iniciar a constituinte e, ao mesmo tempo, manter o debate aberto a uma prova de apelo, ou seja, a uma averiguação congressual no ano seguinte, na qual apenas os filiados tivessem direito de voto. Com certeza esse meio adiamento evitaria uma competição acalorada, mas também exigiria uma discussão mais séria – e, de fato, essa foi a fase mais interessante e menos óbvia de todo o processo que se iniciou em Bolognina. Vale a pena reconstituí-la, porque foi mal contada e esquecida.

A maioria estava decidida a não mudar de rumo e encarregou um membro da secretaria de aproximar forças externas e obter um consenso genérico para mostrar que a ideia da constituinte era fecunda e assim reduzir as chances de uma eventual cisão. Mas a caçada não deu os resultados esperados. Os pequenos partidos mostraram interesse, mas não tencionavam se dissolver. Os intelectuais estavam divididos, mas em conjunto tinham dúvidas sobre um comprometimento direto. A "esquerda dispersa e submersa" havia amadurecido certo ceticismo com respeito à forma partido e, de qualquer maneira, recusava-se a participar de um conflito que ainda não estava resolvido. A Democracia Cristã e, em particular, Craxi (o fiel da balança) viam na dissolução do PCI mais do que um estímulo para eles mesmos iniciarem uma discussão, para refundar a política: era uma ocasião de crise para avaliar sua força, e só depois disso poderiam cogitar um diálogo vantajoso para eles. Entre os católicos, as organizações integralistas prevaleciam naquele momento, o papa acompanhava como protagonista o advento do Solidariedade em sua Polônia e o colapso dos países do Leste. Os católicos próximos do PCI já haviam escolhido alguns anos antes: julgavam-se mais úteis sendo independentes, pois podiam influir nos novos movimentos ativos na sociedade. Assim, o bravo Petruccioli voltou de suas caçadas com um magro butim e isso provocou um racha nunca resolvido na maioria. Parte dela, a dos melhoristas, estava convencida de que o partido não conseguiria nenhum resultado enquanto não mudasse seu julgamento e seu comportamento com relação ao PSI. Mas Occhetto não estava convencido, porque sabia que isso era um nervo descoberto e podia agravar o dissenso. Exatamente o que Craxi esperava, antes de se comprometer.

A "frente do não" também não ia bem ou tinha muitas questões para resolver internamente, antes de assumir uma fisionomia mais definida e decidir o que fazer. Em junho, convocou uma assembleia. E já aí começaram a surgir os primeiros sinais de racha. Ingrao e Bertinotti propuseram que se deixasse a questão do nome para o próximo congresso e se discutisse o tema do programa e da linha política. Santostasi, que era o coordenador e o relator, e eu não apoiamos a proposta. Não só e não tanto por seu valor simbólico, nem apenas porque o nome era parte integrante de uma mudança política e cultural iniciada no ano precedente, mas porque arquivar ou reafirmar a palavra "comunista" era um problema em suspenso, exigia esforço da nossa parte para lhe dar um significado mais rico e repensar criticamente o passado. A questão não deveria ser posta de lado, mas discutida. Santostasi submeteu a proposta ao voto com uma seca moção, e ela foi rejeitada com ampla maioria dos votos. Contudo, por trás disso havia um problema mais delicado, que causava incerteza em quase todos: o que faríamos após o novo congresso, e o que poderíamos ameaçar para influir no resultado?

Tudo isso abriu caminho para algumas tímidas e reservadas tentativas, entre a maioria e a oposição, de procurar um compromisso. Existia uma brecha, proposta em um artigo de Michelangelo Notarianni: podia-se pensar em uma solução federativa, pela qual a minoria comunista fosse reconhecida, desde que se encontrasse uma base comum na linha política mais próxima. A maioria não mostrou nenhuma disponibilidade para essa ideia de organização federada, e não se chegou a nenhuma conclusão. Até porque, nesse meio-tempo, surgiu a questão do Kuwait e da participação italiana na guerra que deveria resolvê-la e, pela primeira vez, um bom número de parlamentares do PCI desrespeitou a disciplina do partido. Naquele momento, era absolutamente necessário que a "frente do não" elaborasse uma plataforma mais profunda, antes de se precipitar em escolhas organizativas. E decidiu-se que no outono seria realizado um amplo e longo seminário para produzi-la e adotá-la. Fui encarregado de redigir um texto que me ocupou todo o verão. Terminei-o de forma coletiva e com inúmeras consultas.

O seminário foi realizado em Arco di Trento, em fins de setembro, com uma participação mais numerosa do que nunca e com um método incomum e interessante. Como o texto era muito amplo, ambicioso e concertado, não houve informe introdutório e pessoal para ilustrá-lo. Foi entregue na primeira noite aos participantes, e a manhã do dia seguinte foi reservada a sua leitura e reflexão. O resultado pareceu encorajador, houve uma apreciação geral e não surgiram dissensos durante o debate; como o texto não era nem insignificante nem repetitivo, o consenso não representava uma mediação por baixo. Contudo, a certa altura do seminário, um raio mandou tudo pelos ares. É claro que o raio estava reprimido havia muito tempo e, assim como os furacões, poderia ganhar um nome: o nome era "porém".

Armando Cossutta subiu à tribuna, falou bem da plataforma, "porém", se o partido mudasse de nome, ele e outros fundariam outro, comunista. Ingrao tomou a palavra logo depois e, mesmo tendo aprovado o texto na noite anterior, comunicou, "porém", que participaria da constituinte proposta por Occhetto. Com esses dois "poréns", qualquer poder de negociação, admitindo que isso fosse possível, caía por terra. O resultado do XX Congresso, em Rimini, estava selado: uma missa cantada, a que se seguiu uma cisão e que não merece nem mesmo uma crônica.

As três cisões

Separações e cisões marcam a história do movimento operário, em quase todos os países e em diversas épocas: entre socialistas e comunistas, mas também no interior de ambos. Seja como for, as cisões custaram caro. Gramsci, que foi um dos promotores da cisão de 1921, disse a respeito dela: "Foi necessária, mas foi também uma catástrofe". Isso não quer dizer que todas tenham produzido desastre igual ou tenham sido igualmente estéreis ou irreversíveis. E nem que tenham sido simples reflexo de um grande conflito ideológico e político. Em boa parte delas, as consequências foram mais ou menos duras, mais ou menos definitivas, também em relação ao contexto em que se inseriam, a quem e por que as produzia, ao projeto que as animava.

A cisão de 1991 foi uma das piores que atingiu o PCI. Muito tempo depois, Bertinotti ofereceu uma fotografia sedutora dessa cisão, mas enganosa, com uma simples frase: "Pardais com pardais, melros com melros". Se a cisão tivesse produzido um partido reformista forte, ligado à melhor tradição social-democrata, e um partido comunista realmente refundado, a frase de Bertinotti seria apropriada. Infelizmente, não era o que estava acontecendo nem foi o que aconteceu.

Na realidade, houve duas rupturas, ou melhor, três. A primeira, mais importante e mais óbvia, foi o nascimento imediato de dois novos partidos em disputa pela herança: aquele idealizado por Occhetto, que se chamava Partido Democrático da Esquerda (PDE) e cujo símbolo era o carvalho; e aquele promovido por Garavini, Cossutta, Libertini, Serri e Salvato, que depois de muita discussão foi batizado de Refundação Comunista. A segunda ruptura foi menos importante e visível, mas teve efeitos indiretos relevantes. Refiro-me ao racha entre quase todos os dirigentes nacionais e locais, que lutaram pelo *não* (e depois aderiram ao PDE, no qual permaneceram durante muitos anos, em geral insatisfeitos e silenciosos), e sua base, que se dirigiu predominantemente para a Refundação Comunista. Por esse motivo, Occhetto, mas não só ele, convenceu-se de que a cisão fracassaria ou seria rapidamente reabsorvida.

Entretanto, os novos filiados do PDE demoravam a chegar, ou melhor, não chegaram nem quando pouco depois os ventos de Tangentopoli* começaram a desmantelar a Democracia Cristã e o PSI (e a Refundação Comunista conseguia juntar 119 mil militantes em poucos meses). Assim, em 1992, o exórdio do

---

* Tangentopoli é a cidade do suborno. Assim ficou conhecido o escândalo que envolveu todos os partidos do governo no fim dos anos 1980, em particular a Democracia Cristã e o PSI, que se dissolveram em poucos meses. Uma investigação judicial, batizada de operação "mãos limpas", descobriu uma rede de corrupção que se estendia a todo o território italiano. Tratava-se de um sistema de financiamento ilegal de partidos políticos em troca de favores e facilidades. (N. T.)

novo "grande partido" conquistou 16% dos votos nas eleições e viu-se com menos da metade de seus filiados.

Essa segunda fratura também teve graves consequências para a Refundação Comunista, não em termos quantitativos, mas em seu projeto político. As adesões que recebia provinham da base popular militante, formada em tarefas operativas ou lutas sindicais e apegada a um senso de pertencimento e bastante entusiasta, mas pouco acostumada à reflexão política e revoltada com o "novismo" e seus resultados. Como bem sabia Togliatti, para transformá-la em partido, ou melhor, para refundá-la, eram necessários organização, pensamentos claros, lutas duras, pouca demagogia e, sobretudo, um grupo dirigente capaz de pedagogia e rico de ideias e prestígio, unido pela experiência e solidário. Sem isso, um povo separado de improviso de um partido de massas, que se sentia traído, podia cair no maximalismo ou num culto acrítico do passado.

A terceira cisão foi ainda menos visível, mas, a meu ver, é talvez a mais grave, porque atingiu não só o PCI, mas toda a democracia italiana.

Essa democracia nasceu frágil, por causa dos atrasos e do caráter elitista do Risorgimento, depois foi emperrada pelo *non expedit* vaticano e pelo analfabetismo e, por fim, foi domada e comprometida pelo fascismo, que representava, não podemos esquecer, um regime de massas reacionário.

O PCI deu uma contribuição essencial para o renascimento democrático e sua implementação. Apenas pelo fato em si de existir como partido de massas, ou seja, reunindo milhões de pessoas, educando-as ou envolvendo-as na participação política ativa, fortalecendo-as por meio de uma cultura comum, que transmitia confiança na mudança do mundo pela ação coletiva. A maioria pertencia às classes subalternas, que sempre, e em qualquer lugar, são as mais distantes e desconfiadas das instituições e, sobretudo, dos problemas internacionais. Um partido com esse caráter e dessas dimensões (com o apoio de múltiplas organizações colaterais) era único na Europa. Ao longo das décadas, porém, essas características haviam empalidecido: para o bem (por exemplo, o afrouxamento do dogmatismo ideológico e da estrutura hierárquica) e mais ainda para o mal (a separação entre dirigentes e trabalhadores, a profissionalização da política, a escassez de jovens, a assimilação da cultura corrente). No fim dos anos 1980, o partido de massas já era outra coisa. Restava o fato, porém, de que o PCI não apenas conservava 28% dos votos, mas tinha 1,4 milhão de filiados, em parte ativos e politizados, e 40% deles haviam se filiado ao partido havia mais de vinte anos, provinham do mundo proletário e custodiavam certa memória.

Eles eram aquilo que Achille Occhetto chamava de "torrão duro", um recurso e um compromisso. A necessidade de renovação do partido era mais do que evidente, mas também era evidente que um racha repentino – e simbólico – de identidade, se não provocava uma rebelião por respeito à disciplina, certamente produziria um êxodo. E o êxodo aconteceu, colossal: se olharmos de perto e não nos basearmos apenas nos comunicados oficiais, cerca de 800 mil pessoas se afastaram da política ativa. E como não é verdade que, por natureza, as classes subalternas permanecem ligadas à esquerda – mas é verdade que, se uma organização não as convence e orienta, a televisão o faz –, um êxodo dessa dimensão e dessas classes é pior do que a cisão que abre brechas para a demagogia populista.

Neste ponto, posso dizer que meu trabalho terminou, uma vez que seu objeto principal já não existe mais. Posso dizer também que foi um trabalho útil. Restaurei a memória do comunismo do século XX, e do PCI em particular, preenchendo lacunas e refutando manipulações. Posso pensar que talvez tenha fornecido argumentos sérios para demonstrar que o comunismo do século XX não foi uma catástrofe nem deixou apenas um monte de cinzas. Não escondi, e não escondi nem a mim mesmo, nada do que sabia e do que passou pela minha cabeça. Esse objetivo principal foi alcançado. Um outro objetivo – ou melhor, uma esperança – falhou o alvo.

Eu esperava encontrar na investigação prática de um passado remoto um gancho que me permitisse entender melhor e dar um significado mais amplo à palavra "comunismo". Não encontrei ganchos suficientes no plano do pensamento nem no da experiência. Marx, nesse sentido, foi muito cauteloso. Quando lhe perguntavam sobre a sociedade comunista, dava apenas um esboço. Gramsci acrescentou o tema do "novo tipo humano". Togliatti disse que o pensamento de Gramsci permitia ir além da "democracia progressiva". O movimento de 1968 expressou a mesma exigência, mas se desdisse na prática. Os grandes partidos do movimento operário (tanto comunistas quanto sociais-democratas) deixaram-na de lado: as palavras "comunista" e "socialista", referidas a uma meta final, foram usadas como equivalentes e indicavam ambas, de modo diferente, uma longa transição, sem se preocupar muito rumo a quê. Isso é compreensível, porque os tempos ainda não estavam maduros: o desenvolvimento econômico, a luta de classes e a instrução das massas definiriam por si sós o objetivo e permitiram alcançá-lo.

Mas isso aconteceu há mais de um século: economia opulenta, educação e governo do Estado não produziam uma nova civilização, muito menos uma "reviravolta na história" ou um "novo" e superior "tipo humano". Estava na hora de esclarecer o que significava o comunismo, em oposição ao capitalismo de nossos tempos, e aprimorar as finalidades e as forças em condições de afirmá-lo, ou então se adequar ao estado de coisas. A fraqueza da esquerda de todos os países e de todas as escolas era essa, e era quase impossível de remediá-la. Apenas os países do Ocidente avançado podiam fazer isso. Os demais tinham outros problemas com que se preocupar, e alguns souberam resolvê-los bem (China), enquanto outros fracassaram (União Soviética). Entretanto, mais uma vez, a esquerda europeia abandonou a prova. Dissolvendo-se ou rendendo-se. O mesmo fez o PCI, que resistiu em sua diversidade e, abandonando a prova, pagou caro, deparando com o inesperado fenômeno Berlusconi (assim como o relativo atraso da Itália foi o primeiro a produzir o fascismo).

Não posso exorcizar essa decepção, porque a história real deve ser reconhecida por aquilo que foi. Mas, nesse caso, admite ser acompanhada, para concluir, de uma tentativa de "história contrafactual".

A história contrafactual não é uma elucubração construída no tempo e com base em experiências posteriores. Deve ser aplicada à situação em questão, com ideias presentes na época, o suficiente para teorizar uma possibilidade que não se realizou, mas poderia ter se realizado.

Nessa perspectiva, é legítimo voltar a se perguntar: havia alguma possibilidade de que, ainda nos anos 1980, o PCI não terminasse em um fracasso? Ele possuía ainda algum patrimônio cultural não utilizado, mas utilizável naquele momento (refiro-me nesse caso ao "genoma de Gramsci"), a que recorrer? E estavam maduras as contradições ou as forças reais com que contar para iniciar uma refundação comunista e não uma liquidação (refiro-me à globalização neoliberal em curso)? Parece-me que sim e, para não parecer um louco ou um visionário, recorro a um pequeno estratagema. Publico como apêndice deste livro, sem nenhuma correção, uma longa parte de um texto escrito em 1987. Não é um texto pessoal, mas destinado a servir como base para uma moção coletiva que seria apresentada no XVIII Congresso do PCI, como alternativa à moção de Occhetto. Dois anos depois, foi resumido e incluído na plataforma discutida e aceita por toda a assembleia da frente do não, que representava um terço do PCI. Depois foi novamente engavetado. Acho que era uma boa gaveta, porque, vinte anos depois, ele não parece envelhecido.

APÊNDICE
Uma nova identidade comunista (1987)

É EVIDENTE que a crise e a reestruturação que vivemos e estamos vivendo não são as primeiras na história do moderno capitalismo; outras, não menos inovadoras e ainda mais dramáticas, marcaram seu desenvolvimento. De cada uma dessas crises o capitalismo saiu profundamente transformado e com frequência ganhou forças para uma nova expansão ou novas formas de domínio. Em cada uma, reciprocamente, o movimento operário e as forças progressistas sofreram, em um ou outro país, golpes terríveis e foram obrigadas a rever suas teorias, suas plataformas programáticas e suas formas organizativas.

No entanto, no passado, às crises e às modificações do sistema corresponderam, ainda que de modo desigual e em certo lapso temporal, uma consolidação e um desenvolvimento geral do movimento operário e da esquerda em termos de força organizada, espaços de poder e hegemonia cultural. Isso aconteceu no fim do século XIX, depois da Primeira Guerra Mundial, na década de 1930. Por exemplo, a fase mais sombria dos anos 1930 foi também de grande mobilização em torno da União Soviética, de grandes lutas de frentes populares e também de um novo pensamento burguês progressista (Roosevelt, Keynes), sem falar da grande onda que a seguiu.

Em nosso caso, não é ou parece não ser assim. Uma crise econômica e uma instabilidade política do sistema que já duram anos foram acompanhadas do declínio das forças políticas e culturais que se lhes opunham de várias maneiras e deveriam tirar proveito delas. Dizer que isso se deve ao fato de que não estávamos preparados para entender seu sentido e lhes dar uma resposta é correto, mas não suficiente, porque somente isso deve ser explicado, mas é necessário sobretudo explicar como e por que, ao desconcerto inicial, não se seguiu ainda uma retomada de iniciativa e pensamento.

Uma explicação plausível, e de resto reconhecida, é esta. Talvez o aspecto mais novo dessa grande transformação que estamos vivendo, e com certeza o mais importante com relação ao tema que estamos discutindo, seja algo que vai além da crise e da reestruturação capitalista, e lhe dá um caráter qualitativamente novo, ou seja, aquilo que é comumente chamado de "passagem da sociedade industrial para a sociedade pós-industrial". É óbvio que devemos fazer essa afirmação com prudência e diversas qualificações, evitando considerar completamente novo o que vem amadurecendo há tempos, ou tomar pelo geral e consumado o que hoje é apenas uma tendência.

É evidente, por exemplo, que grande parte dos fenômenos que definimos como "pós-industriais" cresceu pouco a pouco durante a fase histórica precedente, que ainda era dominada pelo modelo fordista da industrialização de massa. Pode ser útil lembrá-lo aqui, porque agora podemos verificar na prática que esses fenômenos poderiam e podem ter uma expressão "de esquerda", se e quando encontram referentes culturais, sociais e políticos que o permitam. Ainda mais evidente é o fato de que, em diversas regiões do mundo, nesse exato momento, processos de industrialização começam a decolar, ou esforços são feitos para remover os obstáculos que os travam, e nos países avançados do Ocidente a indústria não apenas continua a ocupar em formas tradicionais boa parte do trabalho social, como também é na indústria que se aplicam com maior sucesso as inovações, realizam-se os maiores aumentos de produtividade e organizam-se as maiores concentrações de poder, e, portanto, ela continue a ser a locomotiva que move e dirige o conjunto. É útil sublinhar esse dado para não perdermos de vista uma parte importante da realidade e de suas contradições. Aliás, como veremos adiante, o elemento decisivo para entender e intervir no mundo é talvez, mais uma vez, a presença simultânea e estruturada dessa multiplicidade de níveis e formas de produção, desse "desenvolvimento desigual" e da consequente dialética.

Contudo, é fato que: 1) o peso da produção industrial tende, ao menos no Ocidente, a declinar em termos de ocupação e valor com relação à produção de serviços não destinados à venda ou de bens imateriais; 2) na própria produção industrial, a produtividade depende cada vez menos do trabalho genérico diretamente empregado ou da massa física de capital investido e cada vez mais do nível das competências e da organização do consumo, em suma, daquilo que acontece fora de seus limites; 3) esses fenômenos incidem de modo menos explícito e direto, mas igualmente ou talvez mais coercitivo do que no passado, sobre as sociedades atrasadas, propondo-lhes ou impondo-lhes um modelo tecnológico e de consumo que elas dificilmente poderão adotar e uma divisão internacional do trabalho à qual não podem se integrar de maneira útil ou que até as desagregue.

A reestruturação capitalista dos últimos anos acelerou enormemente esses processos de longa duração. Na verdade, acelerou o emprego de novas tecnologias (disponíveis há muito tempo) sobretudo pela economia de trabalho e portanto com o encolhimento das bases industriais; acelerou a expansão dos serviços e a produção de bens imateriais; condicionou a nova industrialização dos países emergentes com a substituição das matérias-primas naturais, a transformação intensiva e a recuperação dos setores industriais maduros, ou com o deslocamento dos recursos dos capitais para o circuito da metrópole para lhe permitir viver "além de suas próprias possibilidades".

Nesse sentido, e por isso, podemos afirmar que a "passagem para o pós-industrial" constitui já o horizonte pelo qual devemos nos medir. O que domina o cenário é um capitalismo que procura sobreviver às razões históricas que lhe deram origem e guiar com seus valores e suas regras uma época futura.

Isso põe ao marxismo teórico, em todas as suas variantes, e ao movimento operário, em todos os seus componentes, problemas radicalmente novos e inquietantes a propósito da perspectiva de fundo, das finalidades com base nas quais eles surgiram. Por um lado, parece oferecer ao sistema capitalista justificações históricas renovadas e inesperadas: o mercado garante flexibilidade, rapidez e descentralização das decisões, tal como exige a incessante transformação tecnológica, dos módulos organizativos e da demanda do consumo; a função empresarial pode se estender novamente a um grande número de sujeitos, ainda que integrados e dirigidos pelas decisões dos grandes grupos; e, por fim, a viva concorrência entre indivíduos estimula a formação cada vez mais necessária de competências e um forte comprometimento no trabalho, mesmo onde a organização taylorista de trabalho não pode impô-lo.

Por outro lado, parece tornar mais obsoleta a polarização da sociedade em duas classes opostas pela propriedade dos meios de produção e pela luta pela divisão do mais-trabalho: porque articula e fragmenta as figuras internas do trabalho assalariado, estende o trabalho autônomo, semiautônomo ou precário e faz surgir sujeitos e contradições alheias ao mundo produtivo.

Daí tirou força a ofensiva cultural da qual o neoliberalismo é apenas o componente mais explícito e nasceu aquilo que é apresentado como, e em parte é, uma crise do marxismo.

Dizem que a própria ideia de revolução socialista e sociedade comunista, em todas as suas formas possíveis, não tem mais fundamento, porque o capitalismo parece ter mais condições de garantir o desenvolvimento, justamente graças a – e não apesar de – seus elementos constitutivos (mercado, lucro, individualismo), ou seja, graças a seu "espírito animal", que, mais do que nunca, representa o motor do progresso e lhe oferece a necessária "base material". Por outro lado, acrescentam, se porventura as coisas não forem assim no futuro, uma mudança de sistema que não teria mais nada a ver com o aparato conceitual do marxismo, absolutamente intrínseco ao horizonte da sociedade industrial.

Essas convicções já são amplamente difundidas também entre os partidos de esquerda que consideram necessário governar – sendo impossível mudá-la desde a raiz nessa fase histórica, mas talvez para sempre – a formação econômico-social capitalista.

Mas são difundidas também entre os novos movimentos (pacifistas, ambientalistas, feministas), que contestam radicalmente a sociedade atual, mas consideram secundário ou enganoso defini-la ou modificá-la enquanto capitalista e, por princípio, colocam-se aquém ou além do problema.

Pode-se objetar (aliás, é importante objetar, exatamente para não dissipar um patrimônio histórico e teórico precioso) que a hipótese dessa passagem histórica não só estava bem presente em Marx, mas era o fundamento de sua ideia de sociedade comunista. Ele foi talvez o único pensador a perceber com tanta antecedência o nexo histórico entre capitalismo e industrialismo e a associar a superação de um à superação do outro. "A exploração do trabalho vivo será uma bem mísera base para o desenvolvimento geral da riqueza", a "produção pela produção" perderá todo o sentido quando a medida do progresso for sobretudo "o enriquecimento das necessidades propriamente humanas e, em particular, da necessidade generalizada de uma atividade não alienada".

Essa previsão, e apenas essa, permitiu que ele visse no capitalismo a necessária premissa para o comunismo (contra qualquer concepção "primitiva") e, ao mesmo tempo, concebesse o comunismo como subversão e não como desenvolvimento da história precedente, reino da liberdade oposto ao da necessidade, "crítica da economia política". Essa era a base material necessária para dar caráter de projeto racional e não de vã utopia às ideias tão radicais de sua concepção do comunismo: superação das relações mercantis, do trabalho alienado ou da divisão social do trabalho, da democracia delegada. O fato de que a história do homem esteja superando o limiar das necessidades elementares, as tecnologias consintam uma redução do trabalho necessário, o nível de instrução e a velocidade das informações permitam uma difusão do poder e uma descentralização das decisões e a quantidade não represente mais o único ou prevalente critério de medida do progresso, deveria tornar pela primeira vez historicamente maduro um discurso sobre o comunismo em seu originário e mais rico significado libertador.

Tudo isso é verdade, como afirmamos desde 1968, e ainda hoje estamos convencidos de que precisamente aqui devemos buscar, acima de tudo, a possibilidade de uma identidade comunista como recuperação e, ao mesmo tempo, como inovação profunda.

Mas a experiência de 1968 e de seu refluxo prático e teórico ensinou-nos que as coisas são menos evidentes e muito mais complexas. Em primeiro lugar, a própria referência a Marx é simplificada demais e, como qualquer "retorno às origens", "ao que existia e não foi compreendido ou foi traído", é arbitrária. Não é irrelevante nem casual o fato de o próprio Marx não ter querido nem podido elaborar uma teoria da revolução que integrasse os aspectos mais radicais da perspectiva de libertação que hoje parecem mais atuais do que nunca. Sua teoria da revolução nunca saiu do esquema proposto no *Manifesto* de 1848: não apenas a temática dos manuscritos, mas também as mais bem fundamentadas reflexões dos *Gründrisse* ou do Programa de Gotha não serviram para fundar uma verdadeira teoria da transição. A ruptura revolucionária deveria abrir caminho para uma mudança radical do horizonte histórico, mas isso deveria acontecer antes que o sistema amadurecesse, em virtude das contradições e dos sujeitos ainda intrínsecos à fase do industrialismo: a incapacidade do sistema de garantir o desenvolvimento permanente das forças produtivas, a conquista do poder por parte de um proletariado cada vez mais vasto e unificado pela produção industrial. O resto vinha por si só, ou, em todo caso, não se podia tematizar sem bancar o "confeiteiro do futuro".

Esse esquema nunca foi criticado ou repensado na teoria e na história concreta do movimento operário. Mesmo quem, como Lenin, concentrou toda a sua reflexão teórica no entrelaçamento entre modernidade e atraso, na necessidade de alianças sociais, nos limites da consciência operária espontânea, e tentou algumas vezes aventurar-se pelos temas mais radicais do pensamento de Marx (*O Estado e a revolução*), nunca foi além desse horizonte: a consciência espontânea deveria ser superada com um instrumento externo e puramente subjetivo (o partido); as alianças, ao contrário, construíam-se fundamentalmente sobre a "consumação da revolução burguesa", e "a extinção do Estado" fiava-se em uma ideia salvífica do desenvolvimento tecnológico. Mas, sobretudo, a história concreta amarrou ainda mais o movimento operário e o industrialismo. As revoluções do século XX aconteceram em regiões do mundo que se encontram ainda no limiar do desenvolvimento industrial, enquanto o movimento operário ocidental pôde e teve de lançar raízes estimulando o desenvolvimento capitalista e redistribuindo o produto com os instrumentos da luta sindical e da democracia política. Tudo isso acentuou no "marxismo real" uma visão economicista do progresso e uma ênfase do papel do Estado como única alternativa possível ao domínio do mercado.

Uma sociedade pós-industrial, suas novas contradições constituem por si sós uma inquietante novidade com relação a uma tradição consolidada em décadas. Que utilidade, que possibilidade pode ter insistir em uma identidade comunista, se se trata de coisas diferentes?

Mais do que isso, o elemento fundamental do marxismo não é apenas o fato de ele ser uma crítica da sociedade capitalista e a afirmação de uma sociedade diferente, abstratamente possível, mas de se apresentar como "movimento real, que abole o estado de coisas presente". Sua coerência teórica, sua eficácia prática dependiam e dependem da possibilidade de demonstrar que: a dialética real da sociedade capitalista produz contradições materiais que levam a sua dissolução; essas contradições materiais se expressam na luta de classes sociais, que, para se libertar de uma opressão, devem subverter a ordem existente, mas têm em si a capacidade real de construir uma ordem diferente; e, por último e por tudo isso, é necessário que haja uma ruptura mais ou menos violenta, mais ou menos gradual, dos mecanismos do sistema e a implementação de mecanismos diferentes, de um poder político e de uma classe diferente, de transição, pois, sem isso, um outro sistema nunca será "maduro".

Se nada disso era verdade, ou não é mais verdade, falar de marxismo ou de comunismo não teria sentido. O papel central que o marxismo atribuía às contradições internas ao desenvolvimento industrial não estava ligado, portanto, apenas à contingência histórica, mas a seu estatuto teórico: era o desenvolvimento industrial do capitalismo que produzia um sujeito social, o proletariado, que em sua figura dupla e contraditória (um máximo de expropriação e um máximo de vínculo com a produção moderna) tem uma necessidade radical de se libertar, mas também a capacidade de se libertar e libertar com ele todos os homens. É claro que, no plano teórico, não estava claro como esse salto dialético poderia se realizar, com base em que forças materiais o proletariado poderia sair da dicotomia que ele carregava dentro dele entre a pura negatividade da total alienação e a "positividade nociva" de um progresso técnico governado por outros (talvez apenas Gramsci tenha encarado a sério esse tema, estendendo sua atenção à relação entre proletariado e "formas que precedem", entre base produtiva e superestrutura, entre revolução política e reforma cultural).

No plano histórico, poderiam surgir dúvidas sobre o caráter realmente socialista da sociedade e do poder soviético, ou sobre o caráter efetivamente alternativo das experiências social-democratas. Entretanto, era evidente para o senso comum que estava em andamento um processo histórico em que a classe operária não apenas crescia em termos materiais, como também afirmava aos poucos um papel político e cultural de classe dirigente, era o motor de grandes processos de desenvolvimento econômico e democrático.

O que resta dessa forte identidade do marxismo e da esquerda em geral agora que o industrialismo perde força, sem que se tenha determinado uma ruptura revolucionária nas sociedades mais avançadas, e sem que as revoluções realizadas nas sociedades atrasadas tenham produzido um sólido ponto de referência e um modelo crível de sociedade alternativa, mas, ao contrário, elas mesmas se veem em dificuldade por pressão concorrencial do capitalismo moderno?

A crise da sociedade continua a se expressar em contradições materiais explosivas ou produz apenas um mal-estar, uma infelicidade atomizada? E essas contradições materiais podem ou não ser reconduzidas, em última análise, às relações de produção e polarizam-se em forças sociais oprimidas, mas capazes de se tornar dirigentes, ou, ao contrário, as diversas perspectivas dependem de uma pluralidade não hierarquizável de contradições e voltam a ser medidas no circuito da elite como "consciência infeliz" e opções possíveis? E essas forças sociais podem ser unificadas dentro de um projeto comum, o sistema produz ou não seu coveiro na forma de um antagonismo de classes? Finalmente, e talvez sobretudo, continua sendo necessária uma ruptura do sistema, ou seja, um poder econômico e político diferente, ou já é possível realizar a afirmação gradual de uma ordem social diversa nas malhas do velho sistema sem derrubar seu poder, utilizando e orientando sua força propulsora?

Sobre essas questões, coloca-se a nova e mais problemática separação entre identidade comunista e utopia radical, de um lado, e liberal-democracia, de outro.

Ninguém consegue responder a cada uma dessas questões de modo teoricamente rigoroso e empiricamente fundado e, sobretudo, de maneira igualmente satisfatória. Todavia, é possível entrever algumas respostas.

Tentaremos dar alguns exemplos, sem nenhuma pretensão de inteireza e sistematização, referindo-nos apenas "às grandes questões de nossa época", em particular às mais novas e aparentemente mais distantes do tradicional conflito de classe, mas considerando suas manifestações mais prosaicas, empiricamente perceptíveis, tais como se apresentam e operam.

Desenvolvimento e natureza

Ninguém nega hoje que a ameaça de desastre ambiental constitua um problema de nossa época, uma contradição materialmente vivida e, ao mesmo tempo, um elemento do imaginário coletivo. É uma novidade de não pouca importância, que obriga grandes massas, e não só vanguardas preocupadas, a reconsiderar globalmente o sentido do desenvolvimento e avaliá-lo por outros parâmetros.

A produção humana, a expansão demográfica, sempre se fundamentou no pressuposto não expresso de que a natureza é um recurso quase inesgotável e, ao mesmo tempo, uma realidade invulnerável às consequências do processo produtivo empregado para torná-la aproveitável. Essa convicção não se atenuou, antes tornou-se quase absoluta, quando, nos últimos séculos, o emprego da ciência e da técnica imprimiu um ritmo exponencial ao crescimento da produção, do consumo e da população. O próprio mito da ciência e da técnica alimentava a confiança em suas ilimitadas capacidades de reabsorver os desastres que elas mesmas produziam. E não se tratava apenas de um mito, porque, do ponto de vista ambiental, o saldo entre aquilo que o desenvolvimento econômico e demográfico garantia (higiene, saúde, proteção contra catástrofes) e os preços que comportava era ampla e indiscutivelmente positivo.

Agora sabemos que as coisas começam a não ser mais assim: diversos recursos naturais esgotam-se antes que seja possível prescindir deles; a produção tem efeitos crescentes de destruição do ambiente natural; tudo isso já determina uma piora não apenas com relação às novas e qualitativas necessidades humanas, mas também com relação às mais elementares necessidades de vida e saúde; e, se esse tipo de desenvolvimento quantitativo e febril continuar, desencadeará em tempos relativamente curtos uma verdadeira catástrofe.

Talvez tenhamos uma consciência menos clara de outros dois fatos igualmente evidentes. De um lado, o fato de que o desastre ambiental não diz respeito apenas às regiões do mundo que se encontram em desenvolvimento intensivo, mas repercute, ou antes se acentua, nas regiões atrasadas do mundo como efeito conjunto da pressão demográfica e da desagregação do velho tecido econômico, baseado no autoconsumo; em suma, é filho do desenvolvimento e do subdesenvolvimento ao mesmo tempo. De outro lado, o fato de que a questão ambiental não concerne apenas ao meio ambiente externo ao homem, mas a seu ambiente social (ou seja, está ligada a seu estilo de vida e não apenas ao ritmo do desenvolvimento produtivo) e até ao próprio homem como espécie biológica (seja pelos efeitos diretos da produção sobre a saúde física e psíquica, seja pelas novas e inquietantes possibilidades oferecidas pela manipulação genética e ética).

Esses dois fatores precisamente tornam contraditória e frágil qualquer posição fundamentalista, qualquer crítica romântica do desenvolvimento, e nos obrigam a estabelecer uma conexão entre a questão ambiental e a crítica social, a nos colocar o problema de uma qualidade diferente de desenvolvimento. De fato, não bastaria refrear o crescimento quantitativo para impedir o desastre ambiental no Terceiro Mundo sem recorrer a ferozes medidas malthusianas, e é absolutamente ilusório esperar políticas ambientais desses países, simplesmente negando-lhes a possibilidade de uma modernidade, ainda que custosa. E não se pode conter a ameaça de um uso desumano e repressor da engenharia genética em nome da preservação do ser humano natural, porque o enfraquecimento da seleção natural provocado pela capacidade de fazer sobreviver os mais fracos nos obrigará a encontrar novos instrumentos para evitar a decadência biológica.

É significativo, porém, que um alto grau de consciência sobre a dimensão e o alcance desses problemas traduza-se muito pouco, e com frequência para nada, nos comportamentos individuais e coletivos, e entre apenas esporadicamente no horizonte das decisões e dos programas adequados.

Mas é precisamente aqui que entra em jogo a "questão capitalista" como sistema econômico e também como forma política.

Por natureza, o capitalismo é um sistema fundado em alguns mecanismos essenciais, que constituem sua legitimidade histórica e garantem seu extraordinário dinamismo: o mercado como critério de orientação, a empresa como sujeito de decisões e o lucro como motivação e comprovação dos resultados. Hoje, o capitalista se chama "empreendedor", não é apenas um organizador da produção e adota certas inovações, respeitando esses mecanismos, esses estímulos e essas regras.

Mas tudo isso, além de outras implicações a que voltarei, tem um nexo premente com a questão ambiental. Porque é essa lógica de fundo – e não as degenerações do "capitalismo de rapina", embora relevantes em determinadas épocas e em determinados países – que nos obriga a conceber a produção essencialmente como produção de mercadorias e a calcular a produtividade sobretudo, se não apenas, entre estreitos limites temporais e no interior do processo produtivo em sentido estrito. Custos indiretos, ou de longo prazo, não podem entrar no cálculo econômico da grande maioria daqueles que fazem escolhas efetivas, assim como um processo de desenvolvimento que não passe pela expansão de mercadorias vendáveis e consumíveis só pode ser casual e marginal com relação ao sistema.

Pode-se objetar que as novas fronteiras abertas pela moderna tecnologia e pelo nível de conhecimento parecem permitir um desenvolvimento menos voraz dos recursos, ou que a multiplicação de bens e serviços não materiais pode tornar menos sérias as repercussões ambientais do desenvolvimento. Em suma, pode-se dizer que a contradição entre desenvolvimento e meio ambiente na sociedade pós-industrial é bem menos coercitiva.

Isso é absolutamente verdadeiro e oferece a base material para uma lógica diferente do próprio desenvolvimento. Mas a realidade está aí para mostrar que o sistema pressiona no sentido contrário, com suas escolhas de investimento e localização, com seu modelo de consumo, com a fragmentação ulterior dos inúmeros sujeitos presentes no mercado e a concentração extrema do poder de planejamento da pesquisa, das tecnologias e das estratégias em centros que, por natureza, estão separados do destino dos territórios e das populações sobre os quais atuam. E assim, às vezes, certas matérias-primas escassas e, por isso, mais caras são substituídas por produtos artificiais cujo efeito sobre o meio ambiente ou a saúde não são mais bem conhecidos ou menos perigosos; grandes instalações nocivas e de difícil controle são desmanteladas na metrópole e levadas de modo não mais descontrolado para outras regiões, ou são substituídas por uma produção ultradescentralizada, mas ainda mais preocupante; o consumo de bens materiais é acompanhado de serviços e bens imateriais que degradam do mesmo modo o ambiente urbano e natural (o *fast-food*, o tráfego urbano, o turismo de massa); o uso indiscriminado de fertilizantes químicos é minimamente limitado e regulado, e as monoculturas para exportação, as formas forçadas de pecuária e a redução das espécies vivas multiplicam-se; a própria pesquisa farmacêutica e biológica aparece cada vez mais orientada e dominada por grupos de interesse que tornam seus resultados incertos e preocupantes; as grandes cidades industriais esvaziam-se por causa da descentralização, mas deixam o vazio dos guetos e a degradação de uma vida caótica ou, pior ainda, surge a moderna monstruosidade das megalópoles do Terceiro Mundo.

Um novo impulso para o consumismo nasce em parte da necessidade de se proteger e escapar – para quem pode e individualmente – das consequências do empobrecimento coletivo, em uma espiral perversa.

A esse mecanismo econômico soma-se o político-cultural. Contudo, por mais grave que a questão ambiental seja ou se torne, e por mais que cresça a consciência dessa gravidade, ela se apresenta, em seus aspectos relevantes, como um problema de longo prazo, envolve sujeitos tão numerosos quanto dispersos e quem sofre as consequências está em geral muito longe de quem gera as causas, ou se apresenta em um território específico como um conjunto de necessidades contraditórias. Com relação a tudo isso, uma forma de poder político, por natureza incapaz de planejar, vinculada ao consumo imediato, sensível à pressão de grupos sociais circunscritos, mas decisivos, mais do que a um movimento de opinião amplo e flutuante e, é claro, subordinada aos grandes interesses privados, é organicamente impotente, produz regulamentos que se limitam a palavras, proclama intenções que, mesmo quando postas em prática, já estão ultrapassadas por fatos muito mais fortes. E, por isso, os próprios movimentos ambientalistas oscilam, a cada momento, entre o radicalismo do objetivo específico e o transformismo das colocações políticas, e por trás de uma eficaz e às vezes positiva cultura apocalíptica mantém-se uma reticência substancial quando se deve tomar posição sobre questões decisivas.

É claro que, como sempre, não se trata de contradições absolutas. Assim como foi possível em parte e em certos momentos administrar politicamente a distribuição de renda ou construir o Estado social mudando o impulso autônomo do sistema, talvez seja possível realizar "políticas ambientais", à medida que se impõe a necessidade e se tome consciência delas, mesmo nesse sistema. Mas, nesse caso, elas são ainda mais difíceis, porque políticas ambientais não podem apenas ou predominantemente intervir a jusante do processo produtivo para redistribuir os recursos que ele disponibiliza e que podem ser diversamente aplicados; nesse caso, na forma de uma intervenção vinculante ou reparadora, essa política se torna, além de ineficaz, extremamente custosa. E porque os destinos do ambiente dependem, de fato, de escolhas de longo prazo, de produtividade diferida e apenas globalmente mensurável.

É necessário um poder capaz de intervir a montante, no planejamento das pesquisas, nas escolhas estratégicas de investimento e localização, na orientação da própria divisão internacional do trabalho; é necessário educar e organizar uma consciência de massa capaz de conceber, e viver como se fosse sua, uma prioridade diferente das necessidades, incorporar uma perspectiva global e de longo prazo.

Portanto, a questão ambiental oferece a um projeto comunista não apenas um novo terreno em que fundamentar sua crítica do sistema, mas também um impulso que o transforma e enriquece qualitativamente, leva-o a superar a subalternidade do economicismo. Ao mesmo tempo, a questão ambiental necessita de um projeto e de uma força organizativa comunista para unir sujeitos e interesses contrastantes, identificar a verdadeira raiz dos problemas, afirmar um poder capaz de enfrentá-los e, por fim, mudar a mente das próprias pessoas.

Abundância e pobreza, necessidades e consumos

Até agora a história da sociedade foi dominada pelo problema da penúria: não apenas a grande maioria dos homens foi obrigada a viver nos limites da sobrevivência, como a apropriação do mais-produto por parte da elite dominante constituiu a base material da civilização. O grande mérito histórico do capitalismo é justamente sua capacidade de orientar grande parte desse mais-produto para a acumulação e, portanto, acelerar de modo extraordinário o desenvolvimento das forças produtivas, criar as bases materiais para uma mais ampla e geral satisfação das necessidades básicas e envolver partes cada vez maiores da sociedade no circuito da civilização (instrução, mobilidade, socialização do trabalho).

Isso não quer dizer que a história do capitalismo é a história da difusão do bem-estar. Ao contrário, em determinadas fases (a "acumulação primitiva", o colonialismo, a primeira revolução industrial), a prioridade assumida pelo processo de acumulação e a necessidade de criar trabalho assalariado genérico produziram formas de desigualdade e exploração do trabalho ainda mais generalizadas e brutais. Entretanto, no último século, a convergência de dois grandes impulsos (a necessidade do sistema de criar mercados adequados a sua capacidade produtiva e a luta das grandes massas, que a produção moderna tornou mais conscientes e organizadas e o Estado moderno tornou mais capazes de pensar politicamente) criou as condições para um crescimento efetivo do bem-estar e, em diversas ocasiões, para uma maior igualdade. O fordismo, o Estado de bem-estar social e a revolução anticolonial representaram o ponto mais alto dessa relação entre desenvolvimento, bem-estar e igualdade. Aqui o movimento operário encontrou terreno favorável para suas lutas mais eficazes, mas, em certos momentos, a necessidade de uma mudança de sistema pareceu diminuir. Desse ponto de vista, o que acontece com o bem-estar nessa fase da "sociedade pós-industrial" que está se iniciando?

O primeiro elemento que chama a atenção é a reprodução de uma tendência à desigualdade e à pobreza, mesmo do simples ponto de vista das necessidades elementares.

Não apenas a distância entre as condições de vida no Norte e do Sul do mundo parece crescer novamente, mas uma parte importante do Sul, presa nas tenazes da pressão demográfica e da desagregação das formas tradicionais de autoconsumo, precipita-se para o nível mais baixo de sobrevivência, cai em uma espiral de degradação. Aliás, nas regiões mais avançadas do mundo, depois de uma fase de relativo estreitamento, o leque da distribuição de renda voltou a se abrir e uma faixa consistente da sociedade foi marginalizada e caiu abaixo do mínimo histórico vital.

Essa parece ser a contradição mais tradicional entre todas as possíveis. No entanto, ela não é nada tradicional. Não é, em primeiro lugar, porque essa injustiça e essa pobreza não se apresentam como "resíduo", ou como fenômeno transitório, mas, ao contrário, como produto direto, como outra face da modernidade e dos mecanismos que a governam (voltaremos mais adiante a essa questão). Não é tradicional, em segundo lugar, porque essa nova injustiça e essa nova pobreza se traduzem em processos cumulativos de marginalização, criam um sujeito social imenso e sem esperanças, levam a processos degenerativos (o fanatismo integralista, o embrutecimento das novas massas marginalizadas no Terceiro Mundo, os conflitos raciais, a violência disseminada, a rejeição política na própria metrópole) que podem abrir caminho para uma espiral de repressão e revolta.

Colocar isso de lado, considerá-lo um problema secundário, pensar em enfrentá-lo com os instrumentos da assistência ou da ajuda, sem pôr em discussão a base do nosso modo de viver, produzir e consumir, parece insensato, além de ilusório. Eis um "moderníssimo" terreno que se oferece para uma retomada do pensamento e da luta comunista: a soldadura orgânica entre o movimento operário, os novos sujeitos que surgem como resultado das contradições qualitativas da sociedade pós-industrial e essa grande massa marginalizada e empobrecida.

No entanto, a reflexão sobre o "bem-estar" não pode se reduzir a isso, porque, se o fizesse, essa soldadura seria muito difícil.

A confiança em uma relação linear entre desenvolvimento e bem-estar, em uma crescente difusão do próprio bem-estar, vem sendo posta em questão por outros elementos também, não menos importantes, que dizem respeito à qualidade do consumo, à correspondência entre consumo e necessidades e aos próprios mecanismos por que as necessidades se formam. E, portanto, torna-se um problema também para os países ou para os setores sociais que, de um modo ou de outro, participam de um processo de enriquecimento ou alimentam esperanças de aceder a ele.

O pressuposto fundamental da racionalidade do modo de produção capitalista foi, na verdade, a existência de um sistema de necessidades autonomamente determinado, fundamento da racionalidade da demanda e, por consequência, do mercado. Essa autonomia foi sempre parcial e problemática, quando mais não fosse pelo fato de que a prioridade das necessidades por satisfazer dependia da distribuição da renda, ou seja, de quais necessidades poderiam se traduzir em demanda efetiva.

E, todavia, enquanto a maioria das necessidades básicas estava por satisfazer, o desenvolvimento produtivo tinha um ponto de referência seguro pelo qual se medir, e as políticas de crescimento e redistribuição de renda consumível traduziam-se imediatamente em um incremento do bem-estar individual e coletivo.

Entretanto, esse pressuposto começa agora a faltar. No momento em que a capacidade produtiva, ao menos em algumas áreas do mundo, supera amplamente as necessidades elementares, e o aparelho produtivo e a organização social tornam-se cada vez mais capazes de orientar o consumo e criar novas necessidades, o bem-estar real depende de os indivíduos e a sociedade, dispondo da renda necessária, poderem reconhecer suas necessidades e traduzi-las em consumo, e serem capazes de enriquecer a qualidade de suas necessidades.

É justamente isso que consente um salto extraordinário de civilização: o enriquecimento das necessidades propriamente humanas, da personalidade e das relações, que foi desde sempre símbolo do privilégio senhorial, poderia representar, pela primeira vez na história, o objetivo de toda a sociedade. A circulação da informação, o crescimento generalizado do nível cultural, a emancipação do indivíduo de sistemas de relações seculares e estáticos abririam caminho para a valorização de sua liberdade, mesmo no que diz respeito ao consumo; poderiam tirar desse mesmo consumo o caráter repetitivo, predeterminado, passivo; poderiam sobretudo subtrair o consumo da pura lógica da apropriação individual (aquilo que se tira dos outros) e torná-lo meio de mediação da relação com os outros.

As novas tecnologias, embora marcadas pela história precedente e pelo sistema atual, também parecem oferecer instrumentos importantes nesse sentido: permitem uma redução progressiva do tempo de trabalho necessário e possibilitam uma enorme diferenciação do produto. A "qualidade" está na ordem das coisas possíveis da parte tanto do sujeito que consome quanto das coisas que se consomem.

Mas não é essa a tendência hoje visível no "capitalismo pós-industrial". Ao contrário, a tendência é transformar a diferenciação em um veículo da ilusão, do efêmero, de uma "serialidade" ainda mais exasperada; acentuar ainda mais a subalternidade do consumo a imperativos externos e mutáveis; perpetuar modelos de consumo elitistas por uma repetição de massa esquálida e de segunda mão.

O primeiro fenômeno que devemos considerar é, de fato, a "indução ao consumo": uma produção que pode orientar o consumo, segundo as prioridades que lhe são mais fáceis e convenientes. Não se trata de um fenômeno novo, está presente nos clássicos da economia e é discutido há três décadas. Entretanto, é novidade o salto realizado pelos meios de comunicação de massas, por sua força manipuladora, por sua interconexão com os grandes centros do poder econômico, o que torna cada vez mais possível transformar o consumo em uma função da produção e impor modelos de consumo em escala mundial, dotados de uma impressionante capacidade de homologação e profundamente arraigados na consciência de massa. É novidade também a multiplicação do consumo individual para a satisfação das necessidades mais elementares (mobilidade, alimentação) que, ultrapassando certo patamar, produz em seu conjunto uma decadência qualitativa dessas mesmas necessidades. É novidade ainda o fato de que outros consumos, já parcialmente desligados das necessidades elementares, tornam-se muito mais facilmente manipuláveis. É novidade também que algumas necessidades, cuja prioridade é indiscutível e crescente (saúde, educação, qualidade da organização urbana), pelo próprio fato de só poderem ser satisfeitas na forma de produção e consumo coletivo, tornem-se marginais e sejam esmagadas pelo mecanismo da indução. Por último, é novidade o entrelaçamento entre individualismo e massificação que impulsiona e obriga a procurar consumos "de *status*". Símbolos cada vez mais vazios à procura de uma diferenciação que imediatamente se anula.

Não menos importante, embora menos discutido, é o que acontece no processo mais profundo de formação das necessidades. A ideia de uma natureza, de uma necessidade humana fora da história, que pede apenas os meios necessários para expressar sua riqueza, não possui nenhuma base real. A necessidade humana, quando vai além dos limites da necessidade, é produto e espelho das relações sociais. O privilégio do consumo senhorial não estava apenas no fato de se poder satisfazer necessidades, mas também no fato de se possuir condições para criá-las de maneira relativamente mais criativa e significativa, em relação com a função social que era exercida e com o sistema de valores que a governavam.

Pois bem, uma sociedade em que o trabalho assalariado, mesmo quando é menos cansativo, permanece em grande parte fragmentado e executivo, e em que o próprio trabalho diretivo e criativo tem como referência absolutamente dominante a renda e o lucro; uma sociedade em que a escola se subordina cada vez mais à formação profissional e especializada, e como instrumento formativo não é integrada, mas suplantada pelos velozes meios de comunicação e por sua mensagem de passividade; uma sociedade em que os intelectuais perdem autonomia e acabam absorvidos pelo circuito produtivo; uma sociedade em que velhos esquemas de relações interpessoais se desagreguem para dar lugar à atomização individual e até as esferas mais íntimas da vida são invadidas pela lógica do mercado, produz por natureza um sujeito incapaz de expressar necessidades qualitativamente ricas, além da esfera da simples multiplicação do consumo material. Em vez de generalizar o lado positivo do consumo senhorial, libertando-o de seu aspecto parasitário e privilegiado, a sociedade generaliza a pobreza substancial do consumo de massa e subtrai do privilégio a sua qualidade.

Se isso é verdade, segue-se que: 1) existem novas e mais fortes razões para criticar a sociedade em que vivemos, e bases mais sólidas sobre as quais construirmos uma sociedade diferente, tomando como ponto de apoio as grandes necessidades que o consumo opulento aniquila, a infelicidade disseminada que o bloqueio e o empobrecimento das necessidades alimentam e as possibilidades reais que o nível histórico já permite; 2) essa crítica ataca de maneira mais direta e radical os fundamentos de certo modo de produção e certa estrutura de poder (a "alienação do consumo" não decorre apenas de mecanismos culturais ou do domínio do universo tecnológico, ambos estão ligados a uma contradição de classe, embora não se esgotem nela); 3) tudo que acontece no campo do consumo obstaculiza e paralisa a formação e a unificação de um sujeito social alternativo e, portanto, mais do que nunca, não conseguimos sair do círculo vicioso da integração e da revolta sem a intervenção de uma mediação política forte, sem um sujeito capaz de influir nos grandes aparelhos que formam a consciência individual e coletiva, capaz de promover uma reforma moral e cultural, uma crítica da vida cotidiana, um novo "tipo humano".

Não seria essa uma excelente base para um projeto e uma identidade comunista radicalmente renovados, mas não menos antagonistas?

A questão do trabalho

Não há dúvida de que a maior novidade que o capitalismo introduziu na história da sociedade diz respeito ao trabalho: por um lado, a progressiva transformação de todo o trabalho vivo em trabalho assalariado (trabalho para produção de mercadoria e ele mesmo como mercadoria); por outro, a incorporação incessante do trabalho vivo no capital, em um sistema de máquinas.

A indústria foi o terreno e o veículo mais eficaz desse processo. Aqui, a separação plena entre trabalho e propriedade dos meios de produção, entre funções diretivas e organizativas e trabalho executivo e genérico, entre trabalho e seu produto, a supremacia do "trabalho morto" sobre o "trabalho vivo", permitiram os mais extraordinários aumentos de produtividade; aqui, a fragmentação das funções e o consequente empobrecimento do conteúdo profissional individual traduziram-se em um enorme aumento da capacidade social do trabalho; aqui, enfim, o trabalho assalariado adquiriu, em termos de homogeneidade e coesão, um poder coletivo de contratação que compensava o declínio do poder individual relativo à qualidade profissional.

Tudo isso possibilitou uma melhora não apenas dos salários reais, mas também das condições de distribuição do trabalho: redução contínua e generalizada da jornada de trabalho e do desgaste físico; redução de ritmos e de ambiente; relativa tutela da estabilidade do emprego e da carreira.

O taylorismo e a contratação sindical foram o ponto alto desse processo em seu duplo aspecto: seja a extrema fragmentação e o estranhamento do trabalho (o operário de massa), seja o controle dos operários sobre as condições de sua organização na fábrica e o crescimento de uma identidade coletiva e de um peso político dos trabalhadores organizados.

Por outro lado, a transformação do trabalho autônomo ou do autoconsumo em trabalho assalariado e para o mercado, ainda que em fases dramáticas de desenraizamento e empobrecimento, oferecia contrapartidas favoráveis em termos de renda e, sobretudo, de mobilidade e emancipação do indivíduo de relações sociais sufocantes. O que acontece do ponto de vista do trabalho e de suas formas, com o declínio gradual da indústria e com o fim da grande fábrica como modelo organizativo da própria indústria?

Uma ocasião histórica absolutamente nova se oferece para a libertação humana, seja como libertação *do* trabalho, seja como libertação *pelo* trabalho. Uma ulterior redução da jornada de trabalho para garantir trabalho para todos, ainda possível, ou antes necessária, oferece espaço não apenas para o descanso e o lazer, mas também para a ampliação de interesses e atividades sociais que vão além da figura do trabalho necessário, do "trabalho para uma renda"; na falta disso, o tempo livre destorce-se em um vazio frustrante e frenético (aqui, a questão do trabalho liberado, do trabalho para si, entrelaça-se com a questão da qualidade do consumo).

Tornam-se cada vez mais necessárias e possíveis, para o indivíduo e para a sociedade, atividades produtivas em setores em que o trabalho assalariado não consegue garantir nem o controle do empenho, nem a participação, nem a qualidade de iniciativa necessária: é o caso dos grandes serviços coletivos (saúde, educação), da informação e das atividades culturais, da organização do tempo livre.

Nas próprias atividades industriais, a introdução de tecnologias mais complexas, a diferenciação e a flexibilidade do produto, a extensão das funções organizativas, de projetação e de controle da qualidade levam não apenas à superação das grandes concentrações produtivas, mas a uma descentralização das decisões operativas, demandam não apenas competências maiores, mas um grau superior de participação e colaboração ativa.

Enfim, a elevação média do nível cultural (ou ao menos do tempo de vida destinado à formação) e a disponibilidade geral de circuitos velozes de informação permitiram uma maior mobilidade dos papéis e uma socialização mais ampla da gestão e das estratégias produtivas (as principais funções empresariais estão cada vez mais ligadas às capacidades organizativas integradas e aos fluxos de informações, mais do que à capacidade individual de assumir riscos e comandar).

Ora, alguns desses processos de valorização e recomposição do trabalho avançaram e continuam a avançar pela própria inércia das coisas no contexto do atual sistema social: crescimento de um empresariado disseminado no setor de serviços e na própria indústria como momentos descentralizados de um ciclo produtivo comandado pela grande concentração, ou nos interstícios de mercado não convenientes para ela; crescimento, inclusive dentro da grande empresa, da camada de trabalhadores envolvidos no *management*, ainda que de modo periférico; crescimento das funções e dos papéis de alto conteúdo profissional em quase todos os setores. O surpreendente sucesso em termos de produtividade do "modelo italiano" em determinados setores, e do japonês em outros (embora completamente diferente), deve-se em grande parte, como se reconhece em geral, à capacidade social de promover e mobilizar essas novas e diferentes energias criativas do trabalho.

Contudo, essa não é a tendência principal.

Temos diante de nossos olhos dois fenômenos macroscópicos inquietantes e estreitamente interligados. O primeiro fenômeno é o novo desemprego de massa e a precariedade. A oferta de trabalho em todo o Ocidente cresce de maneira considerável, apesar de a estabilidade demográfica já ter sido alcançada, em consequência de impulsos sociais profundos e irreversíveis, ligados ao papel produtivo e reprodutivo da família, ao aumento da expectativa de vida, à necessidade insuprível de todos e, em particular, das mulheres de contar com uma base autônoma de sustento e um terreno próprio de socialização. As oportunidades de emprego, ao contrário, estagnaram ou não oferecem um nível de renda ou de qualidade de trabalho aceitável para todos. Parte importante e, por enquanto, crescente da população não encontra emprego estável e, ao mesmo tempo, parte da demanda de trabalho é satisfeita apenas por imigrantes.

O fato de o problema do emprego ou do subemprego não surgir de um baque conjuntural, mas como tendência crônica e gradual, que afeta sobretudo determinados sujeitos (jovens, mulheres e idosos, que sobrevivem com a ajuda da renda familiar ou nas malhas do *welfare*), torna o fenômeno menos imediatamente explosivo. Mas ao mesmo tempo, e no longo prazo, é mais grave, porque se traduz em uma marginalização sistemática e permanente do circuito normal do mercado de trabalho e reflete-se em impulsos de desagregação que corrompem o conjunto da vida social (drogas, violência disseminada, criminalidade).

Ora, não há dúvida de que, em boa parte, tudo isso está ligado a uma fase específica da crise econômica e da reestruturação produtiva: a redução das taxas gerais de desenvolvimento, que já dura mais de uma década, o salto tecnológico orientado sobretudo para a economia do trabalho, o declínio irreversível de determinados segmentos produtivos tradicionais, a supressão de velhas figuras profissionais ou velhas funções, que é mais rápida do que a criação de novas. Nesse aspecto, o desemprego poderia ou poderá ser redimensionado por uma retomada do desenvolvimento, pela decolagem de novos setores produtivos e por processos eficazes de conversão profissional e criação de novas capacidades.

Devemos apenas nos perguntar, como faremos mais adiante, em que pé estamos desse ponto de vista, se, quando e a que custo vislumbramos um novo desenvolvimento extensivo.

A meu ver, esse novo desemprego e essa precariedade podem e devem ser vistos como algo mais profundo e permanente, que diz respeito justamente à questão geral do trabalho e de sua qualidade em uma sociedade pós-industrial.

Todos reconhecem que, ao menos no setor industrial e na produção dos bens materiais vendáveis dos países avançados, o emprego não poderá voltar a crescer de maneira estável, independentemente da conjuntura ou da taxa geral de desenvolvimento. Que, em suma, a estagnação ou a rápida queda desse tipo de emprego na metrópole é um fenômeno irreversível. Processos de desindustrialização muito avançados e degenerativos podem ser revertidos (o que os Estados Unidos tentam fazer e seria urgente fazer em determinadas regiões do Sul da Itália). Determinadas indústrias e produtos em declínio fatal, como a siderurgia e a petroquímica, assim como outras indústrias e produtos, podem ser substituídos. Mas é fato que por natureza, e não apenas por causa da finalidade conjuntural a que se destina, a atual revolução tecnológica é muito mais eficaz para determinar um modo mais eficiente de produzir os mesmos bens do que para criar novos; esses novos bens criados por ela encontram uma demanda bem menos expansível e são rapidamente produzidos a um custo e com um conteúdo de trabalho decrescentes; e a produtividade cresce nesse campo mais rápido do que a produção, libera trabalho antes e mais do que emprega novos. Em suma, nos países avançados a indústria não só perderá seu peso relativo no conjunto do trabalho social – como é óbvio e acontece há muito tempo –, como não conhecerá mais fases de expansão sensível da ocupação.

Por outro lado, é duvidoso que essa tendência possa ser revertida por um processo de ampliação do desenvolvimento moderno para novas regiões do mundo. Porque, além dos limites que essa possibilidade encontra na atual configuração do mundo (e à qual voltaremos como problema crucial da fase atual), o fato é que, diferentemente de quarenta anos atrás, a velocidade de aplicação da nova tecnologia é tamanha e a supremacia tecnológica é tão pouco traduzível em fluxos estáveis de mercadorias que os novos processos de industrialização se manifestam em uma ameaçadora concorrência no setor de bens de consumo antes e mais rapidamente do que absorvem bens de investimentos da potência dominante. De todo modo, um novo tipo de divisão internacional do trabalho não se traduziria em uma expansão global e relevante da base industrial da metrópole, mas é mais provável que tivesse a forma de uma troca entre bens materiais e conhecimentos ou de especulações financeiras.

O questionamento fundamental e de longo prazo que se põe para as sociedades avançadas é, portanto, o seguinte: se e como um novo tipo de produção e consumo, não de bens materiais e indústria, mas de bens imateriais e serviços, pode oferecer em longo prazo uma saída adequada e satisfatória para a oferta de trabalho, assim como aconteceu historicamente na passagem da economia agrária para a economia industrial.

É legítimo nutrir dúvidas a respeito da hipótese oferecida por essa analogia. Em primeiro lugar, o chamado setor dos "serviços" passa há muito tempo, nas sociedades avançadas, por uma expansão constante e, em certos aspectos, hipertrófica. Aliás, em certos serviços tradicionais, desenvolvidos com o amparo do emprego burocrático e com recursos crescentes, garantidos pelo incessante crescimento industrial, os custos se revelaram cada vez mais insustentáveis e, ao mesmo tempo, as novas tecnologias permitem uma racionalização do trabalho que traz à tona um excedente ocupacional. Como se trata de setores ainda em atraso com relação às necessidades reais, e como sua estrutura institucional garante melhor a estabilidade do direito ao trabalho, é possível que essa tendência encontre obstáculos, mas, de qualquer maneira, é difícil que uma maior eficiência "nesses" serviços produza novos empregos de modo consistente e estável.

As atenções e as esperanças devem se concentrar, portanto, em serviços de um novo tipo: os que substituem zonas residuais de autoconsumo, os que dão apoio externo às empresas industriais (pesquisa aplicada, seguros e finança, consultoria, *marketing*, assistência jurídica) e, sobretudo, os que produzem novos bens imateriais (formação, informação, saúde, atividades culturais, gestão do território).

Mas é justamente nesse terreno que reside a comprovação de fundo. Como notaram Alfred Sauvy e Giorgio Ruffolo, para que um novo setor absorva empregos mais rápido e em melhores condições do que o processo de declínio do velho os libera, duas condições são necessárias: a produtividade do novo setor deve ser medianamente superior à do setor antigo, de modo que se possa oferecer melhores salários e ainda deixar uma margem para o seu crescimento; a produção do novo setor deve crescer mais rápido do que sua produtividade. No caso da produção industrial, isso aconteceu pontualmente. Não é certo que aconteça com os "novos serviços". Na verdade, alguns desses novos serviços substituem por trabalho assalariado um trabalho anterior, que estava fora do mercado (o *fast-food*, os serviços pessoais), ou respondem a novas demandas sociais e individuais (desde seguranças até os serviços relativos à administração urbana) e, por mais úteis e necessários que sejam, têm um nível de produtividade muito menor do que qualquer atividade industrial. Outros (serviços prestados a empresas e atividades financeiras ou de distribuição) não produzem novos bens, são parte do custo de produção e, por mais alta que seja sua rentabilidade, traduzem-se ao menos em parte em parasitismo e freio do desenvolvimento. E, por fim, os mais novos e promissores apresentam-se como produção de bens imateriais, na qual a forma do trabalho assalariado estável é bem menos congruente do que na indústria e a tradução em mercadorias efetivamente vendáveis é parcial, e na qual tanto a produção quanto o consumo têm caráter social, rentabilidade diferida, utilidade indireta e difusa. Globalmente, portanto, esses novos serviços têm uma produtividade relativamente baixa em termos capitalistas e, como o mercado do trabalho funciona exatamente como um mercado, as oportunidades de emprego ou oferecem níveis salariais e condições piores (e destinam-se a um setor marginal e não protegido pela sociedade), ou se expandem a um ritmo relativamente moderado e, de qualquer forma, insuficiente para satisfazer a oferta crescente.

É razoável pensar, portanto, que o trabalho assalariado ocupado de maneira estável e com uma retribuição normal tende a estagnar nas sociedades avançadas, se não a diminuir.

O tema da redistribuição do trabalho parece assumir assim um valor estrutural e estratégico central. Em si, uma operação social desse tipo não é inconcebível para um sistema capitalista; ao contrário, por quase um século essa foi uma tendência recorrente. Todavia, isso aconteceu em razão do crescimento geral da produtividade direta do trabalho, que se traduzia em parte em redução da jornada. Mas quando não existe esse crescimento a tendência do sistema, como se constata hoje de forma pontual e permanente, é reduzir o tempo de trabalho global na forma de desemprego endêmico, subemprego, *part-time* e trabalho precário em funções genéricas e, ao mesmo tempo, estender a jornada de trabalho para empregos altamente qualificados e estáveis. Não se trata apenas de interesse selvagem do capitalista, porque, da parte dos trabalhadores, também não é possível reduzir a jornada renunciando à renda. Portanto, é impossível procurar e conseguir uma redução consistente da jornada de trabalho se e até que se encontre um modo de aumentar a produtividade pessoal, mesmo nos setores em que o trabalho assalariado funciona mal, e até que se consiga encontrar uma maneira de garantir um maior bem-estar sem intermediação da renda, com o desenvolvimento de formas modernas de trabalho alheias ao mercado, com a valorização de atividades socialmente úteis que seja na forma de mercadoria vendável.

Considerações análogas valem também para o segundo grande fenômeno que temos diante de nós, o qual diz respeito não à quantidade, mas à qualidade do trabalho. O que vemos nas sociedades mais avançadas nessa fase é uma nova polarização do trabalho ocupado. De um lado, um processo de valorização e enriquecimento do profissionalismo e das competências que, no entanto, permanece circunscrito a uma minoria da sociedade; esta, por sua vez, é extremamente diferenciada e hierarquizada em seu interior e, sobretudo, paga a maior valorização profissional com uma rendição mais absoluta à atomização das especializações e uma subordinação mais rápida ao objetivo produtivo (o intelectual de massa, o funcionário do capital, a cooperação profissional), de modo que o enriquecimento da personalidade por meio do trabalho é mais aparente do que real, mede-se mais em termos de renda ou de poder do que de liberdade e sentido. Nessa vertente, o modelo japonês é paradigmático e prediz o futuro. De outro lado, um novo processo de fragmentação, desqualificação e subordinação do trabalho, que assume formas extremas no emprego precário e no proletariado fragmentado dos serviços, mas continua também no emprego estável e na grande empresa e já se estende para muito além da área do trabalho manual e diretamente produtivo (ou seja, ao trabalho administrativo, ao comércio, à saúde e ao emprego público), a imagem da sociedade informatizada como uma sociedade de alta qualificação, de trabalho criativo e participativo, é pura mistificação. Nessa vertente, a sociedade norte-americana é um bom exemplo: o sucesso gabado pela criação de milhões de novas vagas de emprego é marcado por uma nova desqualificação, às vezes além dos limites que assinalam a irreversível desadaptação social e o novo analfabetismo.

Não queremos dizer com isso que, hoje, todo o horizonte do trabalho se esgote nesses fenômenos, nem que seja possível pensar ou impor também nesse terreno políticas ocupacionais ou de valorização do trabalho que tenham alguma eficácia no sistema atual. Queremos afirmar que: a) no futuro pós-industrial, o conflito de classe entre trabalho e capital tem razões novas e diferentes, mas não menos substanciais, para se alimentar; b) os grandes temas do emprego e de sua qualidade aparecem mais e não menos ligados à lógica de fundo do capitalismo; c) mais do que ontem ou hoje, teremos de enfrentar o tema da superação gradual do trabalho assalariado, e não apenas de sua tutela, e talvez o tema ainda mais radical do trabalho liberado; d) e, por fim, as transformações estruturais do mercado do trabalho debilitam a homogeneidade e o poder imediato do mundo do trabalho, sua unificação e seu destino dependerão muito mais do instrumento sindical no futuro do que dependeram no passado e terão muito mais necessidade de um projeto político e de instrumentos que incidam diretamente na estrutura do Estado, na economia, nas próprias estratégias tecnológicas e nos aparelhos formativos.

Não seria esta uma base sólida em que reconstruir a identidade comunista, justamente a partir do aspecto mais radical e ao mesmo tempo menos desenvolvido da crítica marxista do capitalismo: a liberação do trabalho humano de seu caráter de mercadoria?

A impotência da soberania

A embriaguez neoliberal que caracterizou a década começa a desaparecer. Não pela alternância da moda, mas pela evidência dos fatos. As grandes contradições sociais de que falamos estão diante de todos e dão pouco espaço para a confiança acrítica de que o mercado e o "espírito animal" do individualismo, livres dos vínculos opressores da política e da intervenção pública, preparam um futuro melhor para a coletividade e para o próprio indivíduo. Mesmo quem não julga necessário ou, antes, considera errado e perigoso pôr em discussão o sistema capitalista como fundamento da economia reconhece a necessidade de que ele seja regulado e equilibrado por um poder político autônomo e eficaz.

Junto com o neoliberalismo, começa a perder forças a recente fortuna de seu amigo-inimigo, o movimentismo. A confiança em que, para corrigir os impulsos selvagens do mercado e da competição individual, bastariam a força do conflito social e o crescimento molecular de novas culturas antagonistas e novos movimentos de solidariedade social também foi duramente abalada pela evidência dos fatos: mostram-se cada dia mais fortes a lógica global que governa o sistema, a despeito de sua aparente articulação, e, sobretudo, sua capacidade de fragmentar, integrar e até derrubar o que se opõe a ela ou a contesta.

Volta à pauta, portanto, a questão da democracia em sentido forte, ou seja, a democracia considerada não apenas como sistema de garantias para a autonomia e a liberdade de ação dos indivíduos e dos grupos, mas como forma política e institucional capaz de condensar uma vontade e um interesse geral e dotada de instrumentos eficazes para fazê-los prevalecer. Nesse terreno, porém, a esquerda ocidental encontra-se em uma situação bastante paradoxal: no momento em que poderia celebrar pleno sucesso e uma unidade recuperada, constata uma nova e inquietante impotência. Explicamos melhor.

A moderna democracia nasceu em relação direta com o sistema capitalista e levava esta marca dentro dela como uma contradição constitutiva: a igualdade política entre indivíduos desiguais em seu poder real e em seus direitos efetivos. O direito "abstratamente igual" do cidadão escondia a realidade do domínio de classe e garantia seu caráter objetivo, mas, ao mesmo tempo, oferecia um princípio, um instrumento poderoso para quem queria limitar esse domínio. A história do pensamento e das instituições políticas dos últimos dois séculos no Ocidente é dominada pela tensão entre estas duas lógicas: a lógica do Estado liberal como fiador da competição entre sujeitos desiguais pela fortuna, pelos talentos e pelo poder, e a lógica do sufrágio universal como instrumento para corrigir essa desigualdade e permitir a todos o exercício de seus direitos fundamentais. Não era apenas competição entre as razões da liberdade política e da justiça social, porque a própria liberdade política não tinha vida real se e até que a generalidade dos cidadãos não tivesse condições mínimas de instrução, renda e segurança para exercê-la; e porque, por outro lado, sempre que se sentia ameaçada pelo domínio social, a classe dominante mostrava-se disposta a revogar as mesmas instituições políticas que havia inventado.

Pode-se dizer, portanto, que há pelo menos um século na história do Ocidente o movimento operário que nasceu fora e contra esse sistema político tornou-se seu protagonista e garante. Todo o movimento operário. Até aqueles que, como Lenin, mais enfatizavam os limites da democracia burguesa, a ilusão do parlamentarismo e a necessidade de uma "ditadura proletária" não só reconheciam o Estado representativo como "terreno muito mais favorável à luta de classes", mas também insistiam obsessivamente no fato de que o socialismo necessitava de formas ainda mais radicais e disseminadas de democracia política. De modo que, verdadeiro paradoxo do nosso século, os próprios elementos formais das constituições liberais também foram diversas vezes defendidos por movimentos que criticavam seus limites com mais sacrifício e eficácia do que seus apologistas mais convictos.

E, no entanto, o que dividiu o movimento operário durante toda uma época foi sobretudo a questão da democracia política: a convicção dos leninistas de que a fase histórica em que a democracia poderia conviver com a ordem capitalista havia acabado, e a convicção de que uma democracia socialista poderia se organizar e crescer negando, ou melhor, somente negando o exercício dos direitos políticos universais. Pode-se afirmar que essas convicções surgiram em uma fase histórica que as justificava e que elas se inseriram em um movimento real que, de todo modo, contribuiu enormemente, nos fatos, para um processo geral de libertação e emancipação, inclusive política. Mas é indubitável que foram formuladas e praticadas como uma teoria geral, como uma forma nova e superior de poder político. E, nesse terreno, o leninismo sofreu uma dura derrota, que somente hoje mostra todo o seu alcance.

De um lado, na União Soviética, as esperanças de Lenin em uma forma superior de democracia (os conselhos, a revogação do mandado e a extinção do aparelho estatal como força separada) não esbarraram apenas nas dificuldades específicas da construção do socialismo em um país isolado e atrasado, mas mostraram-se pouco a pouco incompatíveis com uma forma política (o partido único, o poder centralizado, a identificação entre o dissenso e o inimigo de classe) que se consolidava como privilégio burocrático, tornava as massas passivas, cristalizava o pensamento crítico no dogmatismo e, por fim, paralisava o próprio dinamismo social e produtivo. A história mostrou que o pleno exercício da democracia política é mais importante para o socialismo do que para o capitalismo.

De outro lado, no Ocidente, a luta antifascista e a experiência do *welfare* mostraram que a democracia política, mesmo em uma sociedade burguesa e na forma de um Estado representativo, ainda oferece um enorme espaço para mudanças concretas das relações sociais, pode se traduzir em conquistas decididamente reais e substanciosas (a instrução das massas, a contratação sindical, o sistema assistencial) e possibilita um crescimento permanente da organização e da consciência das grandes massas exploradas.

Assim, uma longa e dolorosa controvérsia histórica parece vir plenamente à tona hoje e resolver-se. Todos os países de capitalismo maduro (assim como Espanha, Grécia, Portugal e, quem sabe no futuro, Coreia, Taiwan e Brasil) apoiam-se em instituições de democracia representativa que nenhuma força política ou nenhum componente cultural de relevo deseja subverter. O Estado decide a destinação e organiza os gastos de mais da metade da renda nacional, intervindo também em diversos setores produtivos. A educação, a saúde e a aposentadoria estão amplamente organizadas como serviços públicos para todos. Tanto o nível de instrução quanto a informação dão peso à opinião pública. Existem poderosas organizações sindicais e de categorias profissionais e uma prática permanente de conflito social. E, do outro lado, a própria União Soviética iniciou uma reflexão autocrítica, que se define justamente como revolucionária, a partir do tema da democracia política.

É nesse sentido que afirmamos que a esquerda ocidental poderia celebrar uma vitória histórica e construir uma nova unidade em torno dela: uma forma política pela qual a esquerda lutou longamente, e que é sobretudo uma conquista histórica sua, afirma-se hoje como modelo universal, oferece-se como um instrumento melhor para a transformação e o progresso da sociedade.

Assim, parece que, ao menos no terreno das instituições políticas, a crítica do sistema não tem mais sentido, o problema da "terceira via" não existe e a identidade e a tradição comunistas desapareceram, com razão e sem nostalgia, na grande corrente do pensamento democrático sem adjetivações.

No entanto, como acontece com frequência, o momento do esperado sucesso corre o risco de se tornar também o momento do amargo despertar. Uma vez chegado a sua expressão madura e geral, quando parece dotado de poderes para intervir na sociedade, tornar efetivo o exercício da soberania popular e real a igualdade de direitos dos cidadãos, o Estado democrático representativo parece recuar pouco a pouco, em uma nova forma, a suas origens, ou seja, a uma fachada por trás da qual cresce e atua sem contestação um tipo completamente diferente de domínio.

Não nos referimos apenas ou sobretudo ao ataque ideológico e prático contra a intervenção pública na economia, contra as políticas de fomento do emprego, contra o sistema assistencial universal, contra os níveis de regulamentação do mercado do trabalho e de contratação sindical, ataques que tiveram resultados sérios e duradouros, mas poderiam estar ligados a certa fase econômica e a certa relação transitória entre as forças políticas. Tampouco nos referimos ao fato de que, em outra e majoritária parte do mundo, economicamente subdesenvolvida, a história política recente atue no sentido contrário, por um movimento de regressão que faz com que os Estados surgidos dos grandes movimentos de libertação se transformem em oligarquias apoiadas no privilégio e no arbítrio, ou em teocracias apoiadas no fanatismo. Tudo isso poderia ser reflexo de um impasse econômico e de uma dependência cultural que a democracia política nos países líderes poderia e deveria tentar modificar.

Referimo-nos a algo mais profundo, geral e intrínseco às instituições políticas do capitalismo que começa a se tornar pós-industrial, ou seja, à crescente e estrutural irrelevância da política. Aquela que foi, para o bem ou para o mal, o centro forte da decisão, o instrumento de uma hegemonia blindada de força, o terreno privilegiado do conflito mais duro, tende a se tornar um ritual vazio, apenas mediação e confirmação do que já aconteceu, suporte administrativo de um poder que está alhures.

Essa é a evidência empírica das últimas décadas, e não só de uns poucos anos, que põe em alerta. Não é verdade que na Europa, nas últimas décadas, coalizões e forças diversas que se alternaram no governo praticaram em substância as mesmas políticas em determinadas fases e outras em outras fases, seguindo vínculos e impulsos mais fortes do que sua própria vontade? É privado de significado o fato de que o país de capitalismo avançado em que o Estado executou com mais eficácia uma intervenção programada sobre o desenvolvimento econômico, como todos reconhecem, seja o Japão, ou seja, um país com um sistema político sem alternância, comitê das grandes forças econômicas, amparado por um consenso construído sobre a mais organizada rede de clãs e clientelas e um grande conformismo de massas?

Em suma, se as pessoas dão cada vez menos crédito e paixão à política, isso acontece também porque a política, antes de estranha e corrupta, parece inútil.

O que está por trás disso tudo? Trata-se apenas, como muitos acreditam, de um fenômeno de ineficiência e de anquilose de uma máquina administrativa que, por ter crescido e cedido demais à lógica do assistencialismo, quanto a suas finalidades, e à lógica burocrática, quanto a seu funcionamento, tornou-se ineficaz, além de caríssima? Existe uma congestão e uma paralisia da decisão política, uma incapacidade orgânica de estabelecer prioridades e impô-las, justamente em razão da excessiva difusão dos poderes democráticos e, portanto, da resistência oposta por mil direitos de veto presentes na sociedade?

Com certeza, há tudo isso, e já seria suficiente para explicar que o atual sistema político-institucional chegou a uma crise de funcionamento que comporta inovações e escolhas não neutras. Mas há também fenômenos mais profundos, ligados justamente à transformação epocal de que estamos falando.

A primeira ordem de fenômenos origina-se no processo de globalização da economia e do sujeito real que domina esse processo, a finança e a grande empresa multinacional. É curioso que um fato tão macroscópico e irresistível para a configuração do poder real seja tão marginal na reflexão política, e seja aceito pela esquerda inteira com um entusiasmo acrítico ou como um evento neutro, a respeito do qual pouco se pode fazer.

A unificação progressiva dos mercados e das tecnologias não representa em si uma novidade. Novo, porém, é não só a enorme aceleração desse impulso, como também os mecanismos de poder que o governam e se alimentam dele. Em primeiro lugar, o crescimento impetuoso de centros internacionais de direção, políticos e econômicos, dotados de poder normativo e não apenas de mercado: a Comunidade Econômica Europeia, o Fundo Monetário Internacional, os acordos entre os bancos centrais e a unificação de fato de um sistema internacional de pesquisa científica. Essas estruturas, para as quais se transfere a parte mais importante e estratégica do poder político, são organicamente independentes de qualquer forma de controle ou influência democrática. Não apenas porque as instituições que deveriam garantir essa relação não têm poder real (o Parlamento Europeu) ou o negam em princípio (o Fundo Monetário), mas também porque, mesmo que existissem e tivessem poder, tais instituições teriam um poder formal, já que não corresponderiam a um sujeito político minimamente capaz de se organizar, entender e participar. O que progride é apenas uma espécie de Estado federado "por conquista régia", em que o rei é uma restrita oligarquia econômica e tecnocrática, a que se contrapõe um "povo" fragmentado por histórias nacionais, dividido por interesses locais e corporativos, que, por ser apenas corporação, é capaz apenas de opor uma resistência setorial (referimo-nos à política agrícola europeia, ou à babel de organizações sindicais e do Estado social). Assim, as escolhas decisivas escapam completamente do sufrágio universal, viga mestra e orgulho da moderna democracia.

Em segundo lugar, devemos considerar a nova realidade das finanças e das multinacionais. Não apenas seu peso cresceu enormemente em cada país e em cada setor: sua base e seu papel mudaram. A grande concentração econômica não possui – como ainda possuía, algum tempo atrás – uma base nacional e uma caracterização industrial prioritárias. Trata-se, acima de tudo, de uma potência financeira, multissetorial, cujo teatro de operações é mundial (ou ao menos continental) e cuja função principal é produzir capacidades organizativas, planos de pesquisa e organização de mercado; integra aparelhos formativos e informativos, organiza uma miríade de empresas dependentes e orienta escolhas de governos e grandes instituições.

É, portanto, um centro de poder privado, que absorve plenamente para si o papel de planificação social do desenvolvimento, com uma base de massa própria (acionariado popular) e um sistema próprio de formação de consenso.

Mas há uma parte ainda mais substancial do poder político que escapa do sufrágio universal. Não se trata mais somente do grande capital que sufoca o exercício democrático ou dispõe de instrumentos para alternar seu jogo; trata-se mais simplesmente de um grande capital que confisca diretamente o poder estatal e esvazia o significado real da democracia. É bastante patético cogitar "governar" esse poder por meio dos instrumentos tradicionais de que o Estado dispõe, ou limitá-lo com regras como a legislação antitruste.

Enfim, globalização quer dizer também homologação do modelo de consumo, integração do sistema de informação, circulação livre da economia, ou seja, uma massa de microdecisões uniformizadas por mecanismos e conveniências objetivas que o sistema de poder determina e que limita radicalmente, de baixo e de cima, as possibilidades reais de escolha e intervenção daquilo que constitucionalmente continua a se definir como Estado nacional democrático.

Para se opor a essa transferência de poder real, o Estado democrático deveria pôr em campo uma vontade forte, ser capaz de perseguir projetos contundentes e de longo prazo. No entanto, intervém aqui a segunda e não menos grave ordem de fenômenos que ameaçam uma crise da democracia. Enumeramos a seguir apenas alguns, sem estabelecer uma hierarquia nem aprofundar os elos que os unem.

O declínio da grande fábrica, a segmentação das figuras profissionais, a multiplicidade muitas vezes casual e arbitrária da distribuição da renda e o próprio fato de que a injustiça social se concentra em setores ou zonas marginalizadas e subalternas tornam o conflito social cada vez menos unificado e transparente, e subtraem da democracia política o sujeito coeso e organizado que a animou durante décadas. Obviamente, a difusão invasiva e insistente dos meios de informação e entretenimento de massa não só permite manipular o consenso, mas forma uma opinião pública atomizada de per si, uma consciência política obscurecida pelo excesso de estímulos e dados confusos e uniformes, oscilante e efêmera. Esses elementos objetivos, em que se insere uma crise das ideologias ligada ao espírito geral da sociedade, produzem o declínio dos partidos de massas como organizações de militantes capazes de unificar interesses e comportamentos dentro de uma cultura e de um projeto. O próprio alcance da intervenção pública em milhares de campos da vida social e seu papel de gestor de grande parte da renda nacional tornam-se a sede de uma troca, de um mercado específico entre uma sociedade corporativizada, que troca consenso por tutelas e favores, e uma classe política profissional, que transforma a si mesma em corporação.

A política em sentido forte, tanto quanto ainda consegue sobreviver, separa-se dessa máquina de consenso, isola-se no circuito de um poder paralelo, de uma classe dirigente real, muito restrita, que une elites governativas, tecnocráticas e econômicas, mas por natureza interpreta os impulsos objetivos que provêm do mercado e apenas nessa direção consegue operar de forma incisiva.

A democracia sem hegemonia transforma-se em rito, em reino do efêmero, degenera em mercado corporativo e, no melhor dos casos, limita seu horizonte à boa gestão administrativa das tarefas e dos objetivos que não é ela que determina. E um poder paralelo, oligárquico, cresce não apenas como fato, mas como necessidade.

Nem por isso as tarefas e funções do Estado se reduzem, mas ele perde o papel de motor e síntese, e o povo que o legitima torna-se cada vez menos seu soberano ou, quando muito, é sua contraparte. O leviatã não é menos invasivo, mas está domesticado.

Pode-se pensar também que isso não é tão grave: quando se sabe corrigir suas manifestações degenerativas, essa "política leve", esse Estado remetido a um papel de garantia e administração, esse poder devolvido aos que sabem deixa mais livre a sociedade vital e afasta enfim o espectro do totalitarismo e das ideologias totalitárias. Não acreditamos nessa visão, porque o universo que se configura não é menos totalitário em sua aparente complexidade. Mas é certo que, com esse tipo de instituição política, a ideia de "governar" o desenvolvimento, mudar o marco da modernidade segundo um projeto coletivo não tem um fundamento plausível.

Assim, voltam a emergir na realidade mais moderna, e por novos caminhos, alguns temas clássicos e radicais da crítica marxista ao Estado burguês:

O caráter mistificado e ilusório, a insustentabilidade de uma democracia que não sabe e não quer atacar os santuários de um poder econômico cada vez mais centralizado e determinante e transferir para o controle público aquilo que a socialização das forças produtivas já torna intrinsecamente público e que já vai muito além das funções redistributivas da renda e atropela o próprio mecanismo da acumulação, a escolha fundamental da alocação dos recursos. Não se pode planejar tudo, é claro, mas é igualmente absurdo que o planejamento possível se torne, com o simples pretexto do mercado, uma função do privado.

A necessidade de um internacionalismo efetivo, que faça corresponder ao processo de unificação mundial uma força real, capaz de gerenciá-lo e controlá-lo democraticamente e, nesse processo, valorizar a riqueza peculiar das identidades nacionais contra uma simples homologação que alimenta o recorrente particularismo.

Não podemos nos iludir, acreditando poder condicionar um processo de unificação supranacional, se apenas as classes dominantes se unificam cultural e organizativamente: para ser democráticas, as instituições devem não somente sancionar determinados direitos, mas ser ocupadas por forças reais, capazes de fazê-los valer.

E, por fim, a necessidade de um sujeito político coletivo, que seja capaz de impor um projeto global e de longo prazo, sob impulsos imediatos e interesses particularistas, e promover uma reforma cultural e moral também entre os que querem mudar a sociedade, mas são continuamente condicionados pelos valores e pelos mecanismos dessa sociedade. A democracia não vive sem um soberano coletivo, e esse soberano coletivo não pode existir na forma de uma multidão atomizada, de uma soma confusa de impulsos e culturas heterogêneas. A fragmentação não é pluralismo, é uniformidade camuflada.

Esses temas clássicos, todavia, propõem-se de forma completamente nova, ou tão antiga que sua memória se perdeu. Porque a solução estatista, até agora dominante na cultura do movimento operário, não apenas se revelou insuficiente e custosa, como também parece impotente para resolver o problema da democracia. Um poder público administrado como poder burocrático enrosca-se em uma espiral de ineficiência e arbítrio que provoca nas massas a rejeição ao público como tal. Uma soberania popular limitada ao exercício eleitoral, à escolha de uma representação, não somente marginaliza aquela parte do povo que não exerce outros poderes de fato, como a faz regredir à cultura subalterna, leva-a a reivindicar tutela, ao invés de exercer governo, transforma a soberania em consenso e o consenso em mercado. Governar a sociedade a partir do centro, ou com as leis, é mera ilusão. O desenvolvimento da democracia coincide com a reapropriação cotidiana e articulada das várias funções de governo, com uma socialização do poder, com uma deterioração gradual da separação do Estado. E, por outro lado, nada disso é possível sem um questionamento dos aspectos do estadismo que se refletiram nas formas organizativas do movimento operário, ou seja, o partido como sede e instrumento exclusivo da política, sobreposto a um movimento de massas como sede e instrumento do conflito econômico--social, e não como estímulo e síntese de um complexo sistema de movimentos políticos, autônomos e permanentes, por intermédio dos quais a multiplicidade dos sujeitos concorre para soldar um novo bloco histórico. A própria riqueza oferecida pelo terreno democrático, já longamente arado, a multiplicidade e o nível cultural dos sujeitos políticos, presentes de maneira confusa, mas ativa na sociedade, as mil articulações do poder estatal sedimentado por uma sucessão de experiências e lutas, a multiplicidade insuprível, ainda que subalterna, dos sujeitos nacionais que emerge da crise dos sistemas imperiais, oferecem um material extraordinário para a dificílima tarefa de reconstrução da democracia sobre novas bases.

Em suma, para resumir grosseiramente: reconhecer a democracia como valor universal não significa de maneira alguma dar por superada a velha afirmação leninista – e mais tarde sobretudo togliattiana – de um nexo entre democracia e socialismo. Ao contrário, hoje podemos definir melhor um nexo recíproco, com base no qual não apenas um elemento é essencial para o outro, como atribui ao outro um conteúdo e uma forma diferentes.

Isso não tem algo a ver com a procura de uma "terceira via"? Não é uma base forte para refundar uma identidade comunista também sobre a questão mais complexa e controvertida das instituições e das formas da política?

As várias considerações e o raciocínio global que sumariamente propusemos sobre as "grandes contradições" da nossa época são suficientes, a nosso ver, para definir de modo bastante consistente, não subjetivista, um campo de possibilidades, mas não oferecem nenhuma certeza razoável. De fato, de um lado, permitem afirmar com convicção que:

1) A sociedade capitalista, tal como sai de suas novas transformações, não se apresenta nem unificada nem sustentada por uma hegemonia estável. Ao contrário, é permeada hoje, e será ainda mais no futuro, por grandes conflitos materiais e ideológicos que não interessam apenas as áreas periféricas e marginais nem expressam apenas necessidades de libertação ainda não maduras historicamente e, portanto, minoritárias organicamente, mas nascem também em pontos altos da modernidade e envolvem grande parte do corpo social. Se a profundidade desses conflitos não for compreendida e valorizada, se eles não receberem uma perspectiva racional, podem produzir um embrutecimento e um retrocesso geral.

2) As contradições que hoje atravessam a sociedade não podem ser direta e claramente associadas ao conflito entre capital e trabalho. O próprio conflito entre capital e trabalho somente pode se expressar plenamente enriquecendo-se de finalidades e conteúdos mais complexos, assumindo em si a crítica da qualidade do desenvolvimento e não apenas limitando-se à crítica da quantidade e da distribuição de seu produto. Novos sujeitos e novas necessidades (o meio ambiente, a liberação da mulher, a valorização do gênero, o senso do trabalho e do consumo) devem ser reconhecidos por sua novidade e irredutível autonomia, mas também são essenciais para dar à luta das massas trabalhadoras uma verdadeira autonomia e uma capacidade hegemônica, uma concreta inteireza a seu projeto de libertação. Contudo, hoje, mais do que no passado, essas diferentes contradições estão profundamente ligadas às estruturas e aos valores fundamentais do modo de produção capitalista, ou seja, as novas contradições colocam em termos ainda mais radicais o problema de sua superação e oferecem a base para resolvê-lo. Se esse nexo não for percebido, e se os novos movimentos e sujeitos não se unirem em torno dele, eles não apenas estarão fadados à derrota, como entrarão em contradição, tornando-se partícipes de uma revolução passiva. Nesse sentido, a luta de classes continua a ser o motor, o nó de uma alternativa;

3) Uma sociedade diferente não pode ser produto de uma ruptura improvisada, de uma revolução pelo alto; ao contrário, deve avançar como um longo processo de transformação do modo de produzir e consumir, das tecnologias, das ideias, dos estilos de vida individuais e coletivos. Contudo, essa nova sociedade não cresce molecularmente nas malhas da sociedade existente (como aconteceu no caso da revolução burguesa): necessita de um poder, de um projeto, de uma organização; é uma transformação social que deve não apenas se concluir com, mas proceder de um antagonismo, uma hegemonia, uma ruptura política. Pois bem, tudo isso oferece indubitavelmente uma base sólida e uma possível atenção das massas tanto para a plena recuperação quanto para a refundação de uma identidade comunista. Sobretudo, torna não realista, mas absolutamente abstrata, a ideia de que a esquerda possa se propor hoje como alternativa crível, homologando-se posteriormente no sistema, porque isso significa renunciar a falar, senão retoricamente, dos problemas mais agudos, separar-se das necessidades das massas mais oprimidas, perder uma forte motivação de seu próprio compromisso.

Entretanto, as mesmas considerações que propusemos trazem à tona outra face da realidade que não é possível nem honesto censurar. De fato, essas contradições nos obrigam a reconhecer realisticamente que:

1) As forças sociais antagonistas ao sistema aparecem hoje amplamente divididas, presas à alternativa entre subalternidade e revolta, entre integração e utopismo, e uma perspectiva de unidade ainda está muito distante de sua prática e de sua cultura. Ao que dissemos a propósito das sociedades avançadas, acrescentamos a realidade, no Terceiro Mundo, da involução das burguesias nacionais, da nova contradição da questão agrária e do surgimento, como figura dominante, de uma imensa massa de proletariado urbano precário e marginalizado; acrescentamos ainda a dificuldade, nos países do "socialismo real", de um protagonismo social da classe operária e das grandes massas ainda passivas e penetradas por impulsos contraditórios.

2) De todo modo, as grandes referências políticas possíveis para se opor a essa fragmentação vivem ainda uma crise cultural e identitária profunda. Ao que observamos a propósito da esquerda ocidental, devemos acrescentar o que acontece na União Soviética: uma extraordinária e inesperada tentativa de reforma e mudança que nasce, contudo, de um modelo e durante um bom tempo precisará de estabilização, recuperação e eficiência. Gorbachev fala com sinceridade e razão de "mais socialismo e mais democracia", mas é difícil que isso se torne imediatamente evidente e tenha sucesso, produza reformas e não crises.

3) A redefinição de uma identidade comunista parece um trabalho teórico e cultural de grande fôlego, que implica a reconversão de um modo de pensar

consolidado em décadas, deve crescer em um horizonte dominado pelas novas ideias burguesas e pelas velhas ideias operárias, prevê um período de buscas, riscos de ecletismo e erros e necessita de um longo esforço de educação, antes de assumir a força de uma cultura disseminada, de uma visão do mundo, de um senso comum arraigado.

Para concluir, voltando ao questionamento inicial, podemos afirmar o seguinte: a refundação de uma identidade antagonista, para o PCI e para toda a esquerda europeia, é uma condição necessária e possível para uma retomada política, mas é uma condição difícil de realizar e insuficiente por si só.

Essa refundação somente poderá se realizar se e na medida em que, em um horizonte mais curto de tempo, for possível prever a duração e o agravamento de uma crise do sistema, em termos econômicos e políticos, com relação a ele mesmo e a seu funcionamento, e se houver possibilidades concretas de intervir para impor algumas mudanças parciais da ordem existente, mas contundentes, a partir das quais uma remota perspectiva de refundação possa crescer e se definir. Ao contrário, se em um futuro próximo estivermos diante de um sistema capitalista economicamente em desenvolvimento e politicamente estável, as grandes forças de esquerda terão muita dificuldade para expressar uma identidade forte e antagonista em uma perspectiva de longo prazo. Nesse caso, as "grandes contradições da nossa época" provavelmente se expressarão como um mal-estar difuso, experiências de luta dispersas, testemunhos culturais excêntricos, correndo o risco de contribuir para uma involução, mais do que para uma superação da sociedade atual. E uma força como o PCI dificilmente poderá evitar o declínio ou mesmo a homologação. Por isso, a reflexão sobre o PCI, e sobre a esquerda europeia em geral, para ter alguma seriedade, deve encontrar seu principal terreno de comprovação na análise, na previsão e na proposta "de fase".

A forma partido

A questão do partido, deve-se honestamente reconhecer, é aquela que entende que a mudança de Occhetto teve mais justificação, mas é também aquela que propõe a solução mais discutível e perigosa.

A justificação está no fato de que, com relação a esse problema, a reflexão teórica coletiva foi particularmente pobre e a inovação prática, tímida e inconcludente. Houve renovação, mas o novo, deixado ao sabor dos acontecimentos, sobrepôs-se ao velho e evoluiu sem projeto ou escolhas verdadeiras. Sem a injeção de novas energias, experiências e culturas, e sem uma ruptura das formas organizativas, o "instrumento" parece agora incapaz de explorar até a melhor das políticas.

Mas a pergunta é: em que consiste uma ruptura de continuidade e em que direção se deve seguir? Quais são os verdadeiros "males" que devem ser corrigidos e erradicados e que tipo de partido serve na sociedade transformada para transformá-la?

A ideia que avança é a do moderno "partido leve", não no sentido de um partido de poucos (isso seria uma consequência indesejada), mas no sentido de um partido em que os filiados e os militantes perdem seu peso efetivo para o eleitorado e as associações federadas. Esse partido emprega as competências tais como o mercado intelectual as oferece e agrega forças com base em *issues* e programas específicos; em suma, propõe-se mais ouvir e interpretar a sociedade (uma parte dela) do que transformá-la, ser mais instrumento do que sujeito e, sobretudo, ser uma representação institucional e coletor eleitoral.

Ora, não há dúvida de que isso é uma ruptura profunda não apenas com algumas formas organizadas da tradição comunista – contra as quais a crítica se encarniçou com mais facilidade e razão (centralismo, militância política como prática absorvente, disciplina etc.) –, mas também com seu fundamento teórico. Isto é, com a ideia de que o partido não deve ser apenas *para* os trabalhadores, mas *dos* trabalhadores, um instrumento por meio do qual uma classe por natureza colocada em papéis subalternos, com uma cultura subalterna, transforma-se, aos poucos mas diretamente, em classe dirigente: um instrumento sem o qual o proletariado, ao contrário da burguesia, não pode se constituir como classe *per se*. Aliás, podemos acrescentar que tal ruptura é mais radical com relação à concepção de Gramsci do que com relação ao pensamento de Lenin. No partido leninista ainda persistia (pelo menos até a consumação do socialismo) a dicotomia entre massa proletária, confinada a sua lógica econômico-corporativa e animada pela política em momentos e para objetivos muito gerais, e o partido de quadros, portador de uma "ciência da revolução" fundamentalmente identificada com uma ciência da tomada do poder. Já Gramsci avança como premissa da hegemonia a revolução intelectual e moral, ou seja, a autoeducação coletiva de toda uma classe, e até procura um fundamento material para esse processo na dialética entre proletariado e intelectuais, entre prática operária e valores pré-modernos presentes na sociedade e na cultura. O partido é sede e instrumento disso tudo, não apenas como massa e militante, mas como "intelectual coletivo". Para dizer a verdade, essa concepção nunca se traduziu em um partido real (como nunca foi o partido novo de Togliatti, nem em seus momentos melhores), mas nem por isso não ficou confinada aos livros: antes, um dos elementos originais do movimento operário italiano (até do velho socialismo prampoliano), sobretudo depois de Gramsci, foi justamente seu caráter de agente de civilização, de força ideológica que proporcionava aquele fundamento novo de cultura e moralidade coletiva que a revolução burguesa não proporcionou na Itália. Uma ruptura que, em suma, não foi pequena.

Contudo, a primeira constatação que podemos fazer de imediato é que a ruptura proposta hoje não atinge o tipo de partido que vem dominando a política no Ocidente, tampouco aquilo que o PCI se tornou nos fatos e tende espontaneamente a ser.

A "forma partido", assim como se apresenta hoje nas modernas democracias ocidentais, é tendencialmente a que se propõe como "inovação" vazia e aparente. E isso nos ajuda a compreendê-la melhor. Porque, olhando os fatos, percebemos facilmente que o "partido leve", mesmo quando é de esquerda, não é nada leve e seu modo de "ouvir a sociedade" é bastante peculiar. É um "partido" que supre a fragilidade de seus vínculos com a massa e a precariedade de seu tecido cultural com uma forte ênfase do papel pessoal do "líder"; é administrado por aparelhos de poder não menos estáveis e separados dos antigos (parlamentares quase inamovíveis, técnicos de informação e administração, administradores locais, gerentes de cooperativas e burocracias sindicais), ou seja, pedaços do *establishment*; deve construir o consenso predominantemente com o uso da mídia (ou melhor, procurando seu apoio não desinteressado) e mediando corporações diversas, boas e más. A consequência direta é a passividade política das classes subalternas fora (o abstencionismo) e dentro do partido (como pode se tornar dirigente quem não sabe, quem não tem poder?). A consequência indireta é um tipo de consenso eleitoral que não tolera e não pode tolerar políticas de governo duras, portanto uma necessária autorredução dos programas, uma "escuta da sociedade" que selecione e respeite as fundamentais relações de força existentes. O "reformismo de baixo perfil" torna-se uma necessidade, não uma escolha. Não estamos descrevendo apenas os partidos conservadores e centristas (que, na Itália, assumem especificamente o caráter de partido-Estado), mas a moderna tendência dos próprios partidos "progressistas": desde o Partido Democrático norte-americano até os partidos socialistas francês e espanhol. Em parte, essa é também a tendência no PCI.

Portanto, todos sabem, e alguns dizem, que esse é o maior ponto de fraqueza da esquerda no Ocidente: a limitação da democracia organizada, que a expõe ao abstencionismo dos pobres, à chantagem da mídia e à hegemonia cultural do adversário.

Nada disso acontece por acaso, ou por engano, mas em razão direta de todas essas novidades da sociedade de que se gostaria e à qual se deveria fazer frente, renovando a forma partido.

Esquematicamente, porque já assinalamos esses mesmos fenômenos:

1) A segmentação do corpo social. Por causa da descentralização, a própria classe operária articula-se em sedes físicas, funções produtivas e níveis produtivos muito mais diferenciados, e suas vanguardas são continuamente empobrecidas em razão da maior mobilidade social (espontânea ou forçada). O peso dos tra-

balhadores intelectuais aumenta, porém eles são fortemente condicionados pela cultura que os forma e pelo papel que cumprem. Os intelectuais, em sentido próprio, são parte orgânica de aparelhos poderosos e estruturados. Grande parte dos "pobres" é constituída de excluídos (desempregados, idosos, trabalhadores precários). Os "novos sujeitos" presos a contradições transversais são dispersos por natureza e entram frequentemente em conflito entre si.

2) O papel assumido pelos meios de comunicação de massa não apenas permite a manipulação das decisões políticas, mas também molda culturas, estilos de vida e valores (sobretudo os das classes subalternas), forma e transforma permanentemente o senso comum, dá à opinião pública um caráter espontaneamente confuso e oscilante. Esse é o típico povo das "primárias", viga mestra da máquina eleitoral nos Estados Unidos.

3) O poder real, por trás da aparência de complexidade, ou melhor, por causa dela, é bastante concentrado e apresenta-se com a objetividade de quem faz as únicas escolhas aparentemente racionais e possíveis.

4) Por fim, mas não menos importante, a própria escolha, justa e obrigada da "democracia" e de suas regras, tem um preço: a estabilização por décadas – mesmo nas forças de esquerda – de um pessoal político difuso e profissionalizado, integrado em seu cotidiano ao modo de pensar e agir e, muitas vezes, aos privilégios das classes dominantes. Em substância, não é verdade apenas que os partidos "ocupam" o Estado e a sociedade, mas é verdade também que "são ocupados" por eles.

É por isso que, justamente hoje, e em consequência das transformações já em curso, para fazer não a revolução, mas antes verdadeiras reformas, é necessária, mais do que nunca, uma subjetividade organizada, autônoma, capaz de transformar os próprios protagonistas de uma mudança possível. Nesse sentido, o tema do partido não só "de massas" mas militante, intelectual e coletivo não é "arquivável"; e limitar-se a renovar, em vez de problematizar, significa simplesmente se render ao continuísmo absoluto. E, nesse sentido, por outro lado, aparece absurdo liquidar uma experiência que também foi vital.

Em que pode consistir, então, uma verdadeira inovação teórica e prática?

O PCI foi apenas em parte – e há muito deixou de ser – um partido "de massas, militante, intelectual, coletivo" e, de todo modo, da forma como foi pensado, não poderia e não deveria mais ser. Sobre o primeiro ponto. Comecemos por algumas constatações sobre sua constituição material. Sobre essa questão, seriam necessárias uma grande pesquisa e uma ampla análise, mas alguns dados são imediatamente evidentes.

1) A composição por idade. A média de idade dos filiados do PCI (1,4 milhão) é superior a 50 anos. O número de filiados com menos de 25 anos (1,9%) é

inferior ao dos que têm mais de 80 anos. O número dos que têm menos de 30 anos (a verdadeira força dinâmica da sociedade) é inferior ao dos que têm mais de 70 anos. A Federação Juvenil, após uma tentativa de refundação que teve algum resultado, voltou a decair.

2) A composição de classe. Aparentemente, o partido ainda tem uma amplíssima base operária e popular, e sua composição parece estável há décadas. Digo "aparentemente" porque cresceu muito, é claro, a porcentagem de aposentados, e a presença de novas figuras profissionais do trabalho dependente é irrelevante. Mas, sobretudo, porque a dificuldade para representar essa composição social nas funções dirigentes cresceu enormemente. Se pensarmos no extraordinário florescimento das elites operárias dos anos 1970, vemos quão pouco delas se manteve nos grupos dirigentes do PCI. E, com razão, devemos temer que essa tendência se agrave em uma fase em que essas elites não se formam mais de maneira espontânea.

3) A atividade política das estruturas de base tornou-se fundamentalmente limitada, concentra-se em objetivos de autorreprodução (filiação) ou propaganda (campanhas eleitorais, festas do *Unità*) e, nos casos de maior vitalidade (pequenos e médios centros), na administração local. Ao contrário, a relação com lutas e focos de conflitos reais parece desgastada ou delegada ao sindicato e aos movimentos (pacifista ou ambientalista), a cuja vida cotidiana o partido é relativamente alheio. Não por acaso, a única exceção positiva são as mulheres comunistas.

4) Os grupos dirigentes periféricos encontram dificuldades cada vez maiores: a base para a seleção torna-se cada vez mais limitada, eles dificilmente se formam em experiências reais de luta social e cultural, a vida material é dura e sem grandes compensações nas funções e nos ideais. O poder real é dividido em uma multiplicidade de aparelhos, dos quais o do partido não é o mais numeroso e mais valorizado. O grupo dirigente central perdeu sua autoridade incontestável muito antes da crise atual e, de qualquer maneira, em vez de agir com mecanismos eficazes de discussão, decisão e verificação da ação e dos resultados, age por impulso e mensagens.

5) A atividade formativa decaiu muito, seja na comparação com os quadros de base, seja como capacidade de elaboração e transformação da classe intelectual. A forma típica da relação entre partido e intelectuais é a dos independentes, dos "especialistas" separados da vida política ativa. A imprensa do partido passa por uma crise patente, e a própria informação política é mediada por órgãos independentes.

A lista poderia continuar, mas essas observações são suficientes para nos convencer de que, sobre a questão do partido e de suas formas organizativas, uma ruptura é necessária.

É claro que esta não pode se realizar em termos de restauração de uma concepção clássica, porque dois elementos decisivos do próprio discurso gramsciano sobre o partido (seu caráter de sujeito "totalizante" e seu papel pedagógico) foram postos em questão não só pela experiência, mas também pelas novidades sociais. A subjetividade antagonista não se esgota mais no partido, o partido é apenas um de seus componentes, ainda que essencial. Mas com que funções e com que formas organizativas?

Esse problema não é apenas um dos mais complexos e difíceis de tratar, mas é também impossível de resolver abstratamente, sem uma experiência *in progress*, sem poder ver com clareza que forças colocar em campo e que forma organizativa lhes dar; o que se pode e se deve ter, sobretudo, é certa clareza sobre a direção em que se quer encontrar uma resposta.

De qualquer maneira, queremos propor alguns pontos de forma muito problemática e com certa ousadia.

1) Uma nova forma partido, para existir com as características que assinalamos, precisa de algo que cresça fora dela, se não antes, ao menos junto com ela, de modo que o "limite" do partido (conceito justo, mas ao mesmo tempo ambíguo) não seja simplesmente representado pela sociedade como conjunto amorfo, ou pela individualidade atomizada. A nova forma partido precisa de uma democracia organizada, de movimentos de massa, que, mesmo partindo de temáticas e conflitos específicos, tenham permanência e força para se tornar sujeitos políticos e sejam reconhecidos como tais. E, portanto, a relação entre partido e massas (o chamado caráter de massa do partido) não se apresenta mais como a sobreposição de uma "consciência geral" à espontaneidade econômico-corporativa, e menos ainda como a sobreposição do aparelho político-institucional a uma opinião pública atomizada, à qual se pede apenas consenso. Nas últimas duas décadas, houve experiências embrionárias nessa direção na Itália e foram extremamente ricas: na classe operária em particular (os conselhos dos anos 1970), no pacifismo e no ambientalismo dos anos 1980 e, por fim e principalmente, no movimento feminino. Hoje, apenas este último mantém esse tipo de tensão. O ambientalismo foi rapidamente absorvido pela lógica eleitoreira; o pacifismo teve uma fase de declínio; a crise estrutural dos conselhos de fábrica é séria. E, no entanto, nestes e em outros terrenos, um claro potencial de auto-organização social persiste ou, em alguns casos, aparece pela primeira vez (luta contra a máfia, voluntariado no campo da saúde ou das drogas, imigrantes). O PCI, por sua cultura e modo de trabalhar, nunca reconheceu a necessidade dessa dialética: em alguns casos, desconfiou dela, em outros, tentou absorvê-la e, em outros ainda, estabeleceu uma relação exclusiva com suas representações institucionais. Ora, a linha que aponta para uma unificação dos movimentos em um partido, ou para alianças eleitorais (do tipo norte-americano), é uma falsa solução para o proble-

ma. É necessário reconhecer, ao contrário, a autonomia dos movimentos, trabalhar "dentro" deles e, de sua parte, afirmar sua própria autonomia, confrontar-se com os movimentos e não apenas "representá-los". Sem essa dialética, não existem "materiais" com que ou graças a que se possa construir uma nova hegemonia.

2) Para que isso aconteça, é necessário também criar condições estruturais e institucionais mínimas para o desenvolvimento de uma democracia organizada, de uma subjetividade coletiva. Refiro-me sobretudo às duas grandes estruturas que condicionam a subjetividade em uma sociedade moderna de maneira cada vez mais penetrante. Se não romper o caráter centralista-burocrático da escola (que a torna incapaz de criar um espírito crítico, uma identidade pessoal, e, ao mesmo tempo, aprofunda de novo a distância entre elite e classes subalternas), mas sem cair na lógica da escola como instrumento de transmissão das exigências do capital e do mercado, nenhuma experiência de massa conseguirá superar os limites do particularismo e do grupo de pressão. Ao mesmo tempo, se o sistema dos meios de comunicação não se emancipar não apenas dos fortes poderes que o dominam, mas da lógica que o transforma em mero mercado, a constituição de uma subjetividade autônoma será impossível.

3) Essa premissa conduz a novidades radicais na concepção do "partido novo" de Togliatti e a nossas atuais formas organizativas. A primeira novidade diz respeito ao próprio significado de "partido de massas". Na realidade, o "partido de massas" caracterizou-se pela presença simultânea de duas realidades bastante separadas: o partido de quadros, que, por meio de um tecido militante ativo e entusiasmado, mas relativamente pouco atuante na elaboração política geral, ligava-se a um "povo comunista", sobretudo no terreno das grandes opções ideológicas (antifascismo, socialismo real) e da prática reivindicativa imediata (sindicato, cooperativas, associações de categorias). Hoje, essa separação se aprofundou: classe política e opinião pública.

Sendo assim é necessário ao menos distinguir partido e instituições, deslocar a ênfase para o partido como agente e organizador da sociedade, para seu papel de promotor de conflito e estímulo para uma reforma intelectual e moral. Aquilo que Gramsci chamava de "espírito de cisão" (espero não estar estupidamente equivocado), não por acaso lamentando a ausência na história italiana de uma reforma religiosa, ou do Iluminismo, como fundamento de uma nova e difusa identidade coletiva. Algo mais do que uma simples autonomia cultural e uma escolha genérica de valores fundamentais: uma fusão de valores, uma análise da realidade, um projeto de transformação que desse um sentido profundo à política e, por isso mesmo, funcionasse em cada momento, dia a dia, como um instrumento de crítica e de transformação da vida pessoal. Fundamento ético, e não apenas intelectual. Não é esse o sentido radical da crítica das mulheres à política masculina? Não é essa a raiz da inesperada e com frequência fundamentalista retomada da presença religiosa na vida social? Não é essa a nova e grande "miséria" dos modernos partidos de esquerda e de cada um de nós, mesmo quando nos proclamamos comunistas? Esgotado o impulso perigoso do populismo e aquele igualmente falacioso do "partido Igreja", resta a realidade do partido como setor do aparelho público. Existe um fundamento, uma base material para enfrentar a refundação dessa tensão ideológica, que se torna, como dizia Marx, força material, em uma sociedade tão fragmentada e secularizada, sem provocar o curto-circuito do fundamentalismo? A resposta deve ser procurada provavelmente no fato de que finalmente surgem contradições socioqualitativas que permitem ao partido das classes subalternas sair dos limites da integração ou da revolta, expressar um ponto de vista radicalmente antagonista, mas também "em positivo". Assim, o tema da relação com outras culturas, com outras subjetividades externas e, às vezes, conflitantes com a nossa tradição tem uma importância decisiva, e não queremos afastá-lo, mas desde que não caia na banalidade do "contágio", do ecletismo, e procure realmente uma síntese provisória a cada momento, e cada um valorize nessa relação sua riqueza e sua identidade.

Célebre pôster de 1920, de Viktor Deni, que mostra Lenin "varrendo" do mundo capitalistas, clérigos e monarcas.

ÍNDICE ONOMÁSTICO

Accornero, Aris, 259
Acheson, Dean, 82
Agnelli, Gianni, 289, 322
Agnelli, Susanna, 291
Agnelli, Umberto, 291
Agosti, Aldo, 60
Alicata, Mario, 174, 186, 188
Allende, Salvador, 256, 305
Amendola, Giorgio, 15, 60, 130, 163, 174-83, 185, 188, 226, 228, 230, 233, 264, 283, 292-3, 326, 334-5
Amin, Samir, 173
Anderson, Sherwood, 81
Andreotti, Giulio, 202, 253, 268-70, 274-5, 278-9, 282, 343
Andropov, Yuri Vladimirovich, 329-30, 345-6
Ardigò, Achille, 163, 166, 260
Aristarco, Guido, 103

Badoglio, Pietro, 61-3
Baldacci, Gaetano, 151
Banfi, Antonio, 142
Baran, Paul, 173
Barca, Luciano, 109, 175-6, 178, 183, 253, 274, 291
Barra, Ornella, 238
Basaglia, Franco, 212
Basso, Lélio, 72, 161, 166, 182, 184
Bassolino, Antonio, 361
Battaglia, Roberto, 60
Bauer, Otto, 161
Bem, Josef, 124

Bento XV, 39
Bento XVI, 213
Beneduce, Alberto, 148
Benn, Tony, 329
Beria, Lavrenti Pavlovich, 98, 113-4, 123
Berlinguer, Enrico, 15-6, 32, 188, 203, 232-4, 236, 248-50, 253, 255-60, 264, 266, 268-9, 272-3, 277-8, 282-3, 292-3, 315, 318, 319-22, 317, 323-36, 338-42, 358-60
Berlusconi, Silvio, 24, 370
Bernstein, Eduard, 40, 46, 161, 184
Bertinotti, Fausto, 365, 367
Bettazzi, Luigi (monsenhor), 269
Bevan, Aneurin, 89
Beveridge, William, 89
Bevin, Ernest, 89
Blair, Tony, 25, 161
Bobbio, Norberto, 181, 359
Bocca, Giorgio, 60
Borghese, Junio Valerio, 207
Bradley, Omar, 93
Brandt, Willy, 169, 172, 316, 329
Braverman, Harry, 173
Brecht, Bertolt, 14, 19
Brejnev, Leonid Ilitch, 137, 189, 226, 239, 304, 326, 329, 345, 348
Bronzuto, Liberato, 238
Brüning, Heinrich, 47
Bukharin, Nikolai Ivanovich, 54, 117
Bufalini, Paolo, 109, 230, 233, 238, 253, 335
Bulganin, Nikolai Aleksandrovich, 114
Bush, George W., 25

412 Lucio Magri

Calamandrei, Pietro, 73, 104
Campos Venuti, Giuseppe, 186
Capra, Frank, 93
Caprara, Massimo, 236, 238
Carli, Guido, 167, 291
Carniti, Pierre, 278
Carretto, Carlo, 104
Carrillo, Santiago, 173
Carter, Jimmy, 312
Castellina, Luciana, 16, 235, 238, 363
Castro, Fidel, 280, 305
Cazzaniga, Gian Mario, 363
Chernenko, Konstantin Ustinovich, 346
Cervellati, Pier Luigi, 186
Chamberlain, Neville, 49
Che Guevara, Ernesto, 280
Chiang, Kai-shek, 83-5, 92
Chiarante, Giuseppe, 104, 259, 363
Chiaromonte, Gerardo, 233, 259, 274, 279
Chirac, Jacques, 314
Churchill, Winston, 50, 63, 77-8, 81-2, 85, 89, 97
Claudín, Fernando, 173
Clementis, Vladimir, 98
Coga, Raimondo, 237
Colombo, Cristóvão, 271
Colombo, Emilio, 167, 287
Coppi, Fausto, 252
Coppola, Aniello, 188
Corbino, Epicarmo, 67, 104
Cossiga, Fracesco, 253
Cossutta, Armando, 328, 335, 361, 366-7
Craxi, Bettino, 161, 167, 170, 265, 270, 272, 274, 282-3, 314, 317, 323, 325, 341-3, 360, 365
Croce, Benedetto, 39, 46
Crosland, Anthony, 169, 172
Cucchi, Aldo, 105
Cuccia, Enrico, 148
Curcio, Renato, 280-1

D'Onofrio, Edoardo, 109
Daladier, Édouard, 48-9
De Gasperi, Alcide, 67, 72, 76, 90, 101-2, 104, 151, 153
De Gaulle, Charles, 60, 69, 141, 196, 328
De Lorenzo, Giovanni, 168, 207
De Man, Hendrik, 161
De Martino, Francesco, 166-8, 264
De Michelis, Gianni, 167

Del Noce, Augusto, 21, 260
Della Volpe, Galvano, 142
Deng Xiaoping, 227, 310, 339, 349
Denikin, Anton Ivanovich, 77
Depretis, Agostino, 324
Deutscher, Isaac, 118
Di Giulio, Fernando, 109, 228, 234, 274, 335
Di Vittorio, Giuseppe, 68, 135-6, 138, 158
Dimitrov, Georgi, 47, 96, 98, 226
Donat-Cattin, Carlo, 154, 283
Doria, Manlio Rossi, 163
Dorso, Guido, 54, 72, 324
Dossetti, Giuseppe, 73, 104, 215-6, 259
Dozza, Giuseppe, 186
Dubcek, Alexander, 225-7, 326

Einaudi, Luigi, 67, 103-4, 237
Einstein, Albert, 93
Eisenhower, Dwight D., 93, 100
Engels, Friedrich, 53
Enlai, Zhou, 115, 193, 227, 308-10
Evangelisti, Franco, 274

Fanfani, Amintore, 155-6, 165, 167, 258, 316
Fanon, Frantz, 176
Fejtő, Ferenc, 100
Fermi, Enrico, 73, 114
Foa, Vittorio, 106, 161, 177, 234, 277
Forlani, Arnaldo, 283, 343
Formica, Salvatore Rino, 341
Franceschini, Alberto, 280-1
Franco, Francisco, 47-8
Frank, André Gunder, 173
Frei Mitra (ver Girotto Silvano)
Friedman, Lawrence M., 173
Fulton, Robert, 81-2, 89, 92

Gaitskell, Hugh, 169, 171
Galbraith, John Kenneth, 173
Galloni, Giovanni, 274
Garavini, Sergio Andrea, 141, 175, 234-5, 339, 361, 367
Garibaldi, Giuseppe, 59, 304
Gedda, Luigi, 101, 104, 203
Gerő, Ernő, 124, 136, 223
Gerratana, Valetino, 53
Giannotta, Michele, 163
Giolitti, Giovanni, 46, 163, 166-7, 181, 324

Giroto, Silvano (frei Mitra), 281
Gobetti, Piero, 54, 72
Gomulka, Wladyslaw, 96, 98, 100 ,106, 123-6
Gonzáles, Felipe, 314
Gorbachev, Mikhail Sergeivich, 17, 31, 316, 339, 345-55, 358, 361, 401
Gorz, André, 173
Goulart, João, 305
Gramsci, Antonio, 13, 15, 18, 31, 36, 48, 52-7, 70, 72, 106, 140-1, 157, 167, 174, 184, 200, 223, 248, 324, 328, 367, 369-70, 376, 403, 408
Granelli, Luigi, 163
Gromyko, Andrei Andreivich, 347
Gronchi, Giovanni, 102, 127

Hilferding, Rudolf, 40
Hindenburg, Paul von, 47
Hippolyte, Jean, 142
Ho Chi Minh, 83
Hoover, Herbert, 87
Hopkins, Harr, 81
Horthy, Miklós, 97, 125
Hua, Guofeng, 193, 227
Hull, Cordell, 81
Hurley, Patrick, 85
Husák, Gustáv, 227
Husserl, Edmund, 142

Ingrao, Pietro, 14-5, 17, 19-20, 175-6, 178-84, 187-6, 233-7, 255, 335, 361, 363-6
Iéltsin, Bóris Nikolaievich, 316, 345, 354

Jaruzelski, Wojciech Witold, 326
Jdanov, Andrei Alexandrovich, 95-6, 98
João Paulo II, 213, 318, 365
João XXIII, 104, 127, 142, 159, 213-4, 223
Johnson, Lyndon Baines, 244, 304-5
Jukov, Georgi Konstantinovich, 114, 131

Kádar, János, 98, 126
Kaganovich, Lazar Moiseivich, 114, 137
Kardelj, Edvard, 97
Kautsky, Karl, 40, 46, 53, 161, 184
Kennedy, John, Fitzgerald, 142, 304-5
Keynes, John Maynard, 67, 80, 89, 243, 245, 289, 371
Kim Il-Sung, 99
Kipling, Rudyard, 52

Kissinger, Henry, 169, 300, 305-6, 309
Kohl, Helmut, 314
Kojève, Alexandre, 142
Kolchak, Aleksandr Vasilievich, 77
Konev, Ivan Stepanovich, 125
Kornilov, Lavr Georgievich, 77
Korsch, Karl, 142
Kostov, Traicho, 98
Kreisky, Bruno, 172, 247
Krugman, Paul, 300
Kruschev, Nikita Sergeivich, 106, 113-9, 121, 123-4, 126, 128-9, 131, 133, 136-7, 141, 174, 184, 189-91, 303, 305, 308-9, 352
Kun, Bela, 47

La Malfa, Ugo, 163-4, 282, 291
La Pira, Giorgio, 102, 259
La Torre, Pio, 330
Lama, Luciano, 140, 250, 275, 277-8, 289, 322, 335, 338
Landau, Lev Davidovich, 112
Lazzati, Giuseppe, 259
Ledda, Romano, 182, 223
Lenin, Vladimir Ilitch, 16, 31, 40-6, 55, 132, 135, 141, 184, 187, 353, 375, 393, 403
Leonardi, Silvio, 141, 158
Lercaro, Giacomo, 215
Libertini, Lucio, 177, 367
Lin Biao, 193, 227, 308-9
Liu Shaoqi, 137
Lippman, Walter, 82, 93
Lombardi, Riccardo, 90, 101, 104, 161, 163, 166-9, 180-1, 274
Longo, Luigi, 60, 62, 66, 71-2, 104, 109-10, 176, 183, 226, 229, 230, 232-4, 255, 257, 266, 291, 334-5
Lukács, Gÿorgy, 142
Luporini, Cesare, 236
Luxemburgo, Rosa, 13, 40, 44, 161, 184

Macaluso, Emanuele, 126
McArthur, Douglas, 81, 99, 112
Maquiavel, Nicolau, 72, 236
MacDonald, James Ramsay, 263
Magnani, Valdo, 105
Malagodi Giovanni, Francesco, 2012
Malenkov, Georgi Maksimilianovich, 113-4, 123, 137
Mallet, Serge, 173

414 LUCIO MAGRI

Mancini, Giacomo, 166
Mann, Thomas, 31
Mao Tsé-tung, 70, 85-6, 92, 117, 184, 190-3, 196, 309-10
Marcuse, Herbert, 173, 215
Marshall, Alfred, 297
Marshall, George, 85
Marx, Karl, 16, 20-1, 31, 39, 43, 53, 55, 70, 162, 243, 324, 328, 346, 369, 374-5, 409
Mattei, Enrico, 127, 148, 150, 165
Mattioli, Raffaele, 148
McNamara, Robert, 305
Medvedev, Roj, 112
Medvedev, Žores, 112
Mendès-France, Pierre, 69
Menichella, Donato, 148
Merleau-Ponty, Maurice, 142
Metaxas, Ioannis, 84
Miceli, Vito, 207
Michels, Robert, 72
Mikoyan, Anastas Ivanovich, 114, 124
Milani, Eliseo, 140, 188, 224, 238
Milani, Don Lorenzo, 215
Mindszenty, Josef, 125
Minucci, Adalberto, 141, 175
Mitterrand, François, 274, 313-4
Mollet, Guy, 161
Molotov, Viacheslav Mikhailovich, 113-4, 137
Montanelli, Indro, 266, 291
Montesi, Wilma, 127
Montini, Giovanni Battista (ver Paulo VI)
Morandi, Rodolfo, 72, 161-3, 184
Moratti, Letizia, 213
Moretti, Mario, 280
Moro, Aldo, 153, 161-6, 170, 241, 253, 261, 266, 268-9, 272, 277-82
Mossadegh, Mohammad, 115
Mussi, Fabio, 363
Mussolini, Benito, 46, 49, 61

Nagy, Imre, 123-5, 136, 225
Napolitano, Giorgio, 181, 186, 188, 233-4, 334
Nasser, Gamal Abdel, 115, 227, 306
Natoli, Aldo, 174, 183, 236, 238-9
Natta, Alessandro, 17, 234, 255, 259, 337-9, 342-3, 360, 362
Nehru, Jawaharlal, 115, 119
Nenni, Pietro, 60, 72, 100-1, 134, 161-3, 166-9, 184, 274
Nixon, Richard Milhous, 244, 274, 299, 305, 310

Nono, Luigi, 236
Notarianni, Michelangelo, 140, 366

Occhetto, Achille, 17, 19, 315, 343, 358-70, 402
Oppenheimer, Robert, 112

Pacelli, Eugenio Maria (ver Pio XII)
Pajetta, Giancarlo, 130, 174, 180, 188, 226, 335
Palme, Sven Olof Joachim, 161, 172, 247, 329
Panzieri, Raniero, 158
Papen, Franz von, 47
Pareto, Wilfred, 72
Parlato, Valentino, 16, 177, 238
Parri, Ferruccio, 60, 67, 104
Pasternak, Boris, 121
Pastore, Giulio, 156
Paulo VI, 153, 157, 214
Pavone, Claudio, 60
Pecchioli, Ugo, 338
Pella, Giuseppe, 104, 127
Perna, Edoardo, 335
Perón, Juan Domingo, 83, 305
Pétain, Philippe, 49
Petruccioli, Claudio, 362, 365
Picasso, Pablo, 93
Piccoli, Flaminio, 283
Pichon, Stéphen, 77
Pilsudski, Joszéf, 77
Pinelli, Giuseppe, 208
Pintor, Luigi, 16, 183, 188-9, 235-8
Pio XII, 143, 152, 213, 252-3
Pirani, Mario, 109
Pirro, Federico, 176
Poe, Edgar Allan, 117
Proudhon, Pierre-Joseph, 283
Proust, Marcel, 31
Pugno, Emilio, 175, 234

Radek, Karl, 45
Rajk, László, 98, 123
Rákosi, Mátyás, 123-4
Rapacki, Adam, 305
Rathenau, Walther, 44
Ratzinger, Joseph Alois (ver Bento XVI)
Reagan, Ronald Wilson, 311-3, 316, 326, 328, 348, 355
Reichlin, Alfredo, 175-6, 183, 235
Renzi, Renzo, 103
Rhee, Syngman, 99
Ribbentrop, Joachim von, 45
Rodano, Franco, 293, 363

Rokossovski, Konstantin, 123
Romiti, Cesare, 321
Roncalli, Angelo Giuseppe (ver João XXIII)
Roosevelt, Franklin Delano, 49-50, 63-4, 80-1, 89, 93, 247, 304, 312, 355, 371
Rossanda, Rossana, 16, 183, 186, 188, 204, 235-6, 238
Rossi, Ernesto, 104, 162
Rossi, Mario, 104
Roth, Joseph, 31
Ruffolo, Giorgio, 389
Russell, Bertrand, 93

Sadat, Anwar, 306
Sagarat, Giuseppe, 72, 104, 128, 134, 161-4, 228
Sakharov, Andrei Dimitrievich, 112
Salvato, Ersilia, 367
Salvemini, Gaetano, 54, 324
Santi, Fernando, 158, 166
Santostasi, Mario, 363, 365-6
Saraceno, Pasquale, 127, 148, 163-4, 166
Sartre, Jean-Paul, 93, 142, 173, 178
Sauvy, Alfred, 389
Scalfari, Eugenio, 163, 264, 289, 291, 324
Scelba, Mario, 128, 135, 154, 162
Scheda, Rinaldo, 175
Schumacher, Kurt, 69
Schumpeter, Joseph, 80, 245
Scoccimarro, Mauro, 62
Secchia, Pietro, 60, 71, 96, 107, 109-10, 128, 184
Segni, Antonio, 162, 166
Semprún, Jorge, 173
Seniga, Giulio, 128
Senigallia, Oscar, 148
Sereni, Emilio, 174
Serri, Rino, 367
Shevardnadze, Eduard, 347
Signorile, Claudio, 167
Sindona, Michele, 291, 325
Slánsky, Rudolf, 98
Soljenitsyn, Alexander Isaievich, 121
Spaventa, Silvio, 324
Spriano, Paolo, 60, 90, 106
Sraffa, Pietro, 72
Stalin, Joseph, 46-7, 50-1, 63-4, 78, 81, 87, 91-7, 99-101, 105-6, 109-10, 112-8, 121, 124, 127, 129-32, 135, 174, 184, 187, 191, 226, 307, 353, 359
Stilwell, Joseph W., 85
Strachey, John, 173

Sturzo, Luigi, 46, 102
Sukarno, 81, 115
Sullo, Fiorentino, 164, 181
Suslov, Michail, 121, 124, 137, 189, 226
Sweezy, Paul, 173

Taft, William Howard, 87
Tambroni, Fernando, 104, 159, 162, 164, 168
Tamm Igor Ievgenievich, 112
Tasca, Angelo, 71
Teller, Edward, 112
Terracini, Umberto Elia, 71, 105, 110
Thompson, Edward Palmer, 173
Thorez, Maurice, 47, 117, 130
Tiso, Jozef, 97
Tito, Josip Broz, 92, 96-8, 105, 115, 128, 133, 190, 308
Togliatti, Palmiro, 15, 18, 35, 47-8, 53, 55-60, 62-4, 67, 69-72, 76, 90, 92, 96, 100-2, 104-7, 109-10, 117, 127-41, 166, 172, 174, 179, 184-5, 188, 190, 202, 214, 222-5, 232-3, 248, 252-3, 257-8, 308-9, 324, 328, 333, 339, 358-60, 368-9, 403, 408
Tolstói, Leon Mikolaevich, 31
Tortorella, Aldo, 234, 338, 360, 363
Touraine, Alain, 173
Trentin, Bruno, 17, 141, 158, 175, 177, 228, 234-5, 278, 292, 335
Trotski, Leon, 31, 56, 184
Truman, Harry, 81-2, 86, 99-100
Turati, Filippo, 135, 161

Valletta, Vittorio, 102, 128
Vandenberg, Arthur, 81
Vanoni, Ezio, 163
Vítor Emanuel II, 59
Vorochilov, Kliment Iefremovich, 114, 137
Voznesenski, Nicolai, 95

Wojtyla, Karol Joszéf (ver Jo Paulo II)
Wright-Mills, Charles, 173
Wyszynski, Stefan, 123

Zaccagnini, Benigno, 283
Zandegiacomi, Ninetta, 238
Zapatero, José Luis Rodríguez, 24
Zinoviev, Grigori, 45
Zoli, Adone, 162

Publicado em janeiro de 2014, ano do cinquentenário da morte do dirigente comunista italiano Palmiro Togliatti, este livro foi composto em Adobe Garamond, corpo 11/13,2, e reimpresso em papel Norbrite 66,6 g/m² na gráfica Mundial para a Boitempo Editorial, em dezembro de 2014, com tiragem de 1.000 exemplares.